अमीर ख़ुसरो

भाषा, साहित्य और आध्यात्मिक चेतना

अमीर ख़ुसरो

भाषा, साहित्य और आध्यात्मिक चेतना

सम्पादक
ज़ाकिर हुसैन ज़ाकिर

वाणी प्रकाशन

वाणी प्रकाशन

4695, 21-ए, दरियागंज, नयी दिल्ली 110 002

फ़ोन : +91 11 23273167 फ़ैक्स : +91 11 23275710

शाखाएँ

अशोक राजपथ, पटना 800 004, बिहार

कॉफ़ी हाउस कैम्पस, महात्मा गांधी मार्ग, इलाहाबाद 211 001, उत्तर प्रदेश

महात्मा गांधी अन्तरराष्ट्रीय हिन्दी विश्वविद्यालय, वर्धा 442 001, महाराष्ट्र

सुल्तानिया रोड, मोतिया पार्क, भोपाल 462 001, मध्य प्रदेश

www.vaniprakashan.com
marketing@vaniprakashan.in
sales@vaniprakashan.in

Ameer Khusro : Bhasha, Sahitya Aur Aadhyatmik Chetna
Edited by Zakir Husain Zakir

ISBN : 978-93-5518-005-6
Collection of Essays

प्रथम संस्करण 2022

मूल्य : ₹ 499

आर. टेक ऑफ़सेट प्रिंटर्स, दिल्ली-110032 में मुद्रित

वाणी प्रकाशन का लोगो मक़बूल फ़िदा हुसेन की कूची से

अमीर खुसरो
A Legend of India

गोरी सोवे सेज पर मुख पर डारे केस
चल ख़ुसरो घर आपने रैन भई चहुँ देस

अमीर ख़ुसरो

खण्ड शिक्षाधिकारी

माधवेन्द्र कुमार पाण्डेय

को समर्पित

जिनकी प्रेरणा,

इस पुस्तक के प्रकाशन का कारण बनी।

अनुक्रम

अमीर ख़ुसरो का हिन्दवी कलाम

एक चयन

जाकिर हुसैन जाकिर

सम्पादकीय

अमीर ख़ुसरो की तलाश आज भी जारी है। यह पुस्तक उसी तलाश का एक प्रयास मात्र है। अमीर ख़ुसरो बहुआयामी व्यक्तित्व के धनी थे, इसलिए भी उनके व्यक्तित्व की गहराई में पहुँचना कठिन था। अमीर ख़ुसरो के व्यक्तित्व को लोगों ने अपनी–अपनी सोच और समझ के अनुसार विकसित किया। उनके चाहने वालों ने अपनी मर्ज़ी से उन्हें जिस प्रकार के अमीर ख़ुसरो की आवश्यकता थी, चुन लिया और शेष को छोड़ दिया। एक गिरोह ऐसा भी था, जो अमीर ख़ुसरो के व्यक्तित्व से इतना प्रभावित था, जो उन्हें आज की सभ्यता, रहन–सहन और परिवेश के अनुरूप ढालने के प्रयत्न में निरन्तर लगा रहा। उस गिरोह ने अमीर ख़ुसरो को एक पवित्र और धार्मिक व्यक्तित्व के रूप में प्रतिपादित करने का प्रयत्न किया। परन्तु ख़ुसरो को किसी विशेष ढाँचे में ढालने का किसी का प्रयत्न सफल नहीं हुआ।

सच्चाई यह है कि अमीर ख़ुसरो सुयोग्य सम्पूर्ण और बहुरंगी व्यक्तित्व के धनी थे। वे कवि, राजनीतिज्ञ और एक अच्छे संगीतकार थे। उन्होंने ईरानी, तुर्की रागों के साथ शास्त्रीय संगीत को मिला कर कई सफल राग तैयार किये, जिनकी सार्थकता आज भी उसी प्रकार बनी हुई है। वे एक सिपाही थे, उन्होंने एक दर्जन से अधिक युद्ध अभियानों में भाग लिया। मुल्तान में वे मंगोलों के एक आक्रमण में गिरफ़्तार भी कर लिए गये थे, जिसमें बहुत नाटकीय ढंग से उनकी जान बची। इसके लिए वे ईश्वर से अधिक अपनी बुद्धि को धन्यवाद देते थे। वे धन और वैभव के पीछे जीवन–भर भागते रहे, परन्तु उस धन–दौलत को जमा करके रखने में उनकी कभी रुचि नहीं रही। वह कमाया हुआ धन उसी प्रकार ज़रूरतमन्दों मे बाँट दिया करते थे, जिस प्रकार वे उसे कमाते थे। वे कहते हैं–

यक जौ अजीं फन चू बदामां नहम
दह कुनम आँ रा बसद तन दहम

अर्थात इस काव्य कला से जब मेरे पास जौ बराबर भी राशि आती है, तो उसे मैं दस गुना करके सैकड़ों लोगों में बाँट देता हूँ।

मुझे बचपन से ही अमीर ख़ुसरो के बहुरंगी व्यक्तित्व ने आकर्षित किया। इसका श्रेय उनके हिन्दवी कलाम को जाता है। उनके दोहे दिलों में लहरें उत्पन्न कर देते हैं, जैसे किसी ने मन–मस्तिष्क में विद्युत की धारा प्रवाहित कर दी हो।

गोरी सोवे सेज पर मुख पर डारे केस।
चल ख़ुसरो घर आपने रैन भई चहुँ देस।।

ख़ुसरो रैन सुहाग की जागी पी के संग।
तन मेरो मन पीउ के दोउ भए इक रंग।।

ख़ुसरो दरिया प्रेम का, जाकि उल्टी धार।
जो उबरा सो डूब गया जो डूबा सो पार।।

या शेख़ निज़ामुद्दीन औलिया की दरगाह पर गायी जाने वाली ये क़व्वाली--

छाप तिलक सब छीनी रे मोसे नैना लगाय के
प्रेमवटी का मदवा पिला के
मतवारी कर दीन्ही रे मोसे नैना मिला के

वास्तव में भारत में उन्हें हिन्दवी कलाम और संगीत ने ही जीवित रखा। उनका हिन्दवी कलाम और उनका संगीत एक–दूसरे के पूरक हैं। ये पता लगाना थोड़ा कठिन प्रतीत होता है कि दोनों में ख़ुसरो के लिए कौन अधिक महत्त्वपूर्ण था।

मैंने छात्र जीवन में ही सैयद सबाहुद्दीन अब्दुर्रहमान की किताब 'सूफ़ी अमीर ख़ुसरो' पढ़ी, परन्तु यह किताब मेरी उत्सुकता कम करने में सहायक सिद्ध नहीं हुई। उन्होंने अपनी पुस्तक में ख़ुसरो की कविता और उनके व्यक्तित्व में आध्यात्मिकता की खोज की है। वे शेख़ निज़ामुद्दीन औलिया के मलफ़ूज़ात की किताब 'अफ़ज़ल–उल–फवायद' को अमीर ख़ुसरो द्वारा सम्पादित पुस्तक सिद्ध करने की पुरज़ोर वकालत करते हैं। शेख़ के मलफ़ूज़ात पर उसी तरह की एक किताब 'फ़वायद–उल फवाद' है, जिसे अमीर ख़ुसरो के समकालीन एक बड़े कवि ख़्वाजा अमीर हसन आला सिज्जी ने सम्पादित किया था। ज़ियाउद्दीन बर्नी की 'तारीख़े फ़ीरोजशाही'

के अनुसार अमीर हसन निश्चित रूप से एक बड़े कवि थे। उनका फ़ारसी ग़ज़लों का एक संग्रह और हिन्दवी में कुछ एक मिश्रित ग़ज़लें प्राप्य हैं, पर वह अमीर ख़ुसरो की तरह भाग्यशाली नहीं थे। उनका अधिकतर काव्य काल के गाल में समा गया। उनके व्यक्तित्व और जीवन के बारे में भी बर्नी और मुहम्मद क़ासिम की 'तारीख़े फ़रिश्ता' के वर्णनों के अतिरिक्त कोई अन्य जानकारी नहीं मिलती। उन्होंने अपने बारे में कुछ लिखा भी नहीं। जैसा कि ज़ाहिर है, कवि व साहित्यकार आत्मकथात्मक परिचय न दे, तो समय उसे भुला देता है। आज भी ऐसे कई बहुत अच्छे साहित्यकार हैं, जिनके बारे में आमजन को पता नहीं है। अमीर हसन, ग़यासुद्दीन बलबन के बड़े पुत्र राजकुमार मुहम्मद के साथ रहे। उसकी मृत्यु के पश्चात वह जलालुद्दीन ख़िलजी के दरबार में महत्त्वपूर्ण पद पर विराजमान रहे। अमीर हसन के साथ अमीर ख़ुसरो भी जलालुद्दीन के दरबार में थे। परन्तु उसकी अमानवीय हत्या के बाद अमीर हसन इतना दुखी हुए कि उन्होंने पुनः अलाउद्दीन ख़िलजी के दरबार का रुख नहीं किया। जीवन का शेष समय उन्होंने दरबार की चहल–पहल से दूर हज़रत शेख़ निज़ामुद्दीन औलिया की ख़ानक़ाह में गुज़ार दिया। उन्होंने अपनी किताब 'फ़वायद–उल–फवाद' के पाँच भागों में शेख़ की 188 बैठकों का वर्णन किया है। शेख़ की बैठकों में अध्यात्म, मानवता और भाईचारे पर गहरा चिन्तन दिखायी देता है। सूफ़िया की इन बैठकों के विवरण को मलफ़ूज़ात का नाम दिया जाता है।

किसी भी सूफ़ी के मलफ़ूज़ात के संकलन के लिए संकलनकर्ता को सूफ़ी के साथ पूरा समय देना पड़ता है। अमीर ख़ुसरो के पास इतना समय नहीं था कि दिन–रात शेख़ के पास बैठ कर उनकी बहसों को सुनें और उन्हें नोट करें। मानसिक रूप से अमीर ख़ुसरो हज़रते शेख़ के बहुत नज़दीक थे, परन्तु उनकी स्थिति एक निष्ठावान श्रद्धालु की नहीं थी। वह साधारण शिष्यों के स्तर से ऊपर थे। वह जब भी दिल्ली में होते, कभी भी शेख़ से मिलने जा सकते थे। उनकी वहाँ बहुत आवभगत होती थी। शेख़ उन्हें अपने नज़दीक बिठा कर दिल्ली दरबार और नगर की गतिविधियों के बारे में समाचार सुनते। आज की भाषा में कहा जाय तो शेख़ की दृष्टि में अमीर ख़ुसरो उनके मीडिया प्रभारी के रूप में कार्य कर रहे थे। ग़यासुद्दीन बलबन के बाद बहुत कम ऐसे सुल्तान दिल्ली की गद्दी पर विराजमान हुए, जिनसे शेख़ के अच्छे सम्बन्ध रहे हों। अगर सुल्तान से उनके सम्बन्ध सामान्य होते थे, तो भी दरबार के कट्टर उलेमा

उन्हें प्रायः एक चुनौती के रूप में देखते थे। दिल्ली के गयासपुर की ख़ानक़ाह हिन्दू और मुसलमान दोनों के बीच सामान्य रूप से लोकप्रिय थी। यह लोकप्रियता और सामाजिक सौहार्द दरबारी उलेमा के लिए ईर्ष्या का मुख्य कारण था। इसलिए वह जनसाधारण में शेख़ की ख़ानक़ाह को मिल रही इज़्ज़त, सम्मान व प्रतिष्ठा को कम करने का षड्यन्त्र रचते रहते, परन्तु ख़ुसरो के लिए ये कभी कोई समस्या नहीं रही। वह अपनी राजनीतिक सूझबूझ और भाषाई कुशलता के कारण समस्त सुल्तानों के समान रूप से क़रीब रहे। वे कट्टर उलेमा से भी अपने सम्बन्ध बनाये रखते थे। वे सुल्तानों के भी उतने ही क़रीब रहे, जितना शेख़ के, यदि कोई सुल्तान शेख़ से बहुत अधिक दुश्मनी पर उतर आता तो भी वे दोनों के साथ अपने मधुर सम्बन्धों में कोई अन्तर नहीं आने देते। वे अपना दरबारी काम निरन्तरता, निर्विघ्नता और लगन से करते रहते, क़सीदे लिखते रहते, उसके साथ सैनिक अभियानों पर जाते रहते, परन्तु न तो शेख़ ने और न ही कभी किसी सुल्तान ने उनकी निष्ठा पर कोई प्रश्न चिह्न लगाया। ऐसी दशा में शेख़ को दरबारी गतिविधियों की जानकारी के लिए ख़ुसरो से अधिक उपयोगी कोई अन्य व्यक्ति नहीं हो सकता था। इस महत्त्वपूर्ण ज़िम्मेदारी को ख़ुसरो ने अन्त तक निभाया भी। शेख़ प्रायः ख़ुसरो से अपने प्रगाढ़ प्रेम का प्रदर्शन करते रहते। एक बार उन्होंने यहाँ तक कह दिया कि यदि ख़ुदा इसकी आज्ञा देता तो वह अपनी क़ब्र में ख़ुसरो को दफ़न करने की आज्ञा दे देते। एक बार ख़ुसरो अपनी माँ के पास पटियाली चले गये थे। उन दिनों शेख़ ने अपने शिष्यों की उपस्थिति में कहा–'जी चाहता है, कि पटियाली चला जाऊँ, जहाँ इन दिनों तर्कुल्लाह (ख़ुसरो) का निवास है'। यह बात सुन कर वहाँ उपस्थित उनके श्रद्धालु आश्चर्यचकित रह गये, किसी भी दोस्त के लिए यह वाक्य बहुत अर्थपूर्ण हो सकता है, ऐसी स्थिति में जब वह दोस्त स्वयं कोई आइड्ल Idol हो और उसके हज़ारों श्रद्धालु प्रत्येक क्षण उसके लिए जान देने के लिए तत्पर रहते हों। शेख़ एक अच्छे कवि भी थे। एक बार उन्होंने ख़ुसरो के लिए एक क़तआ कहा था, जो उल्लेखनीय है।

ख़ुसरो कि ब नज़्म व नस्र मिसलश कम ख़्वास्त
मिलकियत कि मलिके सुख़न, ओ ख़ुसरो रास्त
आं ख़ुसरो इ मास्त, नासिरे ख़ुसरो नीस्त
ज़ीरा कि ख़ुदा–ऐ–नासिरे ख़ुसरो इ मास्त

अर्थात अमीर ख़ुसरो के पद्य और गद्य की कोई तुलना नहीं है। वे काव्य शिल्प के गुरु हैं। यह हमारे अमीर ख़ुसरो हैं, यह वह अमीर नासिर ख़ुसरो नहीं हैं जो इस्माइलिया सम्प्रदाय का प्रचारक था, जिसने कुरान की ग़लत व्याख्या की थी। इस ख़ुसरो का मददगार स्वयं अल्लाह है।

हज़रते शेख़ ने इस क़तआ के अतिरिक्त भी कई अन्य पदों में ख़ुसरो की प्रशंसा की है। एक फ़ारसी पद में वह कहते हैं कि उनका सिर आरे से काट दिया जाये तो भी वे ख़ुसरो का साथ नहीं छोड़ेंगे।

गर ज़े बहरे तुर्के तुर्कम अर्रा बर तारक नहन्द
तर्क तारक गीरम व अम्मा न गीरम तुर्क

अर्थात तुर्क से सम्बन्ध तोड़ने के लिए कोई मेरे सिर पर आरा भी रख दे तो मैं अपने सिर को दे दूँगा, परन्तु तुर्क से सम्बन्ध न तोड़ूँगा।

एक बार कहा कि–

इलाही ब सोज़े सीना–ए--तुर्क मरा ब बख़्श

अर्थात ए ख़ुदा मुझको उस तुर्क बच्चे के सीने की ऊष्मा दे दे।

अमीर ख़ुसरो भी शेख़ से उसी प्रकार प्रेम भाव रखते थे। उन्होंने शेख़ की प्रशंसा में कई क़सीदे लिखे और अपनी कई पुस्तकों को शेख़ के नाम समर्पित किया। परन्तु स्थितियाँ यह बताती हैं कि उन्होंने कभी दुनियादारी छोड़ ख़ानक़ाही जीवन बिताने को प्राथमिकता नहीं दी। यह एक बहुत बड़ा कारण हो सकता है कि शेख़ ने इतनी शिद्दत से प्रेम करने के बावजूद उन्हें ख़िर्क़ा नहीं दिया।

खुशवन्त सिंह ने अपने लोकप्रिय उपन्यास 'दिल्ली' में हज़रत निज़ामुद्दीन औलिया और उनके एक शिष्य मुसद्दीलाल के सन्दर्भ में अमीर ख़ुसरो का सटीक और तथ्यात्मक वर्णन प्रस्तुत किया है। उसे पढ़ने के बाद मुझे अमीर ख़ुसरो को नये सिरे से समझने में सहायता मिली। लेकिन जब मैंने सुप्रसिद्ध इतिहासकार मुहम्मद हबीब का शोध–पत्र 'दिल्ली के हज़रत अमीर ख़ुसरो' पढ़ा, तो जैसे मेरी आँखे खुल गयीं। उन्हीं दिनों बेसिक शिक्षा विभाग के खण्ड शिक्षा अधिकारी माधवेन्द्र कुमार पाण्डेय ने मुझसे ख़ुसरो पर सूफ़ी साहित्य उपलब्ध कराने की माँग की। खण्ड शिक्षा अधिकारी श्री पाण्डेय साहित्यिक व्यक्तित्व वाले अफ़सर हैं। वे नया और अच्छा साहित्य पढ़ने में अत्यन्त रुचि लेते हैं। उनसे जब भी कार्यालय में भेंट होती वे पढ़ने और नयी पुस्तकों के प्रकाशन पर अपनी सटीक जानकारी देते और पूछते रहते कि आजकल साहित्य की दुनिया में नया क्या है। मैंने श्री पाण्डेय को गोपीचन्द

नारंग की पुस्तक 'अमीर ख़ुसरो का हिन्दवी काव्य' उपलब्ध कराई, परन्तु मुझे ऐसा प्रतीत हुआ कि इसमें कोई कमी सी है। कमी तो डॉ. भोला नाथ तिवारी की पुस्तक 'अमीर खुसरो और उनका हिन्दी साहित्य' मे भी नज़र आयी। उसके बाद मैंने तय किया कि अमीर ख़ुसरो के व्यक्तित्व, अध्यात्म, साहित्य और संगीत पर एक विस्तृत पुस्तक सम्पादित की जाये, ताकि अमीर खुसरो को जानने के इच्छुक लोगों को एक साथ व्यापक सामग्री प्राप्त हो सके। इस विचार को क्रियान्वित करने में कई वर्ष लग गये, परन्तु अब यह आप के सामने है।

शिब्ली नोमानी, शिब्ली अकादमी के संस्थापक थे। उन्होंने फ़ारसी साहित्य के इतिहास पर पाँच भागों में 'शेर–उल–अज़म' नामक ग्रन्थ लिखा, जिसमें क्रमानुसार अमीर ख़ुसरो का भी विवरण है। यह पुस्तक 1910 के पूर्व प्रकाशित हुई थी। इसलिए इस शोध को ख़ुसरो के व्यक्तित्व और साहित्य पर प्रथम विस्तृत और सटीक विवरण के रूप में देखा जाता है। बाद के शोध 'शेर–उल–अज़म' में प्रस्तुत कई तथ्यों और कुछ विवरण को ग़लत भी सिद्ध करते हैं, परन्तु इसके बाद भी उसके महत्त्व को कम करके नहीं आंका जा सकता। 'शेर–उल–अज़म' बाद के आलोचकों का मुख्य स्रोत रहा है। मैंने इस पुस्तक में अमीर ख़ुसरो के तसव्वुफ़ के भाग को सम्मिलित किया है। इससे पाठकों को अवश्य ही ख़ुसरो के सूफ़ियाना रंग–ढंग पर ठोस जानकारी प्राप्त होगी। मैंने शिब्ली अकादमी द्वारा प्रकाशित सैयद सबाहुद्दीन अब्दुर्रहमान की पुस्तक 'सूफ़ी अमीर ख़ुसरो' से उस अंश को भी प्रस्तुत किया है, जिसमें उन्होंने ख़ुसरो की आध्यात्मिकता का चित्रण किया है। ख़ुसरो की आध्यात्मिकता को जानने के लिए सैयद सबाहुद्दीन के लेख से अच्छी सामग्री कहीं नहीं मिल सकती। हम इन दोनों महत्त्वपूर्ण लेखों के प्रकाशन के लिए शिब्ली अकादमी के अत्यन्त अभारी हैं।

राष्ट्रीय उर्दू भाषा विकास परिषद द्वारा प्रकाशित 'हिन्दुस्तानी मुसलमान' में भारत के सूफ़ियों, सुल्तानों, रस्मों व रिवाजों का अच्छा विश्लेषण किया गया है। मैंने प्रोफ़ेसर मुहम्मद मुजीब की उक्त पुस्तक से अमीर ख़ुसरो पर किये गये उनके विश्लेषण को अपनी पुस्तक में सम्मिलित करना उचित जाना। उन्होंने अमीर ख़ुसरो के व्यक्तित्व और कविता पर बहुत ही शोधपरक जानकारी दी है। प्रोफ़ेसर शकीलुर्रहमान ने साहित्य में सौन्दर्यशास्त्र की व्याख्या पर बहुत महत्त्वपूर्ण शोध कार्य किया है। उन्होंने भारत में सौन्दर्यशास्त्र विषय पर तीन खण्डों में ग्रन्थ लिखा है,

जिसमें आदि से वर्तमान काल तक साहित्य में सौन्दर्य की खोज की गयी है। उन्होंने अमीर ख़ुसरो की फ़ारसी कविता और साहित्य में सौन्दर्यशास्त्र और भारतीय अवधारणा का विश्लेषण किया है। मैंने राष्ट्रीय उर्दू भाषा विकास परिषद् द्वारा प्रकाशित उनकी पुस्तक 'हिन्दुस्तान का निज़ामे जमाल' भाग 3 से कुछ अंशों को संशोधित करके इस पुस्तक में सम्मिलित किया है।

प्रख्यात आलोचक और साहित्यकार ज़ोए अंसारी की सुप्रसिद्ध पुस्तक 'ख़ुसरो शनासी' की भूमिका को इस पुस्तक में 'ख़ुसरो की पहचान' के शीर्षक से सम्मिलित किया गया है। इस भूमिका को ज़ोए अंसारी और अबूल फ़ैज सेहर ने संयुक्त रूप से लिखा है। इसमें ख़ुसरो के बारे में दी गयी जानकारी आज तक ख़ुसरो पर उपलब्ध समस्त सामग्री का निचोड़ है। इसी पुस्तक से प्रोफ़ेसर मुशीरूल हक़ का निबन्ध 'अमीर ख़ुसरो एक सामाजिक बागी' सम्मिलित किया गया है। प्रोफ़ेसर मुशीरूल हक़ ने अमीर ख़ुसरो की लोकप्रियता का अध्ययन करते हुए उन्हें एक जनसेवक के रूप में प्रस्तुत किया है। उन्होंने सिद्ध करने का प्रयत्न किया है कि आमजन में उनकी लोकप्रियता के कारण क्या थे। अमीर ख़ुसरो ने अपने समय की परम्पराओं से अलग हटकर ग़रीब बेसहारा लोगों की सहायता करना अपना कर्तव्य बना लिया था। उस्मानिया विश्वविद्यालय के प्रोफ़ेसर डॉ. मिर्ज़ा सफ़दर बेग ने तसव्वुफ़ पर विस्तृत शोध किया है। 'ख़ुसरो शनासी' के उनके एक लेख से एक संशोधित आलेख 'तसव्वुफ़ उद्भव और विकास' शीर्षक से पुस्तक में सम्मिलित किया गया है। इसी पुस्तक से प्रख्यात इतिहासकार, सम्पादक और अलोचक प्रोफ़ेसर सैयद अतहर अब्बास रिज़वी के शोधपत्र से 'ख़ुसरो काल में दिल्ली का सामाजिक व राजनीतिक परिदृश्य' से शीर्षक एक सम्पादित अंश प्रस्तुत किया गया है। इससे पाठकों को उस समय की दिल्ली और तसव्वुफ़ के आधार को समझने में सहायता मिलेगी। हम इन महत्त्वपूर्ण लेखों के प्रकाशन की आज्ञा प्रदान करने के लिए राष्ट्रीय उर्दू भाषा विकास परिषद्, नयी दिल्ली के अत्यन्त आभारी हैं।

इस पुस्तक में नागरी प्रचारिणी सभा की पत्रिका के 1921 के अंक में प्रकाशित बाबू ब्रजरत्न दास जी के लेख 'अमीर ख़ुसरो की हिन्दवी कविता' को जस–का–तस सम्मिलित किया गया है। उन्होंने अपने लेख को बहुत परिश्रम से तैयार किया था। उन्होंने मौलाना अमीन अब्बासी चिरैयाकोटी की 1918 में प्रकाशित पुस्तक जवाहर–ए–ख़ुसरवी को अपने लेख का आधार बनाया है। इसमें बहुत ही ईमानदारी से तथ्यों को प्रस्तुत किया गया है।

प्रख्यात कहानीकार और आलोचक इन्तज़ार हुसैन के अमीर ख़ुसरो पर लेख 'गुमशुदा अमीर ख़ुसरो' में अमीर ख़ुसरो के व्यक्तित्व को स्वार्थवश विभिन्न खानों में बाँटने की प्रक्रिया पर व्यंग्य है। संस्कृत के प्रख्यात विद्वान डॉ. शाकिर अली ने अपने ताज़ा लेख में ख़ुसरो के साहित्य में सांस्कृतिक चेतना के विषय पर गहन चर्चा की है। डॉ. शाकिर अली का लेख प्रथम बार इस पुस्तक में प्रकाशित हो रहा है।

मैंने इस पुस्तक में 'अमीर ख़ुसरो का हिन्दवी कलाम का (एक चयन) प्रस्तुत किया है, जिसका आधार अमीन अब्बासी चिरैयाकोटी की 'जवाहर–ए–खुसरवी' और काशी वाले ब्रजरत्न दास की पुस्तक 'अमीर ख़ुसरो की हिन्दी कविता' को बनाया गया है। ख़ालिक बारी का हिन्दी रूपान्तरण डॉ. भोलानाथ तिवारी की पुस्तक 'अमीर ख़ुसरो और उनका हिन्दी साहित्य' से लिया गया है। मैं डॉ. साहब का बेहद आभारी हूँ।

इस पुस्तक को पढ़ने के दौरान कुछ बातों की ओर ध्यान देना आवश्यक है। सम्पादक जाकिर हुसैन जाकिर और डॉ. शाकिर अली के अतिरिक्त इसमें सम्मिलित समस्त लेख उर्दू से अनुवाद किये गये हैं। अनुवाद के समय बहुत प्रयत्न के बावजूद भी तसव्वुफ़ की कुछ ऐसी शब्दावलियाँ प्रयोग में आयी हैं, जिनका अनुवाद असम्भव था। उन शब्दावलियों का आसान हिन्दी अनुवाद पुस्तक के अन्त में दे दिया गया है। आशा है कि पाठकों को इससे सुविधा होगी। 'अमीर ख़ुसरो का हिन्दवी कलाम' में प्रयुक्त कठिन शब्दों का अर्थ शब्दावली में देना बहुत अच्छा प्रतीत नहीं हो रहा था। इसलिए उनके अर्थों को रचनाओं के नीचे दे दिया गया है। पुस्तक में जितने विद्वानों के लेख सम्मिलित हैं, उनके सन्दर्भ ग्रन्थों की सूची भी लेख के अन्त में सम्मिलित कर दी गयी है। समस्त लेखों में आने वाले महत्त्वपूर्ण व्यक्तियों की सूची अन्त में अत्यन्त सारगर्भित परिचय के साथ प्रस्तुत है। आशा है कि पाठकों को मेरा यह परिश्रम पसन्द आयेगा। उसी प्रकार पुस्तक में जितने भी देशों, नगरों और स्थानों का वर्णन है, उनकी भी सूची सम्मिलित है।

मैं विशेष रूप से संस्कृत के विद्वान और उर्दू के विशेषज्ञ डॉ. शाकिर अली को शतशः धन्यवाद और आभार ज्ञापित करता हूँ, जिन्होंने अपना बहुमूल्य समय निकाला और उर्दू के लेखों का हिन्दी अनुवाद कर अपनी विद्व ता का परिचय दिया। डॉ. अली इसलिए भी धन्यवाद के अधिक पात्र हैं कि उनके प्रयासों से अमीर ख़ुसरो के व्यक्तित्व की नयी परतें खुल कर सामने आयीं, और मूल लेखों की मूल अभिव्यक्ति हिन्दी में भी यथावत बनी रही।

अमीर ख़ुसरो के फ़ारसी कलाम के हिन्दी अनुवाद के लिए मैं शादाब अख़्तर फलाही, मेरे विद्वान मित्र अमीर हम्ज़ा आज़मी, और फ़ारसी के एसोसिएट प्रोफ़ेसर डॉ. फ़ैज़ान हैदर का बेहद आभारी हूँ, जिन्होंने इस पुस्तक में सम्मिलित कुछ बेहद महत्त्वपूर्ण फ़ारसी शेरों का अनुवाद करने में मेरी सहायता की। उन्होंने इस पुस्तक की पाण्डुलिपि को भी देखने का कष्ट उठाया। मैं अपने शुभचिन्तकों का हृदय की गहराइयों से पुनः आभार प्रकट करता हूँ।

डॉ, ज़ियाउद्दीन खाँ वारसी, ज़हीर–उल–बारी, इलियास अहमद एडवोकेट, इरशाद अहमद 'कामिल' एडवोकेट, मसरूर अहमद, शादाब सेहराई और मुसलेहुद्दीन गोरखपुरी ने इस जटिल कार्य को सम्पादित करने में मेरी भरपूर सहायता की। इन सज्जनों की प्रेरणा, उनका सहयोग और इनके उत्साहवर्धन ने मुझे हमेशा ऊर्जावान किया। मैं इनका हृदय से आभार प्रकट करना आवश्यक समझता हूँ। उर्दू त्रैमासिक 'अदबी नशेमन', लखनऊ के सम्पादक डॉ. सलीम अहमद, राष्ट्रीय सहारा के संवाददाता अजय प्रताप सिंह सेंगर, रोज़नामा राष्ट्रीय सहारा लखनऊ के प्रभारी गुफ़रान नसीम, रोज़नामा राष्ट्रीय सहारा, लखनऊ के पूर्व सम्पादक, साहित्यकार, मेरे भाई कुतुबुल्लाह का मैं बेहद आभारी हूँ, कुतुबुल्लाह साहब बीमारी की हालत में भी हमेशा इस पुस्तक की तकमील के लिए मुझे प्रोत्साहित करते रहे।

अन्त में बड़ी कृतघ्नता होगी, अगर मैं अपनी पत्नी नुसरत जहाँ को धन्यवाद ज्ञापित न करूँ, जिन्होंने लैपटाप पर मेरी लम्बी बैठकों को बिना रोक–टोक चलने दिया। इस दौरान वे बड़ी ख़ामोशी से ग्रीन लिप्टन की अच्छी चाय बनाकर प्रस्तुत करती रहीं। विलियम डेलरिंपल के जिन्न की तरह उन्हें मैंने हमेशा अपने आसपास महसूस किया। मैं अपने छोटे भाइयों फख़रूद्दीन अली और जमाल अख़्तर एडवोकेट, राजनीति शास्त्र की एसोसिएट प्रोफ़ेसर मेरी बहन हिजाब ख़ातून हैदर का भी बेहद आभारी हूँ। 'गुलशन–ए–हैदर' के महत्त्वपूर्ण पौधे मेरी पुत्रियाँ निदा हुसैन, नवबहार, नौशीन फ़ातिमा और मेरे पुत्र नज्म–उस–साक़िब और नूर अंजुम के अनकहे सहयोग ने मुझे बहुत आकर्षित किया। मुझे आशा है कि ये नये पौधे गुलशन में ख़ूब रंग भरेंगे।

देवरिया
21 मार्च, 2020

ज़ाकिर हुसैन ज़ाकिर

विशेष आभार

मैं इस पुस्तक के प्रकाशन के लिए वाणी प्रकाशन ग्रुप के चेयरमैन और एक प्रकाशक से अधिक एक साहित्य प्रेमी श्री अरुण माहेश्वरी का विशेष रूप से आभार प्रकट करना चाहता हूँ। यदि अमीर ख़ुसरो के व्यक्तित्व में उनकी विशेष रुचि नहीं होती तो इस पुस्तक का प्रकाशन सम्भव नहीं होता। मैं चाहता हूँ कि मेरे शब्द केवल औपचारिक न रह जायें। बल्कि उन शब्दों में मेरे दिल का अक्स नज़र आये।

अरुण माहेश्वरी जी आज भारत के अग्रणी प्रकाशक हैं, उनकी साहित्यिक चेतना वाणी द्वारा प्रकाशित पुस्तकों के सौन्दर्य और उनकी कलात्मकता में झलकती है। एक बार पुनः मैं उन्हें धन्यवाद देना अपना कर्तव्य समझता हूँ।

मैं अदिति माहेश्वरी–गोयल का भी अत्यन्त कृतज्ञ हूँ। जिन्होंने इस पुस्तक के प्रकाशन में विशेष रूचि दिखाई। वे एक उच्चशिक्षित सम्पादक हैं। मैं उनकी सम्पादकीय टीम के सभी कर्मयोगियों का तहे दिल से आभार प्रकट करना चाहता हूँ। वास्तव में ये कर्मयोगी ही वाणी के वास्तविक कर्णधार हैं।

ज़ाकिर हुसैन ज़ाकिर

देवरिया
12 फ़रवरी, 2021

क्यों आती है अमीर ख़ुसरो की याद!

ज़ाकिर हुसैन ज़ाकिर

लगभग सात सौ वर्ष पूर्व जन्मे अमीर ख़ुसरो को अभी तक ठीक से समझा नहीं गया। इसके पीछे एक विशेष बात तो यह हो सकती है कि, जैसे निदा फ़ाज़ली ने कहा–

हर आदमी में होते हैं दस बीस आदमी।
जिसको भी देखना हो कई बार देखना।।

परन्तु अमीर ख़ुसरो को समझने के सिलसिले में प्रख्यात उपन्यासकार और चिन्तक इन्तज़ार हुसैन की बात सबसे सटीक मालूम होती है। उनका कहना है कि प्रारम्भिक दौर से ही ख़ुसरो का व्यक्तित्व दो भागों में बँट गया। एक वह है, जिसमें ख़ुसरो फ़ारसी के महान कवि और सूफ़ी नज़र आते हैं। दूसरा, देसी अमीर ख़ुसरो, जो हिन्दवी का महान कवि है, राजनीतिज्ञ है, जो घोर दुनियादार और संगीत प्रेमी है, जिसने दर्जन भर रागों और वाद्ययन्त्रों का आविष्कार किया, जो हिन्दवी में दोहे, पहेलियाँ और फ़ारसी मिश्रित ग़ज़लें लिखता था। उसका हिन्दवी कलाम आम आदमी, नानबाइयों, किसानों उनकी पत्नियों, भिखारियों और चरवाहों तक को याद थे। ऐसे देसी अमीर ख़ुसरो को एक भाग ने पूरी तरह गायब कर दिया। इस अमीर ख़ुसरो को गायब करने वालों का कहना था कि वह हिन्दवी कलाम चलते–फिरते कह दिया करते थे। उनका हिन्दवी कलाम नक़ली और व्यर्थ है। वह हिन्दवी को लेकर संजीदा नहीं थे, या यह कि उसे वह महत्त्व ही नहीं देते थे।

अमीर ख़ुसरो की मातृभाषा हिन्दवी थी। इसलिए उनकी हिन्दवी शायरी फ़ारसी शायरी से अधिक लयबद्ध, संगीतमय और आकर्षक है। उसमें बहाव है और वह लोक अभिरुचि से अधिक निकट है। अमीर ख़ुसरो से पूर्व भी हिन्दवी में कविताएँ कही गयीं परन्तु उस हिन्दवी में

लयबद्धता और तरन्नुम की कमी प्रतीत होती है। अमीर ख़ुसरो का कमाल यह है कि उन्होंने हिन्दवी में फ़ारसी और अरबी की शब्दावली और व्याकरण को सम्मिलित करके उसे अधिक संगीतमयता और शुद्धता के साथ प्रस्तुत किया, जिससे ऐसा प्रतीत होता है कि उनकी हिन्दवी कविता बाद के काल में रची गयी है।

अमीर ख़ुसरो ने हिन्दवी में बहुत अधिक और लोकप्रिय शायरी की। आज उनकी जो भी हिन्दवी शायरी उपलब्ध है, उसे हम केवल इस आधार पर रद्द नहीं कर सकते कि उसकी कोई ऐतिहासिक प्रामाणिकता या सन्दर्भ उपलब्ध नहीं है। सबसे बड़ी प्रामाणिकता जनमानस की स्मृतियाँ हैं, जिनमें यह बहुमूल्य और अमर रचनाएँ सुरक्षित रही हैं, और पीढ़ी–दर–पीढ़ी स्थानान्तरित होती हुई हमारे पास तक पहुँची हैं। लोकमानस की स्मृतियों में उनकी रचनाएँ सुरक्षित रहीं, इससे हम उसके महत्त्व का आकलन कर सकते हैं।

अमीर ख़ुसरो के व्यक्तित्व को समझने के लिए उनके हिन्दवी काव्य को पढ़ना अति आवश्यक है। हिन्दवी रचनाएँ उनके जीवन का मूलमन्त्र हैं। वे पाठकों को वास्तविक अमीर ख़ुसरो से परिचित कराती हैं। हिन्दवी रचनाओं को उन्होंने दिल की गहराइयों से लिखा। ये रचनाएँ ग़रीबों, किसानों और समाज के निचले वर्गों के लिए लिखी गयी, वही रचनाएँ हैं, जो हमें दिल्ली के किसी गुमनाम मोहल्ले की नुक्कड़ पर भाँग, पान और खाने–पीने की छोटी–सी दुकान चलाने वाली बी चम्मो भटिहारिन से परिचित कराती हैं। बी चम्मो, जो प्रायः मुहल्ले में ख़ुसरो के आते–जाते अनुनय विनय करती रहती कि वे उसके लिए भी कुछ लिख दें, ताकि उसका नाम भी इतिहास में अमर हो जाय। ख़ुसरो ने लिखा–

औरों की चौपहरी बाजे चम्मो की अठ पहरी
बाहर का कोई आये नाहीं आयें सारे शहरी
साफ़ सूफ कर आगे राखे जामें नाहीं तूसल
औरों के जहाँ सींग समावे चम्मो के वाँ मूसल

उनकी रचनाएँ किसानों की उन पत्नियों से भी परिचित कराती हैं जो कुएँ पर पानी भरने आयीं और ख़ुसरो को देख कर पहचान गयीं। उनमें से एक ने कहा, अरे ये तो खुसरूआ है, वही जो कवित्त कहता है। औरतों ने उनसे हँसी, ठिठोली करना प्रारम्भ कर दिया। जब ख़ुसरो ने पानी माँगा तो उन्होंने शर्त रखी कि सब के लिए एक –एक दोहरा कहें, तो मिलेगा पानी।

उन्होंने खीर, चरखा, कुत्ता और ढोलक शीर्षक दिया। सारे शीर्षकों को मिला कर ख़ुसरो ने ये दोहरा कह दिया–

खीर पकाइ जतन से, औ चरखा दिया चलाय।
आया कुत्ता खा गया, तू बैठी ढोल बजा
ला पानी पिला!

हिन्दवी को उर्दू में परिवर्तित करने के दौरान भले ही हम इन लोक कविताओं को अप्रमाणिक कर दें तो भी यह जनमानस की स्मृतियों से दूर नहीं होने वाली, क्योंकि अन्ततः यह जिनके लिए लिखी गयी थीं, वे उन्हें भूल नहीं सके और हुआ भी ऐसा ही। यह आश्चर्यजनक है कि उन रचनाओं को जिन्हें हम अप्रमाणिक कह चुके थे, बी चम्मो भटिहारिन और किसानों की पनिहारिन पत्नियों की आने वाली नस्लों ने याद रखा। उनकी ज़िम्मेवारी भी थी, कि वे याद रखें। यह लिखी भी तो उन्हीं के लिए गयी थीं।

सल्तनत काल में हिन्दवी को सरकारी संरक्षण प्राप्त नहीं था। यह भाषा साधारण, मध्यवर्गीय और निम्नवर्गीय समाज में बोली जाती थी। इसलिए ख़ुसरो ने जिस हिन्दवी भाखा में कविता की, उसमें उन्हें किसी लालच या पद की इच्छा नहीं थी। उन्होंने आत्मसन्तुष्टि के लिए हिन्दवी में शायरी की। इसलिए भी उन्होंने उसके प्रकाशन की आवश्यकता नहीं समझी। उन्होंने स्वयं भी स्वीकार किया है कि उन्होंने हिन्दवी में कुछ कविताएँ कीं परन्तु उन्हें दोस्तों को दे दिया।

"जुज़्व ए चंद नज़्म ए हिन्दवी नज़्रे ए दोस्ताँ
कर्दा शुदा अस्त"

अर्थात हिन्दवी में कुछ कविताएँ कहीं और उन्हें अपने दोस्तों को दे दिया।

यह बात उन्होंने 42 वर्ष की आयु में कही थी। इस वाक्य को हमें उनके पूरे जीवन काल पर लागू नहीं करना चाहिए। बहुत सम्भव है कि 50 वर्ष उन्होंने हिन्दवी में बहुत अधिक कविताएँ कही हों और 60 के बाद 74 वर्ष तक, जब तक वे जीवित रहे, उनकी चन्द कविताओं वाली धारणा ढेरों में बदल गयी हो। अमीर ख़ुसरो के पहले जीवनीकार शिब्ली नोमानी ने फ़ारसी साहित्य के इतिहास पर अपने पाँच खण्डों में लिखे ग्रन्थ 'शेर–उल–अज़म' में तकी ऊहदी किरमानी के ग्रन्थ 'अरफ़ात–उल–आशिक़ीन' के हवाले से कहा है कि अमीर ख़ुसरो के हिन्दवी कलाम की संख्या 3 से 4 लाख पद थी।

इसे आलोचक शम्सुर्रहमान फ़ारूक़ी अतिशयोक्ति बताते हैं। परन्तु एक बात जो सच है, वह यह कि उनकी हिन्दवी की कोई प्रकाशित कृति उपलब्ध नहीं है।

ख़ुसरो के हिन्दवी कलाम की हस्तपाण्डुलिपि से सबसे पहले हमारा परिचय एक ऑस्ट्रियाई पूर्वी भाषाओ का विद्वान लेखक डॉ. एलवास स्प्रेंगर कराता है। जिसने 1854 में कलकत्ते से प्रकाशित होने वाले 'बंगाल एशियाटिक सोसाइटी जरनल' में ख़ुसरो की कुछ हिन्दवी पहेलियों को अपने शोध प्रबन्ध के साथ सम्मिलित करके प्रकाशित कराया था। वह 1845 में ईस्ट इंडिया कम्पनी में डायरेक्टर के पद पर तैनात होकर भारत आया था। बाद में उसे दिल्ली भेजा गया जहाँ उसे दिल्ली कॉलेज का प्रिंसिपल नियुक्त किया गया। दो बर्ष बाद उसकी तैनाती लखनऊ में हो गयी, जहाँ वह शाही पुस्तकालय में रखी हुई पुरानी पुस्तकों और हस्तपाण्डुलिपियों की सूची तैयार करने लगा। उसके दो वर्ष बाद उसकी नयी तैनाती मद्रास के मदरसा आलिया के प्रिंसिपल के पद पर हो गयी, इसी दौरान उसे बंगाल एशियाटिक सोसाइटी का सचिव भी चुन लिया गया। इस पद पर रहते हुए उसने कई अन्य हस्तपाण्डुलिपियाँ का भी प्रकाशन कराया। वह 1956 तक भारत में रहा। सबसे दिलचस्प पहलू यह है कि जब वह जर्मनी वापस गया तो उसके पास विभिन्न भारतीय भाषाओं की 1972 हस्तपाण्डुलिपियां थीं। क्या पता इन हस्तलिखित पाण्डुलिपियों में ख़ुसरो के हिन्दवी कलाम का ज़ख़ीरा भी मौजूद हो। स्प्रेंगर की मृत्यु 1882 में हुई। भारत से जाने के बाद वह जर्मनी विश्वविद्यालय में पूर्वी भाषाओं का प्रोफ़ेसर नियुक्त हुआ। इस पद पर उसने 20 वर्षों तक निरन्तर कार्य किया। उसकी मृत्यु के बाद कम–से–कम 6 भारतीय शोधकर्ताओं ने उसके द्वारा ले जायी गयी पाण्डुलिपियों की खोज में जर्मनी की विभिन्न लाइब्रेरियों की ख़ाक छानी, परन्तु उनमें केवल एक प्रो. गोपीचन्द नारंग को कुछ पहेलियाँ मिलीं जिन्हें उन्होंने अपनी पुस्तक 'अमीर ख़ुसरो का हिन्दवी काव्य' में सम्मिलित किया है।

अमीर ख़ुसरो ने फ़ारसी, अरबी, हिन्दवी का शब्दकोश 'ख़ालिक़ बारी' के नाम से तैयार किया था। जिसके बारे में कहा जाता है कि–

एक लाख ऊँट सवा लाख गाड़ी
तेहि पर लादी ख़ालिक बारी

आज ख़ालिक बारी के केवल 215 छन्द उपलब्ध हैं। आश्चर्य होता है कि यह 215 छन्द भी जनमानस की यादों के सहारे हम तक पहुँचे हैं।

कोई रचना पीढ़ी–दर–पीढ़ी केवल जनमानस की स्मृतियों के सहारे हम तक पहुँचे, यह स्वयं में बड़ी उपलब्धि है।

13वीं–14वीं शताब्दी का दिल्ली नगर विश्व के समृद्धशाली नगरों में से एक था। इस नगर में धन की वर्षा हो रही थी। चारों ओर से हर तरह के लोग दिल्ली की ओर खिंचे चले आ रहे थे। यहाँ अच्छे संगीतकारों, गायक, गायिकाओं और नर्तकियों का जमावड़ा था। उसी प्रकार चोर, उचक्के, पाकेटमार, नशेड़ी गंजेड़ी और चरसी भी भरे पड़े थे। यहाँ अनैतिक लोगों की जितनी बड़ी संख्या थी, उससे भी अधिक संख्या में धार्मिक लोग निवास करते थे। सूफ़ी, सन्त और धार्मिक उलेमा की बड़ी संख्या उन लोगों को सीधे रास्ते पर लाने के लिए मौजूद थी, जिनका धर्म–कर्म से कोई बहुत अधिक लगाव नहीं था और जो जीवन को केवल जीने के लिए जीते थे।

दिल्ली के तुर्की सुल्तान चाहते थे कि ईरान, खुरासान, बुख़ारा, नेशापुर और समरकन्द से बड़ी संख्या में अच्छी नस्ल के लोग भारत आये। उन्हें अच्छे कलाकार, बहादुर सिपाही और निर्माण मज़दूरों की आवश्यकता थी। व्यापारी और समृद्धशाली लोग केवल तातरियों और मुग़लों के आक्रमण से सुरक्षित रहने के लिए दिल्ली में आबाद हो रहे थे। कुछ व्यापारी अपने परिवार को दिल्ली में किराये के मकान में छोड़कर चले जाते थे। दिल्ली के सुल्तान कुछ बड़े व्यापारियों को दिल्ली में व्यापार करने के लिए भत्ता भी देते थे। सुल्तान ग़यासुद्दीन बलबन और अलाउद्दीन ख़िलजी ने विशेष रूप से खुरासान और तुर्किस्तान से अच्छी नस्ल के सिपाहियों और राजनीतिज्ञों को दिल्ली में बसने के लिए आमन्त्रित किया। ऐसे में ईरान और खुरासान से लाखों की संख्या में आने वाले व्यापारियों और सिपाहियों को दिल्ली के बाज़ार में हिन्दवी बोलने वाले स्थानीय लोगों से सम्पर्क साधने में भारी समस्या उत्पन्न हो रही थी, जिसके मद्देनज़र अमीर ख़ुसरो ने यह सरल शब्दकोश तैयार कर दिया था। उसके कुछ एक नमूने देखिए–

वालिद बाप बेटा फरजंद
दुख्तर बेटी सिख है पंद

आतिश आग आब है पानी
ख़ाक धूल जो बाव उड़ानी

सोवा सरीचा ममोला जान
कौवा जाग कुलाग पछान

मुश्क औ काफ़ूर है कस्तूरी कपूर
हिन्दवी आनन्द शादी औ सुरूर

पीला नीला ज़र्द कबूद
आनो बानो तार ओ पूद

मर्द है मनुष जन है इस्तरी
कहत काल वबा है मरी

खुसरो ने अपनी हिन्दवी रचनाएँ भले प्रकाशित न कराई हो परन्तु आज वे केवल और केवल हिन्दवी रचनाओं के कारण ही जीवित हैं। वे जीवित हैं, उन क़व्वालियों और गीतों के कारण जो हज़रते शेख़ निज़ामुद्दीन औलिया के अनुरोध पर समाअ की महफ़िलों में गाये जाने के लिए लिखी गयी थीं, जिन्हें सामत क़व्वाल ने ख़्वाजा के सामने गाया, और जिसे उसके बाद के कव्वालों ने अपनी डायरी में सुरक्षित कर लिया। इसी प्रकार उनकी कहावतें, पहेलियाँ और मुकरियाँ किसी न किसी प्रकार जनमानस के संस्मरणों में सुरक्षित पीढ़ी–दर–पीढ़ी होती हुई, हम तक पहुँची हैं। यह बहुत हद तक सम्भव है कि जैसे–जैसे प्राचीन शब्दों में शुद्धता आती गयी लोगों ने उसके अनुरूप उनकी रचनाओं की शब्दावली में भी परिवर्तन कर लिया हो और भाषा में सफ़ाई आती चली गयी हो, परन्तु भाषा तो मराठी कवि और सन्त नामदेव के इस दोहे की भी बहुत साफ़ है। सन्त नामदेव ख़ुसरो के समकालीन थे।

माई न होती बाप न होते करम न होता काया।
हम नहीं होते तुम नहीं होते कौन कहाँ से आया।।

ख़ुसरो की यह ग़ज़ल देखिए–

जब यार देखा नैन भर, दिल की गयी चिन्ता उतर।
ऐसा नहीं कोई अजब राखे उसे समझाय कर।।

अमीर ख़ुसरो से पूर्व जिन सन्तों और सूफ़ियों ने हिन्दवी में शायरी की उनमें मसउद साद सलमान, चन्दबरदाई, बाबा फ़रीद गंजशकर उनके भांजे और दामाद अलाउद्दीन अली अहमद साबिर कलियरी, शेख़ बूअली

क़लन्दर मख़दूम, जगनिक भांट, शेख़ शर्फुद्दीन यहया मुनीरी और शेख़ सिराजुद्दीन उस्मान के हिन्दवी दोहे और महाकाव्य देखा जा सकता है। ख़ुसरो से पूर्व बूअली क़लन्दर के ये हिन्दवी दोहे बहुत प्रसिद्ध हैं।

सजन सकारे जायेंगे और नैन मरेंगे रोय।
बुधना ऐसी रैन कर भोर कधी न होय।।
साहिरे न मानियो पीउ के नैन पांव।
किह न पूछी बातरी धनी सुहागन नांव।।

साबिर कलियरी का दोहा—

इस तरह इस में डूब ऐ साबिर
कि बजुज़ होके गैर हो न रहे

शेख़ शर्फुद्दीन यहया मनीरी के दोहे की भाषा भी बहुत साफ़ और निखरी हुई है—

काला हंसा निरमले बसे समुन्दर तीर।
पंख पसारे बिख (बिस) हरे निर्मल करे सरीर, दर्द रहे न पीर
शर्फ़ हर्फ़ मायल कहें दर्द कुछ न बसाय।
गर्द छूएँ दरबार की सो दर्द दूर हो जाय।।

केवल उत्तरी भारत में नहीं अपितु दक्षिण में भी मराठी के साथ हिन्दवी में काव्य रचना हो रही थी। दक्षिण भारत में सन्त नामदेव, सन्त ज्ञानेश्वर और उनकी बहन मुक्ताबाई के नाम बहुत महत्त्वपूर्ण हैं जो बहुत साफ़ सुथरी भाषा में काव्य रचना कर रहे थे। इन सन्तों ने जो दोहे कहे उससे हिन्दवी के उठान का पता लगाया जा सकता है—

सन्त ज्ञानेश्वर—

सब घट देखी माणिक मौला
कैसे कहूँ मैं काला धौला
पंच रंग से न्यारा होये
लेना एक और देना दोय
दुनिया तज कर ख़ाक रमाई
जाकर बैठा वन में

मुक्ताबाई का पद देखिए—

वाह वाह साहब जी, सदगुरु लाल गोसाईं जी
लाल बीच मौवा डला, काला ओंठ पठसों काला
पीत उनमनी भरमर गनफारस फूलन वाला

सदगुरु चेले दिनों बराबर एक दस्तयूँ भाई
एक से एक दर्शन पये महाराज मुक्ता बाई

इसी प्रकार सन्त नामदेव जिनका एक दोहा ऊपर दिया जा चुका है। उनकी पदावली भी हिन्दवी–फ़ारसी मिश्रित है–

कहिया करूँ जाती, कहाँ करूँ पाती
राम का नाम जपूँ दिन राती
मैं अँधले की टेक तेरा नाम है खन्दकार
मैं ग़रीब मिस्कीन तेरा नाम है उधार
करीमा, रहीमा, अल्लाह तूँ गनी
हाज़िरा हुज़ूर दर पेश तूँ मणी
तूँ दाना, तू बीना, मैं विचारो क्या करी
नामे चे स्वामी बख़्शन्द तू हरी

अमीर ख़ुसरो के समकालीन और उनके मित्र अमीर हसन सिज्जी भी हिन्दवी में शायरी कर रहे थे उनकी फ़ारसी मिश्रित एक ग़ज़ल का यह शेर बहुत प्रसिद्ध है–

जब ते सफ़र पी ने किया तब ते ग़रीब आवारा हूँ।
पी बेग ही आया करें या मुझ को ले बुलवाय कर।।

ठीक उसी काल में कलिंजर राजदरबार में रहने वाले जगनिक भाँट का ये दोहा प्रसिद्ध हुआ। उनका महाकाव्य 'आल्हा ऊदल' गाँवों में आज भी प्रचलित है–

बारह बरिस लै कूकर जियें
औ तेरह ले जियें सियार
बरिस अट्ठारह क्षत्रिय जियें
आगे जीवन को ही धिक्कार

चन्दबरदाई के कुछ छन्द प्रस्तुत है। चन्दबरदाई 12वीं शताब्दी के कवि हैं।

जब ते लागो नेहू चन्द बदनाम है
आँसू नैन चुचात आठु ही जाम है
जगत माहिं जे बुधिवान सभ कहत है
हो नेही सकले संग नाम ते रहत है

अन्तरि बाहरि चन्द एक सा होइए
मोती पाथर एक ठउर नहीं पाइए

हिये खोटू तन पहर लिबास दिखाइए
हो परगट होइ निदान अन्त पछुताइए

वर्तमान काल के शुद्धतावादी साहित्यकारों और आलोचकों ने अपने समय की नैतिकता और परम्पराओं की कसौटी पर ख़ुसरो की हिन्दवी रचनाओं को कसा तो देखा कि उनकी हिन्दवी कविता में अश्लीलता का पुट है। कई दोहे द्विअर्थी हैं, पहेलियों में यौन अभिव्यक्ति है। उनकी मुकरियों में सीधे–सीधे अश्लीलता और नग्नता परोसी गयी है। इस आरोप के बाद ख़ुसरो की लगभग समस्त हिन्दवी रचनाएँ बहस के दायरे में आ गयीं। उस पर लम्बे–लम्बे निबन्ध और शोधपत्र लिखे गये और व्याकरण पर बहसें की गयीं और उन्हें ख़ारिज कर दिया गया। फिर भी लोग हैं कि उनकी एक नहीं सुनते। जिन पहेलियों और मुकरियों पर नग्नता का आरोप है उनमें कुछ नीचे दी जा रही हैं–

पहेली (चूड़ियाँ)–

चटाख पटाख कब से, हाथ पकड़ा जब से

पहेली चौकी–

एक नार जब बनकर आवे
मालिक को अपने उपर बुलावे
है वह नारी सब के गौं की
ख़ुसरो नाम लिए तो चौकी

या यह मुकरी हार देखिए–

सगरी रैन छतियन पर राखा
रंग रूप सब वाका चाखा
भोर भई जब दिया उतार
ए सखी साजन ना सखि हार

ये दो मुकरियाँ राम पर हैं–

बखत बेखत मोएँ वाकी आस
रात दिना वह रहवत पास
मेरे मन को करत सब काम
ऐ सखी साजन ना सखि राम

तन मन धन का वह है मालिक
वाने दिया मेरे गोद में बालक

वासे से निकसत जी को काम
ऐ सखि साजन ना सखि राम

इसी प्रकार कुछ एक मुकरियाँ यहाँ उल्लेखनीय हैं–

सारी रैन मोरे संग ही जागा
भोर भये तो बिछुड़न लागा
वाके बिछुड़त फाटे हिया
ऐ सखि साजन ना सखि दिया

द्वारे मोरे अलख जगावे
भभूत बिरह के अंग लगावे
सिंगी फूँकत फिरै वियोगी
ऐ सखि साजन ना सखि जोगी

अमीर ख़ुसरो की हिन्दवी शायरी में झूला, चूडियाँ, चरखा, डोली, चौसर, चुनरी, केला, लहँगा, तेल, सुनार, रैन, नैन, सखि, साजन आदि हज़ारों–हज़ार शब्दों का प्रयोग हुआ है, जो 700 वर्ष पूर्व जनमानस की आम भाषा में सम्मिलित थे। प्रख्यात साहित्यकार प्रो. गोपीचन्द नारंग ने अपनी पुस्तक 'अमीर ख़ुसरो का हिन्दवी काव्य' में शुद्धतावादी आलोचकों के इस रवैये को अतिवाद कहा है। वे इस बात पर ज़ोर देते हुए कहते हैं कि 700 वर्ष पूर्व के मूल्यों को वर्तमान की कसौटी पर कसना अन्यायपूर्ण है। उन्होंने कहा है कि ख़ुसरो की हिन्दवी शायरी भारतीय लोक परम्पराओं के अनुरूप है। किसी भी देश और समाज में जो लोक साहित्य होता है, उसमें मनोविनोद और मनोरंजन का पुट सम्मिलित होता है। उस परम्परा की कविता को नैतिक मानदण्डों पर परखते हुए असाहित्यिक कहना अनुचित होगा। जबकि ख़ुसरो की फ़ारसी शायरी में हिन्दवी से भी अधिक अश्लीलता का वर्णन है, जिसे प्रायः अध्यात्म से जोड़ दिया जाता है। उनकी फ़ारसी ग़ज़लों और मसनवियों में प्रेमिका के बदन, उसके उतार–चढ़ाव और प्रेमी के साथ उसके अंतरंग सम्बन्धों का विस्तृत वर्णन मिलता है। यहाँ उनके कुछ चुने हुए फ़ारसी शेरों को प्रस्तुत किया जाना आवश्यक प्रतीत होता है–

सर बर खुमार शब ब किनार कि बुदइ
लबहा फ़िगार हमदम व यार कि बुदइ

सुन्बुल ज़े ताब रफ़्ता व नर्गिस ब ख़्वाबे नाज
शब ता बरोज़ बादा गुसार कि बुदइ

अर्थात पिछली रात तू किस के पहलू में सोया था। अब तक तेरा सिर नशे से भारी है। तू बताता क्यों नहीं है कि रात में किस के घर में ठहरा था कि तेरे होंठ घायल हो गये हैं।

आरास्ता व मस्त दर आग़ोश कि खुफ़्ती
ई बख़्त करा बूद ब फ़रमान कि बूदी

जूअदत कि ग़ज़ीदस्त व लबत रा कि कशीदस्त
पेशिश कि निशस्ती शब व मेहमान कि बूदी

अर्थात कल तुम बन ठन कर पूरी तरह मस्त होकर किस के बगल में सोया रहा। वो कौन भाग्यशाली था जो तेरे शरीर और मन पर राज कर रहा था। किसने तेरी ज़ुल्फ़ें खींचीं और तेरे होंठों को काट डाला तू कहाँ था और किसका अतिथि बना बैठा था।

ए मन ग़ुलामे शकलत चूँ दर ख़ुमार बाशी
ने रवी ख़्वाब शुस्ता ने बेमूय कर्दा शाना

अर्थात मैं तेरी उस सूरत पर मर--मिटता हूँ जब तू नशे की हालत में सोकर उठता है। जब न मुँह धुला हो और न बालों में कंघी की हो।

तने मन ख़ाके रह शुद रन्जा कुन पाये
तुरा हम जेरे पा आख़िर ज़मीनी अस्त

अर्थात मेरा बदन तेरे रास्ते की मिट्टी हो गया है। अब तू कृपा करके उस पर अपने सुन्दर पैर रख दे। आख़िर तेरे पैर के नीचे ज़मीन ही तो है।

जान जि नज़्ज़ारा खराब व नाज़ उ जि अन्दाज़ा बेश
मा बबूयी मस्त व साक़ी पर दहद पैमाना रा

अर्थात मैं अपनी प्रेमिका के सौन्दर्य को देख कर ही मस्त हो जाता हूँ। उसके नखरे तो बहुत अधिक हैं। मैं शराब की महक से ही मस्त हो गया हूँ, और साक़ी है कि बार–बार शराब का प्याला मेरे आगे बढ़ा रहा है।

इमशब के आमदी ब खानए मन
शमा रा मी कुशम कि महताब अस्त

अर्थात आज रात मेरा प्रेमी मेरे घर आया हुआ है ऐसे में मैं सोचता हूँ कि चिराग़ बुझा दूँ, जब एक चाँद घर पर है, तो दूसरे की क्या आवश्यकता।

लबत दर ख़्वाब मी बोसीदम इमशब बूलअजब कारी
कि मय दर ख़्वाब ख़ुरदम ई ज़माँ मस्तम ब बेदारी

अर्थात रात मैंने सपने में अपने प्रेमी के होंठ चूम लिये, परन्तु आश्चर्य की बात है कि शराब सपने में पिया और जागने के बाद भी नशे में हूँ।

शब आमदी दह द गुफ़्तम बकस वले चे कुनम
कि बूये ज़ुल्फ ब हमसाया कर्द गम्माज़ी

अर्थात जब रात में मेरा पी मेरे घर आया तो मैंने तो उसके आने का समाचार किसी से नहीं कहा परन्तु उसके शरीर और बालों की गन्ध ने पड़ोसियों को सूचित कर दिया।

मन तू शुदम तू मन शुदी मन तन शुदम तू जान शुदी
ता कस न गोयद बाद अजाँ मन दीगरम तू दिगरी
ख़ुसरो ग़रीब अस्त व गदा उफ़्तादा दर शहर शुमा
बाशद कि अज बहरे ख़ुदा सूवी ग़रीबाँ ब निगरी

अर्थात मैं तू बन गया और तू मै बन गया। मैं शरीर बन गया और तू मेरी आत्मा बन गया। अब इसके बाद कोई यह न कहे कि मैं कोई और हूँ और तू कोई और। ख़ुसरो एक अजनबी फ़क़ीर है जो तेरे नगर में आ पड़ा है क्या तू अजनबियों की ओर दृष्टि नहीं करता है।

बरो ए बाद बोसे जन बर आन पाये
व गर चीज़े नगोयद बर दहान हम

अर्थात ऐ हवा, जाओ और मेरे प्रेमी के पाँव चूम लो। अगर वह पाँव चूमने से नाराज़ न हो तो उसका मुँह भी चूम लेना।

अबर मी बारद व मन मी शवम अज यार जुदा
चूँ कुनम दिल ब चुनी रोज ज़े दिलदार जुदा

अर्थात ख़ूब वर्षा हो रही है और मैं अपने प्रिय से जुदा हो रहा हूँ। ऐसे समय में मैं किस प्रकार अपने मन को सान्त्वना दूँ।

शख़्सम जईफ़ व दीदातर, ज़ाँ रेसमाँ व ज़ीन गुहर
एनक मुहैया शुद कमर, लागर मयाने मन कुजा

अर्थात यह मेरा कमज़ोर शरीर और रोती हुई आँखें हैं। पतली कमर वाला मेरा प्रेमी कहाँ है, देखो मेरी आँखों से निरन्तर मोती की लड़ी निकल रही है, इससे तुम अपनी कमर की पेटी तैयार कर लो।

ज़हे दीदा कज़ शोख़ी व चाबुकी
कुजा मी नुमायद कुजा मी ज़नद

अर्थात तेरे मस्त नयनों का चुलबुलापन और तेरी चंचलता मुझे बहुत प्रिय है, तेरे नयन देखते कहीं और हैं, परन्तु वार कहीं और करते हैं।

शब ज़े मस्ती चश्म तू शमशीर मिज़गाँ बर कशीद
ख़्वास्त बर खुसरो ज़िन्द कश दरमियान बगरीफ़्त ख़्वाब

अर्थात रात तेरी मस्त आँखों ने अपनी पलकों को उठा कर चाहा कि खुसरो पर आक्रमण करें परन्तु बीच में ही उन्हें नींद आ गयी और मैं तेरे वार से बच गया।

फ़ारसी में यह वर्णन केवल ख़ुसरो की शायरी तक सीमित नहीं है बल्कि उनके पूर्ववर्ती 11वीं और 12वीं शताब्दी के फ़ारसी कवियों के यहाँ भी ख़ूब पाया जाता है। कमाल अस्फ़हानी की ग़ज़लें प्यार व मुहब्बत के दृश्यों के वर्णन से भरी पड़ी हैं, जिनकी व्याख्या महान कवि शेख़ सादी की ग़ज़लों में अत्यन्त मधुरता के साथ की गयी है। प्रेमिका से मिलन और वियोग का जो रोमांचक विवरण शेख़ सादी की ग़ज़लों में मिलता है। उन ऊँचाईयों तक पहुँचने के लिए बाद के कवियों ने बहुत ज़ोर मारा। यदि वे वहाँ तक पहुँच गये, तो ये उनके लिए एक प्रमाण पत्र जैसा होता था। प्रो. नारंग कहते हैं कि यौन अभिव्यक्ति की परम्परा केवल अरब ईरान में ही नहीं बल्कि प्राचीन भारतीय परम्परा का भी अंग रही है, जो हमारी सामूहिक चेतना का अंग है। यहाँ शेख़ सादी की ग़ज़लों से कुछ अश'आर प्रस्तुत हैं–

गर क़दम बर चश्मे मन ख्वाही नेहाद
दीदा बर रह मी नेहम जा मी रवी

सर्व सीमीना बसेहरा मी रवी
नेक बद अहदी कि बी मा मी रवी

अर्थात अगर तू मेरे नयनों पर पैर रख कर भी आना चाहे तो तेरा स्वागत है। मैं तेरे स्वागत में अपनी पलकें बिछा दूँगी। ताकि तू उन पर से गुजर जाये। ऐ मेरे प्रिय तू कितना बेवफ़ा है, मुझे साथ लिए बिना अकेले जा रहा है।

हदीसे इश्क़ चे कशी कि दर हमा उम्र
ब सर न कोफ़ता बाशद दरे सराय रा

अर्थात प्यार–मुहब्बत का मज़ा वह व्यक्ति क्या जाने जिसे सम्पूर्ण जीवन में प्रियतमा की चौखट पर अपना सिर टकराने का सौभाग्य ही न प्राप्त हुआ हो।

बमन ईं नज़र गुनाह अस्त व बेगुनाह दारम
चे कुनम नमी ते अनम कि नज़र निगाह दारम

चे शब अस्त पार रब इमशब कि सितारा ए बरामद
कि दिगर न इश्क़े ख़ुर्शीद व न मेहरो माह दारम

अर्थात यदि मेरे लिए अपने प्रियतम को देखना पाप है तो मैं ये पाप कई बार कर चुका हूँ। इस सम्बन्ध में मैं विवश हूँ। मेरे सामने मेरा प्रियतम आये और मैं उसे न देखूँ यह असम्भव है। ऐ मेरे ख़ुदा, आज की रात बहुत सुन्दर है कि आज की रात मेरे प्रियतम का दीदार हुआ। ऐसी रात में जबकि मेरा प्रियतम मेरे साथ है, मेरे लिए चाँद और सूर्य का कोई महत्त्व नहीं रह गया है।

हमा अज दस्त गैर नाला कुनन्द
सादी अज दस्त ख्वेस्तन फ़रियाद

अर्थात लोग दूसरों द्वारा दी गयी समस्याओं और कठिनाइयों से संकट में रहते हैं। सादी ऐसा व्यक्ति है जो स्वयं से ही छुटकारा पाना चाहता है।

इस अवसर पर कमाल अस्फ़हानी के भी कुछ अश'आर प्रस्तुत करना आवश्यक हैं–

अज़ चश्मे नीम ख़्वाबे तू इमरोज़ रौशन अस्त
आँ नालहा कि दर ग़मे तू दोश कर्दा एम

बूद हमेशा जाने मन रस्म तू बेगुनह कूशी
हेच नमी कुशी मरा मन चे गुनाह कर्दा एम

अर्थात तुम्हारी अधखुली आँखों से मेरे वे आँसू प्रकाशमान हैं, जो मैंने कल रात तुम्हारी याद में बहाये थे। मुझे तुम्हारे सारे दुख अपने कन्धे पर उठाने पड़े। ऐ मेरे प्रीतम, तू हमेशा निर्दोषों को मारता रहा है। तू मुझे ही क्यों नहीं मार देता, आख़िर मैंने भी तो तुझ से प्यार करने के अतिरिक्त कोई पाप नहीं किया है।

चूँ अन्दाज़ व बमन तीरे कुनम दर सीना पिंहानश
बदाँ ता अज़ पये हर तीर तीरे दीगर अंदाजद

अर्थात जब वह मेरी ओर अपने सौन्दर्य का तीर फेंकता है, तो मैं उसे अपनी छाती में छुपा लेता हूँ। ताकि वह नये–नये ढंग से हर बार एक नया तीर मेरी ओर फेंके।

वास्तव में ख़ुसरो एक शानदार आदमी थे। एक हाड़–मांस के मानव, जो अपने समय के राजा और रंक दोनों के साथ ख़ुश रह सकते थे।

उनके हिन्दवी कलाम हमें उस ख़ुसरो के दर्शन कराते हैं जो महा लोकमानव था। उनका हिन्दवी कलाम सल्तनत काल के मध्य–निम्न वर्ग के उन लोगों का प्रतिनिधित्व करता है, जो फ़ारसी नहीं जानते थे, और जो किसी भी प्रकार सत्ता वर्ग और कुलीन वर्ग के समीप नहीं थे। इसलिए उनके हिन्दवी कलाम को अश्लीलता या यौन अभिव्यक्ति को मानक बना कर ख़ारिज करना अनुचित प्रतीत होता है। अमीर ख़ुसरो अपने समय के कुलीन होते हुए भी आम व्यक्ति, बल्कि यह कहना उचित होगा कि वे कोई व्यक्ति नहीं एक समुद्र थे। ख़ुसरो की दुनियादारी में जीवन्तता है। उनकी कनिंग राजनीति में नयी सोच है। एक कलात्मकता है, जो आज के परिदृश्य में आम आदमी को रोमांचित कर देती है।

ख़ुसरो को जितना पढ़िए उनके व्यक्तित्व में नयी परतें खुलती जाती हैं। सही अर्थों में ख़ुसरो रजोगुणी थे। श्रीमद्भगवद्गीता के चौदहवें अध्याय में गीताकार ने कहा है कि कर्म की संज्ञा ही रजोगुण है–

रजः कर्मणिभारत (14/9)

इस कर्म का स्वरूप राग या खिंचाव है। रजोगुण रूपी कर्म की सम्भावना एक बिन्दु का दूसरे बिन्दु की ओर आकर्षित होना है। जब तक यह खिंचाव नहीं होगी रजोगुणी कर्म की ओर आकर्षित नहीं होगा। सत्वगुण अपने प्रकाश और आनन्द में डूबा रहता है, तमोगुण अपने अन्धकार के महल में छिपा रहता है। अगर वह इस मूर्च्छा से बाहर भी निकल आता है, तो भी उसके अन्दर कर्म की प्रेरणा उत्पन्न नहीं होती। जब सत्व तम की ओर या तम सत्व की ओर आकर्षित होते हैं, तो दोनों में एक राग या आकर्षण उत्पन्न होता है, और वही, दोनों को मिलाने वाला, रजोगुण है। उस राग का नाम तृष्णा है। गीताकार ने कहा है–

रजो रागात्मक विद्धि तृष्णासंगसमुद्भवं (14/7)

यह वस्तु मुझे मिल जाय, मेरा यह काम हो जाय। इस प्रकार की भावना का नाम ही तृष्णा है। बिना तृष्णा के गति नहीं है, बिना गति के विकास नहीं है, और बिना विकास के सृष्टि नहीं है। केवल सत्व और केवल तम से सृष्टि नहीं होती। इसके लिए तम और सत्व का आपसी टकराव आवश्यक है। जब दोनों टकराते हैं, तो नया गुण रजस उत्पन्न होता है, जिसका अर्थ है गति, विकास; इसी से सृष्टि की रचना सम्भव है।

इसे गीताकार ने और अधिक सरल बना कर समझाने का प्रयत्न किया है। जब इन्द्रियों में प्रकाश भरा हुआ हो, उनमें आत्मसंयम हो और

ज्ञान का अनुभव हो, तो समझना चहिए कि सतोगुण बढ़ा हुआ है। यह परिभाषा इस्लामी दुनिया के सूफ़ियों से बहुत अधिक मिलती–जुलती है। सतोगुणी ही सूफ़ी है, जिसकी दृष्टि में संसार का कोई महत्त्व नहीं होता, जो संयमित होता है, जिसकी इन्द्रियाँ उसके वश में होती हैं, जो थोड़े पर भी सन्तुष्ट हो जाता है, यह वे लोग होते हैं, जो ईश्वर की याद में खोये रहते हैं, और ये धन–दौलत की चिन्ता बिल्कुल नहीं करते। उनके पास इतनी आत्मसन्तुष्टि होती है, कि उन्हें मिट्टी और सोने में कोई अन्तर नहीं प्रतीत होता है। रजोगुणी को परिभाषित करते हुए गीताकार ने कहा है, जब मन में लोभ हो, अशान्ति हो, उथल–पुथल मची हो, काम की ओर अधिक प्रवृत्ति जाग्रत हो गयी हो, बाहर की वस्तुएँ अधिक आकर्षित कर रही हों और उन्हें प्राप्त कर लेने की इच्छाशक्ति बलवती हो गयी हो, तो समझना चाहिए कि रजोगुण बढ़ा हुआ है। ऐसे लोग ही सृष्टि के विकास और उसकी समृद्धि के लिए आवश्यक होते हैं। वह स्वयं को समृद्धशाली बनाने के लिए दिन–रात कार्य करते हैं। जिसके परिणामस्वरूप संसार विकास और सुन्दरता के चरम पर पहुँचता है।

तमोगुणी भयानक रूप से समाज के लिए हानिकारक होते हैं। उनके मन में अन्धकार–सा छाया रहता है। कार्य करने में उनका मन नहीं लगता। रजोगुणियों पर कभी–कभी तमस हावी हो जाता है, परन्तु वे शीघ्र ही उसके प्रभाव से बाहर निकल आते हैं। कभी–कभी ऐसा भी होता है, उनमें सत्व की प्रवृत्ति आ जाती है, परन्तु रजस जल्द ही उस दायरे से भी निकल आते हैं, क्योंकि उनका काम इतना फैला होता है कि वे बहुत देर तक सत्व के प्रभाव में रह ही नहीं सकते। अमीर ख़ुसरो पर भी प्रायः सतोगुण प्रभावी हो जाता था। परन्तु वे शीघ्र उस दायरे से बाहर निकल कर सांसारिकता में व्यस्त हो जाते थे। हज़रते शेख़ उनसे प्रायः कहा करते थे कि ख़ूब पूजापाठ किया करो ताकि तुम्हारे अन्दर की सांसारिकता कुछ कम हो।

अमीर ख़ुसरो ने परिपक्व राजनीतिज्ञ की हैसियत से जिस प्रकार स्वयं को सुरक्षित रखा, वह आने वाली नस्लों के लिए आवश्यक था। सल्तनत काल में सत्ता संघर्षों में जिस प्रकार षड्यन्त्र, धोखाधड़ी और ख़ून–खराबा होता था, उसमें अपनी सुरक्षा और बचाव के लिए किसी भी सुल्तान, वज़ीर और अमीर से भावनात्मक सम्बन्ध बनाये रखना बुद्धिहीनता थी। भावनात्मक सम्बन्ध रखने का अर्थ जोखिम भरा था,

और उसके परिणामस्वरूप अपनी जान से हाथ धोना पड़ सकता था। यह समय की माँग थी कि उनका चेहरा हमेशा खिला रहे और होंठों पर लम्बी मुस्कुराहट नृत्य करती रहे। एक उच्च स्तर के राजनीतिज्ञ के लिए आवश्यक है, कि वो दिल की बात अपनी ज़बान पर न लाये। दिखावटी रूप में अमीर ख़ुसरो ने ऐसा ही किया।

सम्भवतः इस प्रकार की कार्यवाही और कलाकारी को अंजाम देने के लिए उन्होंने अपने नाना इमादुलमुल्क रावत की सलाह पर अमल किया होगा। ख़ुसरो ने अपनी आँखें खुली रखीं और व्यावहारिकता के बीच में अपनी आत्मा को कभी समावेशित नहीं किया। वह स्थितियों पर बहुत गहराई से नज़र रखते थे। वह सूक्ष्म रूप से देखते रहते थे कि सत्ता संघर्ष में शक्ति किसके पास आने वाली है। ऐसी स्थिति मे वह समय पूर्व पेशबन्दी प्रारम्भ कर देते थे। कभी–कभी समय पूर्व पेशबन्दी में वह असफल भी हो जाते थे। परन्तु उनका प्रयत्न उल्लेखनीय है। सुल्तान मुईज्जुद्दीन कैकुबाद के बाद दिल्ली की गद्दी पर बैठने वाले 70 वर्षीय बूढ़े सुल्तान जलालुद्दीन ख़िलजी के वह बहुत निकट थे। सुल्तान उसके बेहद सम्मान करता था। उसने ख़ुसरो को वह सब कुछ दिया, जो उसकी मृत्युपर्यन्त उन्हें नसीब नहीं हुआ। उसने उन्हें पद दिया। 1200 टके वार्षिक वेतन और विशेष मानद वस्त्र के साथ अमीर के ख़िताब से सम्मानित किया। यह इतना था कि फ़रिश्ता कहता है कि उस काल में ख़ुसरो दिल्ली के समृद्धिशाली व्यक्ति हो गये थे। ख़ुसरो को यह आभास नहीं हुआ कि देवगीर का गवर्नर अलीगर शास्प (बाद में अलाउद्दीन) सुल्तान की हत्या कर दिल्ली के तख़्त पर अधिकार कर लेगा। उन्होंने अगले सुल्तान के रूप में जलालुद्दीन के दो राजकुमारों में एक मुल्तान के गवर्नर और युवराज अरकली खाँ को देखा। उन्होंने अरकली से अपना सम्बन्ध आगामी सुल्तान के रूप में प्रगाढ़ किया। जब अरकली खाँ दिल्ली आता अमीर ख़ुसरो उसकी तारीफ़ में क़सीदा लेकर उपस्थित हो जाते और उसकी जी–हुज़ूरी में कोई क़सर नहीं उठा रखते। परन्तु जब अलीगर शास्प ने जलालुद्दीन की हत्या कर दी, तो अमीर ख़ुसरो चौंक पड़े। उन्होंने अपने चेहरे को और अधिक प्रफुल्लित किया और अपनी मुस्कुराहट की धार को तेज़ कर लिया। वह अलीगर के जासूसों के सामने उसकी प्रशंसा करते नहीं थकते। जब अलीगर ने अलाउद्दीन ख़िलजी की उपाधि धारण कर दिल्ली के तख़्त पर अधिकार कर लिया, और उसकी सेनाएँ मुल्तान के

गवर्नर अरकली खाँ को रास्ते से हटाने के लिए आगे बढीं, तो ख़ुसरो ने अरकली खाँ को बुरा–भला कहा, और यह भी जोड़ा कि वह चूहे की तरह बिल में छुप गया है।

अमीर ख़ुसरो को दूसरी असफलता अलाउद्दीन ख़िलजी के उत्तराधिकारी के निर्धारण में हुई। उन्होंने अलाउद्दीन के बड़े पुत्र और युवराज खिज्र खाँ की प्रशंसा में कई क़सीदे लिख कर उससे अपने सम्बन्ध प्रगाढ़ कर लिए। ज़ाहिर है यह कोई नहीं कह सकता था कि अलाउद्दीन के बाद खिज्र खाँ सुल्तान हीं बनेगा। उन्होंने खिज्र खाँ और उसकी प्रेमिका देवल रानी की प्रशंसा में एक शानदार मसनवी लिखा और एक समय था जब वे खिज्र खाँ के बेहद क़रीब थे। परन्तु यह खेल मलिक काफूर ने बिगाड़ दिया। अलाउद्दीन की मृत्यु से कुछ माह पूर्व खिज्र खाँ को गिरफ़्तार कर ग्वालियर क़िले में पहुँचा दिया गया। सुल्तान की मृत्यु के पश्चात सत्ता पहले कुछ माह के लिए मलिक काफूर और उसके उपरान्त कुतुबुद्दीन मुबारक़ शाह के आधिपत्य में रही।

सल्तनत काल में ही नहीं अपितु उससे बहुत पहले भी राजदरबारों में अपने समय के लोकप्रिय कवियों को जनता के बीच सम्राट का पक्ष रखने के लिए नियुक्त किया जाता था। वे अपनी कविताओं के माध्यम से राजा के लिए जनमत तैयार करते थे। इसके लिए उन्हें अनगिनत सुख सुविधाओं के साथ धन–सम्पदा भी दी जाती थी। सल्तनत काल में भी सुल्तानों द्वारा अपने दरबार में समय के बड़े कवियों को रखने की परम्परा क़ायम रही, जो उनके व्यक्तित्व और क्रियाकलाप की प्रशंसा में क़सीदे कहते थे, उनके अनुसार हो जनता सुल्तान के बारे में अपनी मानसिकता का निर्धारण करती थी।

आज के परिदृश्य में देखा जाय तो वही कार्य बड़े–बड़े मीडिया समूह कर रहे हैं। ये मीडिया समूह लोगों की सोच को वहीं तक सीमित रखने के लिए उन्हीं विषयों का चयन करते हैं, जो सरकार के लिए लाभप्रद हों। जनता की समस्याओं पर चर्चा नहीं हो रही है, ऐसे विषय समाचार का केन्द्र नहीं बन रहे हैं, जो सरकार की छवि को धूमिल कर सकते हैं। आज के परिदृश्य में राजदरबारों के कवियों का स्थान पत्रकारों ने ले लिया है। उनके इशारे पर वे सम्पादकीय लिख रहे हैं, और समाचार तैयार कर रहे हैं। परिस्थितियाँ और काल चाहे जितने भी बदल गये हों चरित्र वही है।

ऐसे में कहा जा सकता है कि अमीर ख़ुसरो अपने समय के तेज़ रफ़्तार पत्रकार थे। वे सुल्तान या अपने आश्रयदाता के पक्ष में जनमत तैयार करने के लिए उसकी प्रशंसा में तेज़ी से क़सीदे लिख सकते थे। उन्हें इससे मतलब नहीं था कि सिंहासन पर कौन बैठा है। वे केवल सिहांसन को देखते थे। उस पर से जो उतर गया उसका कोई महत्त्व नहीं, जो सिंहासनारूढ़ है, हमारा महान शायर उसी के पक्ष में हो जाता था। वह उसके व्यक्तित्व की विशेषताएँ तलाश करने में बहुत कम समय लगाता था। वह उसकी प्रशंसा में जो क़सीदे लिख देता, उन्हें पढ़ कर उसके आश्रयदाताओं को भनक तक नहीं लगती कि इनमें सच्चाई की कमी है। तख़्त–ए–शाही पर बैठने के बाद अलाउद्दीन ख़िलजी हमारे शायर को छह माह तक रोज़ाना दरबार में बुलाता और उन्हें एक कोने में खड़े रहने के लिए विवश कर देता। वह हमारे शायर के साथ जितनी बेरुख़ी बरतता उसकी प्रशंसा में प्रयोग होने वाले हमारे शायर के शब्दों में उसी अनुपात में तीव्रता आती गयी एक समय ऐसा आया, जब अमीर ख़ुसरो ने अलाउद्दीन ख़िलजी को इस्लाम के पाँचवें खलीफ़ा के रूप में पदस्थापित कर दिया। ये ख़ुसरो का अतिवाद था। फिर ख़िलजी ने उन्हें दरबार में बैठने की अनुमति प्रदान की। अलाउद्दीन ख़िलजी ख़लीफ़ा हो या न हो परन्तु ख़ुसरो ने उसकी बर्बरता, विरोधियों के प्रति उसके द्वेषभाव, सत्ता के प्रति उसकी भूख और बाज़ार से धन को ख़ज़ाने में जमा करने की उसकी ललक को बहुत ही सकारात्मक ढंग से जनता के सामने प्रस्तुत किया।

ख़ुसरो अत्यन्त बुद्धिमान और चालाक व्यक्ति थे। उनके व्यक्तित्व पर उनके नाना इमादुलमुल्क की गहरी और अमिट छाप थी। ख़ुसरो के पिता की मृत्यु के बाद वह अपनी माँ के साथ अपने नाना के घर दिल्ली आ गये थे। उस समय उनकी उम्र अधिक–से–अधिक बारह वर्ष रही होगी। ख़ुसरो के नाना इमादुलमुल्क राजपूत रावत थे, जो सुल्तान शम्सुद्दीन इल्तुतमिश के शासनकाल में मुसलमान हो गये थे। वह बहुत बहादुर थे। इल्तुतमिश ने उनको रावत–ए–अर्ज की उपाधि प्रदान की। वह सुल्तान नासिरुद्दीन महमूद के समय में भी दरबार के बड़े अधिकारी थे। उसी समय उनकी दोस्ती ग़यासुद्दीन बलबन से हो गयी थी। बलबन, सुल्तान नासिरुद्दीन का प्रधानमन्त्री था। जब बलबन ने दिल्ली की गद्दी पर अधिकार कर लिया, तो उसने इमादुलमुल्क को युद्धमन्त्री बना दिया।

अमीर ख़ुसरो अपने नाना की पद–प्रतिष्ठा के बारे में अपनी किताब 'गुर्तुलकमाल' की भूमिका में लिखते हैं–"दो हज़ार सिपाही और दो हज़ार सवार हर समय उनके झण्डे के नीचे उपस्थित रहते थे।" पान के शौक़ीन इमादुलमुल्क कभी सल्तनत में भागीदार नहीं रहे, परन्तु वह सुल्तानों को तख़्त पर बिठाने की जोड़–तोड़ में प्रायः भागीदार रहते थे। उनकी शक्ति और सामर्थ्य का अन्दाज़ा ज़ियाउद्दीन बर्नी की 'तारीख़े फ़ीरोजशाही' और शेख़ जमाली की पुस्तक 'सियरूल आरिफ़ीन' से लगाया जा सकता है। उन पुस्तकों में उनकी प्रशंसा करते हुए उन्हें अन्नदाता और विद्याप्रेमी कहा गया है। उनके दस्तरख़्वान पर सैकड़ों की संख्या में लोग खाना खाते थे। उन्होंने कई गाँव ग़रीबों और बेसहारा लोगों की सहायता के लिए वक़्फ़ कर रखे थे। उनके निवास स्थान पर ग़रीबों में भोजन वितरित किया जाता था, और उनकी विशेष सभा में विद्याप्रेमियों, विद्वानों और कवियों का जमावड़ा लगा रहता था।

अमीर ख़ुसरो की नौजवानी ऐसे वातावरण में व्यतीत हुई जहाँ समृद्धि थी, प्रसन्नता थी और शक्ति मुँह खोले खड़ी थी। ख़ुसरो की बुद्धिमानी ने बहुत अच्छी तरह अपने नाना की राजनीतिक सूझ–बूझ को जाना, परखा और उसका अनुभव किया। 20 वर्ष की आयु में जब ख़ुसरो के नाना इमादुलमुल्क की मृत्यु हो गयी, तो अचानक ख़ुसरो को प्रतीत हुआ कि उनका ठाट–बाट छिन चुका है, और रातों–रात वह आसमान से ज़मीन पर आ गये हैं। जब वे अपने नाना की छत्र छाया में पल रहे थे, तो उन्हें रुपये पैसों की आवश्यकता नहीं पड़ी। उनकी बुद्धिमानी ने उन्हें मदरसे के नियम–क़ानून और समय–सारिणी को पहले ही अस्वीकार कर दिया था। अब कविता में भी उन्हें कोई गुरु पसन्द नहीं आया। यह उनका अहंकार हो सकता है, या दिल्ली के बड़े कवि बनने की इच्छा। उन्होंने कभी किसी गुरु को सुधार के लिए अपनी कविताएँ नहीं दिखायी। उन्होंने फ़ारसी के बड़े कवियों की रचनाओं को याद कर लिया और अपनी कविता को उन्हीं के ढर्रे पर डाल दिया।

अनवरी, ख़ाकानी, हकीम सनाई, शेख़ सादी और कमाल अस्फ़हानी की तर्ज पर पलक झपकते ग़ज़लें कह देने वाले अमीर ख़ुसरो का पहला काव्य संग्रह 'तोहफतुस्सिग्र' 20 वर्ष की आयु में प्रकाशित हो चुका था। इसी बीच दिल्ली में उस नौजवान कवि की ग़ज़लें धूम मचाने लगी थीं। दिल्ली की नृत्यांगनाओं, गायकों, क़व्वालों और गली में घूम कर भीख

माँगने वाले भिखारियों के बीच उनकी ग़ज़लों की लोकप्रियता ने उन्हें रोजगार उपलब्ध कराने में सहायता की। पीठ पर उनके नाना की पहचान थी। बलबन के दरबार में बहुत से वरिष्ठ कवि थे, अतः वहाँ नौजवान ख़ुसरो की पहुँच नहीं हो पायी। उसका एक कारण बलबन का कविता के प्रति लगाव का न होना भी था। अमीर ख़ुसरो को स्थान मिला बलबन के भतीजे किश्ली खाँ के यहाँ, जो दिल्ली नगर का कोषाध्यक्ष और कोल अलीगढ़ का ज़मींदार था। वह एक शानदार शूटर और पोलो का अच्छा खिलाड़ी होने के साथ–साथ दरियादिल व्यक्ति था। उसने ख़ुसरो को अपना दरबारी मित्र बना लिया। सच पूछा जाये तो ख़ुसरो को इसी प्रकार के व्यक्ति की तलाश थी।

सुल्तानों, वज़ीरों और सूबेदारों के साथ अमीर ख़ुसरो के सम्बन्धों में संवेदनहीनता के लिए उनके नाना इमादुलमुल्क रावत को ज़िम्मेदार कहा जा सकता है। ख़ुसरो ने भी कभी अपने आश्रयदाता सुल्तानों मन्त्रियों और सूबेदारों से भावनात्मक सम्बन्ध नहीं रखा। एक व्यक्ति का भेद दूसरे पर नहीं खोला। और सबसे बड़ी बात कि अपने मन की बात किसी भी स्थिति में किसी प्रकट नहीं की। चेहरे की रंगत को परिस्थितियों के अनुसार परिवर्तित कर लेना उनके लिए साधारण बात थी। परन्तु ऐसा करने के लिए हम ख़ुसरो पर दोषारोपण भी नहीं कर सकते क्योंकि जहाँ सत्ता पर अधिकार के लिए पुत्र अपने पिता के विरुद्ध युद्ध कर सकता है भतीजा अपने चाचा की क्रूरतम हत्या कर सकता है और सत्ता को सुरक्षित रखने के लिए पिता अपने पुत्रों को कारावास में भेज सकता है, ऐसे माहौल में दरबारियों को क्या पड़ी है कि वे किसी एक के स्वार्थ के साथ अपनी निष्ठा और वफ़ादारी प्रदर्शित कर अपनी जान से हाथ धो लें। ख़ुसरो ने ऐसे माहौल के लिए जो सबक सीखा था। वह अपनी जान और अपने धन की सुरक्षा के लिए बहुत आवश्यक था। बाद के दिनों में देखने में आया कि जब एक सुल्तान दूसरे की हत्या करता या उसकी प्राकृतिक मृत्यु होती उसके उपरान्त जो सत्ता संघर्ष होता उसमें ख़ुसरो कहीं दिखायी नहीं देते। परन्तु तूफ़ान जब सिर से गुजर जाता और नयी व्यवस्था बहाल हो जाती, ख़ुसरो स्वयं को उसके अनुसार ढाल लेते और नयी व्यवस्था में अपने पैर जमाने के लिए वे अपने क़सीदों का प्रयोग करते।

अमीर ख़ुसरो बहुत अच्छे संगीतकार थे। उनकी आवाज़ बहुत लचकदार थी, जब भी वे किसी सभा में अपने बनाये हुए सुर–ताल के

साथ लहक–लहक कर अपनी ग़ज़लें पढ़ते तो सुनने वाले दिल थाम कर बैठ जाते। वे लोक संगीत के विशेषज्ञ थे, और ईरानी–तुर्की के रागों के साथ जब शास्त्रीय संगीत के रागों के मिश्रण से नये राग और धुनें तैयार करते तो वह उस समय के लिए नया आविष्कार होता। उन्होंने एक दर्जन से अधिक रागों और धुनों का आविष्कार किया परन्तु उन्हें हम बिल्कुल नया नहीं कह सकते। क्योंकि भारतीय शास्त्रीय संगीत की धरोहर में वह राग पहले से उपलब्ध थे। उनमे नयापन केवल वे तुर्की धुनें थीं, जिन्हें ख़ुसरो ने अपनी बुद्धिमानी और विद्वता के बल पर शास्त्रीय संगीत के मिश्रण के साथ तैयार किया था। ख़ुसरो का संगीत प्रेम उनके हिन्दवी काव्य से गहराई से जुड़ा हुआ है। वे संस्कृत बोल और समझ लेते थे। इसलिए उनके लिए हिन्दवी में काव्य रचना अत्यन्त आसान थी। यही नहीं जब वे हिन्दवी में कविताएँ और क़व्वालियाँ कहने लगे तो उनको नये रागों से सजाने के लिए शास्त्रीय संगीत की ओर भी आकर्षित होना पड़ा।

प्राचीन शास्त्रीय संगीत में राग के वर्णन में ग्रह, अंश और न्यास इन तीनों स्वरों का होना आवश्यक बताया गया है। इससे यह सिद्ध हुआ कि रागों का प्रारम्भ नियमित स्वर से ही किया जाना चाहिए और नियमित स्वर पर ही समाप्त किया जाना चाहिए। जिस स्वर में राग प्रारम्भ किया जाता है उसे ग्रह कहते हैं। परन्तु जिस स्वर का प्रयोग सबसे अधिक हो उसे अंश कहा जाता है। जबकि राग की समाप्ति के स्वर को न्यास कहा जाता है। स्वर शब्द की कोई निश्चित परिभाषा नहीं दी गयी है। प्राचीन संगीत में इसे परिभाषित करने के लिए एक युक्ति प्रयोग होती थी–

स्वयं राजते इति स्वरः

अर्थात जो स्वयं में प्रकाशमान हो, वह स्वर है।

परन्तु स्वर उस ध्वनि को भी कहा जा सकता है। जो निश्चित लय और ताल के साथ निकले। अनिश्चित और बिना सुर ताल की ध्वनियों को नाद कहा जा सकता है, स्वर नहीं। सुनायी देने वाली वह ध्वनि जो स्निग्धत्व और रंजकत्व उत्पन्न करे वह स्वर है। 'संगीत रत्नाकर' में सारंग देव ने एक श्लोक के द्वारा इसे यूँ परिभाषित किया है–

श्रुत्यनन्तरभावी यः स्निग्धोऽनुरणनात्मकः।
स्वतो रंजयति श्रोतृचित्तं स स्वर उच्यते।।

अर्थात श्रुति स्थान पर प्रहार से जो ध्वनि उत्पन्न होती है, उससे झँकार रूप, स्निग्ध और मधुर ध्वनि सुनायी देती है, वह स्वर है।

इसे 7 भागों में बाँटा गया है। शड्ज, ऋषभ, गांधार, मध्यम, पंचम, धैवत और निषाद। ये नाम वैदिक काल से प्रयोग होते चले आ रहे हैं। गाने और बजाने की प्रक्रिया में इन्हें सा, रे, ग, म, प, ध, नि कहते हैं। संगीत शास्त्रों में स्वर को भी चार भागों में विभक्त किया गया है–वादी, संवादी, विवादी और अनुवादी।

वादी स्वर–कोई भी स्वर जब अंश होता है तो वादी होता है–

तत्र यो यदंशः स तदा वादी

अर्थात जो स्वर जहाँ अंश होता है, वहाँ वह वादी होता है। जो स्वर बोलता बजता रहता है, जो स्फुट रूप से भासमान होता है, जिसका बहुलता से प्रयोग होता है, जो तारमन्द्रादि व्यवस्था को बतलाता है, वह वादी है।

संवादी स्वर–नाट्यशास्त्र में भरतमुनि ने संवादी को इस श्लोक से परिभाषित किया है–

संवादो मध्यग्रामे पंचमस्यर्षभस्य च।
षड्जग्रामे तु षड्जस्य संवादः पंचमस्य च।।

अर्थात जिन दो स्वरों में 9 और 13 श्रुतियों का अन्तर होता है, वे परस्पर संवादी होते हैं। जिन स्वरों की समान श्रुतियाँ हैं वह संवादी हैं।

भारतीय संगीत शास्त्र में संवादी स्वर सिद्धान्त को संगीत की आधारशिला कहा गया है। संवाद के आधार पर ही ग्रामों scales का निर्धारण हुआ है। यद्यपि संगीत के कुछ विद्वानों ने ग्राम का अनुवाद tone system किया है scale नहीं, वह कहते हैं कि ग्राम को scale कहना अनुचित है। उनके अनुसार मूर्च्छना को scale कहा जा सकता है। षड्जग्राम में निम्न स्वर संवादी हैं–

षड्ज–पंचम (13 श्रुतियों का अन्तर)
ऋषभ–धैवत (13 श्रुतियों का अन्तर)
गांधार–निषाद (13 श्रुतियों का अन्तर)
षड्ज–मध्यम (9 श्रुतियों का अन्तर)

षड्जग्राम में प्रत्येक स्वर का संवादी विद्यमान है और षड्ज के मध्यम और पंचम दो संवादी स्वर विद्यमान हैं। मध्यमग्राम में संवादी स्वरों की स्थिति निम्न प्रकार होगी–

षड्ज–मध्यम (9 श्रुतियों का अन्तर)
ऋषभ–पंचम (9 श्रुतियों का अन्तर)
ऋषभ–धैवत (9 श्रुतियों का अन्तर)
गांधार–निषाद(9 श्रुतियों का अन्तर)

मध्यम में भी प्रत्येक स्वर का एक संवादी मौजूद है। इस पर अलग–अलग संगीत शास्त्रियों के अलग–अलग मत हैं। संवादी शब्द अन्वर्थसंज्ञा है, अर्थात 'समानं वदति इति संवादी' जिन स्वरों की समान श्रुतियाँ हैं वह संवादी हैं। जैसे षड्ज और पंचम परस्पर संवादी हैं। वादी स्वर का अनुसरण करने के कारण इसे राग रूप में महत्त्वपूर्ण स्थान प्राप्त है। वादी स्वर के मुक़ाबिले में इसका उपयोग बहुत कम होता है, परन्तु वादी स्वर को साथ लेकर यह राग के स्वरूप को बाँधने का कार्य करता है। राग को छाया दिखाने वाले सहायक स्वरों में संवादी स्वर का मुख्य स्थान है।

विवादी स्वर–वह है जिसमें दो श्रुतियों का अन्तर हो जैसे–ऋषभ–गांधार और धैवत–निषाद। भारतीय संगीत में विवादी स्वर का प्रयोग बहुत ही कम होता है। विवादी स्वर के प्रयोग से राग का स्वरूप बदल जाता है। राग में जो स्वर वर्जित होता है, उसे ही विवादी स्वर कहते हैं–

सुप्रमाणयुतो रागे विवादी रक्तिवर्धकः।
यथेषत्कृष्णवर्णेन शुभ्रस्याति विचित्रता।।

अर्थात कुशलतापूर्वक राग में विवादी स्वर का प्रयोग कर दिया जाय तो उसमें रंजकता बढ़ जाती है। इसीलिए इस प्रयोग को क्षम्य माना जाता है।

इस स्वर को और अधिक स्पष्ट करते हुए कहा गया है कि जिस प्रकार गोरे मुख पर काला तिल शोभायमान होता है, उसी प्रकार कुशल गायकों द्वारा कभी–कभी थोड़ा–सा भी विवादी स्वर प्रयोग करने से राग की शोभा बढ़ जाती है।

अनुवादी–वह स्वर जो विवादी से भी कम प्रयोग हो। रागशास्त्र में अनुवादी का कोई महत्त्व नहीं होता है। राग को पूरा करने के लिए विवादी और अनुवादी स्वर की आवश्यकता होती है। वादी, संवादी, विवादी और अनुवादी की विभिन्न स्थितियों को नाट्यशास्त्र में बहुत आसान तरीक़े से समझाया गया है। संगीत में वादी स्वर स्वामी या राजा के समान होता है, जबकि संवादी स्वर राग समूह में मन्त्री की हैसियत रखता है। विवादी स्वर को अरि अर्थात शत्रु कहा गया है, और अनुवादी स्वर राग समूह में प्रजा जैसे हैं। प्रत्येक काल और समय में स्वरों की संख्या और उसके उतार–चढ़ाव में अन्तर आता रहता है। इसलिए कभी स्वर स्थायी नहीं होते हैं। स्वर स्थायी नहीं होते हैं इसलिए राग भी स्थायी नहीं होते हैं। रागों की संख्या भी घटती–बढ़ती रहती है।

सप्तक के 12 स्वरों सा, रे, रे, ग, ग, म, प, ध, ध, नि, नि, स में से 7 स्वरों सा, रे, ग, म, प, ध, नि के समुदाय को थाट कहते हैं।

उत्तर भारतीय संगीत में थाटों की संख्या 10 निर्धारित की गयी है। इन्हीं थाटों से रागों की उत्पत्ति होती है। थाट को 'मेल' भी कहा जाता है। बिलावल, कल्याण, खमाज, काफी, भैरव, आसावरी, भैरवी, पूर्वी, मारवा और तोड़ी यह थाट 7 स्वरों सा, रे, ग, म, प, ध और नी पर आधारित हैं, जो क्रमानुसार होता है। थाट में आरोह और अवरोह दोनों का होना आवश्यक नहीं है। परन्तु थाट की पहचान आरोह से होती है। थाट गाया नहीं जाता इसलिए इसमें राग की तरह रंजकता का होना आवश्यक नहीं है। स्वरों के समूह को राग कहते हैं। जैसा कि 'संगीत रत्नाकर' में कहा गया है–

पोऽयं ध्वनिविशेषस्तु स्वर–वर्ण विभूषितः।
रंजको जन चित्तानां स रागः कथितो बुधैः।।

राग ध्वनि की एक विशिष्ट रचना का नाम है। इससे स्वर और वर्ण द्वारा सौन्दर्य की प्राप्ति होती है। स्वरों और वर्णों के द्वारा प्राप्त होने वाले सौन्दर्य से मनुष्य के मन और चित्त को प्रसन्नता और ख़ुशी प्राप्त हो तो राग का उद्देश्य पूरा हो जाता है।

'रसात्मकाः रागः' अर्थात राग से ही विभिन्न रसों की अनुभूति होती है। प्रत्येक राग में कम–से–कम 5 स्वरों का होना आवश्यक बताया गया है। 5 स्वरों से कम का राग नहीं हो सकता। 6 और 7 स्वरों के राग भी होते हैं। रागों में प्रयुक्त होने वाले स्वरों के आधार पर रागों को तीन भागों में विभक्त किया गया है–औडव, षाडव और सम्पूर्ण। जिस राग में 5 स्वरों का प्रयोग होता है, उसे औडव, 6 स्वरों वाले राग को षाडव और जिस राग में 7 स्वरों का प्रयोग हो उसे सम्पूर्ण राग कहा जाता है। किसी भी राग में षड्ज का प्रयोग वर्जित नहीं है। राग में मध्यम और पंचम स्वरों में से एक स्वर अवश्य होना चाहिए। यह दोनों एक साथ प्रयोग नहीं होते हैं। रागों में आरोह और अवरोह वर्णों का होना भी आवश्यक है। वादी और संवादी स्वर तो अवश्य ही होना चाहिए।

कुछ राग ऐसे भी होते हैं जिनके आरोह और अवरोह में लगने वाले स्वरों की संख्या समान नहीं रहती है। उस दशा में 6 उपजातियाँ बनायी गयी हैं जिन्हें रागिनी कहा गया है। इन उपजातियों का विभाजन निम्न प्रकार से किया गया है–

औडव–जिस राग के आरोह तथा अवरोह दोनों में 5 स्वरों का प्रयोग हो।

औडव–षाडव–जिस राग के आरोह में 5 स्वरों तथा अवरोह में 6 स्वरों का प्रयोग हो।

औडव सम्पूर्ण–जिस राग में आरोह में 5 स्वरों तथा अवरोह में 7 स्वरों का प्रयोग हो।

षाड्व–जिस राग के आरोह तथा अवरोह दोनों में 6 स्वरों का प्रयोग हो।

षाड्व औडव–जिस राग के आरोह में 6 स्वरों तथा अवरोह में 5 स्वरों का प्रयोग हो।

षाड्व सम्पूर्ण–जिस राग के आरोह में 6 स्वरों तथा अवरोह में 7 स्वरों का प्रयोग हो।

सम्पूर्ण–जिस राग के आरोह तथा अवरोह दोनों में 7 स्वरों का प्रयोग हो।

सम्पूर्ण औडव–जिस राग के आरोह में 7 स्वरों तथा अवरोह में 5 स्वरों का प्रयोग हो।

सम्पूर्ण षाड्व–जिस राग के आरोह में 7 स्वरों तथा अवरोह में 6 स्वरों का प्रयोग हो।

प्रत्येक काल में रागों की संख्या 150 से 200 के बीच रहती है। यह भी सच्चाई है कि प्रत्येक काल में कुछ राग चलन में होते हैं कुछ परिस्थितियों के अनुसार खो जाते हैं। रागों के नामों की अवधारणा भी भिन्न–भिन्न प्रकार से की जाती है। कभी उनके नाम अलग होते हैं, तो कभी मिले होते हैं। कभी–कभी रागों के नाम उस्तादों के नाम से भी प्रचलित हो जाते हैं। यह इसलिए होता है कि किसी राग में कोई कलाकार कुछ नये स्वर सम्मिलित कर गाने लगता है तो वह राग उसके नाम से प्रचलित हो जाता है। प्रसिद्ध मल्हार राग कई व्यक्तियों और उस्तादों के नाम से प्रचलित है। जैसे–मियाँ की मल्हार, रामदासी मल्हार, मीराबाई की मल्हार या मियाँ की सारण या हुसैनी तोड़ी, हुसैनी कांडा, बहादुरी तोड़ी, विलासखानी तोड़ी और मियाँ की तोड़ी इत्यादि।

ख़ुसरो ने मजीरा, साजगरी, ऐमन, उश्शाक, मवाफ़िक़, गनम, ज़ीलफ और फ़रगना जैसे राग फारसी, तुर्की और शास्त्रीय संगीत के मिश्रण से बनाये। उन्होंने खयाल, कौल कलबाना, नक़्श व गुल, सोहला, मन्ढा, तराना–तरवट जैसी रागिनियाँ बनायीं, जिनमें शास्त्रीय संगीत का मिश्रण है। इन रागों में अत्यन्त लचक और मुलायमियत है। इनमें गाये गये हिन्दवी गाने और क़व्वालियों ग़ज़लों के बोल दिल की गहराइयों तक प्रभाव डालते हैं। आज भी शास्त्रीय संगीत के उस्ताद शेष राग तो नहीं परन्तु खयाल राग

में अपनी ठुमरी और दादरा अत्यन्त दिलकश शैली में प्रस्तुत करते हैं। ख़ुसरो ने खटराग और ईरानी राग शहनाज़ को मिला कर ज़ीलफ बनाया।

दिर दिर तूम दिर दिर तूम ना दे रे ना ना
ना दारे दानी ता आनूम ताना ने ते ना ना ते दारे दानी

यह तराना है परन्तु इसमें खयाल मिला दीजिए तो ऐसे हो जाता है–

सब घर आनन्द बधावा लारी मलनिया
फूलन दे सेहरा सब जग में भयो उजियारा
जब हज़रत जनम पायो सब मंगल गायो

मवाफ़िक़ राग में ख़ुसरो के एक गीत के बोल इस प्रकार हैं–

बन के पंछी भये बावरे, ऐसी बीन बजाई साँवरे
तार–तार की ताव निराली झूम रहे सब बन की डाली
पनघट के पनिहारी डाढ़ी भूल गये ख़ुसरो पनिया भरन को

नये वाद्य यन्त्रों के आविष्कार का दावा भी ठीक नहीं है। इसमें भी ख़ुसरो की कोई नयी खोज नहीं है। कहा जाता है कि उन्होंने सितार का आविष्कार किया, परन्तु यह वाद्य पहले से ही शास्त्रीय संगीत में मौजूद था। यह वीणा का संशोधित रूप है। ख़ुसरो ने वीणा के तारों को कम करके तीन तारों में परिवर्तित कर एक नया वाद्ययन्त्र सेहतार बनाया जो बाद में सितार हो गया। आजकल सितार में सात तार होते हैं। इसी प्रकार तबला और ढोलक को भी ख़ुसरो का आविष्कार माना जाता है परन्तु यह भारतीय संगीत में वाद्य यन्त्र पखावज का बदला हुआ रूप है पखावज बहुत बड़ा था, ख़ुसरो ने उसे छोटा कर ढोलक और तबला का रूप दे दिया। शायद यह अरबी के दुहुल शब्द का हिन्दवी रूप हो। 1665 में सैफ खाँ फ़क़ीरूल्लाह ने अपनी पुस्तक 'राग दर्पण' के द्वारा हमें ख़ुसरो के संगीत आविष्कारों से पहली बार परिचित कराया। राग दर्पण राजा मानसिंह तोमर की पुस्तक 'मान कुतूहल' का स्वतन्त्र अनुवाद है, इसमें फ़क़ीरूल्लाह ने कुछ महत्त्वपूर्ण अध्याय सम्मिलित किये हैं, जिनसे प्रतीत होता है कि यह पुस्तक फ़क़ीरूल्लाह की रचना है।

'राग दर्पण' की एक विशेष बात यह है कि इसमें ख़ुसरो का महान संगीतकार गोपाल नायक से सल्तनत काल में सामना कराया गया है। गोपाल नायक के बारे में कहा जाता है कि उनके 1200 शिष्य केवल उनकी पालकी उठा कर चलते थे। गोपाल नायक भी भारतीय इतिहास के देवमालाई चरित्र हो चुके हैं। इतिहास के पन्ने पलटने पर पाठकों

की तीन गोपाल नायक से भेंट होती है। एक गोपाल नायक अलाउद्दीन ख़िलजी या मुहम्मद तुग़लक़ के काल में ख़ुसरो से मुक़ाबला करता हुआ दिखायी देता है। दूसरे गोपाल नायक से हमारी भेंट शहंशाह अकबर के युद्धमन्त्री राजा मानसिंह के दरबारी संगीतकार के रूप में होती है, जबकि तीसरे गोपाल नायक को टीपू सुल्तान के काल में दिखाया गया है, जो टीपू के अनुरोध पर उनका मनपसन्द राग प्रस्तुत न कर पाने के कारण अपनी जिह्वा काट लेता है। जो भी हो फ़क़ीरूल्लाह ने ख़ुसरो की संगीत के क्षेत्र में विद्वता सिद्ध करने के लिए गोपाल नायक से उनकी प्रतियोगिता करा दी। फ़क़ीरूल्लाह द्वारा महान संगीतकार गोपाल नायक की अलाउद्दीन ख़िलजी या मुहम्मद तुग़लक़ के दरबार में ख़ुसरो से प्रतियोगिता कराने का उद्देश्य ख़ुसरो पर संगीत के क्षेत्र में महानता को सिद्ध करना रहा होगा। जबकि इस पर किसी को शक करने की आवश्यकता ही नहीं है कि अमीर ख़ुसरो संगीतकार नहीं थे।

यह जान कर हैरानी होती है कि अमीर ख़ुसरो ने 700 वर्ष पूर्व जब भारत पर पूरी तरह तुर्कों का अधिकार था और देशप्रेम की अलग व्याख्या की जा रही थी, उन्होंने भारत के पान, आम और अंगूर से लेकर जलवायु और प्राकृतिक दृश्यों के वर्णन में अत्यधिक देश प्रेम का प्रदर्शन किया। वह कहते हैं कि यह धरती इसलिए स्वर्ग है कि यहाँ मोर जैसा पक्षी है। उन्होंने अपनी पुस्तक नुह सिपहर (9 आसमान) मसनवी खिज्र खाँ और देवल रानी, खज़ाइनुल फुतुह, किरानुस्सादैन जैसी महत्त्वपूर्ण और लोकप्रिय कृतियों में भारत के सौन्दर्य और महत्ता का विस्तृत वर्णन किया है। उन्होंने भारत की स्त्रियों के बलिदान को बहुत अधिक महत्त्व दिया है। उन्होंने हिन्दू स्त्री के प्यार व बलिदान का हवाला देते हुए कहा है कि दुनिया को उनसे प्यार की परिभाषा सीखनी चाहिए जो पति की मृत्यु के बाद सती होकर स्वयं को समाप्त कर लेती हैं।

ख़ुसरूवा दर इश्क़ बाज़ी कम ज़ि हिन्दू ज़न मबाश
कज़ बराये मुर्दा मी सोजन्द जान ए ख़्वेश रा

अर्थात ऐ ख़ुसरो, यदि प्रेम करना है तो कर! पर ऐसा प्रेम कर जैसा हिन्दू नारी करती है जो पति के मरने पर जल जाती है (अपना सर्वस्व न्यौछावर कर देती है)

ख़ुसरो ने इस फ़ारसी दोहे को हिन्दवी में इस प्रकार अनुवाद किया है।

ख़ुसरो ऐसी प्रीत कर जैसे हिन्दू जोय।
पूत पराये कारने जल जल कोयला होय।।

अमीर ख़ुसरो ने नुह सिपहर में मातृभूमि की प्रशंसा और उसे दी जाने वाली प्राथमिकता, पैग़म्बर के एक प्रसिद्ध कथन को सामने रखकर उचित ठहराया है।

"हुब्बुल वतन मिन अल ईमान"

अर्थात मातृभूमि से प्रेम सच्चे दीन का एक बुनियादी अंग है।

भारत में अमीर ख़ुसरो को देशप्रेम और राष्ट्रीयता के जनक के रूप में देखा जा सकता है। 'नुह सिपहर' के तीसरे और सातवें अध्याय में उन्होंने भारत को अन्य देशों पर वरीयता दी है। उसकी श्रेष्ठता का दावा किया है। उन्होंने अपने दावे के समर्थन का मज़बूत आधार प्रस्तुत किया है। 13वीं शताब्दी में ख़ुसरो के साहित्य में देशप्रेम और राष्ट्रीयता की भावना की इस चरम स्थिति को देख कर आश्चर्य होता है। आख़िर ख़ुसरो के सामने इसे प्रदर्शित करने की क्या आवश्यकता थी। जब हम अमीर ख़ुसरो के व्यक्तित्व का अध्ययन करते हैं तो यह बात समझ में आती है कि उनकी मातृभाषा हिन्दवी थी। उनकी माँ भारतीय थीं। यह कह पाना थोड़ा कठिन है कि उनकी माँ का अपने पिता इमादुलमुल्क के मुसलमान होने के उपरान्त जन्म हुआ था या उन्होंने अपने माता–पिता के साथ इस्लाम धर्म अपनाया था। यह घटना सुल्तान इल्तुतमिश के समय की है जब रावत इमादुलमुल्क के परिवार ने इस्लाम स्वीकार कर लिया था। इमादुलमुल्क के परिवार में इस्लाम धर्म स्वीकार करने के बाद भी बहुत गहराई से भारतीय परम्पराओं का चलन रहा होगा। इमादुलमुल्क ने अपनी पुत्री का विवाह तुर्की के लाचीन क़बीले के सरदार से करके स्वयं को कुलीन वर्ग में स्थापित करने का प्रयत्न किया। इमादुलमुल्क राजपूताने के क्षत्रिय थे। वे अत्यत कुशाग्र बुद्धि के बहादुर नौजवान थे। बाद के जीवन में उनकी सफलता सिद्ध करती है कि विषम परिस्थितियों को अपने वश में कर लेना उनके लिए कितनी छोटी बात थी।

सल्तनत काल में अधिकतर सुल्तान ग़ुलाम थे। ये लोग खुरासान, तुर्किस्तान, बल्ख और अज़रबैजान के बाज़ारों में बिके थे। वे एक के बाद एक कई बार बेचे और ख़रीदे गये थे। वे इस प्रक्रिया से गुज़रने के बाद भारत पहुँचे और सत्ता के शीर्ष पर क़ाबिज़ हुए। ये लोग जब दिल्ली के तख़्त पर बैठते तो कुलीन हो जाते और स्वयं को अभिजात्य वर्ग का समझने लगते। सल्तनत काल में तुर्की नस्ल के ये सुल्तान, सूबेदार और उच्च अधिकारी केवल भारतीय नस्ल के हिन्दुओं को ही हेय दृष्टि से नहीं देखते, बल्कि उन भारतीय

मुसलमानों को भी अपने बराबर और विश्वसनीय नहीं समझते थे जो नये–नये मुसलमान हुए थे। उन्हीं सुल्तानों में एक ग़यासुद्दीन बलबन था जो 1266 में दिल्ली की गद्दी पर बैठने से पूर्व बल्ख़, बुख़ारा और क़ाबुल के ग़ुलामों के बाज़ार में कई बार बिक चुका था। वह अत्यन्त कुरूप था। वह किसी अच्छे परिवार में बिके इसके लिए उसने किसी फ़क़ीर से दुआ भी कराई थी। फ़क़ीर ने उसे आशीर्वाद दिया कि 'जा तुझे हिन्दुस्तान दिया'। ठिगने क़द के उस नौजवान के चेहरे पर बड़े–बड़े दाग़ थे। एक बार तो सुल्तान शम्सुद्दीन इल्तुतमिश के हाथों वह मरते–मरते बचा। हुआ यूँ कि किसी ज्योतिषी ने सुल्तान से कह दिया कि आपने जिन एक सौ गुलामों को बुख़ारा के बाज़ार से ख़रीदा है, उनमें एक आगे चल कर आपकी सल्तनत पर अधिकार कर लेगा। इल्तुतमिश ने सोचा कि वह सारे ग़ुलामों को फाँसी पर चढ़ा दे। परन्तु उसकी दयालुता इसमें बाधक बनी। इसी दौरान ज्योतिषी ने सुल्तान की चिन्ता को भाँप कर सलाह दी कि यदि बारी–बारी से उन ग़ुलामों को उसके सामने लाया जाय, तो वह उन्हें पहचान लेगा। इल्तुतमिश ने उन नये ग़ुलामों को अपने सामने प्रस्तुत होने का आदेश दिया। वे एक–एक करके सामने लाये जाने लगे। उन ग़ुलामों में बलबन की आयु सबसे कम थी। इसलिए सब उससे अपना काम कराते रहते। इसी दौरान किसी ने बलबन को कुछ सामान लाने के लिए बाज़ार की ओर भेज दिया। जब उसे आने में देर हुई तो ग़ुलामों के सरदार ने सुल्तान की डाँट के डर से उसके स्थान पर किसी अन्य को भेज दिया। सारे ग़ुलाम ज्योतिषी के सामने से गुज़र गये, किन्तु उनमें से कोई भी वह ग़ुलाम नहीं था, जिसकी भविष्यवाणी उसने की थी, ज्योतिषी को मायूसी हुई। इस प्रकार बलबन की जान बची।

जब बलबन दिल्ली की गद्दी पर बैठा तो उसके हाव–भाव में आमूलचूल परिवर्तन आया। गर्व से उसका सीना फूल गया। ऐसे में वह अपने पुराने दोस्तों को भी नहीं पहचानता था। उनसे वह एक प्रभावशाली सुल्तान के रूप में पेश आता था। वह शानदार कपड़े पहनकर दरबार में आता। उसने अपने अंग रक्षकों की संख्या बढ़ा दी, और उनको अत्यन्त शान व शौकत से दरबार में रहने का निर्देश दिया। वे अच्छी पोशाक और बहुमूल्य हथियारों से लैस होकर दरबार में आते और बलबन के पीछे खड़े रहते। उसने दरबार में नृत्य और गायन पर पूरी तरह पाबन्दी लगा दी, यहाँ तक कि दरबार में मुस्कुराने और अनावश्यक–हँसी मज़ाक़ पर भी रोक लगा दिया।

दरबार में वह गम्भीर मुद्रा में बैठता और अन्य दरबारियों से भी सख़्त अनुशासन में रहने की अपेक्षा करता।

यह परम्परा थोड़ी–बहुत बलबन से पूर्व भी निभायी जाती थी। पहले भी अघोषित रूप से इस बात का ध्यान रखा जाता था कि सल्तनत का बड़ा अधिकारी तुर्की या ईरानी नस्ल का हो, अगर अरबी है तो सोने पर सुहागा, परन्तु बलबन ने उसका कड़ाई से पालन किया। उसके शासनकाल मे यह निश्चित था कि सल्तनत के बड़े अधिकारी तुर्की नस्ल के ही होने चाहिए। उसने हिन्दुओं यहाँ तक कि भारतीय नस्ल के मुसलमानों को भी ऊँचे पदों से हटा दिया और समरकन्द, बुख़ारा, नेशापुर और बल्ख जैसे प्रदेशों में सन्देश भेजा कि वहाँ से अच्छी नस्ल के अमीर, चिन्तक, विद्वान और सिपाही यहाँ तक कि ग़ुलाम भी दिल्ली आयें। यहाँ उनकी सफलता के दरवाज़े खुले हुए थे। बलबन का यह आदेश, अलाउद्दीन ख़िलजी के शासनकाल में भी प्रभावी रहा। यह एक बहुत बड़ा कारण था कि भारतीयों को अच्छे पदों पर तैनात होने और कुलीन वर्ग में सम्मान पाने के लिए तुर्कियों से रिश्तेदारी करनी पड़ती थी। किसी भी उच्च पद को पाने के लिए माँ बाप में से कोई एक तुर्की हो या कोई अन्य रिश्ता या इस आशय का एक–प्रमाण पत्र अवश्य चाहिए होता था। स्वयं को उच्च कुलीन परिवार का सिद्ध करने के लिए भारत के नवमुस्लिम परिवार तेज़ी से तुर्की परिवारों में रिश्ते बना रहे थे।

अमीर ख़ुसरो ऐसे ही एक परिवार से थे। जिनके पिता अमीर सैफुद्दीन महमूद तुर्किस्तान के लाचीन क़बीले के सरदार थे, और माँ माया देवी एक राजपूत नवमुस्लिम परिवार की सुपुत्री थीं। 13 वर्ष की आयु में ख़ुसरो के पिता की मृत्यु हो गयी परन्तु उनकी माँ उनके के साथ 40 वर्षों तक जीवित रहीं, तो अवश्य ही ख़ुसरो पर उनकी माँ की संस्कृति यानी भारतीय संस्कृति का प्रभाव पड़ा होगा और उनमें देशप्रेम की प्रबल भावना उमड़ी होगी। फिर हल्के साँवले रंग और काली आँखों वाले उस गठीले नौजवान के सामने जब कोई खुरासान, तुर्किस्तान, मिस्र और नेशापुर की गोरी चमड़ी की प्रशंसा करता होगा तो वह नौजवान आँखों की काली पुतली का हवाला देकर कहता होगा कि काला रंग इसलिए प्यारा और सुन्दर है, क्योंकि आँख की पुतली जो दुनिया के सौन्दर्य की अभिव्यक्ति करती है, वह काली है–

सियह रा ख़ुद बदीदा जाय गाह अस्त।
कि अन्दर दीदह हम मर्दुम सियाह अस्त।।

अर्थात काला रंग वह है जिसे आँख में स्थान मिला है। देखो आँख के अन्दर की पुतली भी काली है।

अमीर ख़ुसरो ईरान और खुरासान की महिलाओं पर गहरी चोट करते हुए कहते हैं कि उनमें मादकता और भोलापन नहीं होता। उनके होंठो पर मुस्कुराहट नहीं होती, चेहरा सपाट होता है, उनमें ठण्डापन होता है, जैसे वहाँ के फूल बिना ख़ुशबू के चटकदार होते हैं, उसी प्रकार वहाँ की महिलाएँ केवल गोरी–चिट्टी होती हैं परन्तु उनमें लोच, नरमी और भावनाओं में गर्माहट नहीं होती, इसके विपरीत भारी वक्षों वाली भारत की साँवली महिलाओं के बाँकपन के सामने वह कहीं नहीं टिकतीं। हमारे देश की महिलाएँ नमकीन, चालाक और फुर्तीली होती हैं। उनकी काली आँखें समुद्र की तरह गहरी होती हैं। उनकी पलकें कटार की तरह तेज़ होती हैं। उनके नमकीन होंठों पर शोख़ अदाएँ नृत्य करती रहती हैं–

चे याद आरी सपेद व सुर्ख़ रा रूवे
चू गुलहाय खुरासाँ रंग बे बूये

व गर पुर्सी ख़बर अज़ रूम व अज रूस
अज ईशां नीज नायद ला ब व लूस

सपेद व सर्द हम चूँ कुन्दये यख
कज ईशाँ रम खुरद कानूने दोज़ख

लबे तातार खुद खंदाँ न बाशद
खुतन रा ख़ुद नमक चंदाँ न बाशद

समरकन्दी व अंचा अज कन्दहा रन्द
बजुज़ नामी ज़ि शीरींनी न दारन्द

ब मिश्र व रूम हम सीमीं ख़ुदा नन्द
व ले चुश्ती व चालाकी सदानन्द

अर्थात संसार के किसी भी देश का सौन्दर्य भारत के सौन्दर्य से अच्छा नहीं है। खुरासान का सौन्दर्य सफ़ेद और लाल अवश्य होता है, लेकिन उसी प्रकार जैसे उनके फूलो में चमक होती है ख़ुशबू नहीं होती है। रूस और रूम की चाँदी जैसी महिलाओं में मादकता नहीं होती वह

बर्फ़ की तरह ठण्डी और सफ़ेद होती हैं, वह भारतीय महिलाओं की तरह चालाक और फुर्तीली नहीं होतीं। तातारी महिलाओं के होंठों पर हँसी दिखायी नहीं देती। चीन की महिलाओं की सुन्दरता में नमक नहीं होता और समरकन्द बुख़ारा के सौन्दर्य में मीठापन नहीं होता।

भारत क्यों प्रिय है, क्योंकि यह मेरा देश है। मुहम्मद रसूलुल्लाह स. ने कहा है कि अपने देश से प्रेम करो–

आनस्त यके कीं ज़मीं अज दौरे जमन
हस्त मोरा मौलद व मावा व वतन

वीं ज़े रसूल आमदे कि जुमरए दीं
हुब्ब–ए–वतन हस्त जे ईमाँ ब यकीं

यह कि भारत प्राचीन काल से मौजूद है और मेरा जन्म स्थान है, मेरा घर है और मेरी मातृभूमि है। रसूलुल्लाह स. ने भी कहा है कि अपनी मातृभूमि से प्रेम करना सच्चा ईमान है।

फिर वह हिन्दुस्तान की प्रशंसा करते हैं। उनके देशप्रेम की भावना उस नस्लीय भेदभाव के विरुद्ध उत्पन्न हुई, जो गुलाम वंश के तुर्क सुल्तान भारतीयों के साथ करते थे। यह भेदभाव उस काल में अत्यन्त चरम पर रहा होगा। इसलिए ख़ुसरो जब भारत की प्रशंसा करते हैं, तो वे केवल काले–गोरे तक सीमित नहीं होती है, बल्कि उसमें व्यापकता का दर्शन होता है। वह हिन्दुस्तान की छोटी से बड़ी प्रत्येक वस्तु का बखान करते हैं, उसकी प्राथमिकता दोहराते हैं। वह सात प्रकार की दलीलों के साथ सिद्ध करते हैं, क्यों हिन्दुस्तान यूनान, ईरान और तुर्किस्तान से अच्छा है। उन दलीलों में एक विशेष दलील मुसलमानों के बारे में है कि सम्पूर्ण विश्व को मुसलमान क़ैदख़ाना समझते हैं, परन्तु हिन्दुस्तान को स्वर्ग मानते हैं। फिर उन्होंने यहाँ की जलवायु की प्रशंसा में दस विशेषताएँ गिनायी हैं। उन्होंने कहा ये देश इसलिए विशेष है, क्योंकि यहाँ पान और केला पाया जाता है। पान को फलों की तरह खाया जाता है। यहाँ चार प्रकार के मौसम होते हैं। जाड़ा इतना ही पड़ता है कि ग़रीब आदमी बर्दाश्त कर सके। गर्मी भी बहुत कम पड़ती है। और वर्षा होती है, ताकि पेड़–पौधे हरे भरे रह सकें। यह विशेषता ईरान, अरब और तुर्किस्तान की जलवायु में नहीं है। यहाँ इलायची और लौंग जैसे मसाले मिलते हैं, और यहाँ के फूलों में मुरझाने के उपरान्त भी महक मौजूद रहती है। हिन्दुस्तान इसलिए सबसे अच्छा देश है कि यहाँ

खरबूजा मिलता है, और यहाँ आम होता है, जिसकी बराबरी स्वर्ग के फल भी नहीं कर सकते।

फिर वह ज्ञान–विज्ञान की चर्चा करते हैं, भारत में ज्ञान का भण्डार है। विभिन्न प्रकार के ज्ञान की चर्चा के दौरान वे कहते हैं कि उनके सामने अरस्तू का ज्ञान भी फ़ीका पड़ जाता है। अमीर ख़ुसरो कहते हैं कि उन्होंने उनके अन्दर जाकर उनके ज्ञान के भण्डार को देखा है। रोम यूनान, अरब के निवासी पूरी दुनिया में घूम कर ज्ञान प्राप्त करते हैं। परन्तु किसी ने कभी किसी ब्राह्मण को किसी देश में ज्ञान प्राप्त करने के लिए जाते नहीं देखा। उनके पास इतना ज्ञान का भण्डार है कि उन्हें स्वयं पता नहीं है।

फिर वे हिन्दुस्तान के ब्राह्मणों के एकेश्वरवाद की चर्चा करते हैं। ब्राह्मण ईश्वर के अस्तित्व पर गहरा विश्वास करता है। जो लोग ईश्वर को नहीं मानते ब्राह्मण उन्हें किसी सम्मान के लायक नहीं समझता। इस प्रकार उन्होंने हिन्दुस्तान को अन्य देशों पर दस कारणों से वरीयता दी है। उन्होंने जो कारण गिनायें हैं, उन में से एक भाषा भी है। भारत के लोग विश्व की कोई भी भाषा बोल सकते हैं। परन्तु गैर–भारतीय हिन्दी नहीं बोल सकता। दूसरा यह है कि शून्य का आविष्कार भारत में हुआ है। शतरंज यहाँ का आविष्कार है। यहाँ पंचतन्त्र जैसी किताब लिखी गयी है, जिसकी पूरे विश्व में कोई बराबरी नहीं की जा सकती। यहाँ का संगीत दिल को बेचैन कर देता है। हृदय में आग लगा देता है। यहाँ के संगीत ने जो विकास किया है। वह अद्‌भुत है। यहाँ के रागों को सुनकर रेगिस्तानी हिरन भी जाते हैं। और सबसे बड़ी बात यह है कि यहाँ अमीर ख़ुसरो का जन्म हुआ है।

भाषा पर अमीर ख़ुसरो की टिप्पणी उल्लेखनीय है। वह कहते हैं कि संस्कृत भारतीय भाषाओं की जान है। इसमें ज्ञान का भण्डार छिपा हुआ है जिसे आज तक समझा नहीं गया। संस्कृत, फ़ारसी से भी समृद्ध भाषा है, परन्तु उसका स्तर अरबी से कम है।

अलगरज अज़ पारसी व तुर्क व अरब
बेहुदा बाशद कि कुनम दिल ब तरब

मन चू ज़ि हिन्दम बूद आं ब कि कसे
अज महल ख़्वेश बर आरद नफ़्से

हस्त दरीं अर्सा बहर नाहियते
मुस्तलहे खासा न अज़ आरियते

सिन्दी व लाहौरी व कश्मीर व कुबर
धूर समुन्दरी व तिलंगी व गुजर

मआबरी व गोरी व बंगल व अवद
देहली व पीरामनश अन्दर हमा हद

ईं हमा हिन्दीस्त कि ज़ि अयामे कुहन
आमा बकार अस्त बहर गोना सुखन

लेक जबानीस्त दिगर कज़ सुखनां
आनस्त गज़ी नज़्द हमा बरहमनां

बरहमनश दानद व हर बरहमने
नीज न दानद हद जि इन्साँ सुखने

संस्कृत नाम ज़ि अहद ए कुहनश
आमा न दारद ख़बर अज कुन मकुनश

आंनस्त जबाने ब सिफत दर दरी
अज अरबी कमतर व बरतर जि दरी

अथार्त यह बात व्यर्थ है कि मैं अपने दिल को प्रसन्न करने के लिए उसे फ़ारसी, तुर्की और अरबी के गीतों की ओर आकर्षित करूँ। मैं चूँकि हिन्दुस्तानी हूँ। इसलिए यही अच्छा है कि मैं अपनी जगह से बात करूँ। इस देश के प्रत्येक क्षेत्र की अपनी भाषा है। अपनी विशेष बोलियाँ हैं। ये बोलियाँ उधार की नहीं हैं जैसे सिन्धी, लाहौरी, कश्मीरी, कुबर, धूर, समन्दरी, तिलंगी और गुज़र, माबरी और गोरी तथा बंगाली और अवधी। इस प्रकार दिल्ली और उसके आस पास की भाषा भी अपने सरहद के अन्दर है। यह सभी 'हिन्दवी' भाषाएँ हैं। ये प्राचीनकाल से बातचीत और लेखन के योग्य हैं। लेकिन इसके अतिरिक्त कुछ अन्य भाषाएँ भी

हैं और उनमें ब्राह्मणों की भाषा का विशिष्ट स्थान है, जिसे प्राचीनकाल से 'संस्कृत' कहा जाता है। इस भाषा की बारीकियों से जन साधारण परिचित नहीं हैं। क्योंकि इसमें व्याकरण और भाषा का ज्ञान लिखा गया है। ब्राह्मण भी पूरी तरह इस भाषा से परिचित नहीं हैं। संस्कृत अत्यन्त समृद्धशाली भाषा है। वह फ़ारसी से अधिक समृद्धशाली, मीठी और शानदार है, परन्तु अरबी से कमतर है। उन्होंने प्रायः फ़ारसी और तुर्की पर हिन्दवी को वरीयता दी है–

इस्बात गुफ़्त हिन्द बहुज्जत कि राजेह अस्त।
बरहपारसी व तुर्की अज़ अल्फाज़ ए ख़ुशगवार।।

अर्थात फ़ारसी और तुर्की की अपेक्षा हिन्दवी अपने मधुर शब्दों के कारण अधिक लोकप्रिय है।

तुर्क ए हिन्दुस्तानीम मन हिन्दवी गोयम चु आब।
शक्कर मिसरी न दारम कज़ अरब गोयम सुख़न।।

अर्थात मैं हिन्दुस्तान में जन्मा एक तुर्क हूँ। मैं हिन्दवी धाराप्रवाह बोल सकता हूँ। मेरे पास अरबी भाषा की मिठास नहीं है कि उसमें बातचीत करूँ।

चु मन तूती ए हिन्दम अर रास्त पुर्सी।
ज़ि मन हिन्दवी पुर्स ता नग्ज़ गोयम।।

अर्थात चूँकि मैं तूती ए हिन्द हूँ, इसलिए मुझसे हिन्दवी के सम्बन्ध में पूछिए ताकि उसमें मैं अपनी काव्य कला प्रदर्शित कर सकूँ।

अमीर ख़ुसरो के देशप्रेम का चरम वहाँ पहुँचता है, जहाँ पुरुषोत्तम राम के व्यक्तित्व का वर्णन होता है। उन्होंने राम के व्यक्तित्व की प्रशंसा दिल खोल कर की है–

शोख़ी–ए–हिन्दू बबीं को दीन ब बुद अज़ खास व आम।
राम ए मन हरगिज़ न शुद, हर चन्द गुफ़्तम "राम–राम"।।

अर्थात प्रत्येक व्यक्ति ये जान ले कि हिन्दुस्तान में राम एक शानदार और उत्तम पुरुष हैं। राम तो मेरे दिल में बसे हैं। वे भूल से भी हरगिज़ अलग नहीं होंगे। मैं जब भी बोलूँगा तो राम–राम ही बोलूँगा।

इस प्रकार देखा जाय तो अमीर ख़ुसरो ने आज से सात सौ वर्ष पूर्व भारत की उस छवि को प्रस्तुत किया, जो आज की परिस्थितियों के अनुरूप है। उन्होंने देशप्रेम की जो परिभाषा दी वह आज भी समीचीन है। इसके लिए हमें अमीर ख़ुसरो को धन्यवाद कहना चाहिए।

सन्दर्भ सूची

1. अमीर ख़ुसरो–ग़ुलाम सिमनानी, नेशनल बुक ट्रस्ट, नयी दिल्ली, 1995
2. अमीर ख़ुसरो एक बहुआयामी व्यक्तित्व, प्रदीप शर्मा ख़ुसरो, साक्षी प्रकाशन, नयी दिल्ली–2016
3. अमीर ख़ुसरो देहलवी हयात और शायरी, प्रो. मुमताज हुसैन, कराची, 1975
4. अमीर ख़ुसरो और उनका हिन्दी साहित्य, डॉ. भोला नाथ तिवारी, प्रभात प्रकाशन, नयी दिल्ली, 2012
5. अमीर ख़ुसरो का हिन्दवी काव्य, प्रो. गोपी चन्द नारंग, वाणी प्रकाशन, नयी दिल्ली, 2013
6. आबे हयात–मुहम्मद हुसैन आज़ाद उर्दू अकादमी लखनऊ 2003
7. अलामतों का जवाल–इन्तज़ार हुसैन मकतबा जामिया लिमिटेड नयी दिल्ली, 1981
8. आग का दरिया, कुर्रतुले ऐन हैदर, उर्दू : किताबघर, नयी दिल्ली, 1984
9. इब्नबतूता की भारत यात्रा, नेशनल बुक ट्रस्ट, नयी दिल्ली, 2011
10. ख़ुसरो का ज़ेहनी सफ़र–ज़ोए अंसारी, अंजुमन तरक़्क़ी उर्दू (हिन्द), नयी दिल्ली, 1977
11. ख़ुसरो शनासी, ज़ोए अंसारी, राष्ट्रीय उर्दू भाषा विकास परिषद, नयी दिल्ली, 1998
12. जहाने ख़ुसरो, फारूक़ अरगली, फ़रीद बुक डिपो, नयी दिल्ली, 2017
13. तारीख़े फ़रिश्ता–मोहम्मद क़ासिम फ़रिश्ता, भाग एक, उर्दू अनुवाद अब्दुल हई ख़्वाजा एमए, मकतबा मिल्लत, देवबन्द, 1983
14. तारीख़े हिन्दुस्तान 1526 तक, डॉ. अब्दुल कयूम, निसाब पब्लिकेशंस हैदराबाद, 2008
15. दिल्ली, खुशवन्त सिंह, किताबघर नयी दिल्ली, 2002
16. पंजाब में उर्दू, हाफ़िज़ महमूद शीरानी, राष्ट्रीय उर्दू भाषा विकास परिषद, नयी दिल्ली, 2005
17. भारत सावित्री, वासुदेव शरण अग्रवाल, सस्ता साहित्य मण्डल प्रकाशन, नयी दिल्ली, 2003
18. भारत का इतिहास, रोमिला थापर राजकमल प्रकाशन, नयी दिल्ली, 1998
19. भारतीय संगीत का इतिहास, डॉ. ठाकुर जयदेव सिंह, विश्वविद्यालय प्रकाशन, वाराणसी, 2016
20. मध्यकालीन भारत, भाग दो, सम्पादन–इरफान हबीब, राजकमल प्रकाशन, नयी दिल्ली, 1999
21. मध्यकालीन भारत, भाग दस, सम्पादन–इरफान हबीब, राजकमल प्रकाशन, नयी दिल्ली, 2015

22. संगीत राग परिचय, भाग एक, देवकी नन्दन धवन, संगीत कार्यालय हाथरस, 2017
23. संगीत राग परिचय, भाग दो, देवकी नन्दन धवन, संगीत कार्यालय हाथरस, 2017
24. संगीत शास्त्र परामर्श, मीरा माथुर, भारत बुक सेंटर, लखनऊ, 2004
25. हिन्दुस्तान अमीर ख़ुसरो की नज़र में–सैयद सबाहुद्दीन अब्दुर्रहमान शिब्ली एकदेमी, आज़मगढ़, 2012
26. हिन्दुस्तानी मुसलमान, प्रो. मुहम्मद मुजीब, राष्ट्रीय उर्दू भाषा विकास परिषद, नयी दिल्ली, 1998
27. हिन्दी साहित्य का इतिहास, रामचन्द्र शुक्ल, सस्ता प्रकाशन, नयी दिल्ली
28. हिन्दी साहित्य का उद्‌भव और विकास, हजारी प्रसाद द्विवेदी, राजकमल प्रकाशन, नयी दिल्ली, 2004

खुसरो के साहित्य में सांस्कृतिक चेतना

डॉ. शाकिर अली

अमीर ख़ुसरो एक युग प्रवर्तक साहित्यकार ही नहीं कुशल राजनीतिज्ञ, कूटनीतिज्ञ, संगीतज्ञ और वीर योद्धा भी थे। वे एक सूफ़ी सन्त थे और सांसारिक अभीप्सा में दक्ष भी। सहृदय थे किन्तु उनकी सहृदयता पर मस्तिष्क हावी था। उन्होंने राजसत्ता और हज़रत निज़ामुद्दीन औलिया के सानिध्य का कोई भी सुअवसर हाथ से जाने नहीं दिया। दो विरोधी विचारधाराओं के संगम में डुबकी लगाते हुए भी एक गुण उनके व्यक्तित्व में सदा समाहित था–'समावेशी संस्कृति की चेतना'। इसी चेतना को उन्होंने अपने साहित्य में जीवन्त रखा। उनकी यह समावेशी सांस्कृतिक ग्राह्यता उन्हें भारत के महान व्यक्तियों एक साहित्यकारों की पंक्ति में ला खड़ा करती है।

अमीर ख़ुसरो का जन्म 1253 (653 हि.) और मृत्यु 1325 (725 हि.) को हुई। इनका जन्म उत्तर प्रदेश के एटा ज़िले के पटियाली नामक ग्राम में गंगा के किनारे हुआ था। ग्राम पटियाली इन दिनों मोमिनपुरा या मोमिनाबाद के नाम से जाना जाता है।[1] इस गाँव में अमीर ख़ुसरो के जन्म की बात सबसे पहले हुमायूँ काल के हामिद बिन फ़ज़लुल्लाह जमाली ने अपने ऐतिहासिक ग्रन्थ 'तज़्किरा सियरूल आरिफ़ीन' में कही।

तेरहवीं शताब्दी के आरम्भ में दिल्ली का राजसिंहासन ग़ुलाम वंश के सुल्तानों के अधीन हो रहा था। उसी समय अमीर ख़ुसरो के पिता अमीर सैफुद्दीन महमूद तुर्किस्तान में लाचीन क़बीले के सरदार थे। कुछ लोग इसे बल्ख हजारा अफ़ग़ानिस्तान भी मानते हैं। चंगेज़ खाँ के दौर में ये मंगोलों या मुग़लों के अत्याचार से तंग आकर भारत आये थे। कुछ लोग ऐसा भी मानते हैं कि ये कुश नामक शहर से आये थे जो अब शहर–ए–सब्ज़ के नाम से जाना जाता है। यह एशिया के तज़ाकिस्तान और उज्बेकिस्तान

देशों की सीमाओं पर स्थित है। उस समय भारत में कुतुबुद्दीन ऐबक का देहान्त हो चुका था और उसके स्थान पर उसका एक दास शम्सुद्दीन इल्तुतमिश राज कर रहा था। अमीर ख़ुसरो के पिता अमीर सैफ़ुद्दीन महमूद अपने क़बीले वालों के साथ लाहौर होते हुए दिल्ली पहुँचे। यहाँ सौभाग्य से इल्तुतमिश के दरबार में उनकी जल्दी पहुँच हो गयी। अपने सैन्य गुणों एवं दिलेरी के कारण वे शाही सेना में सरदार बन गये। इल्तुतमिश के पश्चात सज्जन एवं शान्तिप्रिय सुल्तान नासिरूद्दीन महमूद ने उन्हें नौकरी दी। ग़ुलाम वंश के एक ज़बरदस्त और दबदबे वाले सिहांसनारूढ़ सुल्तान बलबन ने अमीर लाचीन को बड़ा पद और पटियाली ज़िला एटा उ.प्र. में गंगा किनारे बड़ी जागीर दी।[2]

अमीर ख़ुसरो की माँ माया देवी उर्फ़ दौलत नाज़ या सैयदा मुबारक बेगम राजस्थान के एक सम्पन्न हिन्दू राजपूत परिवार से थीं।[3] वे दिल्ली के एक रईस अमीर इमादुलमुल्क रावत अर्ज की पुत्री थीं। वे सुल्तान बलबन के युद्धमन्त्री थे। वे नये–नये मुसलमान बने थे। इस्लाम धर्म ग्रहण करने के बावजूद उनके घर में सारे रीति –रिवाज मिले–जुले थे। लचीलापन था। ख़ुसरो के ननिहाल में गाने –बजाने और संगीत की त्रिवेणी बहती थी। नाना संगीत के साथ पान के शौक़ीन थे। पान पर बाद में ख़ुसरो ने तम्बोला नामक एक मसनवी भी फ़ारसी में लिखी। दो परम्पराओं के मिश्रण का प्रभाव बाल्यकाल से ही ख़ुसरो पर पड़ना प्रारम्भ हो गया था। जब ख़ुसरो पैदा हुए तब इनके पिता इन्हें एक कपड़े में लपेट कर एक सूफ़ी दरवेश के पास ले गये थे। दरवेश ने नन्हे ख़ुसरो के मासूम और तेजयुक्त चेहरे को देखते ही फ़ौरन दुआ दी और भविष्यवाणी की–

"अवुर्दी कसे रा के दो कदम।
अज ख़ाक़ानी पेश ख़्वाहिद बूद।"

अर्थात तुम मेरे पास एक ऐसे होनहार बच्चे को लाये हो जो ख़ाक़ानी नामक विश्वप्रसिद्ध विद्वान से भी दो क़दम आगे निकलेगा।

चार वर्ष की अल्पायु में ही ख़ुसरो अपने पिता के साथ दिल्ली आये और आठ वर्ष की अवस्था तक अपने पिता और भाइयों से शिक्षा पाते रहे। ख़ुसरो के बड़े भाई एज्जुद्दीन या अजीउद्दीन या इज्जुद्दीन अली शाह अरबी–फ़ारसी के विद्वान थे। दूसरे भाई हिसामुद्दीन या कुतलग़ अहमद बहादुर सैनिक थे। सबसे छोटे अमीर ख़ुसरो कुशाग्र बुद्धि और वीर थे। अपने फ़ारसी दीवान 'गुर्रतुल कमाल' की भूमिका में अमीर ख़ुसरो ने अपने

पिता को उम्मी कहा है। लेकिन अमीर सैफुद्दीन ने अपने सुपुत्र अमीर ख़ुसरो की शिक्षा–दीक्षा का बहुत ही अच्छा प्रबन्ध किया था। अपनी आयु के छठे वर्ष में वे मकतब जाने लगे। ख़ुसरो ने अपना फ़ारसी दीवान तोहफतुस्सिग्र, 18–19 वर्ष की आयु में लिख दिया था। दीवान 'तोहफत्तुस्सिग्र' की भूमिका में अमीर ख़ुसरो पूरी ईमानदारी से लिखते हैं, "मेरे पिता ने मुझे मकतब में पढ़ने भेजा, मगर मैं रदीफ़ और क़ाफ़िया के चक्कर में रहता था। मेरे क़ाबिल उस्ताद सादुद्दीन मुहम्मद खत्तात जो क़ाज़ी के लक़ब से मशहूर थे, मुझे सुलेख सिखाने की कोशिश करते थे, मगर मैं ख़ूबसूरत लड़कियों को देखता रहता और उनकी ज़ुल्फ़ों की तारीफ़ में शेर व क़सीदे कहता रहता था। अपने उस्ताद की लाख कोशिशों के बावजूद, जो एक हसीना की ज़ुल्फ़ों की तरह लम्बी थी। मैं महज़बीनों की ज़ुल्फ़ और तिल की तारीफ़ के अपने शायराना शौक़ से हरगिज़ बाज़ न आता था।" अमीर ख़ुसरो की गहन साहित्यिक अभिरुचि और काव्य प्रतिभा देखकर उनके गुरु सादुद्दीन या असदुद्दीन मुहम्मद उन्हें अपने साथ नायब कोतवाल के पास ले गये वहाँ एक और महान विद्वान ख़्वाजा इज्जुद्दीन अज़ीज़ बैठे थे। गुरु ने इनकी काव्य संगीत प्रतिभा तथा मधुर संगीतमयी वाणी की अत्यन्त प्रशंसा की और ख़ुसरो का इम्तिहान लेने को कहा। ख़्वाजा साहब ने अमीर ख़ुसरो से कहा कि 'मू' 'बैज', 'तीर' और 'खरपुजा' इन चार बेजोड़ बेमेल और बेतरतीब चीज़ों को एक छन्द में प्रयोग करो। ख़ुसरो ने तुरन्त इन शब्दों को सार्थकता के साथ जोड़कर फ़ारसी में एक सद्यःरचित रुबाई सुनायी–

हर मूये कि दर ज़ुल्फ़ ख़म आं सनम अस्त
सद बैज–ए–अम्बरी बर आं मूये ज़म अस्त
चूँ तीर मदाँ रास्त दिलश रा जीरा
चूँ खरपुजा दंदानश दरूने शिकम अस्त[4]

अर्थात उस प्रेमिका की दोनों चोटियों के एक एक बाल में अम्बर के मोती पिरोये हुए हैं, और उस सुन्दरी का हृदय तरकश है जिसमें से बाण चलते रहते हैं। उसका उदर नरमी में खरबूजे जैसा है। उसके दाँत खरबूजे की तरह उसके पेट के अन्दर की ओर हैं।

ख़्वाजा साहब ख़ुसरो की इस रुबाई को सुनकर आश्चर्यचकित रह गये। उन्हें गले लगाया और ये कहा तुम्हारा साहित्यिक नाम तो सुल्तानी होना चाहिए। यही कारण है कि ख़ुसरो के पहले काव्य संग्रह 'तोहफतुस्सिग्र' की लगभग सौ फ़ारसी ग़ज़लों में यही उपनाम प्रयोग हुआ है।

बचपन से ही अमीर ख़ुसरो का दिल पढ़ाई–लिखाई की अपेक्षा शेर–ओ–शायरी में अधिक लगता था। वे विनोदप्रिय, हँसमुख, रसिक और अत्यन्त महत्त्वाकांक्षी थे। वे लकीर के फ़क़ीर नहीं बल्कि स्वयं लकीर खींचने वाले फ़क़ीर थे। वे नवोन्मेषी थे। मेधावी थे। वक़्त के मिज़ाज के कुशल पारखी और दूरदर्शी थे। ख़ुसरो के श्यामवर्ण रईस नाना इमादुलमुल्क रावत अर्ज और पिता अमीर सैफ़ुद्दीन महमूद दोनों ही चिश्तिया सूफ़ी सम्प्रदाय के महान सूफ़ी साधक एवं सन्त हज़रत निज़ामुद्दीन औलिया उर्फ़ सुल्तान–उल–मशायख महबूबे इलाही के मुरीद यानी शिष्य थे। उनके समस्त परिवार ने औलिया साहब से आध्यात्मिक दीक्षा ली थी। उस समय ख़ुसरो केवल सात वर्ष के थे। इस प्रकार उनके व्यक्तित्व में एक ऐसे रसायन का संचार शैशवावस्था से हो रहा था, जो प्रेमतत्त्व से निर्मित था। ख़ुसरो का अध्यात्म प्रेम का अध्यात्म है, और इस अध्यात्म में ही समावेशी सांस्कृतिक चेतना के बीज अंकुरित, पुष्पित और पल्लवित हुए थे।

1264 में जब अमीर ख़ुसरो ग्यारह वर्ष के थे उनके पिता 95 वर्ष की आयु में युद्ध में मारे गये और इनकी शिक्षा का भार इनके नाना अमीर इमादुलमुल्क रावत अर्ज ने अपने ऊपर ले लिया। माँ ने बड़े लाड़ प्यार से अपने बेटे को पाला। वे पटियाली या दिल्ली में अपने पिता की हवेली में रहती थीं। नाना ने थोड़े ही दिनों में अमीर ख़ुसरो को ऐसी शिक्षा–दीक्षा दी कि ये कई विधाओं में निपुण हो गये। युद्ध कला की बारीकियाँ पहले पिता से और बाद में नाना से सीखीं। इमादुलमुल्क ख़ुसरो से प्रायः कहा करते थे 'डरपोक और कमज़ोर सिपाही किसी देशद्रोही से कम नहीं।' अमीर ख़ुसरो को अपनी माता और नाना से विरासत में संस्कृत, रामायण, महाभारत, गीता, चारों वेदों, पुराणों, उपनिषदों, दर्शनशास्त्रों, शायरी, खड़ी बोली और गीत–संगीत के गहन अध्ययन, अनुशीलन का सुअवसर मिला। दूसरी ओर अपने पिता से बाल्यावस्था से ही युद्धकला, घुड़सवारी, तलवारबाज़ी, तीरंदाज़ी, कुश्ती, अरबी, फ़ारसी, तुर्की भाषाएँ, प्राचीन भारत का इतिहास, इस्लामी शरीअत, कुरान शरीफ़, हदीसों आदि को जानने और सीखने का मौक़ा मिला। यही वह ज़माना था जब ख़ुसरो अपने समय के बहुत से बुद्धिजीवियों और शासकों के सम्पर्क में आये। ख़ुसरो ने बिना किसी हिचक व संकोच के अनेक सर्वोत्तम गुणों को आत्मसात किया। उनका व्यक्तित्व समुद्र बनता चला गया, और उसमें मानवीय गुणों की नदियाँ स्वतः प्रवाहित होकर मिलती गयीं। उन्होंने अपने पहले काव्यग्रन्थ 'तोहफतुस्सिग्र' की भूमिका में बचपन से जवानी तक

की परिस्थितियों का वास्तविक वर्णन किया है। ज्ञातव्य है कि इन वर्णनों में कहीं भी चिन्तन की संकीर्णता नहीं है। अहंकार उन्हें छू भी नहीं पाया था। हालाँकि अपनी साहित्यिक प्रतिभा पर उन्हें गर्व था। उपर्युक्त ग्रन्थ की भूमिका में वे कहते हैं–"अल्लाह की असीम कृपा और अनुकम्पा से मैं बारह वर्ष की छोटी अवस्था में ही रुबाई कहने लगा था। जिसे सुनकर बड़े–बड़े विद्वान तक आश्चर्य करते थे। उनके आश्चर्य से मेरा उत्साह बढ़ता था। मुझे और अधिक क्रियात्मक कविता लिखने की प्रेरणा मिलती थी। उस समय तक मुझे कोई काव्य गुरु नहीं मिला था जो मुझे कविता की उच्च शिक्षा देकर मेरी लेखनी को बेचाल चलने से रोकता। मैं प्राचीन और नवीन कवियों के काव्यों का गहराई व अति गम्भीरता से मनन करके उन्ही से शिक्षा ग्रहण करता था।" इससे यह साफ़ स्पष्ट होता है कि उनके अन्दर काव्य प्रतिभा जन्मजात थी। इसे उन्होंने स्वयं सीखा किसी गुरु से नहीं। वे आशु कवि थे। सद्यःकविता की रचना उनके बायें हाथ का खेल था। निस्सन्देह अमीर ख़ुसरो जन्मजात फ़ारसी और हिन्दवी भाषा के कवि, लेखक, गीतकार और व्यंग्यकार एवं संगीतकार थे। अपनी मेधाशक्ति से उन्होंने शब्दकोश, दर्शन, राजनीतिक, सामाजिक एवं सांस्कृतिक इतिहास एवं युद्धकौशल में दक्षता प्राप्त की थी। सब कुछ होते हुए भी वे हृदय से सूफ़ी थे। हज़रत निज़ामुददीन औलिया के चहेते शागिर्द, जिन्हें देखकर औलिया का हृदय कमल की तरह खिल उठता था और शागिर्द भौंरे की तरह उस पर मँडराने लगता था। वे बहुमुखी प्रतिभा के धनी थे। सिद्ध हस्त कलाकार थे। सत्य तो यह है कि सर्वगुण सम्पन्न व्यक्ति ही भारत की सांस्कृतिक चेतना को समझ सकता है, क्योंकि भारतीय संस्कृति स्वयं में सर्वगुण सम्पन्न है।

अमीर ख़ुसरो दीवान 'गुर्रतुल कमाल' में सगर्व लिखते हैं–"जब मैं केवल 8 वर्ष का था। तब मेरी कविता की तीव्र उड़ानें आकाश को छू रही थीं। जब मेरे दाँत गिर रहे थे तो उस समय मेरे मुँह से दीप्तिमान मोती बिखरते थे।" यह वही कह सकता है जो पूर्णतः आत्मविश्वासी हो। एक बालक का अपने साहित्य के विषय में यह कथन बालसुलभ दम्भ का परिचायक नहीं, बल्कि साहित्याकाश में ज्वलन्त नक्षत्र के आगमन की उद्घोषणा है। यही कारण है यह नक्षत्र झँझा–झकोर, आँधी–तूफ़ान सभी में चमकता रहा। उसकी ज्योति आज भी चमत्कृत कर रही है, और करती रहेगी।

1273 में जब ख़ुसरो 20 वर्ष के थे तब 113 वर्ष की आयु में उनके नाना इमादुलमुल्क की मृत्यु हो गयी। एक ह्रदयस्पर्शी मर्सिये में अमीर ख़ुसरो ने अपनी घनीभूत पीड़ा को इस प्रकार व्यक्त किया है–

"ऐ आसिफ़! सुल्तान भी तेरे लिए रोते हैं, और ऐ आरिफ़! ख़ुद दीवान भी तेरी मृत्यु का ग़म मनाते हैं। दिव्य गुम्बद का आधार स्तम्भ ढह गया है जिसके फलस्वरूप शाही महल के कमरे और चबूतरे भी ग़मगीन हैं। तुर्कों ने अपने कुलाह का त्याग कर दिया है। हिन्दू रईस ब्राह्मणों की तरह नंगे सिर फिरते हैं और इस विपत्ति पर रोते हैं।"[5] अमीर ख़ुसरो के काव्य में मानवीय संवेदना यहीं से शुरू हुई थी, जो हज़रत निज़ामुददीन औलिया के सानिध्य में परवान चढ़ी।

अमीर ख़ुसरो ने धार्मिक संकीर्णता और राजनीतिक छल–कपट के उथल–पुथल भरे माहौल में रहकर हिन्दू–मुस्लिम एवं राष्ट्रीय एकता, प्रेम, मानवतावाद और सांस्कृतिक समन्वय के लिए पूरी ईमानदारी तथा निष्ठा से काम किया। प्रसिद्ध इतिहासकार ज़ियाउद्दीन बर्नी ने अपने ऐतिहासिक ग्रन्थ 'तारीख़े फ़ीरोजशाही' में स्पष्ट रूप से लिखा है–"सुल्तान जलालुद्दीन ख़िलजी ने अमीर ख़ुसरो की एक चुलबुली फ़ारसी कविता से प्रसन्न होकर उन्हें 'अमीर' का ख़िताब दिया था जो उन दिनों बहुत ही इज़्ज़त की बात थी। उन दिनों अमीर का खिताब पाने वालों का एक अलग ही रुतबा और शान थी।"

ज़ियाउद्दीन बर्नी ख़ुसरो के समकालीन थे। इसलिए उनके कथन में सत्यता है। वे अपने उक्त ग्रन्थ में आगे लिखते हैं–"सुल्तान जलालुद्दीन ख़िलजी के समय व शासनकाल में ऐसे गुणी एवं कमाल के लाजवाब शायर थे कि उनके जैसे अति प्रतिभावान शायर, पहले कभी नहीं देखे गये थे, और न कभी भविष्य में दिखेंगे। विशेषतः अमीर ख़ुसरो जो सभी पुराने व नये शायरों के सुल्तान हैं, विचारों की मौलिकता में अपनी लेखनी तथा लेखों की अति सृजनात्मकता में, बहुफलदायक प्रकृति में, विलक्षण सिद्धान्तों, मान्यताओं को अभिव्यक्ति प्रदान करने में उनके समान कोई नहीं है। अगर शायरी और नस्र के दूसरे उस्तादों के पास शिक्षण के साथ एक या दो विशेष क्षेत्र हैं, जिनमें वे श्रेष्ठ हैं, तो अमीर ख़ुसरो ज्ञान की सभी शाखाओं के ज़बरदस्त उस्ताद हैं। वह इतने अद्वितीय, विलक्षण और बहुआयामी प्रतिभा सम्पन्न हैं कि शायरी की सभी शाखाओं में वे अत्यधिक विशिष्ट हैं। ऐसे पाण्डित्य वाला माहिर उस्ताद, इससे पूर्व हिन्दुस्तान के इतिहास

में दिखायी नहीं पड़ता और न ही क़यामत के दिन तक ऐसा कोई व्यक्ति दिखायी देगा।"[6] मुहम्मद ग़ोरी द्वारा पृथ्वीराज चौहान पर विजय से पूर्व भारत छोटे–छोटे राज्यों में विभक्त था। इन राज्यों के स्वामी राजा थे। इनका आपस में संघर्ष निरन्तर भारत को कमज़ोर बना रहा था। सामाजिक बुराइयाँ, छूआ–छूत, धार्मिक आडम्बर, ऊँच–नीच, बाल विवाह सती प्रथा, भेदभाव, जाति प्रथा, सत्ता के लिए अतिक्रमण, झूठी शानोशौकत, द्वेष, घृणा, एक–दूसरे को ध्वस्त करने की मानसिकता और संकीर्ण सोच ने राष्ट्रीयता की जड़ें हिला दी थीं। इसके परिणाम में ग़ुलाम वंश का पहला शासक कुतुबुद्दीन ऐबक भारत का सुल्तान बना। इसके बाद तो मुस्लिम शासकों का दौर शुरू हो गया।

हिन्दू शासक वर्ग और समाज अपने ही अवगुणों से विध्वंसकारी प्रवृत्ति का पोषक तो था ही ऊपर से मुसलमानों की राजसत्ता एक और शत्रु के रूप में उनके सामने खड़ी हो गयी। इतिहासकार चाहे इसे किसी भी दृष्टिकोण से देखें, यदि भारत में राजसत्ता में भयंकर बिखराव नहीं होता, तो सुदूर से तुर्की ग़ुलाम वंश के शासक भारत में अपने पैर जमाने में निश्चित रूप से सफल नहीं हुए होते। हिन्दू–हिन्दू के द्वेष में मुस्लिम द्वेष भी शामिल हो गया। धर्म, जाति, भाषा, सभ्यता, संस्कृति, रहन–सहन, वेशभूषा, खानपान, देशी–विदेशी और न जाने कितने वर्गों में समाज टूट कर बिखर रहा था। चरमरा रहा था। भारत की समावेशी, समदर्शी और दूरदर्शी संस्कृति दम तोड़ती नज़र आ रही थी। ऐसे वातावरण में अमीर ख़ुसरो का एकात्म राष्ट्रप्रेम इसके ज़र्रे–ज़र्रे से प्रेम, जीव–जीव से प्रेम, हर अदा से प्रेम यानी इस धरती के अंग–प्रत्यंग से प्रेम ने एक ऐसा वितान आच्छादित किया जिसके नीचे गंगा–जमुनी संस्कृति की चेतना स्वतः प्रस्फुटित होने लगी। विभिन्न भाषाओं की कोख से हिन्दवी और विभिन्न धर्मों की कोख से प्रेम धर्म का प्रजनन होने लगा। सदियों तक इस प्रेम रसायन ने भारत को एकता के सूत्र में बाँधे रखा। इसी का दूसरा नाम समन्वयवादी सांस्कृतिक चेतना है, जो अनेकता को एकता के धागे में पिरोती है।

अमीर ख़ुसरो को दिल्ली से हार्दिक प्रेम था। दिल्ली उनके रग–रग में समन्वित थी। संचारित थी। वे दिल्ली से अवध शाही आदेश से जा रहे थे। वे लिखते हैं–"मुझे एक ऐसे वक़्त यात्रा करनी पड़ी जब बारिश सबसे ज़्यादा तेज़ हो रही थी। अपने दोस्तों से बिछुड़ने के कारण

मेरी आँखों से आँसू बह रहे थे और सहानुभूति में बादल भी मेरे साथ रो रहे थे। पानी से पैदा हुई कीचड़ में मेरे घोड़े के पैर लड़खड़ा रहे थे और आकाश में बिजली उपहास में हँस रही थी। इस उदास दुर्दशा में आख़िर दो महीने के लम्बे सफ़र के बाद मैं अवध पहुँचा।[7] अमीर ख़ुसरो अवध जाने से ख़ुश नहीं थे। इसी गम में अमीर ख़ुसरो ने एक फ़ारसी ग़ज़ल लिखी थी–

अब्र मी बारद व मन मी शवम अज यार जुदा
चूँ कुनम दिल बचुनीं रोज ज़ि दिलदार जुदा

अब्र बारां व मन व यार सितादह ब बूदाअ
मन जुदा गिरिया कुनाँ, अब्र जुदा, यार जुदा

सब्ज़ा नौख़ेज़ व हवा खुर्रम व बुस्ताँ सरसब्ज़
बुलबुले रूए सियाह माँदा ज़ि गुलज़ार जुदा[8]

अर्थात सावन की झड़ी लगी हुई है और मैं अपने यार (दिल्ली) से जुदा हो रहा हूँ। ऐसे समय में किस प्रकार अपने दिल को अलग करूँ। बादल बरस रहा है। मैं और मेरा यार अलग हो रहे हैं। मैं अलग रो रहा हूँ, बादल अलग और यार अलग। तू ख़ुसरो को छोड़ कर चल दिया तो तेरा सौन्दर्य भी टिकने वाला नहीं। कोई फूल जब काँटे का साथ छोड़ देता है तो जल्द ही कुम्हला जाता है।

अमीर ख़ुसरो को अवध में दिल्ली और अपने दोस्तों की याद सताती थी, जिन्हें वह पीछे छोड़ आये थे। अपने दोस्त ताजुद्दीन ज़ाहिद अवध को लिखे एक लम्बे मसनवी नुमा ख़त 'फ़िराक़नामा' में वे कहते हैं–"जब मैं तुमसे बिछड़ा तो मानो रोशनी से उसकी परछाईं दूर हो गयी। मैंने अपना अवध का सफ़र अपनी आँखों से आँसू बहाते हुए किया। दिल में दर्द और आँखों में आँसू थे। सामने रास्ता था लेकिन मैं बार–बार पीछे मुड़कर देख रहा था। मैं चलता गया लेकिन मेरा दर्द बढ़ता गया। जितनी तेज़ी से मेरे पैर चल रहे थे उससे कहीं ज़्यादा मेरे आँसू बह रहे थे। दुख के अलावा मेरे पास कोई और रास्ता नहीं था और मैं ख़ुद को नाकामयाब–सा महसूस कर रहा था। मैं सारी यात्रा में शाही फ़ौज के साथ हर पड़ाव पर लगातार तब तक रोता रहा, जब तक कि दो माह की लम्बी यात्रा के बाद सुल्तान अवध पहुँचा। अवध शहर बेशक आकर्षक है, लेकिन तुम्हारे बिना

मुझे कुछ भी अच्छा नहीं लगता। अवध एक ख़ूबसूरत बगीचा है जहाँ एक व्यक्ति ख़ुशी और सन्तुष्टि से रह सकता है। इसकी ज़मीन पृथ्वी का गहना है और इसका वातावरण ख़ुशी से भरपूर है। सरू या सरयू नदी इसके किनारे बहती है। यहाँ फूलों और मदिरा की बहुतायत है। यहाँ के वृक्षों की टहनियाँ अपने फलों के बोझ के कारण ज़मीन की ओर झुकी हुई हैं। यहाँ अंगूर, नीबू, अनार, केला, सन्तरे और बहुत से मीठे व रसीले फलों की भरमार है। आम और केला भी जो दिमाग़ को चुस्त कर देते हैं। यहाँ के बाग़ों में ऐसे फूल हैं जो सदा खिले रहते हैं। हवा में मूलसरी, चम्पा, जय या जूही के फूल भरे पड़े हैं। यहाँ चाँदी की बरछी की तरह केवड़े के फूल हैं, जिनके आगे गुलाब का फूल अपनी ज़िन्दगी कुर्बान करता है। यहाँ हर प्रकार के इत्र और मसाले हैं। चन्दन, एलॉयवुड, अम्बर, मुश्क या कस्तूरी, कर्पूर और लौंग। ऐसे वस्त्र यहाँ मौजूद हैं, जो बीती ज़िन्दगी को दोबारा वापस ले आयें। यहाँ शरीर के आभूषण मानो बृहद ज्वार के ख़ूबसूरत तोहफ़े हैं और शरीर पर इतने हल्के से बैठते हैं मानो कन्द पुष्प या नलिनी नामक चमकीले फूल के पौधे पर चन्द्रमा की रोशनी पड़ती है या सुबह के खिले गुलाब पर ओस की बूँद गिरती है। अवध के निवासी आतिथ्य–सत्कार वाले, सुशील, शिष्ट, निष्ठावान, उदार और दानी हैं। ग़रीब और अमीर दोनों सन्तुष्ट हैं, ख़ुश हैं और अपनी कला या व्यवसाय में व्यस्त हैं।" अवध का दूसरा नाम अयोध्या है। अमीर ख़ुसरो को अवध का वातावरण बहुत पसन्द आया, पेड़ों की आड़ से झाँकती सुबह की लालिमा सूरज, सरयू नदी में पड़ती सूर्य की किरणें, चहचहाती हुई चिड़िया, छटा बिखेरती हरियाली, मन्दिरों में बजती मधुर घण्टों की आवाज़ें, अवध का सुरीला संगीत, भजन और सबसे ज़्यादा इष्ट श्रीराम को पुकारते भक्तजन।

यह ध्यान देने योग्य है कि अवध के विषय में ये जो कथन मसनवी 'फ़िराक़नामा' में है, उसकी प्रामाणिकता स्वतःसिद्ध है। इसकी एक दुर्लभ ख़ूबसूरत 3,912 नम्बर की पाण्डुलिपि तुर्की की राजधानी इस्ताम्बूल की सुलेमानिया लाइब्रेरी में है। ख़ुसरो ने लिखने का दिन, तारीख़, महीना, वर्ष (मंगलवार की रात, तारीख़ 16, महीना रजब, वर्ष 677 हि0 या 1278) सब दिया है। मसनवी की शुरुआत ख़ुदा की तारीफ़ में 'हम्द' और पैग़म्बर मुहम्मद स.अ. की तारीफ़ में 'नाअत' से हुई है।

पटियाली के शोधकर्ता इसार मियाँ के अनुसार, "जब अमीर ख़ुसरो अवध या अयोध्या में घूमने निकले तो वहाँ के आम लोगों ने यह कह कर

उनका स्वागत किया कि भगवान रामचन्द्र की नगरी में आप ख़ुश रहें। यह सुनकर अमीर ख़ुसरो ख़ुशी से गद्गद हो गये।" उस वक़्त अवध का दारूल ख़िलाफ़ा यानी राजधानी राम की नगरी अयोध्या ही थी। यह बाद में फ़ैज़ाबाद और फिर लखनऊ बनी। अमीर ख़ुसरो श्रीराम की नगरी अयोध्या के लिए बड़े गर्व व ख़ुशी से कहते हैं–

अयोध्या जीनत अस्त, किश्वरे बर ज़मीन।

अर्थात अयोध्या की मिट्टी सौन्दर्य है जैसे ज़मीन पर स्वर्ग हैं।

जो भी शख़्स यहाँ से गुज़रता है सरयू नदी की रवानी देखकर उसकी सारी ज़िन्दगी की प्यास बुझ जाती है। ख़ुसरो अवध में दो साल रहे। इन दो सालों में उन्होंने यहाँ रहकर अपनी मसनवी अस्पनामा लिखी। इसमें अमीर ख़ुसरो ने कुल 240 शेर लिखे। इनमें 180 शेर केवल भगवान राम, लक्ष्मण और सीता जी की तारीफ़ में लिखे। शायर अमीर ख़ुसरो हिन्दुओं के पूजनीय श्रीराम और उनकी नगरी अयोध्या की तारीफ़ दिल खोल कर करते हैं। वे कहते हैं कि जो लोग कट्टरपन्थी हैं वह अवध के नागरिकों से तर्ज–ए–इबादत यानी पूजने का तरीक़ा सीखें। ख़ुसरो जब ज़्यादा भावावेश में आ जाते हैं तो कहते हैं कि, 'अयोध्या नगरी में पूजा का जो तर्ज़–ए–तरीक़ा है इससे उन्हें लगता है कि इस ज़मीन पर अटूट व अटल अकीदे या विश्वास के लोग रहते हैं। इस पाक शहर में हर पचास क़दम पर जो मन्दिर है उनमें जब एक साथ हज़ारों–लाखों घण्टों की टन–टन की आवाज़ बजती है और लाखों कानों में गूँजती है या आती हैं तो ऐसा लगता है कि परवरदिगार या पालनहार को भी रामनगरी बहुत भाती है। जैसे परमात्मा रोज़ाना सुबह यहीं पर उतर कर सुबह होने का ऐलान करते हैं और घण्टों मन्दिरों के पुजारियों से अवधी भाषा का ज्ञान लेते व अवध की तहज़ीब को समझते हुए राममयी संस्कृति का मजा उठाते हैं।"[9]

अमीर ख़ुसरो कहते हैं–

क़ाफ़िरे इश्क़म मुसलमानी मोरा दरकार नीस्त
हर रगे मन तार गश्ता हाजते जुन्नार नीस्त

ई ब्रहमन बारहदह रद करदयें इस्लाम रा
या चूमन गुमराह रा दरपेश बुत हमबार नीस्त

यककदम बर जाने ख़ुद व यककदम दर कूए यार
जीं नेकूतर रहरवाने इश्क़ रा रफ़्तार नीस्त

मा व इश्क़ यार, गर दर क़िब्ला, गर दर बुतकदा
आशिक़ाने दोस्त रा बा कुफ़्र व ईमाँ कार नीस्त

ख़ल्क मी गोयद कि ख़ुसरो बुतपरस्ती मी कुनद
आरे आरे मी कुनद बा ख़ल्क व दुनिया कारनीस्त[10]

अर्थात मैं प्रेम का क़ाफ़िर हूँ, मुझे मुसलमानी की ज़रूरत नहीं। मेरी प्रत्येक नाड़ी धागा बन गयी है मुझे जनेऊ की आवश्यकता नहीं है। ऐ ब्राह्मण मुझ जैसे इस्लाम से फिरे हुए व्यक्ति को स्वीकार कर। प्रेम के यात्री के लिए इससे अच्छी कोई यात्रा नहीं कि वह एक पैर प्रेमिका की गली में रखे और एक पैर अपने दिल पर रखे। सच्चे आशिक़ों के लिए इससे अच्छी कोई रफ़्तार नहीं हो सकती। मस्जिद हो कि मन्दिर प्रत्येक स्थान पर मेरा प्रियतम मेरे साथ रहता है उसके प्रेमियों को कुफ्र व इस्लाम से कोई वास्ता नहीं होना चाहिए। दुनिया कहती है कि ख़ुसरो मूर्तिपूजा करता है हाँ–हाँ मैं करता हूँ, मेरा दुनिया से कोई सरोकार नहीं।

अपनी मातृभूमि की प्रशंसा और उसे दी जाने वाली वरीयता को वे पैग़म्बर मुहम्मद स.अ. का एक मशहूर कथन सामने रख कर उचित ठहराते हैं–

हुब्बुल वतन मिन अल ईमान।

अर्थात मातृभूमि से प्रेम एक सच्चे धर्म का बुनियादी अंग है।

मातृभूमि के प्रेम धरातल पर सांस्कृतिक चेतना का उद्‌भव होता है। अमीर ख़ुसरो के लिए भारत एक भौगोलिक सीमा नहीं है बल्कि प्रेम का अनन्त पारावार है। इस प्रेम पारावार में गिरने वाली हर नदी श्रद्धेय है, अभिनन्दनीय है। लहरों का नर्तन जीवन दर्शन है, हृदय स्पन्दन है। पर्वत, जंगल, उपवन, पुष्प, खग, मौसम, वर्ण, रूप–रंग, उत्सव, त्योहार, धर्म यानी इस धरती के ज़र्रे–ज़र्रे से उन्हें प्यार है। यह प्यार खण्डों में नहीं समग्र में है। इस प्रेम प्लावन में सारी सीमाएँ टूट गयी हैं। काबा और काशी दो दिखायी नहीं देते। अमीर ख़ुसरो अपने साहित्य में हिन्दवी को खड़ी बोली कहते हैं तो साथ ही साथ एक ऐसी समावेशी संस्कृति की बुनियाद भी रखते हैं, जिसके स्तम्भों पर लगभग सात सौ साल मुस्लिम शासक शासन करते हैं। इसे अपना वतन समझते हैं। उन्हें हिन्दुओं का सहयोग ही नहीं असीम प्यार भी मिलता है। इसी प्रेरणा ने देश को आज़ाद कराया। लोकतन्त्र दिया। स्वतन्त्रता और समानता का मौलिक अधिकार दिया। गंगा–जमुनी संस्कृति को जीवित रखा।

ख़ुसरो की सांस्कृतिक चेतना को समझने के लिए उनकी मसनवी 'अस्पनामा' को समझना पड़ेगा। वे इसमें लिखते हैं–"मैं मूर्ति पूजा करता नहीं हूँ परन्तु एक बेजान पत्थर पर हिन्दुओं का अटूट विश्वास और फिर उसमें एकाग्रता पैदा कर पूजने का तरीक़ा मुझे अच्छा लगता है। भारत के साँवले–सलोने लोंगों का श्यामवर्ण, जो सारी पृथ्वी पर सबसे ख़ूबसूरत रंग है, बेमिसाल है। लाजवाब है। ये श्यामल वर्ण के हैं। इससे ख़ूबसूरत रंग और क्या हो सकता है। श्यामवर्ण श्रीराम और सीता की यह अनुपम जोड़ी जब लक्ष्मण के साथ वनवास में होगी तो वह नीला आसमान भी इस ख़ूबसूरत जोड़े की तारीफ़ करता होगा, चिडियाँ इनकी सुन्दरता के गीत गाती होंगी, वन का हर फूल राम–सीता और लक्ष्मण को देखकर शरमा जाता होगा। बादल इनके साथ–साथ छाँव करता हुआ चलता होगा। ज़मीन इनके रास्ते साफ़ करती होगी–और कहती होगी ऐ काँटों, ईट, पत्थरों और तकलीफ़ देने वाली हर चीज़ उस रास्ते से हट जाओ, क्योंकि रूए ज़मीन पर अमन तथा मुहब्बत का पैग़ाम लेकर मर्यादा पुरुषोत्तम श्रीराम आ रहे हैं।"[11]

अमीर ख़ुसरो अयोध्या की लोचदार तहज़ीब की तारीफ़ दिल खोल कर अपनी पुस्तक 'अस्पनामा' में करते हैं। वहाँ के मन्दिरों के भवन उन्हें बहुत भाते हैं। यहाँ के मन्दिरों के ऊँचे–ऊँचे गुम्बदों को छूकर आसमान धन्य हो जाता है। उनकी सोच में राम मर्यादाओं के सर्वोच्च शिखर पर विराजमान अनुपम, अद्वितीय शक्ति हैं।

अमीर ख़ुसरो सात सुल्तानों के दरबार से सम्बद्ध रहे, किन्तु पाँच सुल्तानों से उनकी विशेष आत्मीयता रही। गहराई से सोचने पर यह पता चलता है कि उनके अन्दर दो तरह की विचारधाराएँ थीं। पहली राजनीतिक और दूसरी धार्मिक या सांस्कृतिक। राजनीतिक विचारधारा वे समयानुसार बदलते रहे। जो भी सुल्तान बना, उसके हो गये। उसकी प्रशंसा के गीत गाये। पुरस्कृत हुए। सम्मानित हुए। सबने उन्हें अपना समझा। सुल्तानों का दरबार उनकी राजनीति एवं कूटनीति का केन्द्र था। सांस्कृतिक या आध्यात्मिक विचारधारा या चेतना का केन्द्र बिन्दु हज़रत निज़ामुद्दीन औलिया का दरबार था। उनकी सांस्कृतिक चेतना का प्रदीप यही से प्रज्वलित होता था। जो कभी बुझा नहीं, बदला नहीं। हिमालय की तरह उन्नत, स्थिर और समुद्र की तरह गहरा, गम्भीर, निस्सीम था। ख़ुसरो इसी सांस्कृतिक चेतना के कारण महान बने। जन–जन के कण्ठहार बने।

जन सामान्य से संवाद के लिए हिन्दवी को चुना। जन विशेष से संवाद के लिए फ़ारसी को। ऐसा महान, मेधावी, मधुर व्यक्ति सदियों के बाद पैदा होता है। सच कहूँ तो–

बड़ा मज़ा आता है बातों में उसकी
वह अपनी ज़ात में इक अंजुमन है

महानतम व्यक्तित्व बहुआयामी होता है। लोगों ने एक ख़ुसरो में कई ख़ुसरो अपनी–अपनी समझ से गढ़ लिए। उनके हज़ार रूपों में स्वरूप एक था और यह स्वरूप मानवीय संवेदना की गहन अनुभूति से निःस्सृत हुआ था, इसलिए उनका लौकिक प्रेम अलौकिक बन गया था। वे सुलतानों और निज़ामुद्दीन औलिया के प्रिय किसी को अप्रिय बनाकर नहीं बने थे बल्कि प्रिय अपने आचरण से बने थे। जिसे चाहा दिल से चाहा। वे परिस्थितियों के वशीभूत नहीं हुए बल्कि परिस्थितियाँ उनके वशीभूत हुईं।

उनके रग–रग में देशप्रेम का रक्त संचारित था। उन्होंने कहा–"हालाँकि खुरासान और खोतान अपनी श्रेष्ठता का दावा करते हैं पर उनको इस देश की जादूगरी का ज्ञान नहीं है, इसलिए वे साबित कर सकते हैं कि हिन्द किसी भी देश से श्रेष्ठ है।" इसके बाद ख़ुसरो इस कथन के समर्थन में कई बुद्धि संगत प्रमाण प्रस्तुत करते हैं, पहला तर्क यह है कि स्वर्ग से बाहर निकाले जाने के बाद आदम को इसी देश में पनाह मिली थी। हिन्द स्वर्ग के समान है इसलिए आदम यहाँ उतरे और यहाँ उन्हें आराम मिला। दूसरा हिन्द मोर परिन्दे का मुल्क है, अगर फ़िरदौस किसी और देश में होता तो यह परिन्दा वहाँ जाता। तीसरा, साँप भी जो स्वर्ग में मोर का साथी था, उसके साथ यहीं आया, पर चूँकि यह देश अपने शुभ और लाभदायक कामों के लिए जाना जाता था और साँप में काटने जैसी बुराई थी, इसलिए उसे धरती की सतह से ऊपर नहीं बल्कि नीचे जगह दी गयी।[12]

वे पुनः लिखते हैं–"अगर ख़ालिक मुझे इस क़ाबिल बनाता है और मेरी क़लम में इसके गुणों को पूर्णता में व्यक्त करने की शक्ति प्रदान करता है तो मैं चाहूँगा कि धरती पर इस मुल्क की महानता को छिपा हुआ न रहने दूँ बल्कि उसे स्वर्ग की बुलन्दी तक पहुँचा दूँ।"[13]

अमीर ख़ुसरो भारत के मौसम पर लुब्ध हैं। यहाँ की सन्तुलित जलवायु पर टिप्पणी करते हैं–"वे खुरासानी बेपनाह ठण्ड के कारण बहरे बन जाते हैं, और भारत के स्वर्ग होने के तर्कों को नहीं सुनते,

बल्कि इसके बजाय उस पर बेपनाह गर्म मौसम का इल्ज़ाम गढ़ते हैं। वह इसका जवाब मुहम्मद स.अ. के शब्दों में देते हैं–"गर्म मौसम बस इतना ही है कि तकलीफ़ देता है। मगर सर्द मौसम के सबब हर कोई मारा जाता है।"[14] पुनः लिखते हैं–एक ग़रीब किसान बस एक पुरानी चादर ओढ़कर अपने मवेशी चराते हुए चरागाह में ही अपनी रात गुज़ार देता है, एक ब्राह्मण अलस्सुबह दरिया के ठण्डे पानी में स्नान कर सकता है, जबकि पेड़ की बस एक शाख इस देश के ग़रीबों को छाँव देने के लिए काफ़ी है। हिन्द में साल भर बहार रहती है इसलिए यहाँ भरपूर हरियाली रहती है और सुन्दर ख़ुशबूदार फूल खिलते हैं जो मुरझा जाने के बाद भी अपनी ख़ुशबू से वंचित नहीं होते, हिन्द के रसदार फलों में ख़ुसरो आम, केला जो बेहद नर्म होते हैं और गन्ना का नाम लेते हैं। इलायची, कर्पूर और लौंग, का ज़िक्र उन्होंने हिन्द के ख़ुश्क फलों के रूप में किया है।'[15] पान का ख़ास ज़िक्र यूँ आता है कि यह एक ऐसा पत्ता है कि जिसे फल की तरह खाया जाता है और दुनिया में कहीं भी उसके जैसे कोई चीज़ नहीं है। यह अभिजात्य वर्ग के इस्तेमाल की चीज़ था। मामूली लोगों में इसकी रुचि नहीं है केवल बड़े लोग और उनके बेटे उसका शौक़ फ़रमाते हैं। इसकी ख़ास तैयारी हर एक के लिए नहीं होती, केवल सुल्तानों को छोड़ कर।[16]

सांस्कृतिक चेतना उसी में जाग्रत होती है, जिसके अन्दर देशप्रेम कूट–कूट कर भरा होता है। हम जिससे प्रेम करें उसमें सिर्फ़ गुण दिखायी दें, अवगुण नहीं, यह प्रेम की परिपक्वता, सम्पूर्णता और सत्यता है। अमीर ख़ुसरो को हिन्दुस्तान की हर चीज़ विलक्षण, सुन्दर मोहक और अच्छी लगती है। उनके लिए हिन्दुस्तान उनकी महबूबा है। जिसकी हर अदा पर सैकड़ों बार कुर्बान होते हैं। मरते हैं। उनकी नज़र में यहाँ के मौसम, फल, चिड़ियाँ, इन्सान सब कुछ सर्वोत्तम गुणों के साथ समाये हुए हैं।

तुम मेरे पास होते हो गोया
जब कोई दूसरा नहीं होता

गुफ़्तगू रोज़ उनसे होती है
मुद्दतों सामना नहीं होता

उर्दू के सुप्रसिद्ध सूफ़ी शायर मोमिन खाँ मोमिन जो ग़ालिब के समकालीन थे ने उनके लिए यह शेर लिखा था। ग़ालिब इस शेर से इतना

प्रसन्न हुए कि इसके बदले उन्हें अपना 235 ग़ज़लों का दीवान देने को कहाँ। आख़िर क्या बात थी कि ग़ालिब जैसा उच्चकोटि का शायर इस एक शेर के बदले में अपना दीवान देना चाहता था। यह शेर वास्तव में प्रेम की व्याख्या को एक सूत्र में पिरोये हुए है। जहाँ प्रेमी या प्रेमिका की छवि के अतिरिक्त दूसरी कोई छवि नहीं होती। इसीलिए मजनूँ ने अल्लाह से कहा आप लैला की शक्ल में आयें। तभी मैं आप से भेंट कर सकता हूँ। मीराबाई ने श्रीकृष्ण को आँखों में बसने के लिए कहा। अमीर ख़ुसरो की आँखों में हिन्दुस्तान बसा हुआ है। उसकी छवि बसी हुई है, तभी तो साँवले श्रीराम, श्रीकृष्ण उन्हें अच्छे लगते हैं। साँवली स्त्रियाँ उन्हें मादक लगती हैं। काला रंग अमिट लगता है। मुरझाये फूल भी सुगन्धित लगते हैं। यहाँ का ज्ञानी ब्राह्मण अरस्तू और सुकरात से अधिक ज्ञानी लगता है। पति की मृत्यु के बाद उसकी चिता पर जल जाने वाली पत्नियाँ भी आदर्श, उत्कट एवं एकात्म प्रेम की प्रतिदर्श मालूम होती हैं। ख़ुसरो के हृदय दर्पण में भारत सोलहो श्रृंगार के साथ प्रतिबिम्बित होता है। पल–पल नवीन लगता है। रमणीय लगता है। यहाँ की सर्दी और गर्मी भी कष्टदायक नहीं आरामदायक लगती है। यहाँ के फल दूसरे देशों के फलों से अधिक स्वादिष्ट लगते हैं। यहाँ की बोलियाँ मीठी, सरल और बोधगम्य लगती हैं। मूर्तिपूजा में एकाग्रता का गुण उन्हें बहुत भाता है। भारतीय परम्पराओं, उत्सवों और धार्मिक–सांस्कृतिक आयोजनों की मुक्त कण्ठ से प्रशंसा करते हैं। उनकी चेतना राष्ट्रीय चेतना है। जो भारत की अनेकता को एकता की डोर से बाँधती ही नहीं आत्मसात कर लेती है। भारत विश्वगुरु था, क्यों था? कैसे था? वह कौन–सी बात थी कि सुकरात ने अपने शिष्य सिकन्दर से विजयोपरान्त उपहार के रूप में बाँसुरी और गंगाजल माँगा था। इनका उत्तर भारत की 'वसुधैव कुटुम्बकम' की एकात्म, अद्वैत भावना थी। यही भावना ख़ुसरो के साहित्य, चिन्तन और व्यवहार में पग–पग पर दिखायी देती है।

ख़ुसरो का देशप्रेम केवल सैद्धान्तिक नहीं है, बल्कि व्यावहारिक भी है। उनका दावा है कि उन्होंने भी भारतीय भाषाओं में महारत हासिल की है। वह स्वयं कहते हैं कि मैंने यहाँ की बहुत–सी भाषाओं के ज्ञान को अर्जित कर लिया है। मैंने इन भाषाओं की बहुत छानबीन की है। उनको बोल सकता हूँ। उनके ज्ञान से मैं प्रकाशित हुआ हूँ। अमीर ख़ुसरो संस्कृत और उसके समृद्ध साहित्य की चर्चा भी करते हैं। संस्कृत को ब्राह्मणों की

भाषा मानते हैं, फिर भी ब्राह्मण इसमें माहिर होने का दावा नहीं कर सकते। अरबी की तरह संस्कृत का अपना व्याकरण है, रूप है, व्यवस्था, तकनीकें, कायदे और साहित्य है। संस्कृत में मोतियों में मोती होने का गुण है। यह अरबी से कमतर, और फ़ारसी से श्रेष्ठतर है। ख़ुसरो सगर्व कहते हैं, "विद्या और दक्षता प्राप्त करने के लिए सारी दुनिया से विद्वान हिन्दुस्तान आते हैं, लेकिन विद्या ग्रहण करने के लिए कोई ब्राह्मण हिन्द की सीमाओं से बाहर नहीं जाता, उसको इसकी कोई आवश्यकता भी नहीं है। ब्राह्मण अपनी विद्या में, अरस्तू की सारी पुस्तकों में विद्यमान विद्या से ऊपर है। मुसलमानों ने दर्शनशास्त्र में दुनिया को जो कुछ दिया है, ब्राह्मणों के पास उससे अधिक ज्ञान की दौलत है, लेकिन ब्राह्मण स्वभाव से चुप्पे क़िस्म के होते हैं, ज़्यादा नहीं बोलते, जिसके कारण उनका ज्ञान छिपा हुआ रहता है।"

ख़ुसरो मानते हैं कि फिकह को छोड़ कर तर्कशास्त्र, खगोलशास्त्र, धर्मशास्त्र भारत में हर जगह समझे जाते हैं। तमाम भौतिक–प्राकृतिक विज्ञानों और गणित का जन्म हिन्द में हुआ। अंकों की खोज करने वाला 'असा' नाम का एक ब्राह्मण था। उसी से इसका नाम हिन्द असा पड़ा। बुद्धिजीवियों ने इसे छोटा करके हिन्दसा कर दिया। शून्य और शतरंज की खोज भी भारतीयों की है, जो विश्व के लिए अनोखी है।[17] अमीर ख़ुसरो पंचतन्त्र को भी अनोखा ग्रन्थ मानते हैं। वे इसे 'कल्पना की ऊँची उड़ान' मानते हैं।

अमीर ख़ुसरो की दृष्टि में हिन्द सिर्फ़ उनका वतन ही नहीं एक भौगोलिक, सांस्कृतिक और बहुधार्मिक इकाई भी है। अपनी एक रचना में वे एक ऐसे हिन्दू का वर्णन करते हैं, जो अग्नि की पूजा करता है। जब उससे पूछा गया कि वह ऐसा क्यों करता है, तो उसका उत्तर था कि जलती हुई आग उसके अन्दर एक दैवी तड़प और नश्वरता को पाने की इच्छा उत्पन्न करती है, ताकि वह शाश्वत जीवन को पा सके। ख़ुसरो इस भावना की तारीफ़ करते हैं। हालाँकि ख़ुसरो भारत में बाहर से आये एक परिवार की दूसरी पीढ़ी ही के थे, पर लगता है उन्होंने भारत को अद्वितीय देश के रूप में अंगीकार कर लिया था। अमीर ख़ुसरो का भारत प्रेम एकांगी नहीं, समग्र था, इसलिए उन्हें भारत की प्रत्येक परम्परा, प्रचलन, क्रियाकलाप अच्छा लगता था। मुस्लिम सल्तनत क़ायम होने के बाद बहुसंख्यक मुस्लिम शरणार्थी दिल्ली आये, उनमें कुछ निकृष्ट भी थे, कुछ उत्कृष्ट भी। साथ ही कुछ ऐसे उच्चकोटि के धर्मोपदेशक, साहित्यकार,

कलाकार भी आये, जिन्होंने हिन्दुस्तान को व्यर्थ की निष्क्रियता से निकाल कर मानवीय सक्रियता में प्राण फूँक दिया। शीराज की मदिरा को ख़ुसरो ने अपने प्याले में डाल कर गर्व महसूस किया। शीराज़ और मिस्र की सुबह शाम बनारस और अवध की प्रातः–संध्या से कमतर लगने लगी। दजला फ़ुरात का आब, गंगा–यमुना के जल से ज़्यादा पवित्र लगने लगा। यहाँ की कुरीतियाँ भी उन्हें सुरीतियाँ लगने लगीं। आरती और अज़ान के रसायन के सम्मिश्रण से जो चीज़ बनती है उसी का नाम हिन्दुस्तान है। यह ख़ुसरो की धारणा थी। ख़ुसरो के साहित्य में कहीं–कहीं कृत्रिमता या परम्परावादिता के भी दर्शन होते हैं। यह युगीन प्रभाव है। साहित्यकार के चिन्तन की वास्तविकता नहीं। उनके साहित्य का मूल स्वर समावेशी राष्ट्रीय चेतना है। प्रेम तन्तु का निर्माण है। परपीड़ा की गहरी अनुभूति है। उन्होंने सुल्तानों से अपार धन प्राप्त किया, किन्तु उसे ग़रीबों, मज़दूरों, साहित्य प्रेमियों, संगीतकारों और कलाकारों के बीच तक़सीम कर दिया। इनका वर्णन उन्होंने स्वयं अपनी कविताओं में किया है।

'आइन–ए–सिकन्दरी' में वह अपने बेटे को सलाह देते हैं, "अल्लाह ने जो तुम्हें दिया है उसमें से ग़रीबों, ज़रूरतमन्दों को भी दों। दान करने से सम्पत्ति दोगुनी बढ़ती है। जिस व्यक्ति की उदारता केवल अपने परिवार तक सीमित है वह स्वार्थी है।" अमीर ख़ुसरो की यही सोच भारतीय दर्शन की सोच है। हज़रत निज़ामुद्दीन शेख़ बाबा फ़रीद के शिष्य थे और अमीर ख़ुसरो हज़रत निज़ामुद्दीन के। शेख़ बाबा फ़रीद ने हज़रत निज़ामुद्दीन से कहा था–"मैंने तुम्हें हिन्दुस्तान का आध्यात्मिक साम्राज्य दे दिया है। जाओ और उसे ग्रहण करो।" इसी प्रकार हज़रत निज़ामुद्दीन ने अमीर ख़ुसरो के लिए कहा था–'रोज़–ए–महशर में अल्लाह मुझसे पूछेगा निज़ामुद्दीन मेरे लिए क्या लाये हो तो मैं ख़ुसरो को आगे कर दूँगा।' उन्होंने यह भी कहा था कि यदि शरीअत में इजाज़त होती तो मैं ख़ुसरो को अपने साथ क़ब्र में दफ़न करने की इजाज़त दे देता। भारतीय संस्कृति में गुरु शिष्य का अतिशय लगाव, श्रद्धा और प्रेम संस्कृति का अभिन्न अंग है। ख़ुसरो गुरु–शिष्य की इस पावन परम्परा के संवाहक हैं।

अमीर ख़ुसरो ने भारत की प्रशंसा में पृष्ठ के पृष्ठ लिख दिये। उनकी लेखनी में हिन्दुस्तान रचता–बसता है। उनकी तूलिका एक ऐसे हिन्दुस्तान का चित्र उकेरती है, जिसमें रंग–बिरंगे चित्र मिलकर सौन्दर्य की एक ऐसी दुनिया की सृष्टि करते हैं, जहाँ सब कुछ 'सत्यं शिवं सुन्दरं' हो जाता है।

सांस्कृतिक चेतना गंगा–यमुना का संगम बन जाती है। आज के परिवेश में अमीर ख़ुसरो की प्रासंगिकता और बढ़ गयी है।

सन्दर्भ सूची

1. फवायद–उल–फवाद, सम्पादन अमीर हसन सिज्जी देहलवी, हिन्दी अनुवाद ख़्वाजा हसन सानी निज़ामी दरगाह, हज़रत निज़ामुददीन, नयी दिल्ली–2004 और सियरूल औलिया सम्पादन सैयद मुहम्मद मुबारक किरमानी, अंग्रेज़ी अनुवाद इशरत हुसैन अंसारी व हामिद आफ़ाक़ कुरैशी अलतमई अलसिद्दीकी, इदारा–ए–अदबियात–ए–दिल्ली, 2013
2. दीवान तोहफतुस्सिग्र अमीर ख़ुसरो, सम्पादन डॉ. सैयद अली हैदर, प्रोफ़ेसर फ़ारसी इंस्टीट्यूट ऑफ़ पोस्ट ग्रेजुएट स्टडीज़ एंड रिसर्च इन अरेबिक एंड पर्शियन लर्निंग, बिहार 1989
3. कुल्लियाते ग़ज़लियात ख़ुसरो, भाग एक, अमीर ख़ुसरो, सम्पादन इक़बाल सलाहुद्दीन व सैयद वजीरूल हसन पैकेजिंग लिमिटेड, लाहौर, अगस्त 1972
4. दीबाचा, दीवान तोहफतुस्सिग्र अमीर ख़ुसरो, इदारा–ए–तहक़ीक़ात अरबी फ़ारसी, बिहार।
5. डॉ. वहीद मिर्ज़ा, द लाइफ़ एंड वर्क्स ऑफ़ अमीर ख़ुसरो
6. अमीर ख़ुसरो एक बहुआयामी व्यक्तित्व, प्रदीप शर्मा ख़ुसरो, साक्षी प्रकाशन नयी दिल्ली, 2016
7. ख़ुसरो का ज़ेहनी सफ़र, ज़ोए अंसारी, अंजुमन तरक़्क़ी उर्दू, नयी दिल्ली।
8. अमीर ख़ुसरो एक बहुआयामी व्यक्तित्व।
9. उपर्युक्त।
10. जहाने ख़ुसरो, सम्पादन फ़ारूक़ अरगली, (पृ. 845–849) फ़रीद बुक डिपो, नयी दिल्ली 2017
11. अमीर ख़ुसरो एक बहुआयामी व्यक्तित्व।
12. द लाइफ ऑफ़ वर्क्स ऑफ़ अमीर ख़ुसरो, लेखक मुहम्मद वहीद मिर्ज़ा, कलकत्ता, 1938; हज़रत अमीर ख़ुसरो ऑफ़ देहली, पालिटिक्स एंड सोसाइटी डयूरिंग द अर्ली मेडिवल पीरियड, लेखक मुहम्मद हबीब सम्पादन के.ए. निज़ामी, अलीगढ़ 1974, (पृ. 299, 315)
13. उपर्युक्त।
14. नुह सिपहर, पृ. 150
15. उपरोक्त, पृ. 151–153
16. उपरोक्त।
17. उपरोक्त, पृ. 170–172

तसव्वुफ़ : उद्भव और विकास

मिर्ज़ा सफ़दर अली बेग

तसव्वुफ़ एक प्रज्ञा है, जो ईश्वर के अस्तित्व को समझने में सहायक होता है। ये परमात्मा और जीवात्मा के मिलन की अभिव्यक्ति का नाम है। तसव्वुफ़ मानव हृदय को स्वच्छ करने के साथ ही उसमें धैर्य व संयम के गुण का प्रतिपादन करता है। इसका सबसे बड़ा उद्देश्य दृष्टि की पवित्रता, धैर्य व संयम, निरीहता, गम्भीर्य, मौन धारण, उपासना, तपस्या, पुण्य और चरित्र निर्माण करना होता है। तसव्वुफ़ सहानुभूति, मानवीय प्रेम और बलिदान का सन्देश देता है। प्रारम्भ में ये केवल चरित्र निर्माण, संयम और धैर्य के साथ अकेले बैठ कर तपस्या करते हुए ईश्वर की ओर ध्यान लगाने का नाममात्र था। परन्तु शीघ्र ही तसव्वुफ़ में सूफ़ियाना जीवन पद्धति, नयी सोच, नये सिद्धान्त और एक प्रकार का दार्शनिक आधार विकसित होने लगा। कुछ दिनों बाद सूफ़ियाना जीवन पद्धति, नैतिकता और शिक्षा का विद्वतापूर्वक विश्लेषण किया जाने लगा। उसके बाद एक नियमित दर्शन और प्रज्ञा का जन्म हुआ, जो 'तसव्वुफ़' कहलाया। धीरे–धीरे तसव्वुफ़ दर्शन का अनिवार्य भाग बन गया। तसव्वुफ़ का आधार कुरान, हदीस और मुहम्मद रसूलुल्लाह की पैरवी पर आधारित है। तसव्वुफ़ ख़ुदा के अस्तित्व को समझने, उसके निकट होने और ख़ुदा और उसके प्राणियों से प्रेम करने का सन्देश देता है। दसवीं शताब्दी की समाप्ति तक तसव्वुफ़ एक अटल और स्पष्ट जीवन पद्धति और शैली बन चुका था। तसव्वुफ़ साहित्य, कविता, दर्शन और धर्म का भी केन्द्र बिन्दु बन गया।

प्रो. ए.जे. आरबरी कहते हैं कि जब तसव्वुफ़ ने ईरान की आत्मा और मस्तिष्क को जकड़ लिया तो उसको सौन्दर्यशास्त्रीय रूप में विकसित होने का सुअवसर प्राप्त हुआ। फ़ारसी का क्लासिकी काव्य आधिकारिक रूप से सूफ़ियाना विचारों और भावनाओं से परिपूर्ण है। शिब्ली नोमानी का तो

यहाँ तक कहना है कि फ़ारसी कविता उस समय तक बिना आत्मा के शरीर जैसी थी, जब तक उसमें तसव्वुफ़ का भाग सम्मिलित नहीं हुआ था। तसव्वुफ़ को इस्लामी दुनिया में शीघ्र ही चारों ओर फैलने का अवसर मिल गया। अरब, इराक, सीरिया और मिस्र से तसव्वुफ़ का बादल प्रत्येक उपवन और उद्यान को सींचता हुआ ईरान और विशेष रूप से खुरासान पहुँचा, जिसकी मिट्टी उसके लिए बहुत उपजाऊ सिद्ध हुई। उस मिट्टी से असंख्य सूफ़िया और सूफ़ी कवि उत्पन्न हुए। तसव्वुफ़ ने ईरान की राह से हिन्दुस्तान की यात्रा की, और यहाँ पहले से फ़ारसी और फिर उर्दू साहित्य में अपने लिए बहुमूल्य मौजूद ख़ज़ाना सुरक्षित कर दिया।

हज़रत अबूल हसन यमीनुद्दीन अमीर खुसरो देहलवी ने उस नवोदित अतिथि अर्थात तसव्वुफ़ को निष्ठा और कर्म में अपना लिया, और उसके रंग–रूप से फ़ारसी कविता को ऊर्जावान किया। विशेषतः तसव्वुफ़ ईश्वर के प्राणियों से प्रेम का सन्देश देता है। अमीर खुसरो ने अपने व्यावहारिक जीवन और अपनी कविता दोनों में ईश्वर के जीव से प्रेम का सन्देश दिया है। वे प्रत्येक धर्म और देश के प्रत्येक नागरिक से सौहार्द से मिलते, प्रेम करते और जगत् के समस्त प्राणियों से सहानुभूति रखते थे। वह सूफ़िया के उस विचाार का समर्थन करते कि ईश्वर से सच्चा प्रेम करने वाला उसके जीवों विशेषकर मनुष्य से चाहे वह किसी धर्म, देश, वर्ग, समुदाय, अच्छा–बुरा, धनी, ग़रीब व लाचार ही क्यों न हो, घृणा नहीं कर सकता। वे कहते हैं–

नज़दीके अहले बीनश कूरस्त व कूर बेशक
आशिक़ कि पेशे चश्मश जंगी सनम न बाशद

अर्थात जिनको प्रकृति ने दृष्टि दी है, उनके निकट वह व्यक्ति अन्धा है, निश्चित रूप से अन्धा है, क्योंकि आशिक़ में गिनती हो परन्तु काले व्यक्ति से प्यार न करे।

दिखावटी शरीअत को लोग धर्म कहते हैं, परन्तु वास्तविकता यह है कि यह धार्मिकता आशिक़ों के सामने महत्त्वहीन होकर रह गयी है। इसीलिए लोग ही नहीं बल्कि उलेमा भी आशिक़ों को काफ़िर कहने लगते हैं। एक समय ऐसा आता है, जब आशिक़ स्वयं के लिए कुफ्र की शब्दावली का प्रयोग करने लगते हैं। अमीर ख़ुसरो का काफ़िर की शब्दावली के प्रयोग पर एक सुन्दर शेर है–

क़ाफ़िरे इश्क़म मुसलमानी मोरा दरकार नीस्त
हर रगे मन तार गुश्ता हाजते जुन्नार नीस्त

अर्थात मैं इश्क़ का काफ़िर हूँ, मुझे मुसलमानी से कोई वास्ता नहीं है। मेरी प्रत्येक नस धागे जैसी है मुझे जनेऊ की आवश्यकता नहीं है।

प्रेम मानव हृदय, मस्तिष्क और आत्मा में स्वाभाविक रूप से मौजूद रहता है, मानव आत्मा में सौन्दर्य और खिंचाव उत्पन्न करता है। प्रेम में चुम्बकीय गुण प्राणियों से प्रेम के कारण उत्पन्न होता है। प्रसिद्ध सूफ़ी शेख़ मुहीउद्दीन इब्ने अरबी कहते हैं–

"मेरा दिल एक रूप से समानता रखता है। वह चरागाह है हिरनों के लिए और खानक़ाह है ईसाई राहिबों के लिए, मन्दिर है मूर्तियों के लिए, खाना का'बा है हज यात्रियों के लिए और तौरेत की तख़्ती है कुरान का ग्रन्थ है। मैं इश्क़ के धर्म का अनुयायी हूँ। चाहे किसी रास्ते पर उसकी यात्रा ले जाय। मेरा धर्म और मेरी श्रद्धा एक वास्तविक धर्म है।"

इब्ने अरबी के शब्दों में, 'प्रेम समस्त धार्मिक निष्ठाओं का रत्न है' प्रत्येक पुजारी प्रेम से ही पूजा करता है, और प्रेम ही ने उसे अपना दास बना लिया है। ख़्वाजा बन्दानवाज़ का विचार है, 'यदि इश्क़ का कोई आकार होता तो वह मनुष्य का आकार होता। इश्क़ मूर्तिपूजकों का पेशवा है। तपस्वियों और पुजारियों का केन्द्र बिन्दु है।" इसी प्रकार के विचार प्रकट करते हुए ईरान के प्रसिद्ध सूफ़ी कवि अबूसईद अबूलख़ैर कहते हैं–

रफ़्तम ब कलिसियाए तरसा व यहूद
तरसा व यहूद जुम्ला रा रूए तू बूद

अज़ शौक़ जमाले तू बुतख़ाना शुदम
तस्बीहे बुताँ ज़मज़मा–ए–ज़िक्र तू बूद

अर्थात मैं यहूदियों और ईसाइयों के पूजास्थलों की ओर गया तो वहाँ देखा कि सबने अपना ध्यान तेरी ओर ही केन्द्रित कर रखा है। तुम्हें प्राप्त करने और एक झलक देखने की इच्छा लिए मैं मूर्तिघरों में गया तो क्या देखता हूँ कि वहाँ प्रत्येक व्यक्ति तुम्हारे ही प्रेम की प्रशंसा का गीत गा रहा है। अमीर ख़ुसरो का विचार है–

ब सूए का'बा व बुतकदा रहनुमाए हमवतन अस्त
के हर कस अज पये मा'बूदे ख़ुद ब पैंकार अस्त

अर्थात का'बा और मूर्तिघरों दोनों से ही मनुष्य को प्रेरणा मिलती है। क्योंकि प्रत्येक प्रेमी अपने प्रिया के लिए संघर्षरत है।

सूफ़ी समस्त मानव जाति में अल्लाह तआला का जलवा देखते थे। इसलिए इब्ने अरबी कहते हैं, "ख़ुदा प्रत्येक दृश्यावली में नये–नये प्रकाशपुंज के साथ प्रकट होता है। प्राणी वास्तविकता के अनुरूप केवल सत्य है, जबकि आकार के अनुरूप अवास्तविक है। प्रत्येक छोटी–बड़ी वस्तु में अल्लाह तआला विराजमान है। मूर्ख, बुद्धिमान, विद्वान, अनपढ़ सब में उसकी छवि मौजूद है।" उन धारणाओं का आधार वास्तव में क़ुरान की कुछ आयातों में निहित है–

व लिल्लहिल् मशरिकु वलमगरिबु। फ ऐनमा तूवल्लूफसम्मा वजहुल्लाहि। इन्नल्लाह वासीउन अलीम–वह पूर्व और पश्चिम दोनो ओर है। तुम जिस ओर देखो उधर ही अल्लाह है। वह विस्तृत व्यापक और प्रज्ञावान है। (सूरह अलबकरा, 115)

व लिल्लाहि माफिस्समावाति व माफिलअर्जि व कानल्लाहु बि कुल्लि शैइम्मुहिता। आकाश और पृथ्वी में जो कुछ है, सब कुछ अल्लाह ही का है, और अल्लाह प्रत्येक वस्तु पर छाया हुआ है। (सूरह निसा, 126)

व नहनु अकरबु इलैहि मिन् हब्लिल् वरीद। हम उसकी (मनुष्य) गर्दन की रग से अधिक निकट हैं। (सूरह का'फ, 16)

व न फख्तु फीहि मिर्रूही। हमने उसमें (मनुष्य) अपनी आत्मा फूँक दी है। (सूरह अल–हिज्र, 29)

वास्तविक प्रेमी को अपने शरीर के अन्दर आत्मा की तरह देखते हुए अमीर ख़ुसरो कहते हैं–

आशिक़ी अम के गर आवाज़ दही जाने मरा
दोस्त अज सीना इम आवाज़ बर आरूर कि मनम

अर्थात मैं वह सच्चा आशिक़ हूँ, कि यदि तुम मेरी आत्मा भी माँग लो तो अन्दर से एक मित्र की आवाज़ पुकार उठेगी।

हस्ती मन रफ़्त व ख्यालश बमानद
ऐ कि तू बीनी न मनम बल्कि ऊस्त

अर्थात मेरा अस्तित्व मिट गया। उसका विचार भी अब शेष नहीं रह गया। तुम जो कुछ भी देख रहे हो, वह मैं नहीं हूँ, बल्कि वह मेरा वास्तविक प्रेमी है।

ख़ुदा के व्यक्तित्व और विशेषताओं को समझाते हुए प्राचीन सूफ़ी अबूल हसन अली हुजवेरी कहते हैं, "कोई व्यक्ति ख़ुदा की विशेषताओं के द्वारा वहाँ तक पहुँच सकता है। ख़ुदा के सौन्दर्य की तीन विशेषताएँ हैं,

एक वह है, जिससे उसका सौन्दर्य प्रकट होता है। दूसरा वह है, जिससे उसका तेज या प्रताप झलकता है और तीसरा वह है, जिससे उसके गुण प्रकट होते हैं।" सूफ़ियों के निकट समस्त संसार को मोहित कर देने वाला आकर्षक सौन्दर्य एक ही है, कोई अनन्त, अमर और वास्तविक सौन्दर्य, जो मानव की दृष्टि से छुपा रहता है। इस सौन्दर्य का उद्‌गम एक ही है, और वह है विशुद्ध सौन्दर्य जो ईश्वरीय व्यक्तित्व और विशेषताओं में छुपा हुआ है। अलग़ज़ाली के अनुसार, "सौन्दर्य दो प्रकार का होता है। एक वह जो मुखड़े की आँख से देखा जाता है, और दूसरा वह है, जो हृदय दृष्टि या दिव्य दृष्टि से दिखायी देता है। सौन्दर्य केवल अनुभवों में नहीं बल्कि अनानुभव में भी होता है। जैसे चरित्र व नैतिकता, बुद्धि व ज्ञान, संयम व साहस और पुण्य भलाई का सौन्दर्य।" अब्दुल करीम जेली का विचार है कि अल्लाह तआला का सौन्दर्य बाह्यकरण और अन्तःकरण दोनों में है। बाह्य सौन्दर्य उसकी प्रकृति में और आन्तरिक सौन्दर्य उसकी कृपा, ज्ञान व दर्शन, दया व अनुकम्पा, पोषण और रचना में प्रदर्शित होता है। हज़रत इमाम हसन (अ.) कहते थे–'अल्लाहु जमीलुन व युहिब्बुल जमाल' अर्थात ख़ुदा स्वयं सुन्दर है और सुन्दरता से प्यार करता है। सूफ़ियों का यह भी विचार है कि ख़ुदा ने अपने सौन्दर्य का अनुभव करना चाहा तो उसे एक दर्पण की आवश्यकता हुई, जिसमें वह अपने सौन्दर्य की छाया देख सके। फिर उसने बह्माण्ड की रचना की और उसको अपने लिए दर्पण बनाया। ख़्वजा बंदानवाज़ कहते हैं कि "अल्लाह का प्रतिबिम्ब कहीं पैगम्बरों के रूप में, कहीं वली, कहीं क़ाफ़िर, कहीं आस्तिक, कहीं नास्तिक के रूप में प्रदर्शित हुआ। ख़्वाजा अमीर ख़ुसरो सूफ़ियों के इस विचार को आगे बढ़ाते हुए कहते हैं–

जमाल मुतलके आमद जलवा आहंग
मुक़ैयद गश्त यक रंगी बसद रंग

अर्थात उस वैश्विक सौन्दर्य या प्रत्येक बन्धन या शर्त से स्वतन्त्र, नितान्त सौन्दर्य ने जब जलवा दिखाने का विचार किया तो अपने एकत्व के रंग को सैकड़ों रंगों में ढाल दिया सीमित कर दिया।

नितान्त सौन्दर्य को भी जब दृष्टि और अपने चाहने वालों और प्रेमियों की आवश्यकता हुई तो उसने मनुष्य में तपस्वियों को जन्म देने पर ख़ुदा को विवश कर दिया। प्रत्येक कण ब्रह्माण्ड में नितान्त सौन्दर्य का प्रदर्शन करता है, और तपस्वियों के हृदय को जीतने वाले प्रतिष्ठित एकत्व को जन्म देता है। इससे प्रभावित होकर ख़ुसरो कहते हैं–

चू जमालत आयते रहमत शुद अन्दर शाने ख़ल्क
आख़िर ईं चन्दीं ज़े बहर कुश्तनम तावील चीस्त

अर्थात जब तुम्हारा सौन्दर्य संसार के लिए भलाई का प्रतीक है, तो मेरी हत्या पर इतनी चर्चा व परिचर्चा क्यों?

मनादी कर्द हुस्न जलवा मुश्ताक़
के इनक दर्दे मा कू जाने आशिक़

अर्थात सौन्दर्य ने ये घोषणा कर रखी है कि उसे ऐसे प्रेमियों की आवश्यकता है, जो प्रायः जान देने के लिए तत्पर रहें। वह ऐसे ही प्रेमियों को अपना जलवा दिखा सकता है। अर्थात जब तुम मेरे सौन्दर्य में वशीभूत हो जाओगे तो जीवित नहीं रहोगे।

नितान्त सौन्दर्य, दिल वालों को अपना दीवाना बना लेने और अधिक–से–अधिक प्रसन्न और वशीभूत रखने के लिए नित नये रूप में। अपने आप को सजा–सँवार कर प्रदर्शित करता है, और नया–नया रंग–रूप बनाता रहता है। कभी वह अपना जलवा दिखा कर आश्चर्यचकित करता है, और कभी छुप कर व्याकुल करता है। इस दिखायी देने और छुपने से व्यग्र होकर अमीर ख़ुसरो कहते हैं–

रुख चे पोशी चूँ हदीसे हुस्न तू पिन्हाँ नमानद
गुल बसद पर्दा दरऊ अज बूये ख़ुद मस्तूर नीस्त

अर्थात जब तुम्हारे सौन्दर्य की चर्चा चारों ओर फैल गयी है तो अब मुँह छुपाने से क्या लाभ? फूल सौ पर्दों में रहे फिर भी अपनी गन्ध के कारण छुप नहीं सकता।

सूफ़ियों का प्रायः यह विचार है कि मनुष्य अपनी अदृष्टि और उद्‌विग्नता के कारण शुद्ध सौन्दर्य का अनुभव करने से वंचित रह जाता है। न मन भर कर सौन्दर्यानुभूति कर सकता है, और न ही उस अनुभूति को बर्दाश्त कर सकता है। खुसरो कहते है कि हम तो कुछ भी नहीं है, पैग़म्बर भी उस नितान्त सौन्दर्य की अनुभूति नहीं कर सकते–

चे पोशी पर्दा बर रूए के आं पिन्हाँ नमी मानद
व गर बे पर्दा मी दारी तने रा जाँ नमी मानद

अर्थात तुम अपने मुखड़े पर नक़ाब क्यों डालते हो। वह छुप कर नहीं रह सकता, और यदि तुम बेनक़ाब हो गये तो तुम्हारा शरीर मृतप्राय हो जायेगा।

मसीह व खिज्र रा आं रूए बनुमा
बकुश जानम मरा गर ज़िन्दा मानद

अर्थात सौन्दर्य में इतनी शक्ति है कि अगर वह बेनक़ाब हो जाय तो ईसा मसीह और खिज़्र अ. भी उसकी ज्योति को बर्दाश्त नहीं कर पायेंगें और उसकी चमक से उनकी जान निकल जायेगी।

प्राकृतिक सौन्दर्य से लोकजन प्रसन्न और सन्तुष्ट होते हैं, बल्कि उसमें खो जाते हैं। परन्तु गहरी दृष्टि रखने वाले बाह्य सौन्दर्य से अधिक आन्तरिक सौन्दर्य में खोना पसन्द करते हैं। बाह्य सौन्दर्य दिखावटी, अधूरा और अस्थायी होता है, जिससे आत्मसन्तुष्टि नहीं मिलती। इसलिए तपस्वी की दृष्टि उससे गुज़र जाने और स्थायित्व की इच्छा में खोये रहना और व्यग्र रहना पसन्द करती है। अमीर ख़ुसरो का विचार है कि सत्य तक पहुँचने वाली दृष्टि दिखावटी सौन्दर्य में विचलित नहीं हो सकती–

ता तू नमूदी जमाले नक्शे हमा नीकवां
रफ़्त बरूँ अज दिलम नक़्शे तू अज जॉ न रफ़्त

अर्थात ऐ ईश्वर जब से तूने अपनी झलक दिखायी है। मेरे दिल से सांसारिक प्रेमिकाओं का सौन्दर्य मिट गया है, और तेरे सौन्दर्य की झलक मेरी आत्मा का अंग हो गयी है।

सौन्दर्य से प्रेम, मानव स्वभाव की धरोहर है। सौन्दर्य इश्क़ का रचनाकार है। इश्क़ जीवन में सौन्दर्य और तड़प पैदा कर देता है। वह हृदय को प्रकाशवान, मस्तिष्क को जागरूक और आत्मा को तृप्त करता है। इश्क़ की ज्वाला ने सूफ़ियाना कविता में चमक–दमक और राग–रंग प्रदान किया। इश्क़ की भावना को अफ़लातून ने ईश्वरीय उन्मादकता का नाम दिया है। बाइबिल के अनुसार, 'ख़ुदा इश्क़ है' और क़ुरान ने ख़ुदा को प्यार करने वाला बताया है। ज़ाहिर है कि जब प्यार करने वाले को प्यार की आवश्यकता हुई तो उसने एक अतिरिक्त प्यार करने वाले को जन्म दिया। क्योंकि प्यार करने वाले ख़ुदा का प्रेमी सिवाय प्राणी, मानव, औलिया और पैग़म्बर के और कौन हो सकता है। अतः प्रेमी की इच्छा और इश्क़ की भावना ने रचनाकार को रचना करने पर विवश कर दिया। अली हुजवेरी के अनुसार, "प्यार, जीवन का उद्गम है। बिल्कुल उसी प्रकार जिस प्रकार बीज, पेड़ का आधार है।" इस विचार को फ़ारसी कवियों ने प्रायः प्रस्तुत किया है। फ़रीदुद्दीन अत्तार कहते हैं–

ब नूरे इश्क़ ज़ाहिर हर चे बीनी
हमा ऊ बीं अगर साहब यक़ीनी

अर्थात लौकिक प्रेम की दृष्टि से कुछ भी देखे मुझे कोई अन्तर नहीं पड़ने वाला है। यदि तुम्हारी दृष्टि में विश्वास और प्रकाश है, तो तू धरती के कण कण में उसका सौन्दर्य देख सकता है—इराक़ी कहते हैं—

साज़े तरबे इश्क़ के दानद के चे साज अस्त
कज़ ज़ख़्मा ए ऊ नु फलक अन्दर तग व ताज़ अस्त

अर्थात प्रेमगीतों का महत्त्व लोगों को क्या पता कि वह कैसा वाद्ययन्त्र होता है। क्योंकि जिस मिज़राब से प्रेमगीतों का वाद्य बजाया जाता है, उससे केवल आकाश ही नहीं अपितु धरती में भी कम्पन पैदा होता है।

इसी विषय पर अमीर ख़ुसरो ने यूँ कहा है—

ज़े इश्क़ आरास्त लौहे आब व गिल रा
बदाँ जाँ ज़िन्दगी बख़शीद दिल रा

अर्थात ईश्वर ने केवल प्रेम ही के लिए संसार की संरचना की और पेड़—पौधे पहाड़ और झरना बनाया। केवल प्रेम के लिए ही उसने मनुष्य के शरीर में एक धड़कता हुआ दिल बनाया।

ईश्वर की यह इच्छा थी, कि उसका विशेष प्रेमी अर्थात मनुष्य उससे और उसकी सृष्टि विशेष रूप से समस्त मानव जाति से प्रेम करे। मित्र से प्यार करना सूफ़ियों के निकट अल्लाह के अतिरिक्त किसी से प्यार करने से श्रेष्ठ और श्रेष्ठतर है। अलग़ज़ाली के अनुसार, "प्यार करने का अधिकारी केवल ख़ुदा है।" दिव्यदृष्टि वालों के निकट ख़ुदा के अतिरिक्त और कोई भी प्यार करने के योग्य नहीं है। मौलाना रूमी उस व्यक्ति पर दुख व्यक्त करते हैं जो अलौकिक इश्क़ से वंचित है—

आँ रूह रा के इश्क़े हक़ीक़ी शआर नीस्त
ना बूदह बेह के बूदने ऊ गैरे आर नीस्त

अर्थात जिन आत्माओं में अलौकिक प्रेमपुंज नहीं है। उसका होना न होने से अच्छा है। क्योंकि जिस आत्मा में प्रेम का संचार नहीं है वह मिट्टी से भी व्यर्थ है—

अमीर ख़ुसरो कहते हैं—

बगो के चन्द शूए बे ख़बर ज़े मस्ती ए इश्क़
कसे के मस्तीयश अज़ इश्क़े नीस्त बे ख़बर अस्त

अर्थात वास्तविक इश्क़ का उन्माद बुद्धिमानों, तपस्वियों और ज्ञानियों को ही दिया जाता है। दिलवालों और बुद्धिमानों के लिए यह उन्माद नितान्त आवश्यक है। जिन्हें यह उन्माद और तृप्ति नहीं मिली, वे जीवन भर अज्ञानी ही रहे हैं।

इश्क़ की यह विशेषता है, कि वह बेख़ुदी की भावना उत्पन्न करता है। शेख़ फ़रीद गंजशकर कहते हैं कि जब किसी व्यक्ति को ख़ुदा से प्यार हो जाता है, तो उसके पास कोई भी आये, वह उसकी ओर आकर्षित नहीं होगा। इस विचार का समर्थन करते हुए ख़ुसरो कहते हैं–

न पस ज़ेबास्त लाफ़े इश्क़बाज़ी ख़ुद परस्ताँ रा
चू बा इश्क़ आशना गश्तम जि ख़ुद बेगाना ख़्वाहम शुद

अर्थात इश्क़बाज़ी का नारा आत्म प्रशंसा की इच्छा रखने वाले व्यक्तियों के लिए बहुत ही अच्छा है। जब मैं इश्क़ से परिचित हो जाऊँगा तो स्वयं को भुला दूँगा।

जब वास्तविक आशिक़ ख़ुदा के लिए स्वयं से भी विरक्त हो जाता है, तो न केवल उसको ईश्वर की निकटता प्राप्त होती है, बल्कि उसमें ईश्वरीय विशेषताएँ उत्पन्न होने लगती हैं। धीरे–धीरे ऐसी विशेषताएँ उसके अन्दर समाहित हो जाती हैं, और वह गुणों से परिपूर्ण हो जाता है। इस स्थिति तक पहुँचने के उपरान्त निज़ामुद्दीन औलिया कहते है कि ख़ुदा उसके अन्दर दिव्यदृष्टि प्रदान करता है, जिससे वह लोक–परलोक और उसमें जो कुछ भी है, उसे देखता है। सूफ़ियों का यह विचार है, कि उस पर न केवल ईश्वरीय भेद से पर्दा उठता है, बल्कि कुछ महत्त्वपूर्ण ईश्वरीय शक्तियाँ भी उसे ईश्वर की ओर से प्रदान की जाती हैं। वह उन शक्तियों को लेकर प्रकृति को आदेशित कर सकता है। यदि ऐसा न होता तो पैग़म्बरों, इमामों और औलियाओं के द्वारा चमत्कार प्रदर्शित नहीं होते। परन्तु यह इश्क़ के वे भेद हैं, जो प्रज्ञा और वैश्विक ज्ञान व दर्शन के द्वारा समझ में नहीं आते हैं। मनुष्य का मस्तिष्क समय काल तक सीमित होता है। जबकि इश्क़ जिस उत्कृष्ट सत्य की ओर पहुँचाता है, वह समय काल, अनन्त व अनादि और असीमित व अनश्वर से परे होता है। वर्तमान काल के मनोवैज्ञानिक, दार्शनिक और वैज्ञानिक इस परिणाम पर पहुँचे हैं कि बुद्धि और ज्ञान–विज्ञान के अतिरिक्त भी कुछ ऐसे यथार्थ हैं, जिनको मानवीय बुद्धि तक सीमित नहीं किया जा सकता। यही कारण है कि सूफ़ियों ने बुद्धि के सामने इश्क़ को वरीयता दी है–

अक्ल दर्दे सिरास्त अजीं मआनी
आरिफाँ आशिक़ी जुनूँ बाशद

अर्थात प्रेमी के लिए बुद्धि का कोई महत्त्व नहीं है। उसके लिए बुद्धि व्यर्थ है। क्योंकि ईश्वर के प्रेमी उसी के प्रेम में पागल रहते हैं।

ईश्वरीय इश्क़ मनुष्य को उस स्थान पर पहुँचाता है, जहाँ पहुँच कर वह लोक परलोक, सुख–चैन ही नहीं बल्कि जीवन और मृत्यु से भी बेपरवाह हो जाता है। जब वह इस प्रकार स्वयं से स्वतन्त्र हो जाता है, तो उसे ईश्वरीय सौन्दर्य का दर्शन प्राप्त होता है, और वह उसका अनुभव करता है। स्वयं न्योछावर हो जाने और ख़ुदा तक पहुँचने का महत्त्व ख़ुसरो की इन पंक्तियों में प्रदर्शित होता है।

यक क़दम बर जाने ख़ुद व यक क़दम दर कूए दोस्त
ज़ीं निकोतर रहरवाने इश्क़ रा रफ़्तारे नीस्त

अर्थात एक ही समय में दोनों ओर क़दम उठाओ, एक क़दम अपनी आत्मा पर और दूसरा महबूब की गली में रखो। प्रेम के रास्ते पर चलने वालों के लिए इससे अच्छी कोई रफ़्तार नहीं हो सकती।

आशिक़े रा के ग़मे दोस्त बेह अज जाँ न बुवद
आशिक़े ख़ुद बुवद व आशिक़े जानाँ न बुवद

अर्थात वह प्रेमी जो अपनी आत्मा से मित्र के दुख को अधिक महत्त्व न दे। वह स्वयं का प्रेमी होता है, मित्र का नहीं।

सत्य का अनुभव करने के लिए असत्य से गुजर जाना आवश्यक है, जैसे हिंसा और मानवीय इच्छाएँ। जिनकी क्रिया ग़लत इच्छाएँ हैं, उनका भी दमन करना आवश्यक है। मनुष्य को अवगुणों को त्याग कर सदाचार अपनाना चाहिए। घृणा, क्रोध, काम, अज्ञानता, मूर्खता लापरवाही और विचलन को त्याग कर प्रज्ञा, तपस्या और नैतिक शिक्षा से ही सद्‌गुण प्राप्त किया जा सकता है। इस सफलता के बाद ही सूफ़ी और विद्वान अबू कासिम कुशेरी कहते हैं कि परमात्मा मनुष्य पर अपनी ज्योति व प्रभा डालता है।

वास्तविक आशिक़ न केवल अपनी इच्छाओं को मिटा देता है, बल्कि ख़ुदा के रास्ते में भाँति–भाँति के शारीरिक कष्ट और आत्मिक कठिनाईयों को भी सहन करता है। क्योंकि वे लोग जो ईश्वरीय प्रेम के भेद से अपरिचित होते हैं, वे उसे विभिन्न प्रकार के कष्ट देते हैं। मानवीय इतिहास साक्षी है कि वास्तविक आशिक़ों का प्रायः फाँसी और अग्नि से सम्बन्ध रहा है। प्रायः देखा गया है कि परम्परागत धार्मिक अनुयायियों की अदूरदर्शिता ने उन पर दोषारोपण किया है और उनकी भर्त्सना की हैं। उन्हें अधर्मी और काफ़िर कहा है। उन्हें झूठा और जादूगर कहा है। खुलेआम उनकी बदनामी की गयी, बात बात पर उनकी आलोचना, मिथ्याचारी होने का आरोप लगाया जाता रहा है। सूफ़ियों और पैगम्बरों पर प्रायः

दोषारोपण किया जाता रहा है और उन पर तथ्यहीन आरोप लगा कर उन्हें मृत्युदण्ड तक दिया गया, जिसका उन्होंने स्वागत ही किया। इब्राहीम अ. को अग्नि में डाला गया, ईसा को सलीब पर लटकाया गया, हुसैन को तलवार से मारा गया। हुसैन बिन मंसूर हल्लाज को फाँसी दी गयी और शहाबुद्दीन सुहरवर्दी की हत्या की गयी। शहाबुद्दीन सुहरवर्दी कहते हैं, सच्चा आशिक़ वह है, जो भावनाओं के अतिरेक में यूँ खोया रहे, कि उसके ऊपर सैंकड़ो तीर और कमान चलें फिर भी उसे इसका पता न चले" नसीरूद्दीन महमूद चिराग़ देहलवी कहते हैं, "ऐ दरवेश सच्चे प्रेम में वही व्यक्ति है, जिसके शरीर के टुकड़े टुकड़े कर दिये जायें, और उसे उसका आभास न हो, बल्कि वह अपने विश्वास पर अडिग रहे।" दिल वालों को अमीर ख़ुसरो उपदेश देते हैं, कि जब तक सिर कन्धों पर होता है, तब तक दीदारे यार सम्भव नहीं है–

ऐ अहले दिल नख़स्त ज़े जाँ तर्के जाँ कुनीद
वाँ गह नज़ारा दर रूखे आँ दिल सेताँ कुनीद

अर्थात ऐ दिलवालों सर्वप्रथम तो निःस्वार्थ भाव से आत्मा को छोड़ो और तब प्रेमिका के मुखड़े को देखो।

यदि लोग वास्तविक आशिक़ों को काफ़िर कहें तो ख़ुसरो कहते हैं कि उनकी बातों पर ध्यान नहीं देना चाहिए।

बजुर्मे इश्क़ अगर काफ़िर कुनन्दम ख़ल्क, गो मी कुन
मोरा बारे ज़बा हरगिज़ ब इस्तग़फ़ार नकुशायद

अर्थात यदि इश्क़ के अपराध में लोग मुझे काफ़िर कहते हैं तो उनसे कहो, वे कहते रहें। मैं एक बार भी इससे मुँह मोड़ने के लिए जिह्वा नहीं खोलूँगा।

अलग़ज़ाली ने कहा, "परलोक में उस व्यक्ति की स्थिति बहुत अच्छी होगी, जो अल्लाह से बहुत ही निष्ठापूर्वक प्रेम करता होगा।" अमीर ख़ुसरो कहते हैं–

इश्क़ अगरचे निशाने बख़्ते बद अस्त
निज़्दे आशिक़ सआदते अबद अस्त

अर्थात ऊपर से ऐसा प्रतीत होता है कि इश्क़ करना दुर्भाग्य है, परन्तु आशिक़ के निकट वह सौभाग्य का प्रतीक है।

बुरी इच्छाओं का विरोध और उन्हें समाप्त करने की शिक्षा समस्त पैगम्बरों, औलियायों और दार्शनिकों ने दी है। मुहम्मद स. ने कहा "इच्छाओं

पर क़ाबू रखना प्रत्येक जेहाद से अच्छा है।" हज़रत अली र. कहते हैं "सबसे शक्तिशाली मनुष्य वह है जो अपनी इच्छाओं पर अधिकार प्राप्त कर लेता है।" बायजीद बिस्तामी का विचार है, "इच्छा ऐसी वस्तु है, जिसकी पूर्ति ग़लत वस्तुओं से ही सम्भव है और वह कभी ख़ुदा के रास्ते पर चलने नहीं देती।" अबूल क़ासिम कुशेरी कहते हैं "इच्छाएँ वह हैं, जिनसे निकृष्टता जन्म लेती हैं। परन्तु उसमें वे विशेषताएँ भी हैं, जो निकृष्टतम वस्तुओं को भी सुन्दरता और मधुरता में बदल सकती है।' जबकि अलगजाली ने इच्छाओं को मनुष्य का सबसे बड़ा दुश्मन कहा हैं। "वह बुराई की ओर उकसाता है और अच्छाई से दूर करता है।" अली हुजवेरी के अनुसार, "मनुष्य की वास्तविक दुश्मन उसकी बुरी इच्छाएँ है।"

इसमें शंका नहीं है कि मनुष्य को उसकी इच्छाएँ सुख–चैन और भोग–विलास की ओर आकर्षित करती हैं। जहाँ लोक की रंगा–रंगी और आनन्द–प्रमोद की चाहत मनुष्य को अपना दास बना लेती है। ऐसे में छोटी से लेकर बड़ी तक प्रत्येक इच्छा पूर्ति मानव को व्यग्र कर देती है। जब मनुष्य इच्छाओं का दास बन जाता है, तो वह उसे प्रत्येक दशा में प्राप्त कर लेना चाहता है। उसकी पूर्ति के लिए वह अच्छे–बुरे प्रत्येक रास्ते को अपनाने के लिए विवश हो जाता है। उनकी पूर्ति के लिए मनुष्य दुष्ट, आत्मप्रशंसक, अत्याचारी, मिथ्याचारी बन जाता है और अन्याय, घृणा, हिंसा, हत्या व लूटपाट पर भी उतारू हो जाता है। अन्ततः यह कृत्य समस्त मानव जाति के लिए कठिनाई और विपत्तियों का स्रोत बन जाता है। वह स्वयं अपने ही नर्क की आग को भड़काने लगता है। अपनी इच्छाओं के दास वाले व्यक्तियों पर व्यंग्य करते हुए अमीर ख़ुसरो कहते हैं, "गिरफ़्तारम बदस्त नफ़्स खुदराई" अर्थात–ऐसे लोग, अपनी आत्म प्रशंसा के दास होते हैं। इसके उलट उन्होंने इच्छाओं से मुक्त व्यक्ति की प्रशंसा करते हुए कहा है–

ऐ मन ग़ुलामे हिम्मते आँ पाक बन्दए
कज बन्दगी ए नफ़्स बद आज़ाद मी रवद

अर्थात मैं तो उस पवित्र व्यक्ति के साहस का दास हूँ, और उसके आगे सिर छुकाता हूँ, जो बुरी इच्छाओं की दासता से मुक्त जीवन व्यतीत कर रहा है।

इच्छाएँ, लोभ और लोलुपता की जन्मदात्री हैं। लोभ व लिप्सा मनुष्य को बुद्धि और विवेक से दूर कर देती है। यही कारण है कि बुद्धिजीवियों

विशेषतः सूफ़ियों ने मनुष्य को लोभ व लिप्सा से रोका है। अली हुजवेरी का विचार है कि मनुष्य बुद्धि और लोभ दोनों में से किसी एक का ही अनुसरण करता है, जो बुद्धि का अनुसरण करता है वह पूर्णत्व की ओर अग्रसर हो जाता है। अमीर ख़ुसरो कहते हैं–

ऐ शुदा बाजीचा ए दश्ते हवा
कर्दा रवाई ब रहे नारवा

अर्थात यदि मनुष्य की लोभ–लिप्सा सीमित रहे तो वह न केवल स्वयं के लिए बल्कि दूसरों के लिए भी सुखदायी बन सकता है।

इसीलिए प्रायः सूफ़ियों और दार्शनिकों ने धैर्य और संयम को ऐसी धन–सम्पदा के रूप में देखा है, जो मनुष्य को चिन्तामुक्त और सुख व शान्ति से भरपूर जीवन देती है। संयमी और तृप्त मनुष्य राजाओं को भी महत्त्व नहीं देता है। वह लोभ व लालच का मुकुट पहनने और लोलुपता के सिहांसन पर बैठ कर उड़ने को महत्त्व नहीं देता। अमीर ख़ुसरो के अनुसार–

कोसे शह खाली व बांगे गिलगिश दर्दे सर अस्त
हर के कानेअ शुद ब ख़ुश्क व तर शहे बहर व बर अस्त

अर्थात राजा का ढोल अन्दर से खाली होता है, लेकिन शोर इतना मचाता है कि मनुष्य के सिर में दर्द हो जाय। वह व्यक्ति जो पानी के घूँट और रूखी–सूखी रोटी पर निस्पृह रहे वह धरती और समुद्र दोनों का राजा होता है।

समस्त सूफ़िया पद व प्रतिष्ठा, वैभव व ऐश्वर्य और धन–सम्पदा को तुच्छ समझते रहे, और शारीरिक आनन्द पर आत्मिक आनन्द को वरीयता देते रहे। प्राचीन काल के एक सूफ़ी शिब्ली कहते हैं कि यद्यपि फ़क्र कठिनाइयों का भण्डार है। फिर भी फ़क्र की समस्त कठिनाइयाँ गर्वीली हैं। ख़्वाजा मुईनुद्दीन चिश्ती का विचार है कि जिसे ख़ुदा से प्यार है उसे फ़क्र से डर नहीं लगता। अली हुजवेरी कहते हैं कि अल्लाह ने फ़क्र को उच्चतम श्रेणी में रखा है, और फ़क्र ही को अपने साथ विशेष स्थान देता है। फ़क़ीर जिस प्रकार विवश और लाचार होगा उसी प्रकार उस पर ख़ुदा के भेद खुलेंगे।

धन–सम्पदा इकट्‌ठा करने के भयानक परिणाम से सूचित करते हुए शहाबुद्दीन सुहरवर्दी कहते हैं कि साधारण जन के लिए अच्छा है कि उसके पास धन–दौलत न रहे। क्योंकि जब धन–सम्पत्ति उसके अधिकार

में आयेगी, उसी प्रकार वह उससे प्रेम करेगा और भोग विलास के लिए उसके उपयोग में उसे अत्यन्त आनन्द आयेगा, और जिस प्रकार उसे आनन्द आयेगा, उसी प्रकार वह भोग–विलास में लिप्त होगा, अन्त में वह परलोक से दूर होता जायेगा। जब हृदय लोभ–लिप्सा से दूर हो जाता है तो वह ख़ुदा से नज़दीक होता है। कुरान कहता है–

या अयुहल्लजीन आमनू इन्न कसीरम्मिनलअहबारि वर्रूहबानि लयअ्कुलून अमवालन्नासि बिल्बातिलि व यसुद्दून अन सबीलिल्लहि वल्लजीन यक्निजूनज्जहब वल् फिज्जत व ला युन्फिकूनहा फी सबीलील्लाहि फ बशिशर्हुम् बिअजाबिन अलीम। यौम युह्मा अलैहा फी नारि जहन्नम फतुक्वा बिहा जिबाहुहुम व जुनूबुहुम व जुहूरूहुम। हाज़ा मा कनज़्तुम् लिअन्फुसिकुम् फजूकू मा कुन्तुम तक्निजून। (सूरेह तौबा, आयत 34–35)

अर्थात ए ईमान वालो! प्रायः उलेमा और तपस्वी, लोगों का धन अनुचित रूप से खा जाते हैं, और अल्लाह से उन्हें रोक देते हैं, और जो लोग सोना और चाँदी जमा करते जाते हैं, और उसको ख़ुदा के रास्ते में व्यय नहीं करते, तो (ऐ रसूल) उनको भयानक दण्ड की सूचना सुना दो, जिस दिन वह (सोना चाँदी) नर्क की आग में गर्म और लाल किया जायेगा, फिर उससे उनके मस्तकों और उनकी बगलों और उनकी पीठों को दागा जायेगा, और उनसे कहा जायेगा यह वह है जिसे तुमने अपने लिए (संसार में) जमा करके रखा था, तो अब अपने जमा किये का आनन्द उठाओ।

इन उपदेशों को सामने रख कर अमीर ख़ुसरो अपना विचार प्रकट करते हैं।

आशिक़े ज़र आशिक़े दरगाह नीस्त
ज़ां के दूई दर ख़ूरे ईं राह नीस्त

आर्थात जो धन दौलत पर मर–मिटता है वह दरगाह का आशिक़ नहीं होता। इस रास्ते में दूई नहीं है।

फ़क्र और ग़िना

सूफ़ियों की फ़क्र की धारणा को पूरी तरह समझने के लिए गिना को भी समझना आवश्यक है। सूफ़ियों की दृष्टि में फ़क्र का अर्थ संसार का त्याग, संयास, अकेलापन, और विरक्ति नहीं है। फ़क्र में गन्दी और भद्दी पोशाक और रूखा–सूखा भोजन भी सम्मिलित नहीं है, क्योंकि इस

प्रकार की धारणा कुरान और इस्लामी शिक्षाओं के विरुद्ध है। कुरान की आयत है।

या अय्युहल्लजीन आमनू ला तुहर्रिमू तय्यबाति मा अ हल्लल्लाहु लकुम वला तअ्तदू इन्नल्लाह ला युहिब्बुल् मुअ् तदीन। (सूरेह अलमाइदाह, आयत, 87)

अर्थात ऐ ईमान वालो अल्लाह तआला ने जो पवित्र वस्तुएँ तुम्हारे लिए हलाल की हैं, उन्हें हराम मत करो, और सीमा से आगे मत बढ़ो, अल्लाह सीमा से आगे बढ़ने वालों को पसन्द नहीं करता।

सूफ़ी अबूल क़ासिम कुशेरी कहते हैं कि यदि ख़ुदा मुझे धनवान करे तो मैं उससे निश्चेत नहीं रहूँगा, और फ़क़ीर बना दे तो इर्ष्यालु और मुँह फेरने वाला न बनूँगा। अली हुजवेरी के अनुसार–धनवान वही व्यक्ति है जिसे ख़ुदा ने धनी बनाया है। यह व्यक्ति पर ख़ुदा की अनुकम्पा है। परन्तु इस अनुकम्पा के साथ असावधानी एक विपत्ति बन जाती है। धनवान वह है, जो स्वयं को ख़ुदा का भिक्षुक समझे, और यह समझे कि कोई वस्तु उसकी स्वयं की नहीं है। सब कुछ ख़ुदा की सम्पत्ति है और जो कुछ उसके पास है, उसे ख़ुदा के आदेश के अनुसार ही व्यय करना है। यदि अपने स्वभाव को आत्मिक इच्छाओं से पाक रखे, तो धनवान व्यक्ति भी फ़क़ीर ही कहलायेगा। फ़क़ीर केवल वही व्यक्ति नहीं है जिसके पास धन–दौलत न हो। हाँ सूफ़ियों ने अनुचित आय और हराम के एक निवाले से भी बचने का उपदेश दिया है। इब्ने क़ीम अलजौज़ी के निकट कुछ बहुत उच्चकोटि के पैग़म्बर जैसे हज़रते सुलेमान, हज़रते दाऊद और हज़रते शुऐब इत्यादि अत्यधिक धनवान थे। फिर भी उनके फ़क्र पर कोई आक्षेप नहीं आया। अमीर ख़ुसरो कहते हैं–

मुरादे अहले तरीकत लिबास ज़ाहिर नीस्त
कमर ब ख़िदमते सुल्ताँ ब बन्द व सूफ़ी बाश

अर्थात सूफ़ियों की मंशा केवल यह नहीं है कि दिखावटी पोशाक फटा–पुराना हो या मोटा–झोटा हो। सरकारी नौकरी करो, अपना सांसारिक कर्तव्य निभाओ, उसके साथ भी तुम सूफ़ी रह सकते हो।

धन–दौलत को ख़ुदा के रास्ते में व्यय करने की महत्ता और पुण्य के विषय में कुरान की कई आयतों में स्पष्ट सन्देश दिया गया है। जैसे–

व मा तुन्फिक़ू मिन खैरिन फ इन्नल्लाह बिही अलीम☆ अल्लजीन युन्फिकून अम्वालहुम् बिल्लैलि वन्नहारि सिर्रंव व अलानियतन फ

लहुम् अज्रहुम् इन्द रब्बिहिम् व ला खौफुन् अलैहिम् व ला हुम् यह्‌जनून। सूरह अलबकरा, आयत 273–274

अर्थात और जो कुछ तुम पुण्य के कार्य में व्यय करते हो, उसे ख़ुदा अवश्य देखता है। जो लोग अपनी सम्पत्ति को रात और दिन, छिपे और खुले खर्च करते हैं, तो उनका बदला ख़ुदा के पास है, और क़यामत में न उन्हें किसी का डर होगा और न ही वह दुखी होंगे।

संसार के अस्थायित्व के बारे में कौन नहीं जानता। किसने नहीं देखा कि काल के घोड़े की तेज़ रफ़्तारी ने बड़े–बड़े घुड़सवारों को कैसे धूल चटा दी। सूफ़ियों और कवियों दोनों की दृष्टि समयचक्र और लोक–परलोक में निरन्तर हो रही प्रतिक्रियाओं पर पड़ती है। प्रज्ञावान और अहले तरीकत ने इस नश्वर दुनिया से विरक्ति और अमर जीवन की ओर ध्यान देने का सन्देश दिया है। हज़रत अली र. ने कहा कि, "यह संसार एक बादल की छाँव से अधिक कुछ भी नहीं है। यह संसार तुम्हारा स्थायी नहीं है। न यह तुम्हारी मंज़िल है, जिसके लिए तुम्हें जन्म दिया गया है। यद्यपि यह तुम्हें धोखा दे रहा है। इसके धोखे में मत आओ। इसका लोभ छोड़ दो।" इब्ने अरबी कहते हैं, "यह बिल्कुल सत्य है कि संसार एक स्वप्न है, जो इस मामले को समझ जाय वह तसव्वुफ़ के रहस्य को प्राप्त कर लेगा। जीवन स्वप्न है, मृत्यु जागृति है, और मानव इन दोनो के बीच चलता फिरता–विचार है।"

प्रज्ञावानों से अमीर ख़ुसरो यह उम्मीद रखते हैं, कि वे इस संसार की अस्थायित्व में न उलझें और न ही इससे मुख मोड़ कर अपनी कार्यशक्ति को प्रभावित करें–

ज़े अहले अक़्ल न पसन्दद ख़िरदमन्द
के दारद रफ़्तनी रा पाए दरबन्द

अर्थात चालाक मनुष्य ऐसे व्यक्ति को प्रज्ञावान नहीं समझेगा जो भागदौड़ करने वाले पैरों में ज़ंजीर डाल दे और अपनी कार्यक्षमता को व्यर्थ जाने दे।

समयचक्र ने जिन सिरों पर मुकुट रखा उन्हीं पर मिट्‌टी डाल दी। कैसे–कैसे सम्राट और और राजे–महाराजों के सिहांसन धूल में मिल गये। मानव जीवन के उस अँधेरे क्षेत्र पर अमीर ख़ुसरो ने विस्तार से प्रकाश डाला है–

आँ सरवराँ के ताज सरे ख़ल्क बूदह अन्द
अकनूं नज़्ज़ारा कुन के हमा ख़ाके पा शुदन्द

सके के ज़ेरे ज़मीं शुद निहुफ़्ता शाहाँ रा
हुमाँ सरअस्त के बर आसमाँ फराख़्ता अन्द

अर्थात जो लोग गर्व और घमण्ड के प्रतीक थे, और वे जगत् के सिरमौर्य थे, जो मुकुट थे, विश्व विजेता होने के कारण जो आकाश पर रहा करते थे। वे सब आज पाँव की धूल बने हुए हैं। अब धरती की परतों में न जाने कहाँ गायब हो गये हैं। उनके वैभव व ऐश्वर्य और उनके ख़जानों का क्या वर्णन, उनके के चिह्न अब धरती से मिट गये हैं।

इन समस्त वार्तालाप के बावजूद मानव जीवन चाहे वह कितना ही सीमित, भँवर में उलझा हुआ, असमंजस और संघर्षों से भरपूर क्यों न हो, एक बड़े उद्देश्य और ज़िम्मेवारी को पूरा करने के लिए है। विशेषकर मनुष्य को जन्म देने का अल्लाह का उच्चतम उद्देश्य यह था कि वह मनुष्य को संसार में अपना प्रतिनिधि बना कर भेजे, ताकि वह अपनी आत्मिक, मानसिक और शारीरिक शक्तियों का प्रयोग कर विश्वविजयी हो। मनुष्य का ख़ुदा का प्रतिनिधि होने के सम्बन्ध में क़ुरान में इस प्रकार वर्णन किया गया है।

व हुवल्लजी जअलकुम् खला इफ़्ल् अर्जि व रफअ बअ् जकुम् फ़ौक बअ् जिन दरजातिल् लियब्लु वकुम् फी मा आताकुम...(सूरेह अल इन्आम, आयत 165)

अर्थात और वह ऐसा है जिसने तुमको धरती पर प्रतिनिधि बनाया, और एक का दूसरे पर रुतबा बढ़ाया ताकि तुमको आज़माये उन वस्तुओं में जो तुमको दी हैं।

ईश्वर ने मनुष्य को अपना प्रतिनिधि बना कर पृथ्वी पर भेजा और उसे असीमित शक्तियाँ, योग्यताएँ और सम्पत्तियाँ प्रदान कीं। यद्यपि कि विपत्तियाँ और अनानुकूल परिस्थितियों, कठिनाइयों का भी मनुष्य को सामना करना पड़ता है, परन्तु अल्लाह ने उस पर विश्वास किया, इसलिए मनुष्य को अल्लाह के उद्देश्यों की पूर्ति के लिए प्रयत्न करते रहना चाहिए। उससे न केवल अल्लाह के बल्कि मनुष्य के भी जीवन के उद्देश्यों की पूर्ति होगी। अमीर ख़ुसरो की कविता उन्हीं जीवन मूल्यों का प्रतिनिधित्व करती है।

(**स्रोत** : ख़ुसरो शनासी, मिर्ज़ा सफ़दर बेग एन सी पी यू एल, नयी दिल्ली, 1998)

ख़ुसरो का व्यक्तित्व

प्रो. मोहम्मद मुजीब

अमीर ख़ुसरो 1253 में पटियाला में पैदा हुए। उनके पिता अमीर सैफ़ुद्दीन महमूद बहुत पढ़े–लिखे तो नहीं थे, लेकिन बहुत ईमानदार फ़ौजी अधिकारी थे, जो अपने बेटे को अच्छी शिक्षा दिलाना चाहते थे लेकिन ख़ुसरो को मदरसे का विधि–विधान पसन्द नहीं था। कविता में असाधारण प्रतिभा का प्रस्फुटन लड़कपन में ही होने लगा था और इसका सबसे अधिक अनुभव स्वयं ख़ुसरो को था। उन्हें कोई गुरु स्वीकार नहीं था। वह जो एक साधारण नियम था कि कविता लिखकर किसी ऐसे को दिखाओं, जिसे साहित्य सम्बन्धी जानकारी हो और जो कविता में अधिक अभिरुचि रखने वाला हो और फिर वह सुधार करे। यह बात उन्हें पसन्द नहीं थी। उन्होंने बहुत कुछ सीखा लेकिन जो सीखा अपने आप सीखा। जिसमें न कोई विधान था न कोई विधि। वे किसी मान्यता प्राप्त तरीक़े पर नहीं सिर्फ़ अपनी मेधा शक्ति पर विश्वास करते थे। पिता की मृत्यु के बाद उनके नाना इमादुलमुल्क ने उनकी देखभाल की, जो बड़े बहादुर थे। सेना में उन्हें महत्त्वपूर्ण स्थान प्राप्त था। वे भर्ती और निरीक्षण के अधिकारी थे। जिसके कारण देश के विभिन्न क्षेत्रों से विभिन्न प्रकार के लोग उनसे मिलने आते थे। ख़ुसरो को भी उनसे मिलने का सुअवसर प्राप्त होता था और उन भेंटों के कारण उन्होंने स्वयं अपने शब्दों में 'बहुत–सी' भाषाएँ सीख लीं। नाना इमादुलमुल्क के साथ रहकर उन्हें यह भी अवसर मिला कि दूसरों को प्रसन्न करने की कला में दक्षता प्राप्त करें और बहुत अच्छे दरबारी बन जायें। जब नाना इमादुलमुल्क की मृत्यु हुई तो ख़ुसरो क़रीब अट्ठारह वर्ष के रहे होंगे और एक नवयुवा कवि के रूप में उनको विशेष स्थान प्राप्त हो चुका था। वे तब तक उन सभी विधियों एवं कलाओं से परिचित हो चुके थे जो एक दरबारी पदस्थ व्यक्ति के लिए आवश्यक होते थे।

उनकी सबसे बड़ी इच्छा यह थी कि एक कवि के रूप में उन्हें प्रसिद्धि प्राप्त हो।

ख़ुसरो पहले सुल्तान बलबन के भतीजे किश्ली खाँ के दरबार से सम्बद्ध थे। उसके बाद कोई पाँच वर्ष तक बलबन के उत्तराधिकारी राजकुमार मुहम्मद के सानिध्य में रहे। जब एक मंगोल आक्रमण में राजकुमार मुहम्मद जल्द ही मारा गया तो कुछ समय के लिए अवध चले गये, लेकिन जल्द ही कैकुबाद के दरबार से सम्बद्ध हो गये जलालुद्दीन राजसिंहासन पर बैठा तो वे विशिष्टातिविशिष्ट दरबारी हो गये। हर सन्ध्या बूढ़े सुल्तान की सभा में एक नयी कविता या ग़ज़ल लिखकर लाते थे। बूढ़ा सुल्तान उन्हें सर आँखों पर रखता था, लेकिन जब अलाउद्दीन ने उसकी हत्या कर दी और दिल्ली की ओर अग्रसर हुआ तो ख़ुसरो के लिए कोई अन्तर नहीं पड़ा। इससे पहले कि विजेता के रूप में वह राजधानी में प्रवेश करे और राजसिंहासन पर बैठे, ख़ुसरो ने एक क़सीदा इस अवसर के लिए कह दिया। अलाउद्दीन न सिर्फ़ अनपढ़ था बल्कि साहित्य से भी उसका उतना ही दूर का सम्बन्ध था, जितना कि अविद्या को विद्या से। ख़ुसरो को दरबार में एक पद दे दिया गया और वेतन निश्चित कर दिया गया किन्तु सुल्तान ने जितना दिया उससे अधिक सेवा ले ली जब तक अलाउद्दीन राज करता रहा, ख़ुसरो को चैन और शान्ति नहीं मिली। वे बहुत लाचार से हो गये थे। शेख़ निज़ामुद्दीन के चहेते तो वे इमादुलमुल्क की मृत्यु के बाद ही 1272 में हो गये थे। अलाउद्दीन का बड़ा बेटा खिज्र खाँ भी शेख़ निज़ामुद्दीन का अति प्रशंसक था। वह संयुक्त सेवाभाव दोनों को एक–दूसरे के क़रीब ले आया। खिज्र खाँ की मृत्यु बहुत दुखदायी परिस्थितियों में हुई, लेकिन ख़ुसरो को खिज्र खाँ के भाई और हत्यारे कुतुबुद्दीन मुबारक की सेवा में क़सीदा प्रस्तुत करने में कोई झिझक की अनुभूति नहीं हुई। सिंहासनारोहण के बाद शेख़ निज़ामुद्दीन की तरफ़ से कुतुबुद्दीन मुबारक के दिल में ऐसी दुर्भावना बैठ गयी कि वह शेख़ निज़ामुद्दीन की हत्या करवाने के विषय में सोच ही रहा था कि स्वयं सुल्तान के चहेते ख़ुसरो खाँ ने सुल्तान की हत्या करवा दी। अमीर ख़ुसरो इस हृदयविदारक पीड़ा को भी झेल गये और गयासुद्दीन तुग़लक़ के दरबार में उनकी बहुत आवभगत हुई। बहुत पुरस्कार और सम्मान मिले। यह सुल्तान भी शेख़ निज़ामुद्दीन की तरफ़ से दिल में कुछ दुर्भावना रखता था। उसका कहना था कि इस दगाबाज़ ख़ुसरो खाँ ने आम जनता के कोश से जो धनराशि शेख़ निज़ामुद्दीन की सेवा में स्पष्टतः घूस के रूप में भेजी थी

वह उन्होंने ग़रीबों में बाँट दी,जो ग़लत था। वह समाअ के जायज़ होने के सम्बन्ध में भी विरोधी विचार से सहमत मालूम होता था। सुल्तान को अन्त में यह सन्देह हुआ कि शेख़ निज़ामुद्दीन उसके षड्यन्त्र में शामिल थे। बंगाल से लौटते समय रास्ते में यदि सुल्तान एक दुर्घटना में मर न गया होता तो मालूम नहीं क्या होता। अपनी वाक्पटुता से अमीर ख़ुसरो ने सुल्तान और निज़ामुद्दीन दोनों से सुदृढ़ सम्बन्ध रखा, लेकिन जब 1325 में शेख़ निज़ामुद्दीन की मृत्यु हुई तो ऐसा अनुभव हुआ जैसे अमीर ख़ुसरो में जीने की इच्छा समाप्त हो गयी और कुछ महीने बाद उनकी भी मृत्यु हो गयी।

अमीर ख़ुसरो छह बादशाहों और चार विद्रोहों से बचकर निकल आये। परिस्थितियों के अनुसार उनमें जो बदलने की विशेषता थी, उससे हम प्रभावित हुए बिना नहीं रह सकते। लेकिन अपने आपको इस प्रकार बदलने पर आत्मसम्मान से अलग होकर अपनी बौद्धिक शक्ति का प्रयोग करने की, जो कला थी, या व्यक्तियों और परिस्थितियों से अपने आत्मसम्मान को अलग कर लेने की जो विशेषता थी, यह कुछ अच्छी नहीं लगती। यह बात अपनी जगह सही नहीं कि जब एक बार अमीर ख़ुसरो दरबार में मित्र और चहेते बन गये तो प्रशासन में परिवर्तन के साथ भी उनका निरपेक्ष रहना सम्भव नहीं था। वह एकान्तवास में भी शरण नहीं ले सकते थे क्योंकि यह बात सन्देह की दृष्टि से देखी जाती, लेकिन फिर इस अनुभव से पलायन भी सम्भव नहीं कि ख़ुसरो जिस सहज भाव से समय के साथ बदल जाया करते थे तो ऐसे व्यक्ति की कविता में प्रेम–स्नेह–श्रद्धा का तत्त्व तो प्रस्फुटित हो ही नहीं सकता। यदि ख़ुसरो ने क़सीदे ही लिखे होते तो हम उन्हें चाटुकार कहकर भुला देते, लेकिन ऐसी आस्थाओं वाली कविताएँ उनके साहित्य में बहुत कम हैं। उन्हें सम्मान और पारितोषिक की आशा थी तो इसलिए नहीं कि वे क़सीदे लिखने वाले वाले कवि थे, बल्कि इसलिए भी कि वे एक कवि थे और एक कवि के रूप में वे वैशिष्ट्य और दक्षता का सही दावा कर सकते थे। वे बादशाहों और सामन्तों के हाथों का खिलौना नहीं थे। यद्यपि उन्होंने अपने व्यवहार से इस विचार या रहन–सहन में इस सुदृढ़ता का प्रमाण प्रस्तुत नहीं किया, जिन्हें स्वाभिमान के साथ जोड़ा जा सके। वे चिन्तन में गिरोहबन्दी से ग्रसित नज़र आते हैं। यह वह आईना है, जिसका वर्णन आगे होगा, यह एक मनोवैज्ञानिक रूझान था जिसने कथनी व करनी की सुदृढ़ता को अर्थहीन बना दिया था। ख़ुसरो ने अपने आश्रयदाताओं और संरक्षकों के हत्यारों

को बधाई दी तो हम इसे इस आधार पर नज़रअन्दाज़ कर सकते हैं कि राजनीतिक सत्ता की लड़ाई में धोखाधड़ी और हत्या तो सामान्य बातें थीं, लेकिन ये देखकर हमें आज भी दुख होता है कि जब वे हिन्दुस्तान और हिन्दुओं की प्रशंसा करते है तो इसमें बारीक़ी भी हैं और ह्रदय व्यापकता भी, किन्तु कई स्थान पर वे राजनीतिक परिदृश्य में जब हिन्दुओं का वर्णन करते है तो ऐसे धार्मिक उन्माद, अहंकार और भौंडेपन का प्रदर्शन करते हैं कि उसे परिभाषित करना कठिन हो जाता है।

कुतुबुद्दीन मुबारक के शासनकाल की विशेषताओं के सम्बन्ध में उन्होंने एक ऐतिहासिक मसनवी लिखी, 'नुह सिपहर'। ख़ुसरो ने इसके पूरे एक अध्याय यानी 'सिपहर तृतीय' में हिन्दुस्तान और हिन्दुस्तानियों का वर्णन और प्रशंसा की है। वे हिन्दुस्तान को स्वर्ग कहते हैं, और कहते हैं कि वह अपने फलों, फूलों और मौसम के कारण किसी भी देश से श्रेष्ठ है। हिन्दुस्तानी विद्याओं और कलाओं में अपनी तुलना नहीं रखते, उन्होंने संख्याओं का आविष्कार किया। पंचतन्त्र की रचना की, जिसमें सांसारिक बौद्धिकता की बातें हैं और जिसका अनुवाद फ़ारसी, तुर्की, अरबी और दरी में हुआ है। उनका संगीत दूसरे देशों के संगीतों से बाज़ी मार ले गया। यह एक ऐसी सच्चाई है, जिससे कोई इनकार नहीं कर सकता–अपनी वफ़ादारी में हिन्दू तलवार या आग के ज़रिये जान न्योछावर कर देता है। औरत अपनी मर्ज़ी से अपने स्वर्गीय पति के लिए जान दे देती है और पुरुष एक मूर्ति के लिए या अपने अगुआ के लिए जान दे देता है। इसमें सन्देह नहीं कि इस्लाम में ये चीज़ें मना हैं, लेकिन ये तो देखो कि ये कितनी उच्च स्तर की चीज़ें है। यदि क़ानून इसकी आज्ञा देता तो बहुत–से सौभाग्यशाली व्यक्ति इस प्रकार मृत्यु को प्राप्त होने के इच्छुक होते...। लेकिन उनकी पुस्तक 'ख़जाइनुल फुतूह' और दूसरी रचनाओं में इसके बिल्कुल विपरीत बातें कही गयी हैं। इसलिए हम ये जानने से वंचित रह जाते हैं कि उनकी भावनाओं में कहाँ तक सच्चाई है।

अगर ख़ुसरो की साम्प्रदायिकता ने उनकी आत्मदृष्टि को धूमिल किया और उनसे सेंस ऑफ़ हयूमर से गिरी हुई चीज़ें लिखवायी तो उनसे सिर्फ़ यही पता चलता है कि वे अपने काल से ही सम्बन्ध रखते थे। उनमें और भी कमज़ोरियाँ थीं, जो उनके समकालीनों में मिलती हैं। उनमें से एक महत्त्वपूर्ण कमज़ोरी यह इच्छा थी कि जिन रचनाओं ने प्रामाणिकता को प्राप्त कर लिया है, उनकी नक़ल की जाये। गुरु जिन विद्याओं में पारंगत थे,

उनमें आगे न बढ़ा जा सके तो कम–से–कम उनके समकक्ष तो स्थापित दिये जायें। ख़ाकानी, अनवरी, निज़ामी गंजवी, ज़हीर फाराबी और एक विस्मृत कवि कमाल अस्फ़हानी खुसरो की क्षमताओं और उपज के लिए एक चुनौती थे। बजाय इसके कि खुसरो सिर्फ़ खुसरो रहते और दूसरों की नक़ल करना शान के विपरीत समझते। उन्होंने अधिक ऊर्जा इस पर ख़र्च कर दी कि वे लोग जो लिख गये हैं, मैं उनसे अच्छा लिख सकता हूँ। 'खम्सा' में उनका प्रयत्न यही रहा कि निज़ामी गंजवी ने जिन विषयों पर मसनवी लिखी हैं, उन सब पर लिखकर यह साबित कर दें कि उनसे अच्छा लिख सकता हूँ। उनके बहुत से विचार ख़ाकानी के रंग में डूबे हुए हैं। उनके समय के बहुत से आलोचक 'असल' और 'नक़ल' को सामने रखकर बहस करते थे, कि उनमें कौन अच्छा है। हमारे समय के आलोचक नक़ल को यह कहकर अमान्य कर देंगे कि यह धृष्टता या व्यर्थ अहंकार है।

खुसरो न केवल वाचाल कवि थे, बल्कि आश्चर्यजनक रूप से वाक्पटु भी थे। ये वे विशेषताएँ हैं, जो एक बहुत बड़े कार्यकुशल व्यक्ति में प्रशंसा योग्य होती हैं। और हम यह अनुभव किये बिना नहीं रह सकते कि खुसरो एक कलाकार के बजाय कार्यकुशल व्यक्ति थे। उनके मस्तिष्क की उपज छोटे–छोटे वर्णनों में दिखायी पड़ती है, उदाहरणस्वरूप वे एक ही मसनवी में विभिन्न छन्दों का प्रयोग करने में सिद्धहस्त थे, लेकिन हम एक व्यर्थ की प्रतीक्षा में पड़े रहते हैं कि कोई उपमा, कोई रूपक, कोई शायराना बंदिश ऐसा तो हो जो दिल को छू ले। जब वे बनावट को छोड़ते हैं, जब वे अपनी कलाकारी को त्याग कर सादगी और सहजता पर उतर आते हैं, तब वे ऊँचाइयों को छू लेते हैं। उनकी ऐसी बहुत–सी ग़ज़लें है, जो बहुत ही अच्छी है। सम्भवतः इसलिए कि बिना किसी योजना के वही कुछ लिख दिया जो उनके दिल में आया। आने वाली पीढ़ियों ने भी ग़लती नहीं की, कि उनकी ग़ज़लों को क़व्वालों का जीविकोपार्जन बना दिया, और लोग उन्हें सुन–सुन कर झूमने लगे। सादी, हाफ़िज़ और उनके बाद के कई कवि खुसरो से निश्चित रूप से बड़े कवि थे। उन्होंने जो कुछ लिखा वह साहित्य और सौन्दर्य प्रेमियों के लिए था। दूसरी तरफ़ खुसरो मात्र कवि ही नहीं थे, कुशल संगीतकार और गायक भी थे। वे समाअ को ध्यान में रखकर ग़ज़लें कहते थे कि उन्हें गाया जायेगा। तत्कालीन हास्य की सीमाएँ थीं, उनमें रहकर भी खुसरो की कल्पना की उड़ान अपने समकालीनों से ऊँची है। उन्होंने बड़े गर्व से कहा कि

मैं तुर्की–हिन्दी हूँ मेरा उत्तर 'हिन्दवी' में है, लेकिन अफ़सोस है कि वे बहुत संक्षिप्त और कम हैं, और शोधार्थियों को आज भी सन्देह है कि जो हिन्दवी कविताएँ उनसे सम्बन्धित की जाती हैं, उनकी हैं भी कि नहीं। वे स्वयं इसकी घोषणा करते हैं कि उन्होंने 'हिन्दवी' में लिखा था–मैंने अपने कई मित्रों को अपनी 'हिन्दवी' कविताएँ भी उपहार में दीं, लेकिन यहाँ मात्र इस घटना के उल्लेख ही पर सन्तोष करता हूँ। इस क्षेत्र में प्रथम होने का सेहरा उनके सिर नहीं है, क्योंकि कहा जाता है कि उनसे पहले भी कवियों ने 'हिन्दवी' में कहा था, किन्तु परम्परागत रूप से जो चीज़ें उनसे सम्बद्ध की जाती है वे बहुत दिलचस्प हैं, और उस धारणा या परिकल्पना के अनुसार हैं, जो हम उनके जीवन और साहित्य, उनकी रंग–बिरंगी रुचियों, ज़िन्दादिली, हास्य और आश्चर्यजनक गुणों को अपने मस्तिष्क में स्थापित करते हैं। उनकी कुछ उत्कृष्ट ग़ज़लों में कुछ बहुत मोहक अश'आर हैं, उनमें मैं एक शेर प्रस्तुत करना आवश्यक समझता हूँ।

तू शबाना मी नुमाई ब बरे के बूदी इमशब
कि हुनूज़ चश्मे मस्तत असरे खुमार दारद

अर्थात तूने रात किसके पहलू में जाग कर गुज़ारी है कि अब तक तुम्हारी मादक आँखों में लाल डोरे दिखायी दे रहे हैं। अभी तक उनमें रात्रि का नशा बाकी है।

अमीर खुसरो ऐसे साहित्यकार का प्रतिनिधित्व करते हैं जिसे सिर्फ़ अपनी रचना की साहित्यिक स्थिति की चिन्ता रहती है और जिसे आदेश देने में किंचित भी अभिरुचि नहीं होती। उनके एक नौजवान समकालीन इतिहासकार ज़ियाउद्दीन बर्नी का दृष्टिकोण इसके बिल्कुल विपरीत है। उनके लिए आदेश देना और निर्णय सुनाना ही सबसे महत्त्वपूर्ण कार्य था। कोई ऐसी पुस्तक ढूँढ़ने से मुश्किल से मिलेगी जैसा कि ज़ियाउद्दीन बर्नी की 'तारीख़–ए–फ़िरोज़शाही' है जो दावा तो करती है सिर्फ़ घटनाओं के वर्णन का, किन्तु हर मामले में कठोर आदेश देते चलती है। उनकी दूसरी पुस्तक 'फ़तवा–ए–जहाँदारी' है जो राजनीति का व्यावहारिक संविधान है, जो और भी अधिक अतिवादी है, लेकिन उसकाल के धर्मनिरपेक्ष नहीं बल्कि सांसारिक हिन्दुस्तानी मुसलमानों के प्रचलन का जितना चुभता हुआ और उदाहरणीय वर्णन उसकी पुस्तकों में हुआ है, किसी और लेखक के यहाँ नहीं हुआ।

(**स्रोत** : हिन्दुस्तानी मुसलमान, प्रो. मोहम्मद मुजीब, एन.सी.पी.यू.एल., नयी दिल्ली, 1998)

ख़ुसरो की पहचान

ज़ोए अंसारी, अबूलफ़ैज़ सहर

विश्व साहित्य के महानतम व्यक्तित्व, हिन्दुस्तान के सपूत अमीर ख़ुसरो के चिन्तन एवं कला के स्तर में लगातार बदलाव आता रहा। ख़ुसरो ने अब से सात सौ वर्ष पूर्व 1297 में 42 वर्ष की आयु में अपनी तीसरी मूल्यवान साहित्यिक रचना यह कह कर प्रकाशिक कराई कि यह 'गुर्रतुलकमाल' है। तब तक ख़ुसरो की हज़ारों कविताएँ दरबारों, महफ़िलों, गली–कूचों, हाट–बाज़ारों में गाई जा चुकी थीं। दरबार में उच्च पदस्थ लोग उनकी निकटता के इच्छुक रहने लगे थे। और प्रत्येक गाँव में उनकी प्रसिद्धि एवं स्वीकार्यता बढ़ गयी थी।

अमीर ख़ुसरो अपने गुणों के कारण प्राप्त होने वाले विशिष्ट सम्मान और लोकप्रियता से सन्तुष्ट होकर बैठे नहीं रहे। उन्होंने अपने ज्ञान को विस्तार दिया। ज़िन्दगी को एक–एक पहलू से बरता, परखा, अपनाया और लेखनी की नोक से रंगारंग चित्र उभारे। यहाँ तक कि उनका व्यक्तित्व अपने ऐतिहासिक काल का प्रवक्ता बन गया। उनके गद्य–पद्य राजनीतिक एवं सामाजिक इतिहास के साक्ष्य भण्डार बन गये। अपने काल के सबसे महत्त्वपूर्ण सभ्यता एवं सांस्कृतिक आन्दोलन ने उनके गीतों में रस भरा और उन्हें सर्व प्रिय बनाया। उनका साहित्य समय की सीमाओं से स्वतन्त्र होकर मानवीय सहानुभूति, संवेदना तथा हार्दिक आनन्द का एक ऐसा शाश्वत चमत्कार सिद्ध हुआ, जिसके मूल्यवान सूत्र देश से बाहर सुदूर सीमापार पुस्तकालयों और फ़ारसी के ज्ञाताओं में ज्ञान की अक्षय निधि बन गये। भाषा और स्थान की दूरी ने उनकी विद्वता और सम्मान को कम नहीं किया। अमीर ख़ुसरो वर्तमान समय में संसार के पाँच देशों हिन्दुस्तान, पाकिस्तान, ईरान, अफ़ग़ानिस्तान और तज़ाकिस्तान में पढ़े और पढ़ाये जाते हैं।

पाँच की संख्या का उनसे इतना घनिष्ठ सम्बन्ध है कि 72 वर्ष की दुखदायी उथल–पुथल और व्यस्त जीवन में पाँच बादशाहों के दरबारी रहे। पाँच फ़रमाइशों पर उन्होंने ऐसी पाँच ऐतिहासिक मसनवियाँ लिखीं कि उनका जवाब आज तक न लिखा जा सका। एक के बाद दूसरे पाँच साहित्य ग्रन्थ लिखे। उनसे पहले फ़ारसी के किसी कवि को यह सौभाग्य नहीं मिला था। आचरण एवं कहानी से सम्बन्धित विषयों की पाँच मसनवियों को संगृहित किया, जिसमें 18,900 पद्य हैं। इनके बाद से पीढ़ी–दर–पीढ़ी 'खम्सा' लिखने की परम्परा चल पड़ी। उन्होंने एक ही समय में पाँच भाषाओं में स्वज्ञान का परीक्षण किया, जिनमें अकेले फ़ारसी के लगभग पाँच लाख पद निःसृत हुए। गद्य में पत्रिकाओं के पाँच दफ़्तर 'रिसायल–अल–एजाज़' लिखकर एकत्रित कर दिये, जो आज भी सभ्यता और संस्कृति के इतिहास को जानने का मुख्य स्रोत हैं। पाँच शहरों में उन्होंने अपने जीवन का अधिकतम समय कभी ख़ुशी कभी ग़म में व्यतीत किया। और अपने ज़माने की पंच विद्याओं एवं कलाओं के विकास से अवगत ही नहीं बल्कि उसमें परम ज्ञान भी प्राप्त किया।

आज अमीर ख़ुसरो का अध्ययन करना, उनकी याद ताज़ा करना, केवल एक बड़े कवि, विगत समय के एक महत्त्वपूर्ण लेखक तथा कलाकार से अवगत होना या मनोविनोद करना ही नहीं है, बल्कि भारत के एक हज़ार वर्ष की पहली केन्द्रीय सत्ता, अखिल भारतीय शासन प्रणाली के ताने–बाने और उनकी शक्ति के रहस्य को भी मालूम करना है। शम्सुद्दीन इल्तुतमिश और मुहम्मद तुग़लक़ के सिंहासनारोहण तक पूरे सौ साल वह कौन–सा परोक्ष हाथ था, जो हिन्दुस्तान को राजनीतिक शक्ति और सांस्कृतिक, सामाजिक अधिकार के साथ एक रिश्ते में पिरोता भी गया और उसे इस पृथ्वी की दूसरी बड़ी राजसत्ता की हैसियत से बचाये भी रखा। इस ऐतिहासिक ठोस वास्तविकता को, जिससे हमारा जीवन्त और ऊर्जामयी सम्बन्ध स्थापित है, और यह सम्बन्ध स्थापित रखने के लिए हमें पिछले पृष्ठों को उलटने और फिर टटोल कर सम्पादित करने भी हैं। अमीर ख़ुसरो का व्यक्तित्व और अस्तित्व एक दीपक के समान हमारे सामने खड़ा है। वह कवि से बढ़कर सच्चा और इतिहासकार से बढ़कर आकर्षक, मोहक और सहानुभूतिपूर्ण है, वे सौन्दर्य और प्रताप का एक ऐसा मिश्रण हैं कि हमें स्वयं में इन गुणों को समाहित करने के लिए उनसे अनुभव, व्यवहार और दुख मोल लेना पड़ेगा।

अमीर ख़ुसरो के चरित्र और दृष्टि की खोज में हम साफ़ देख सकते हैं कि वे इतिहास के उस चरम बिन्दु पर विराजमान हैं, जहाँ इस्लाम की छह सदियाँ उनसे आगे गयीं और छह सदियाँ उनके बाद गुज़रीं। तब तक की राजनीतिक एवं सांस्कृतिक परिस्थितियों में इस्लाम के प्रभाव का रंगीन, भरपूर और जीवन्त दृश्य अमीर ख़ुसरो की रचनाओं तथा क्रियाकलापों से हम पर खुलता है, वह हमें आज की परिस्थितियों का तुलनात्मक अध्ययन करने में तथा भविष्य के हिन्दुस्तान एवं इस्लाम के आपसी सम्बन्ध जानने में सहायता प्रदान करता है।

मध्य एशियाई तुर्कों का एक क़बीला लाचीन जो अफ़ग़ानिस्तान से सम्बन्ध रखता था, समरकन्द के समीप शहर कुश से, जो दो सौ वर्ष बाद शहर सब्ज़ कहलाया चंगेज़ खाँ के रक्तरंजित आक्रमणों से बेघर हुआ और बल्ख में आ बसा, जो उस समय तक सुदृढ़ क़िलाबन्दी और सभ्यता–संस्कृति के केन्द्र के रूप में गणनीय हो चुका था। 1220 में एक शक्तिशाली मंगोल सेना स्वयं चंगेज़ खाँ के सेनापतित्व में समरकन्द और बुखारा को तबाह व बरबाद करके बल्ख की तरफ़ बढ़ी और अगले वर्ष 1200 मस्जिदों और 200 हम्मामों के इस महान शहर में भी कोई चिराग़ जलाने वाला न रहा।

अमीर सैफुद्दीन महमूद, जो अपने क़बीले के एक 'हज़ारा' शाख को शरण देने वाले सरदार थे, आक्रमण के समय या आक्रमण के पहले बल्ख छोड़ कर भारत की तरफ़ रवाना हो गये। पंजाब और सिन्धु नदी की घाटी उस समय चंगेज़ी बर्बरता से सहमी हुई थी। दिल्ली के चालाक, मौक़े का फ़ायदा उठाने वाले सुल्तान इल्तुतमिश ने शक्तिशाली तुर्क सेनापति जलालुद्दीन ख्वारिज़्म शाह को न सिर्फ़ सहायता देने से इन्कार कर दिया बल्कि हाँ–नहीं करते हुए सैनिक प्रयासों से पंजाब में उसकी गतिविधियों को भी समाप्त कर दिया। इस प्रकार उसने सीमान्त क्षेत्रों को भयावह युद्ध भूमि बनने से भी बचा लिया और अपने यहाँ के उजड़े हुए घुड़सवारों को नौकरी या शरण देने का मार्ग भी प्रशस्त कर लिया। सैफुद्दीन महमूद उन्हीं में से एक थे। कुछ वर्षों तक साधारण सेवा में रहने के बाद उन्हें मथुरा से एटा जाने वाले राजमार्ग पर गंगा के किनारे पटियाली क़स्बे (मोमिनाबाद) में छोटी–सी जागीर दे दी गयी। सम्भवतः अफ़ग़ानों से दूर की घनिष्ठता को ध्यान में रखा गया या फिर इस अशान्त क्षेत्र जहाँ अफ़ग़ानों के तीन गढ़ थे केन्द्रीय सत्ता ने अपना विश्वसनीय पहरेदार बैठा दिया।

सैफुद्दीन महमूद का विवाह श्याम नस्ल के हिन्दुस्तानी अमीर इमादुलमुल्क की बेटी दौलत नाज़ से हुई, जो पति के जीवन में और उसके

पश्चात् भी बहुधा पटियाली में रहीं। चार सन्तानें हुई, तीन लड़के, एक लड़की। यमीनुद्दीन उनमें मँझले थे, जो 1252 में पैदा हुए और बाद में अपना उपनाम और पूर्वजों की उपाधि 'अमीर' जोड़ने के कारण अमीर ख़ुसरो कहलाये।

पिछले जीवन दृश्य की यह हल्की–सी व्याख्या इसलिए है कि कुछ लोग उन्हें 'बल्खी निवासी देहलवी' लिखते हैं। कुछ उनके पिता को 'शम्सी ग़ुलाम' कहते हैं। परन्तु अमीर ख़ुसरो के अपने वर्णनों, प्रामाणिक इतिहासों एवं उल्लेखों से इसका समर्थन नहीं होता।

यमीनुद्दीन ने मात्र सात वर्ष तक अपने पिता को देखा, वह भी काफ़ी अन्तराल से, क्योंकि वे युद्ध के मोर्चों पर बाहर जाया करते थे। उन्होंने अपनी गृहिणी अमीरज़ादी माँ को, मामा को, नाना को देखा–जाना, उन्हीं से पिता की कहानियाँ सुनी होंगी। वे अपने पिता के बारे में लिखते हैं–

"स्पष्ट भाषा का प्रयोग करना मनुष्य का बहुत बड़ा गुण है, जो उन्हें परोक्ष रूप से जीभर के मिला था, किन्तु वे मौन प्रिय व्यक्ति थे...तुर्क सोते में सदाचारी होता है, परन्तु मेरे पिता जागते में सदाचारी थे, ऐसे सदाचारी थे कि काली आँखों वाली अप्सराओं को भी नज़र उठाकर न देखते... ।"

उन्होंने इससे कहीं अधिक जानकारी अपने नाना के बारे में दी है, जो 113 वर्ष जीवित रहे। तब ख़ुसरो की आयु 20 वर्ष थी। नाना इमादुलमुल्क के बारे में बताते हैं कि, "सत्ता के चार स्तम्भों में से एक थे। सत्तर वर्ष 'आरिज ममालिक' रहे। दो सौ तुर्क ग़ुलाम, दो हज़ार पैदल और दो हज़ार सवार उनके झण्डे तले खड़े रहते थे। अच्छे खानों और पानों के बड़े शौक़ीन थे। प्रत्येक अतिथि को लगातार पान प्रस्तुत किया जाता था और पचास–साठ व्यक्ति सिर्फ़ पानदान की सेवा पर कर्मचारी थे। उनका हृदय मित्रता भाव से भरा हुआ था।"

जहाँ इन वर्णनों से यह स्पष्ट होता है कि इमादुलमुल्क चोटी के ज़िम्मेदार तथा विश्वासपात्र अमीरों में से थे, वहीं यह भी कि वे नव मुस्लिम रहे होंगे। हिन्दुस्तानी नस्ल के होंगे। राजाओं और शत्रुओं से सुलह–सफ़ाई कराने में लगे रहते होंगे। उच्च कोटि के सफल डिप्लोमेट होंगे और सत्तर वर्षों में गोरियों के काल से बलबन के काल 1272 तक पाँच बादशाहों का उत्थान–पतन न केवल देख चुके थे बल्कि स्वयं उच्च पदों पर विराजमान रहे थे।

ख़ुसरो अन्ततः उन्हीं के नवासे निकले।

ननिहाल में पले थे। ननिहाल से प्रेम था। वहीं से संस्कार मिले। जिस क्षेत्र में रहे, वह ब्रज या ब्रज भाषा की प्रमाणिकता का क्षेत्र था।

कृष्ण नगरी होने के कारण ब्रज के गीत और भजन अपनी मधुरता, व्यापक श्रेष्ठता में साहित्य के गौरवशाली पहचान बन चुके थे, नाना का रहना–सहना दिल्ली में था। बड़ी हवेली के बाहर सेवकों तथा सम्बन्धियों के मकान थे। पिता की मृत्यु के बाद ख़ुसरो दिल्ली आये–गये। उनकी प्रारम्भिक शिक्षा भी यहीं हुई। सत्संगति भी यहीं प्राप्त हुई। बचपन से खेलने–कूदने का शौक़ था। 'दूध के दाँत गिरते समय मुँह से मोती झड़ते थे' अर्थात भरी सभा में कविता सुनाने में नहीं हिचकिचाते थे। पुस्तकों में रुचि रखने के बजाय इधर–उधर घूमा करते, और समयानुसार हँसी–मज़ाक़, व्यंग्य किया करते।

स्पष्ट है कि इन आदतों वाला बच्चा गलियों में नौकरों और मित्रों में घूमता, धूम मचाता फिरेगा और यह था धुली हुई नगरीय खड़ी बोल़ी का क्षेत्र, जिसे उस ज़माने में वे हरियाणवी हिन्दवी या देहलवी कहते थे। वहाँ की आवाज़ों में ऐसा खड़ापन–सिपाहियाना खुरदरापन था, जो ब्रज भाषा की नरम आवाज़ों से माधुर्यता प्राप्त करता है। 1272 तक उन्होंने स्वतन्त्रता के साथ चिन्तारहित जीवन व्यतीत किया, पद्य लिखे, सुनाये, प्रोत्साहन पाया और विद्वान दोस्तों जैसे ताजुद्दीन ज़ाहिद के कहने पर एक दीवान 'तोहफतुस्सिग्र' के नाम से तैयार कर दिया।

जब वे बीस साल की आयु में स्वतन्त्र जीविकोपार्जन के लिए निकले तो कवित्व प्रसिद्धि और एक अच्छा–ख़ासा काव्य ग्रन्थ उनके साथ था। छूटते ही बादशाह के लिए दिल खोलकर रुपये ख़र्च करने वाले भतीजे अलाउद्दीन किश्ली खाँ ने उन्हें अपने दरबार की शोभा बना लिया। कोल अलीगढ़ उसकी जागीर में था। वहाँ भी उसके साथ जाते रहे होंगे, फिर भी शुरू से ही उसके प्रिय रहे और आये दिन के उपहारों से उपकृत भी हुए। शाम को शराब, क़बाब, नृत्य और मौज–मस्ती की महफ़िलें जमतीं और ख़ुसरो उनमें अपनी कविताओं और अपने जामेज़र के साथ शामिल होते। महफ़िल उनके दम से रौशन होती और वे महफ़िल के लिए न केवल अच्छी कविताएँ लिखते बल्कि उनकी गीतात्मक अभिव्यक्ति की तैयारी भी कराते। संगीत का चस्का उन्हें पड़ ही चुका था।

ख़ुसरो मलिक अलाउद्दीन किश्ली खाँ के यहाँ विशिष्ट कवि बनकर दो साल रहे। यह वह नौजवान था, जिसके पिता और चाचा बलबन ने दास की हैसियत से दिल्ली में प्रवेश किया था। अमीर ख़ुसरो को अपना यह पहला मददगार इतना पसन्द था कि वे दोस्तों से कहा करते थे–

मलिक अलाउद्दीन मुहम्मद किश्ली खाँ जैसा मित्र, अन्धाधुन्ध लुटाने वाला, निशानेबाज़, शिकारी और पोलो खेलने में दक्ष कोई और माई का लाल नहीं हो सकता।

मंगोलों की दासता से बचने के लिए मुस्लिम देशों के अमीर मन्त्री और शाही ख़ानदानों के वारिस सैकड़ों की संख्या में उनका दामन थामे पड़े रहते थे। जगह–जगह के बड़े लोग पंजाब, सिन्धु और कश्मीर की राह से दिल्ली पहुँच चुके थे। बलबन ने राजसिंहासन पर जाने से पहले अपने सदाचारी आक़ा मलिक नासिरूद्दीन महमूद की सत्ता की बागडोर सँभाल ली थी और उसके शौर्य तथा वैभव का यह हाल था कि ख़ुद 'होलागो' ने अपने राजदूत भेजे तो वह दिल्ली दरबार की शान और पराक्रम देखकर आश्चर्यचकित रह गये। फिर एक ज़माने तक चंगेज़ के उत्साही बेटों और पोतों में से किसी को दिल्ली की तरफ़ बढ़ने का साहस नहीं हुआ।

दूसरा मित्र जिसने निराकांक्षी स्वभाव और गरिमा में नाम कमाया स्वयं बादशाह का बड़ा बेटा बुग़रा खाँ था। एक दिन वह अपने चचेरे भाई के मकान पर अपने विशेष कवियों तथा तत्कालीन विद्वानों शम्सुद्दीन दबीर एवं क़ाज़ी असीर को साथ लिए हुए अतिथि था, महफ़िल जमी। सबने अपने–अपने कमाल दिखाये। ख़ुसरो अपने प्रताप, रचना और उसके प्रस्तुतीकरण दोनों से छा गये। उन पर अशर्फ़ियाँ भी बरसीं और बुग़रा खाँ ने उठने से पहले उन्हें तश्तरी में रखकर चाँदी का थैला भी दिया। ख़ुसरो की चाँदी हो गयी, लेकिन किश्ली खाँ के चेहरे का रंग बदल गया और बर्ताव ऐसा बदला कि उसकी नाराज़गी किसी प्रकार कम नहीं हो रही थी। इसलिए किश्ली खाँ के क्रोध का बाण लगने से पहले ही वे बाण की तरह निकले और सीधे बुग़रा खाँ के पास सामाना पहुँच गये।

सामाना पंजाब और कश्मीर के रास्ते में पटियाला के नज़दीक दिल्ली साम्राज्य की बड़ी छावनी थी। वहाँ शक्तिशाली एवं विश्वसनीय गवर्नर रखा जाता था। कम–से–कम दो बार मंगोल आक्रमणकारी सेना सामाना के क़िले से कतराकर दिल्ली की ओर बढ़ी और सामाने की फ़ौज ने उनकी रसद पहुँचाने वाली कड़ी तोड़ दी।

नासिरूद्दीन बुग़रा खाँ ने ख़ुसरो को अपना बना लिया। दिन मज़े में गुज़रने लगे। यहीं उन्होंने पंजाबी भाषा सीखी होगी और उसके लोक गीतों की लय...जो हिन्दुस्तान और ख़ुरासान दोनों के संगीत से अलग अपनी विशिष्ट पहचान रखती थी। उनका प्रभाव बढ़ता जा रहा था कि अचानक

बंगाल के गवर्नर तुग़रल ने विद्रोह कर दिया। सुल्तान बलबन ने बुग़रा खाँ को आदेश दिया कि पंजाब की सेना लेकर बंगाल की तरफ़ बढ़े।

1279 में लखनावती, जो बंगाल के गवर्नर का प्रमुख स्थान था, दिल्ली और पंजाब की तलवारों से रक्तरंजित हो गया। साहित्य और इतिहास की पुस्तकों से पता चलता है कि लखनावती के बाज़ार में खुले आम फाँसियाँ दी गयीं। सन्देहात्मक कर्मचारियों और अपराधियों को बैल और गधे की खाल में भरवाया गया और इतना आतंक फैलाया गया कि स्वयं राजकुमार बुग़रा खाँ थर्रा गया। उसे गवर्नर नियुक्त करके सावधानी तथा निर्दयता बरतने की सीख देकर जब बलबन कई महीने बाद वापस लौटने लगा तो ख़ुसरो भी वापस आना चाहते थे। हत्या और बर्बादी का यह दृश्य और फिर बंगाल की परिवर्तित जलवायु में दिल न लगा। बुग़रा खाँ ने रोक लिया फिर भी वे छह महीने के अन्दर–अन्दर माँ एवं अपने प्रियजनों से मिलने का अनुरोध करके दिल्ली चले आये।

तीसरा अपने समय का सबसे बड़ा कल्याणकर्ता साहसी मलिक अमीर अली जो हातिम खाँ के नाम से प्रसिद्ध हुआ, ख़ुसरो की प्रतीक्षा कर रहा था, लेकिन कवि ने भलाई इसी में देखी कि बलबन का बड़ा बेटा सुल्तान मुहम्मद क़ाआन मलिक दूरदृष्टि वाला, प्रतिष्ठावान, सेनापति और उत्तराधिकारी भी है, उसी से सम्पर्क स्थापित किया जाये। 1280 में वह मुल्तान से दिल्ली आया तो अमीर पटियाली से दिल्ली पहुँचे। राजकुमार की सेवा में उपस्थित हुए। रचनाएँ सुनायीं। राज कुमार ने उन्हें और उनके धनी मित्र अमीर हसन 'सिज्जी' को चुन लिया। मुल्तान पहुँचकर उनको आशा से अधिक सम्मान प्राप्त हुआ।

पंजाब और सिन्धु दोनों के लिए मुल्तान केन्द्रीय सैनिक स्थान, धार्मिक विद्वानों, सूफ़ियों, कवियों तथा इराक़ एवं अरब के संगीतकारों का गढ़ था। राजकुमार विद्याप्रेमी, बहादुर, कविता और संगीत दोनों का रसिया था। युद्ध क्षेत्र और महफ़िल राग–रंग दोनों में अनुपम व्यक्तित्व के होनहार राजकुमार का दरबार दिल्ली के उन दोनों कवियों के लिए शील एवं आचरण का निर्माण स्थल सिद्ध हुआ। यहाँ ख़ुसरो ने अपना दूसरा दीवान 'वस्तुलहयात' तैयार किया। यहीं कौल के अरबी बोल को हिन्दुस्तानी संगीत से जोड़ा। जो आगे चलकर 'कौल कुलियाना' कहलाया। यहीं अरबी और तुर्की वाद्य यन्त्रों को पंजाब के लोक गीतों के लिए प्रयोग किया। यहीं उन्होंने अरबी और फिक़ह की शिक्षा प्राप्त की, और तेइस क़सीदे

सुल्तान मुहम्मद की शान में लिखे। जो अब तक किसी के लिए नहीं लिखे थे। पहली बार ख़ुसरो को एक योग्य आश्रयदाता मिला था, जिसने दिल्ली से अपने केन्द्र मुल्तान आते ही पूरी शक्ति के साथ सीमावर्ती क्षेत्रों को मंगोलों से और अपने वातावरण को दुष्टों एवं छिछोरों से मुक्त कर लिया। किसी तरह साढ़े चार साल व्यतीत हुए होंगे कि ईरान के प्रशासक अरगून खाँ पुत्र अयाक़ खाँ पुत्र हुलाणू या हलाकू ने हिन्दुस्तानी सिपाहियों से अपने सिपाहियों की हत्याओं का बदला लेने के लिए चंगेज़ी अगुआ तैमूर खाँ को बीस या तीस हज़ार की सेना देकर लाहौर और दीपालपुर के रास्ते मुल्तान भेजा। सुल्तान मुहम्मद को इस आक्रमण की सूचना देर से या ग़लत मिली। पूरी तैयारी किये बिना उसने रावी नदी पार की और जान हथेली पर रखकर शत्रु को कुछ पीछे धकेल दिया।

अमीर ख़ुसरो कहते हैं कि जीत समीप थी कि हवा पलट गयी, दूसरे इतिहासकार बताते हैं कि हिन्दुस्तानी सेना जिसमें सीमा क्षेत्र के पठान थे शत्रु का पीछा करने में बिखर गये इसी दौरान राजकुमार को एक तीर ने मृत्यु के घाट उतार दिया। सरदार का मरना था कि मुल्तान की फ़ौज पिस गयी और हर तरफ़ बर्बादी फैल गयी।

अमीर ख़ुसरो युद्ध भूमि में तीर चलाते हुए एक मंग़ोल सवार के हाथ पड़े। मंगोल सवार ख़ुसरो को क़ैदी बनाकर ले चला। यूँ तो मंगोल सेना सर्दियों में आक्रमण करती है। इस बार गर्मी का मौसम था। 1285 ई. थी। दूसरे दिन वह उन्हें रस्सी में खींचता और दौड़ाता हुआ ले चला। नदी दिखायी पड़ी तो प्यास के मारे मंगोल ने नदी के किनारे घोड़ा रोका। घोड़े और मंगोल ने छककर पानी पिया। वे दोनों पानी पीकर वहीं ढेर हो गये और ख़ुसरो मुँह पर छींटा मारकर, रस्सी की गाँठ खोलकर किनारे–किनारे जंगल के मार्ग से दिल्ली की तरफ़ भाग निकले।

ख़ुसरो कुछ दिन दिल्ली में और फिर माँ और रिश्तेदारों के साथ पटियाली में रहे। दिल्ली के दरबारी हालात पर उनकी नज़र रहती थी। सामन्तों ने षड्यन्त्र करके बुग़रा खाँ के बड़े बेटे मोईजुद्दीन कैक़ुबाद को सिंहासन पर बैठाया। उसके छल–कपट और षड्यन्त्रकारी सलाहकार मलिक निज़ामुद्दीन से ख़ुसरो का दिल नहीं मिलता था। उससे कतराते रहे और अन्ततः अपने समय के तीसरे विद्या प्रेमी व्यक्ति अमीर अली सर जानदार हातिम खाँ के दामन से सम्बद्ध हो गये।

दो वर्ष अवध में रहे। ब्रज भाषा के बाद अवधी बोलचाल का यह क्षेत्र राम भक्ति की श्रेष्ठ भूमि, अपनी लचीली सभ्यता, सम्पन्नता, कोमलता एवं

मधुरता के कारण पसन्द तो आयी, किन्तु वे अधिक समय तक दिल्ली से दूर नहीं रहना चाहते थे। अक्सर कहा जाता है कि माता का वियोग सता रहा था। यह भी हो सकता है लेकिन कई कारण और भी थे।

हातिम खाँ ने रोकना चाहा, पर उन्होंने जाने की ज़िद की तो अवध से दिल्ली तक का एक माह का यात्रा व्यय एवं अशर्फ़ी भरे दो थाल देकर विदा किया। यहाँ पहुँचे अभी दो दिन ही बीते होंगे कि सुल्तान कैक़ुबाद ने बुला भेजा और बताया कि बाप–बेटे की भेंट रक्तरंजित युद्ध के बजाय स्नेह और प्रेम में बदल गयी, यह ऐसी ऐतिहासिक घटना है जिसके वे स्वयं साक्षी हैं। सुल्तान ने कहा मैं आपकी रचना के बदले में आपको इतनी सम्पत्ति देने को तैयार हूँ कि उम्रभर कोई कमी न रहे।

वे इसी दिन के इच्छुक थे। सप्रसन्न घर आये। स्वयं को मित्रों, प्रियजनों यहाँ तक कि हर चीज़ से दूर करके एकान्तवास ले लिया और पूरे छह महीने बाद रमज़ान 1288 के अन्त में 3,944 पदों की मसनवी 'किरानुस्सादैन' लिखकर सुल्तान के सामने प्रस्तुत कर दी। यह मसनवी उनकी सभी रचनाओं, विशेषकर कलात्मकता एवं सामाजिकता की दृष्टि से अत्यन्त महत्त्वपूर्ण है।

एक तो ख़ुसरो की कला की उन्मादकता, फिर मसनवी ऐसी कि इससे पूर्व रंग व महफ़िल, ऐतिहासिक विवरण, घर के अन्दर और बाहर, नागरिकों, व्यवसायियों, उद्योगों का ऐसा रूपकीय विवरण और सम्पूर्ण नक़्शा कभी किसी ने नहीं खींचा था। दरबारियों के अतिरिक्त स्वयं सम्राट की आँखें खुली की खुली रह गयीं। मुइज्जुद्दीन कैक़ुबाद को उन दिनों ऐसे ही मंगोलों पर प्राप्त होने वाली एक विजय पर गर्व था। फिर दादा और नाना दोनों तरफ़ से बादशाह का बेटा जो विलास प्रिय था आगामी इतिहास में अपना नाम सुरक्षित करवाने का इच्छुक था। उसने जी खोलकर सम्मानित किया और धन–दौलत से दामन भर दिया। चाचा ने उन्हें मुल्तान ले जाकर मसहफ़दार बनाया था–पिता ने केवल नवीन क़सीदा लिखने वाला कहा परन्तु मुइज्जुद्दीन ने इन दोनों से ऊँचा स्थान 'राष्ट्रीय कवि' कह कर दिया। किन्तु कवि जिसे ढेर सारा सोना–चाँदी मिलने की आशा थी, बाहर से मुस्कुराता मगर अन्दर से उथल–पुथल लिए हुए घर वापस आ गया।

साल भी न बीता था कि मुइज्जुद्दीन कैक़ुबाद के विरुद्ध और तुर्क सामन्तों की योजनाओं पर पानी फेरकर एक ख़िलजी सामन्त फ़िरोज़शाह उपनाम जलालुद्दीन धारण करके बहादुरपुर वर्तमान नयी दिल्ली से कीलोखड़ी आया सुअवसर पाकर ख़ुसरो ने उसकी प्रशंसा में क़सीदा लिखा।

ज्ञात नहीं अमीर ख़ुसरो का विवाह कब और कहाँ हुआ था, लेकिन 1290 में उनके यहाँ पहला बेटा पैदा हुआ और उसका नाम मसऊद रखा गया।

जलालुद्दीन फ़िरोज़ ख़िलजी को इस थोड़े से समय में तीन युद्धों से सामना हुआ। ख़ुसरो के दो पूर्व घनिष्ठ मलिक किश्ली खाँ, और गवर्नर अवध एक के बाद दूसरे स्थानीय राजाओं और हिन्दू लड़ाकू ज़मींदारों को साथ मिलाकर न केवल विद्रोह पर उतारू हुए बल्कि सेना लेकर बदायूँ तक चढ़ गये।

उन दोनों की प्रशंसा में कहे ख़ुसरो के क़सीदे अभी ताज़ा थे कि उन्होंने जलालुद्दीन फ़िरोज़ को प्रसन्न रखने के लिए दोनों तुर्क सरदारों को अपशब्दों से याद किया। शायद बदली हुई परिस्थितियों के कारण वे कड़े सैनिक अभियान में बादशाह के साथ गये और बाद में राजपूतों के सुदृढ़ दुर्ग झाइन–मंडावर के सैनिक अभियान में भी शामिल हुए। उन्हीं के स्मरण में सुल्तान के युद्ध अभियानों पर एक संक्षिप्त–सी मसनवी 'मिफ़ताहुल फ़ुतूह' भी लिखी, जिसके प्रारम्भ ही में जता दिया है कि घटनाओं को पद्यमय करने में मिथ्या वर्णन और अतिशयोक्ति से काम न लूँगा। स्वयं सुल्तान भी इसी स्वभाव का व्यक्ति था। अभी वह राजपूताने से वापस हुआ ही था, दम भी लेने न पाया था कि एक भीषण मंगोली तातार सेना सन्नाम और मुल्तान की सीमा पर घनघोर घटा की तरह उमड़ी। सुल्तान का बड़ा पुत्र अरकली खाँ ने इस अभियान के लिए प्रस्थान किया। सुल्तान स्वयं भी मंगोलों से सामना करने का शौक़ीन और अभ्यस्त था, लेकिन वह राजसिंहासन छोड़कर नहीं गया। अमीर ख़ुसरो भी यहीं रहे।

ख़ुसरो दो साल जमकर दिल्ली में बैठे। इसी काल में ख़्वाजा निज़ामुद्दीन औलिया की खानक़ाह पर आना–जाना बढ़ने लगा। इन्हीं दिनों अपने सबसे महत्त्वपूर्ण ग्रन्थ 'गुर्रतुलकमाल' को समझदार, ज्ञानी मित्रों मौलाना शहाबुद्दीन, क़ाज़ी सिराज़, ताजुद्दीन ज़ाहिद और अलाउद्दीन अली शाह के परामर्श एवं सहायता से क्रमबद्ध किया। बाद में एक विस्तृत भूमिका लिखकर उसमें वृद्धि की।

यह पहला ग्रन्थ था जिस पर 'शैखुल शैयुख–ए–आलम' शेख़ निज़ामुद्दीन औलिया की प्रशंसा, ख़ुदा और रसूल की प्रशंसा के तुरन्त बाद और बादशाह की प्रशंसा से पहले आती है। तीसरा ग्रन्थ होने के बावजूद उसमें अपनी सभी ग़ज़लें सम्मिलित नहीं कीं और प्रस्तावना की समाप्ति पर अपने बदले हुए चित्त के चिन्तन की परछाईं इस प्रकार डाली–

"अफ़सोस, सद अफ़सोस कि इस माया और तृष्णा में, झूठ के इस पोट में अपनी आयु की अति सुन्दर साँसों को व्यतीत कर दिया और अपने प्रिय जीवन को उन पर खर्च कर दिया। कविता से मेरे हाथ में वही आया जो धूल–मिट्टी से मनुष्य की मुट्ठी में आता है। इस अन्धकारमय पागलपन में मुक्के बहुत चलाये, अब चाहूँ भी कि हाथ धो लूँ और दामन पवित्र कर लूँ तो मैं हवा से हाथ भी नहीं धो सकता, यह केवल दिल की इच्छाएँ थीं कि साहित्य सृजन को अपना कर्तव्य समझ लिया। कुफ्र और नास्तिकता अर्थात काव्यकला में इतना चिन्तन व्यय कर दिया, उसे किसी अच्छे कार्य में प्रयोग करना चाहिए था। अर्थात धर्म के कार्य में व्यस्त रहना चाहिए।"

अब तक उन्होंने सुख, समृद्धि एवं सम्पत्ति की तलाश की, रजत थाल की आशा रखी, कवित्व प्रसिद्धि चाही। गज़लें चहक–चहक कर सुनायीं और मधुर कण्ठ वाले गायक–गायिकाओं को शिक्षा देकर उनके गीत सुने और सुनवाये। गीत, संगीत, नृत्य, मदिरा और भोग–विलास की महफ़िलों में जी भरकर रतजगे किये। यात्रा किये, दासियाँ रखीं। ज़बान, क़लम एवं तलवार तीनों की तेज़ी मनवायी। मैदानों तथा जंगलों की चिलचिलाती धूप, रण में बजते नगाड़े, कहीं से मुँह न फेरा और अब चालीस वर्ष आयु पूरे करके वे भविष्य काल का आलोचनात्मक विश्लेषण कर रहे है। मगर एक ही साँस में सारी समस्याओं से जूझना उनके स्वभाव और ऐतिहासिक परिस्थितियों को स्वीकार नहीं था।

बूढ़े, प्रसन्नचित्त जलालुद्दीन ख़िलजी के यहाँ तुर्क नौजवान मुइज्जुद्दीन कैकुबाद की तरह मित्र–शत्रु सबके साथ समान व्यवहार किया। इस प्रकार डेढ़ वर्ष और व्यतीत हो गया।

बुध के दिन 14 जुलाई 1296 को हिम्मती, मनचले और अपनी सफलता के लिए सब कुछ कर गुज़रने वाले भतीजे एवं दामाद अलीगर शास्प ने धोखे से कृपालु चाचा को सरेआम मार डाला और सत्ता प्राप्ति की घोषणा कर दी। कड़ा मानिकपुर के स्थान पर गंगा किनारे जहाँ अलाउद्दीन ने बादशाह के पुराने विद्रोहियों को मिला लिया था, पितातुल्य सुल्तान की घृणित हत्या करने के बाद जब वह एक–एक स्थान से गुज़रते हुए दिल्ली की तरफ़ रुपये और अशर्फ़ियाँ बिखेरते हुए चला तो तीस वर्ष का कड़ियल जवान, दक्षिण का पहला विजेता अफ़गान अपनों और अन्यों के लिए आशाओं की किरण बन गया और शत्रुओं एवं आलोचकों के लिए विप्लवकारी जल प्लावन। लोगों के कथनानुसार देवगीर में ही अलाउद्दीन ने दिल्ली जीत लिया था।

अलाउद्दीन ने अपने पहले के दस सालों में मुइज़ुद्दीन कैकुबाद और फ़िरोज़ ख़िलजी के काल को मानो भारतीय इतिहास से बिल्कुल उपेक्षित करके बलबन की कठोर, न्यायिक व्यवस्था और असाहित्यिक नीति को अपनाया और उसे आगे तक फैलाया। दोनों में अन्तर यह है कि बलबन बीस वर्ष तक केन्द्र को दृढ़ता से थामकर बैठा रहा। अलाउद्दीन ने देवगीर की आसान विजयों में सोने की खानें देख ली थीं और वह एक सुदृढ़ केन्द्र के अधिकार क्षेत्र को पृथ्वी के चप्पे–चप्पे पर फैलाने का इच्छुक था। अमीर ख़ुसरो ने इस बदले हुए राजनीतिक मौसम में अपनी कवित्व प्रतिभा का भविष्य देख लिया और इसको लक्ष्य करके किसी उच्चकोटि की 'मसनवी' की रचना का विचार अपने दिल से निकाल दिया।

अमीर ख़ुसरो का दरबारी पद तथा वेतन बना रहा। इस अव्यवस्थित, बेचैन स्वभाव के व्यक्ति का एक स्थिति में बने रहना और सन्तुष्ट होना कठिन था। बादशाह जहाँ स्वयं सेना ले जाता, उन्हें भी साथ जाना पड़ता।

राजपूताने के लम्बे सैनिक अभियान को छोड़कर तीन साल तक वे दिल्ली से बाहर नहीं गये। अब उन्हें कला के प्रदर्शन के अतिरिक्त एक चिन्ता और थी–वैश्विक साहित्य में, ईरान, तूरान की टकसाल में अपना मूल्य आँकने और अपना सिक्का चलाने की। फ़िरदौसी के बाद अगर किसी ने मसनवी में कमाल दिखाया, वर्णन की कला को गीतात्मकता के साँचे में ढाला और सबसे महत्त्वपूर्ण यह कि तत्कालीन बादशाह को क़िस्से–कहानी के रूप में नैतिक पाठ हलुवे का लुक्मा बनाकर दिये तो निज़ामी गंजवी ने। उच्चकोटि का नमूना सामने था और अमीर उसके कवित्व प्रतिभा के बड़े समर्थक भी थे। उन्होंने उसी मीनार पर गेंद फेंकी। निज़ामी दुनियादारी के झँझट से अलग, दामन में पाँव खींचकर पर्वत सदृश भारी व्यक्तित्व के साथ एक जगह गुंजा में जमे रहे। 43 वर्ष की आयु में निज़ामी ने पाँच वर्ष 1156–1162 में पाँच मसनवियों का एक 'खम्सा' पाँच बादशाहों को भेंट कर और उनसे उपहार लेकर दुनिया के सामने मिसाल प्रस्तुत की। ख़ुसरो ने यह काम तीन साल में कर डाला। 1298–1301, वह भी अपने दैनिक कार्यो को करते हुए तथा राजदरबार में अपनी उपस्थिति दर्ज कराकर। एक के बाद दूसरी पाँचों मसनवियाँ अपने आध्यात्मिक गुरु ख़्वाजा निज़ामुद्दीन के प्रति प्रेम और विश्वास की घोषणा करती हुई समर्पित कीं। तब जाकर सम्बन्ध प्रगाढ़ हुआ और इसी ने आध्यात्मिक चिन्तन एवं कलात्मक प्रतिभा का एक नवीन स्रोत खोलना शुरू किया, हार्दिक शान्ति दी, समय सीमा को बढ़ा दिया।

हृदय सम्राट फ़क़ीरों के फ़क़ीर, चिश्ती परम्परा के चौथे पीर, आध्यात्मिक गुरु दिनभर रोज़ा रखने पर भी जवानों के जवान ख़्वाजा निज़ामुद्दीन ख़ुसरो से आयु में कोई अठारह साल बड़े थे। पहले कभी उनके नाना की ड्योढ़ी से उठाये जा चुके थे। हर तरह की परीक्षाओं पर खरे उतर चुके थे। ख़ुसरो के व्यक्तित्व एवं कविता के प्रशंसक थे। उनकी कविता उन्हीं के मुँह से सुनकर दाद देने के अभ्यस्त थे। मगर जब ख़ुसरो उनके फ़क़ीराना दरबार में ज़रूरतमन्द की तरह पहुँचे तो दुनिया ही कुछ और हो गयी। घनिष्ठता, आत्मीयता के जिस स्थान पर प्रतिदिन आने वाले सच्चे शिष्य न पहुँचते थे, ख़ुसरो वहाँ पहुँच गये और दिनभर की घटनाओं को बड़े मज़े से सुनाने लगे।

निज़ामी की मसनवियाँ निज़ामुद्दीन को सुनाते–सुनाते ख़ुसरो स्वयं हृदय और प्राण से 'निज़ामी' हो गये, इस प्रेम का वर्णन करना कठिन है। फिर भी प्रोफ़ेसर मुहम्मद हबीब से अच्छा किसी ने नहीं कहा। 'मतलउलअनवार' पहला प्रयत्न आध्यात्मिकता एवं नैतिकता के विषय पर था। इसमें रूखापन था। 'शीरी ख़ुसरो' में पूरा नाटक था, तीन पात्र। राजकुमार, राजकुमारी, नौजवान अभियन्ता। प्रेमी के चित्रांकन में ख़ुसरो ने अपने स्वभाव के रंग को अधिक सफलता से प्रस्तुत किया है और उसे अधिक विस्तार दिया है। जब तीसरी मसनवी 'मजनू–लैला' 1299 में लिख रहे थे, चहेती माँ और छोटे भाई की मृत्यु हो गयी। मसनवी में जहाँ प्रेम–पीड़ा या जुदाई की पीड़ा का वर्णन आया है, वहाँ कवि पर ऐसा रंग चढ़ा कि कोई आश्चर्य नहीं कि काग़ज़ पर आँसू टपकाये हों।

चौथी 'आईना सिकन्दरी' निज़ामी गंजवी की दोनों मसनवियों सिकन्दरनामा बर्री व बहरी के समान है, और दोनों से संक्षिप्त है, लेकिन उनकी पाँचवीं मसनवी 'हश्त बिहिश्त' वास्तव में बेमिसाल, प्रवाहमयी, आनन्दमयी और गूढ़मयी है। अपने समय के बड़े कवि और आलोचक मौलाना जामी ने एक वाक्य में दो टूक निर्णय दिया था कि 'खम्सा ए निज़ामी' का जवाब ख़ुसरो से अच्छा किसी ने नहीं लिखा। उन्होंने उसी राह को अपनाया मगर निज़ामी के विषय वर्णनात्मक शैली से हटकर। दुनिया में आज उसी मसनवी के प्रतिबिम्बात्मक नुस्ख़े अधिक मिलते हैं और ऐसे कि आँखें चमत्कृत हो जायें।

यहाँ टिप्पणी एवं प्रशंसा की आवश्यकता नहीं थीं। वर्णित कहानियों को दूसरी व्याख्या या परिवर्तन के साथ अपने साहित्यिक रंग में ढालना

और नूतनता उत्पन्न करना कवि का काम था। सर्वसाधरण को पसन्द आने वाली ग़ज़ल लिखने से कहीं अधिक कठिन। बाहर की दुनिया ने 'खम्से' के मैदान में उनका लोहा माना। सौ वर्ष आगे निज़ामी है, और सौ वर्ष पीछे जामी व नवाई। यद्यपि हिन्दुस्तान में ख़ुसरो का नाम ऐतिहासिक मसनवियों, दोहों, गीतों और ग़ज़लों ने फैलाया।

अमीर ख़ुसरो सभी घटनाओं के चश्मदीद गवाह हैं। लेकिन यह सिर्फ़ संयोग नहीं है कि अलाउद्दीन जैसे दृढ़ इरादे वाले प्रशासक पर उन्होंने कोई ऐतिहासिक मसनवी नहीं लिखी। वे उसकी प्रशंसा जी–जान से करते हैं, मगर कला वैशिष्ट्य के प्रदर्शन में अग्रसर नहीं होते, उसे किसी और दिन के लिए सुरक्षित रखते हैं।

अलाउद्दीन ख़िलजी ने धोखे और सम्पत्ति से दिल्ली के विस्तृत साम्राज्य पर क़ब्ज़ा जमा लिया था और पूरे बीस वर्ष वीरता, साहसिकता, कठोरता और प्रबन्धकीय योग्यता के साथ शासन किया। अपने 'खम्सा' की हर एक मसनवी में अमीर ख़ुसरो चढ़–बढ़कर उसकी प्रशंसा करते है। कभी प्रत्यक्ष, कभी औरों पर रखकर उपदेश देते हैं और निज़ामी गंजवी की तरह स्वयं भी सिकन्दर जैसे भरण–पोषणकर्ता, विश्वविजेता, नायब ख़लीफ़ा की उपाधि धारण करने वाले अलाउद्दीन से पुरस्कार और सम्मान पाने की आशा रखते हैं। लेकिन बादशाह ने उनको अपने दरबार की शोभा तथा ख़ानक़ाह निज़ामिया से एक जीवन्त सम्बन्ध बनाये रखने के अतिरिक्त अधिक महत्त्व नहीं दिया। ख़ुसरो ने क़सीदे लिखे। अपने पद के कर्तव्यों को नियमित रूप से निभाया, लेकिन अन्त में समझ गये कि यहाँ अतिशयोक्ति से नहीं घटनावर्णन से ही काम चलेगा और वह अपने उस सच्चाई पसन्द प्रशंसक के बारे में स्वयं भी सच्चाई पसन्द हो गये।

अलाउद्दीन ख़िलजी उनके लिए मात्र एक बादशाह नहीं रहा बल्कि दृढ़प्रतिज्ञ, शक्तिशाली, अनुदार, न्यायप्रिय व्यक्तित्व भी था। वह सुदृढ़, विशाल साम्राज्य की जनता की जान व माल की सुरक्षा का केन्द्र बिन्दु बन गया। उनकी मितव्ययिता को पहले–पहल कंजूसी समझे। दिल से दुखी हुए। फिर उन्होंने नीति के महत्त्व और मूल्यों को समझा। उसे सराहा और केवल क़सीदों में, खम्सा की मसनवियों की भूमिका में नहीं बल्कि अलाउद्दीन के ज़माने के बारह वर्ष जाँचने और समझने के बाद अपनी लेखनी की पहली गद्यात्मक रचना 'ख़ज़ाइनुल फ़ुतूह' लिख कर पेश कर दी जो पेचदार दाँव–पेंच से युक्त तथा किसी सीमा तक अतिशयोक्तिपूर्ण समानताओं के

बावजूद अलाउद्दीन के काल में उत्तरी और दक्षिणी विजयों की घटनाओं की ऐसी मुँह बोलती तस्वीर थी कि उसका नाम ही 'तारीख–ए–अलाई' पड़ गया। बिना अतिशयोक्ति के कहा जा सकता है कि हिन्दुस्तान की इस शक्तिशाली केन्द्रीय साम्राज्य की ज़ोर–ज़बरदस्ती, शान–शौकत, नाप–तौल और दूरदृष्टि की तह में उतरने के लिए 'ख़ज़ाइनुल फुतूह' का मूलबद्धात्मक गद्य एक सीढ़ी का काम देता है। आज तक भारत का कोई विश्वसनीय इतिहास नहीं लिखा गया, जिसमें अलाउद्दीन के काल की घटनाओं की प्रामाणिकता के लिए अमीर ख़ुसरो की रचनाएँ, विशेषतः 'ख़जाइनुल' को साक्षी न बनाया गया हो।

राजपूताने के युद्धों में, जहाँ–जहाँ बादशाह ख़ुद गया, अमीर ख़ुसरो साथ थे। दक्षिण के सैनिक अभियानों 1306–11 में अमीर खुसरो नहीं गये थे। लेकिन उन्होंने एक–एक घटना को रिकॉर्ड किया। समकालीन इतिहासकारों से अधिक सच्चाई के साथ विजयों की ऐतिहासिकता और समाजिक महत्ता को उभारा।

अमीर ख़ुसरो के समीप उसकाल की महत्ता यह है कि उस शान्ति काल में निर्धन एवं दलित किसान ज़मींदारों और सूबेदारों के अत्याचारों से सुरक्षित हैं। युद्ध काल में गुज़रने वाली सेना से गाँव, देहात तथा नगर लूट–पाट, अपमान से सुरक्षित हैं। उनके समीप उसकाल का महत्त्व यह है कि बादशाह के साथ जनहितैषी भी हैं। बादशाह इस सिरे से उस सिरे तक देश को जीतने के अतिरिक्त प्रबन्ध कार्य में भी सफल है। इस विचार को उन्होंने अपनी मसनवियों में भी व्यक्त किया है। और साफ़ नज़र आता है कि ख़ुसरो अब दरबार में एक उच्च पद प्राप्त कवि की हैसियत से नहीं बल्कि स्वयं को एक मज़बूत सलाहकार की हैसियत में देखते हैं तथा सिर्फ़ प्रशंसात्मक कविता को व्यर्थ के कामों में शामिल करते हैं।

मसनवी 'मजनूँ–लैला' उन्होंने 1299 में पूर्ण की। यह अलाउद्दीन का युद्ध काल है जब विद्वानों और बड़े लोगों की ज़बानें उसके आगे बन्द थीं। वे मसनवी की समाप्ति पर बेटे को समझाते हैं–

तरकाना जे मू गिरह कुशाई,
पेशा मकुनी सना सराई
चूँ मन नशवी कि हर ज़माने,
साज़म बदरोग़ दास्ताने

अर्थात 'कविता एवं प्रशंसा कर्म पर निर्वाह न करना। पैतृक पेशा तलवारबाज़ी और निशानेबाज़ी ग्रहण करना। बाहुबल की कमाई खाना'

उन्हें मालूम है कि मसनवी मित्र–शत्रु सभी तक पहुँचेगी। प्रारम्भ में प्रशंसात्मक वर्णन है तो सम्भव है अलाउद्दीन पढ़वा कर सुनें, फिर भी बाँकपन और निर्भयता से कह जाते हैं"...मुझ जैसा 'मिस्कीन' (ग़रीब, मजबूर, ज़रूरतमन्द, निस्सहाय) जो खौलती हुई देग की तरह तप रहा है, रात से प्रातः तक, प्रातः से सन्ध्या तक एकान्तवास में भी चैन नहीं पाता। स्वार्थी बनकर अपमानित जीवन जी रहा हूँ, कि अपने जैसे एक आदमी के सामने खड़ा रहना पड़ता है, जब तक कि पैर का लहू सिर तक नहीं चढ़ जाता, किसी के पानी से मेरा हाथ तर नहीं होता...।"

यह है मोड़ उनके जीवन और कल्पनाओं का, जो अलाउद्दीन काल की जीत तथा क़सीदे के रचना काल की हार ने षड्यन्त्र करके उन्हें समझाया। जिसकी बदौलत 'खम्सा' पूर्ण हुआ। बाद की तीन महत्त्वपूर्ण मसनवियों में घटना वर्णन पर अधिक बल दिया गया। 'अफ़ज़लुलफवायद' लिखा। और तथ्यपूर्ण गद्यात्मक रचना 'रिसायलुलएजाज़' अस्तित्व में आयी। फिर हिन्दुस्तान के राजनीतिक क्षितिज के रंग बदले, साम्राज्य के चौसर पर नयी चाल में नये नक़्शे उभरे। उधर हज़ार स्तम्भों वाले महल में बादशाह अलाउद्दीन की आँखें बन्द हुईं। इधर अलाउद्दीन के अत्यन्त विश्वसनीय सेनापति मलिक काफूर ने बड़े राजकुमार खिज्र खाँ की आँखें निकलवा लीं, जो बादशाह के आदेशानुसार ग्वालियर के क़िले में नज़रबन्द था। और सात वर्ष के बच्चे को सिंहासन पर बैठाकर स्वयं प्रशासन सँभाल लिया। अवयस्क राजकुमार शहाबुद्दीन की माँ जठिया पाली, राय रामदेव की बेटी थीं, उससे निकाह करके काफूर ने सम्भवतः बादशाह के सौतेले बाप का–सा विश्वास प्राप्त करना चाहा। खिज्र खाँ का हमउम्र सौतेला भाई मुबारक क़ैद कर लिया गया और जब उसको अन्धा करने के लिए चार अंगरक्षक भेजे गये वे राजकुमार के समर्थक बनकर पलट पड़े और उन्होंने महल में घुसकर मलिक काफूर को ही मार डाला। कुछ दिन बाद 18 अप्रैल 1316 को यही मुबारक खाँ कुतुबुद्दीन की उपाधि धारण करके गद्दी पर बैठ गया।

तीन महीने अमीर ख़ुसरो बेपरवाह ज़िन्दगी जीते रहे, किन्तु ये कितने कठिन व्यतीत हुए होंगे, अन्दाज़ा हो सकता है। मलिक काफूर और खिज्र खाँ दोनों उनके प्रशंसक रह चुके थे। दोनों क्रोध के पात्र बने। कई प्रशंसकों और सम्मानकर्ताओं से भी उसको घृणा हो गयी।

नये बादशाह ने गद्दी पर बैठते ही खिज्र खाँ को पत्र लिखा कि कि तुमने पिता के सम्मान को बट्टा लगाया क्योंकि तुम गुजरात की एक

दासी के सामने सिर झुकाते हो। उसे तुरन्त दिल्ली भेज दो। खिज्र खाँ ने अपने अकेलेपन की समस्या रखा। इसी बहाने उसकी हत्या कर दी गयी।

इसके अलावा इस घटना के दो पहलू और भी थे–ख़ुसरो की चहुँओर प्रसिद्धि और विशेष संरक्षण ने उनके ईर्ष्यालु एवं शत्रु पैदा कर दिये थे। विशेषतः साद मुन्तक़ी एवं उबैद। दोनों कवि दरबार में उपस्थित रहा करते थे और सैनिक लड़ाइयों में भी जाया करते थे।

ख़्वाजा निज़ामुद्दीन, जिनके दरबार में ख़ुसरो प्रायः प्रत्येक शाम सूर्यास्त के बाद हाज़िर रहने लगे थे। विद्वान तो जलते ही थे, धीरे–धीरे बादशाह की नज़र में भी खटकने लगे, जो नौजवानी, सत्ता और दौलत के नशे में मदमस्त था। सत्ताधिकारी एक–एक करके अपने पद से उतारे, मारे या षड्यन्त्र के शिकार बनते गये लेकिन इस सत्ता में सफ़ेद दाढ़ी वाले फ़क़ीर की ख़ानक़ाह पर मुरादें माँगने और दर्शन करने वालों की ऐसी चहल–पहल रहती कि दर्शनार्थी मन्त्रियों के लिए जगह–जगह यात्रियों के लिए छायादार चबूतरे और प्याऊ का प्रबन्ध किया जाने लगा। उनके बढ़ते हुए प्रभाव के विरोध में बादशाह के कान भरे जाते होंगे।

अमीर ख़ुसरो ने 'गुर्रतुलकमाल' की प्रस्तावना में लिखा था कि मुझसे पहले सिर्फ़ एक कवि गुज़रा है, मसऊद साद सलमान लाहौरी, जिसने तीन ग्रन्थ लिखे, एक अरबी में, दूसरा फ़ारसी में, तीसरा हिन्दी में, लेकिन मैं अकेला कवि हूँ जिसने एक ही भाषा फ़ारसी में तीन ग्रन्थ लिख दिये।

निज़ामुद्दीन औलिया के शिष्य ख़ुसरो ने कविता के अन्तिम कारनामें से वह काम ले लिया जो सदैव से उनका अन्तिम और ईश दूत जैसा कर्तव्य था, किन्तु किशोर, लाड़–प्यार से पालित बादशाह नहीं चेता, प्रथम वर्ष बादशाहत के जोश और अपना रास्ता साफ़ करने में लगाया। दूसरा वर्ष अहंकार, अत्याचार, सैनिक संगठन में, तीसरा और चौथा 'खाल के अन्दर दुश्मन' पालने तथा उसके लिए निर्लज्जता की सीमा तक मित्रों को निष्कासित एवं अपमानित करने में लगाया।

आख़िर 7 मई 1320 की रात को कुतुबुद्दीन मुबारक़ शाह अपने राज़दार मित्रों के द्वारा उस हज़ार स्तम्भों वाले प्रासाद में मार डाला गया, जहाँ उसने अपने प्रियजनों, सन्देहास्पद व्यक्तियों एवं अपराधियों की हत्या के आदेश निर्गत किये थे।

दरीं मुल्क अज़ बसे फ़ितना कि बरखास्त
ख़बर जीं गो ना दारम रास्ता रास्त

अर्थात बादशाह की सभा से कितनों का साथ उठ गया। इसकी ख़बर हालाँकि मैं नहीं रखता हूँ।

ठीक चार साल बाद, उस रात को जिसकी सुबह ख़्वाजा निज़ामुद्दीन को आदेश था कि बादशाह के सलाम के लिए हाज़िर हों या हाज़िर किये जायें। ख़्वाजा साहब अपनी समस्त हार्दिक शान्ति के साथ अपनी ख़ानक़ाह में मौजूद थे।

कुतुबुद्दीन अपने वैभवशाली प्रासाद में नहीं था। जिस नाटकीय घटनाक्रम में उसने अपना सिर बचाया था, उसी प्रकार के एक भयानक नाटक के अन्तिम दृश्य में उसने अपना सिर गँवा दिया। बरादू क़बीले का एक अनजाना जवान हसन, जो ख़ुसरो ख़ाँ के उपनाम से सिंहासन पर विराजमान हुआ, उसने अलाई ख़ानदान के कम उम्र बच्चों को भी रातों–रात मार डाला। अमीर ख़ुसरो ने इन दर्दनाक घटनाओं की सच्चाई का पता लगा कर यहाँ तक विवरण लिख दिया कि कौन–सा बच्चा इस रक्तरंजित घटना की सन्ध्या में कौन–सा अध्याय पढ़ चुका था, और किस स्थिति में था। अमीर खुसरो अपनी पिछली मसनवी में कुछ तो बादशाह की ख़ुशी के लिए और कुछ आपसी बातचीत का कर्तव्य निभाने के लिए, उसी ख़ुसरो ख़ाँ की सैनिक विजयों पर वाहवाही दे चुके थे।

इतिहास ने एक और करवट बदली। एक भयंकर खूनी युद्ध के बाद सत्ता की बागडोर ग़ाज़ी मलिक तुग़लक़ के हाथ आयी। तुग़लक़ ने गद्दी सँभाली तो राजकोष खाली था और दक्षिणी भारत में उपद्रव की सूचनाएँ साधारण बात बन गयी थीं। रोग और उपचार दोनों विरासत में मिले। बूढ़े एवं युद्ध के अनुभवी बादशाह ने जवान बेटे जूना ख़ाँ को सेना देकर देवगीर की ओर भेजा और स्वयं केन्द्र की व्यवस्था को ठीक करने में लग गया।

ख़्वाजा निज़ामुद्दीन बिना ना–नुकुर हर एक को अपने शिष्यत्व में भी स्वीकार करते रहे, रात की नमाज़ के बाद ख़ुसरो से शहर भर की ख़बरें और दरबार की दैनिक घटनाएँ सुनते रहे। हर नवागंतुक से उसी के शौक़ के अनुसार वार्तालाप एवं उसका उत्साहवर्धन करते रहे। उनकी महफ़िल में हर सन्ध्या समाअ का आयोजन होता था, जिसमें विभिन्न सम्प्रदायों के लोग जमा होते। फ़ारसी, अवधी, पंजाबी और ब्रजभाषा में रचनाएँ सुनायी जातीं। लोग सिर धुनते, फ़क़ीर और सहृदय लोग अति उत्साह में खड़े हो जाते और चरम आनन्द की अवस्था में घेरा बनाकर घूमते रहते थे।

यद्यपि चिश्ती सिलसिले के कुछ पीरों (धार्मिक गुरुओं) ने प्रायः अपने स्वतन्त्र जीविकोपार्जन हेतु उचित व्यवसाय अपनाये। खेती की, व्यापार किया, व्यवसाय किया, लेकिन ख़्वाजा की ख़ानक़ाह केवल फुतूह व भेंट–उपहार की आय पर चलती थी। फिर भी मूल सिद्धान्त यह था कि उस समय के प्रशासन से कोई राजनीतिक एवं आर्थिक सहायता न ली जाय। बल्कि जहाँ तक सम्भव हो दूरी बरती जाय।

मलिक ग़ाज़ी गयासुद्दीन तुग़लक़ को यह काँटा खटकने लगा तो दरबार में ख़्वाजा की बुलाहट हुई कि वे बादशाह और प्रतिष्ठित विद्वानों की उपस्थिति में 'समाअ' के विषय पर अपनी पोज़ीशन स्पष्ट करें।

ख़्वाजा ने भरे जनसमूह में स्पष्ट किया कि बुज़ुर्गों की प्राचीन परम्परा के अतिरिक्त हदीस भी इसका समर्थन करती हैं–

इन्न लिनफसिक अलैक हक्का...

अर्थात तुम पर तुम्हारी आत्मा और शरीर का अधिकार है।

जब तबीयत और शरीर पूरी तरह चोट खा जाये तो उनका अधिकार है कि क़व्वाली, नृत्य–गान आदि से शक्ति एवं ऊर्जा प्राप्त की जाये। एक समकालीन अधिकारी मौलाना अलीमुद्दीन ने जो गवाह या न्यायाधीश की हैसियत से सुल्तान की सभा में मौजूद थे, यह कह कर ख़्वाजा का समर्थन किया कि 'जो दिल से सुनते हैं उनके लिए नृत्य, राग–रंग उचित है और जो मौज–मस्ती के लिए सुनते हैं उनके लिए अनुचित है।'

बहस के बाद बादशाह ने ख़्वाजा को जाने की आज्ञा दे दी। न नृत्य–गान को मना किया, न उसकी खुली आज्ञा दी, मगर ख़्वाजा का यूँ अपने धार्मिक और नागरिक सम्मान के साथ विदा होना उसे अच्छा नहीं लगा।

धीरे–धीरे यह नाराज़गी उस प्रसिद्ध घटना तक पहुँची कि बादशाह ने ख़्वाजा निज़ामुद्दीन को 1324 में कहला दिया कि वे मेरी वापसी से पहले दिल्ली छोड़ दें और स्वयं विशाल सेना लेकर बंगाल की तरफ़ रवाना हो गया। अमीर ख़ुसरो इस अभियान में बादशाह के साथ थे।

लेकिन बंगाल के सैनिक अभियान से पहले उसने युवराज जूना खाँ को दोबारा दक्षिण के सैन्य अभियान पर भेजा। यह लड़ाई बराबरी पर समाप्त हुई थी और इसी के साथ ख़ुसरो के एक ईर्ष्यालु एवं शत्रु कवि ऊबैद के जीवन का भी अन्त हो गया। जूना खाँ पुराने रास्ते से देवगीर होता हुआ वारंगल, माबर, गुट्टी राजामुंदरी और मदुराई की तरफ़ बढ़ गया।

केवल यात्रा नहीं नीति भी वही थी कि स्थानीय राजाओं, ज़मींदारों और प्रशासनिक इकाइयों को बर्बाद करने से कम कोई निर्णय कर लिया जाये ताकि आय के स्थायी स्रोत एवं अधिकार दोनों केन्द्रीय शक्ति को प्राप्त रहें। मदुराई में इस सेना ने 1323 में प्रवेश किया, जब वहाँ पाण्ड्या ख़ानदान की तरफ़ से अत्यधिक धनराशि से विश्वप्रसिद्ध सुनहरे मीनाक्षी मन्दिरों का निर्माण हो रहा था। मन्दिर के अन्दर सोने के खम्भे, आकर्षक दरवाज़े एवं दीवारें साक्षी हैं कि महमूद ग़ज़नवी से गयासुद्दीन तुग़लक़ तक तीन सदियों का अन्तर तुर्क–अफ़ग़ान प्रशासकों और उनके सेनापतियों को भारतीय सभ्यता, कला–कौशल के प्रति सम्मान सिखाने में, रहन–सहन सलीक़े समझाने में बड़ी हद तक सफलता प्राप्त की।

वापसी में उसी युवराज जूना खाँ उपनाम उलग खाँ ने पूर्वी तट के क्षेत्र विशेषतः उड़ीसा के तटीय स्थानों को जीता। इस अवधि में फिर एक बार मंगोली सेना सिन्धु नदी के किनारे उतर कर सामाना की ओर बढ़ी। और शाही फ़ौज ने उसे मुँह तोड़ जवाब देकर मंगोली आतंक के रहे–सहे चिह्न भी मिटा दिये। मंगोलों की सैनिक वरीयता भी क्षीण हो रही थी।

शाही सेना बंगाल की ओर ऐसे समय बढ़ी जब वहाँ के स्थानीय प्रशासकों में रस्साकशी और ख़ून–ख़राबा जारी था। यहाँ बिना किसी लड़ाई एवं लहू के विजय प्राप्त हुई और बुग़रा खाँ की सन्तानों में से नासिरूद्दीन को दिल्ली के आधिपत्य में बंगाल की गद्दी पर बैठा दिया गया तथा वापसी में तिरहुत भी जीत लिया गया। इस लड़ाई में ख़ुसरो साथ–साथ रहे लेकिन उन्होंने इसकी कोई महत्त्वपूर्ण स्मृति नहीं छोड़ी। वे इस यात्रा के दौरान अपने बहुमूल्य दीवान 'निहायतुलकमाल' की रचना में व्यस्त रहे। इन्हीं दिनों उनके सबसे प्रिय पुत्र 'हाजी' की जवानी में मृत्यु हो गयी। यह लड़का दरबारों, महफ़िलों और ख़ानक़ाहों में अमीर ख़ुसरो के पद्यों को वैसे ही लहक–लहक कर गाया करता था, जैसे स्वयं अमीर ख़ुसरो सुनाते थे।

मालूम होता है कि 'तुग़लक़नामा' पूर्ण करने के बहाने या बुढ़ापे की चिन्ता कर अमीर ख़ुसरो तिरहुत में ठहरे बिना दिल्ली की ओर तेज़ी से बढे। उनका माथा ठनका था। ख़्वाजा निज़ामुद्दीन कहा करते थे कि ख़ुसरो मेरे बाद अधिक दिन नहीं जियेगा, और ख़्वाजा का अन्तिम समय क़रीब था। अक्टूबर 1324 की अन्तिम तारीख़ों या नवम्बर के शुरू में उस नये महल की छत गिर गयी, जिसके नीचे विजयी पिता ने अपने आज्ञाकारी

बेटे के दस्तरख़्वान पर खाना खाया था। पिछले दो बादशाहों की तरह वह भी चार साल की हुकूमत के बाद अचानक दुनिया से विदा हो गया।

कुछ दिनों बाद 18 मई 1325 को निज़ामुद्दीन ने अमीर ख़ुसरो को याद किया और एक सूफ़ी नसीरूद्दीन महमूद चिराग़ देहली को उत्तराधिकारी का फ़क़ीरी वस्त्र और क्रमशः अपने चारों धर्मगुरुओं के प्रसाद सौंपकर सदा के लिए आँखें मूँद लीं।

अमीर ख़ुसरो अपने पीर के हृदय एवं मस्तिष्क में इतने बसे हुए थे कि वे कहा करते थे 'शरीअत' की आज्ञा होती तो वे क़ब्र में उन्हें साथ सुलाते। लेकिन उत्तराधिकार और फ़क़ीरी वस्त्र उन्हीं शिष्यों को मिले जिनका सम्पूर्ण जीवन उनको समर्पित हो चुका था। ख़ुसरो इस सूफ़ी मार्ग को मानने वाले थे, प्रेमी थे, वे इसके अतिरिक्त भी थे, ठीक उसी तरह जैसे समकालीन बादशाहों ने उन्हें सराहा, पास रखा, याचनाएँ कीं, लेकिन उन्हें कवि और कला का ही राही माना। कोई राजनीतिक या फ़ौजी पद या प्रान्त का प्रशासनिक पद प्रदान नहीं किया।

अमीर ख़ुसरो अपने काल के मानसिक, राजनीतिक, सामाजिक आन्दोलनों और संस्थाओं से अवगत एवं आबद्ध अवश्य रहे लेकिन किसी एक स्थिति या साम्राज्य से इतने आबद्ध नहीं कि शासन व्यवस्था की उन्नति–अवनति होने में या संस्थाओं के उतार–चढ़ाव में स्वयं भी बह जाते, लुप्त हो जाते। वे लहरों में रहकर लहरों से निकलना जानते थे। तमाशे में सम्मिलित होकर भी तमाशा देखने वाले की दृष्टि रखते थे। अपने चार दीवानों की जो रचना उन्होंने की थी, उनमें क्रान्ति, सहमति, संस्थाओं और क्षेत्रीयता की स्थिति पर भी प्रकाश डाला गया है।

दृष्टि की अन्तिम सीमा से आगे तक फैली हुई यह दुनिया उनके समीप हर एक सीमाबद्धता से स्वतन्त्र थी। इसी में उनके कवित्व की रंगीनियों की, गीतों की, लौकिक एवं अलौकिक प्रेमानन्द की अमर शक्ति एवं हृदयाकर्षण का रहस्य छिपा हुआ है।

उन्होंने एक सुबह ख़्वाजा निज़ामुद्दीन को सीढ़ी से उतरते देखकर उनकी रात में जागी हुई आँखों को सम्बोधित किया था–

तू शबाना मी नुमाई ब बरे के बूदी अमशब
के हनूज चश्में मस्तत असरे ख़ुमार दारद

अर्थात तूने रात किसके पहलू में जाग कर गुज़ारी है कि अब तक तेरी मस्त आँखों में लाल डोरे दिखायी दे रहे हैं।

खुसरो की मस्त आँखों में भी कठोर और मधुर रातों के ख़ुमार की धारियाँ पड़ी हुई थीं। जिस दिन और जिस तारीख़ को अल्लाह के प्यारे ख़्वाजा निज़ामुद्दीन औलिया की मृत्यु हुई। छह महीने बाद ठीक उसी दिन, उसी तारीख़ 18 शव्वाल, 725 हि., अर्थात 1325 को अमीर ख़ुसरो ने शौक़ सन्तप्त वस्त्र में इस संघर्षमय, आकर्षक संसार को सदा के लिए छोड़ दिया और अपने पीर के पायदान के पास दफ़्न कर दिये गये।

(**स्रोत** : खुसरो शनासी, ज़ोए अंसारी / अबूलफ़ैज़ सहर, एन.सी.पी.यू.एल, नयी दिल्ली, 1998)

सूफ़ी अमीर ख़ुसरो

शिब्ली नोमानी

अमीर ख़ुसरो यद्यपि परिवार के प्रभाव में शाही दरबार से जुड़े थे और उसी प्रकार का जीवन भी व्यतीत करते थे जो सामान्य सांसारिक व्यक्तियों के जीने का तरीक़ा था। परन्तु यह बात उनके नैसर्गिक स्वभाव के विरुद्ध थी। दरबारदारी, चाटुकारिता और व्यक्ति पूजा से उनको स्वाभाविक घृणा थी और समय–समय पर यह विचार जाने–अंजाने, उनके मुँह से प्रकट हो जाते थे। लैला–मजनूँ 1299 ई. (उम्र 46 वर्ष) में लिखी गयी थी, उस समय जब उनका सम्बन्ध सुल्तान अलाउद्दीन ख़िलजी जैसे निष्ठुर सुल्तान से था। मसनवी के अन्त में लिखते हैं–

शब ता सहर व ज़ि सुबह ता शाम
दर गोशा–ए–ग़म नगीरम आराम

बाशम ज़ि बराए नफ़्स ख़ुद राए
पेश चूँ ख़ुदे सितादह बरपाए

अर्थात दुखों का ऐसा जाल बिछा है कि सुबह से शाम और रात से सुबह हो जाती है, किन्तु आराम भाग्य में नहीं होता है। मेरे विचार से मेरे जीवन को तभी शान्ति मिलेगी कि जब मैं स्वयं को ख़ुदा को समर्पित कर दूँ।

उनके स्वभाव में यह परिवर्तन इसलिए था, कि उनके पिता ने उनको 8 वर्ष की आयु में हज़रत ख़्वाजा निज़ामुद्दीन औलिया के क़दमों में डाल दिया था और बरकत के लिए बैअत करा दी थी। उनके व्यक्तित्व पर ख़्वाजा साहब के आध्यात्मिक रंग का प्रभाव ख़ामोशी से अपना काम कर रहा था। अमीर ख़ुसरो के स्वभाव में इश्क़ व मुहब्बत का तत्त्व जन्मजात था। वे सिर से पैर तक इश्क़ ही इश्क़ थे और यह बिजली उनकी रग–रग

में कौंधती फिरती थी। अन्ततः वह घड़ी आ गयी कि 1313 ई. में जैसा कि स्वयं अफ़ज़ल–उल–फवायद में लिखा है, ख़्वाजा साहब ने चार कोण की टोपी जो उस सिलसिले की पहचान है, ख़ुसरो को प्रदान की और विशेष मुरीदों मे सम्मिलित कर लिया। कुदरतुल्लाह कुदरत ने अपनी किताब "तब्क़ात–उ–श्शोअरा" में लिखा है कि ख़ुसरो ने जब ख़्वाजा साहब से बैअत की तो जो कुछ उनके पास था सब लुटा दिया और चरणों में बैठे रहे।

ख़्वाजा साहब से ख़ुसरो का लगाव इश्क़ के दर्जे तक पहुँच गया था। हर समय साथ–साथ रहते और जैसे कि उनका सौन्दर्य देख कर जीते थे। ख़्वाजा साहब का भी उनके साथ यही सम्बन्ध था। ख़्वाजा साहब यहाँ तक कहा करते थे कि–"जब क़यामत में उनसे सवाल होगा कि निज़ामुद्दीन क्या लाया है, तो ख़ुसरो को आगे कर दूँगा।" दुआ माँगते थे, तो ख़ुसरो की ओर इशारा करके कहते थे–

"इलाही ब सोज़ सीनए ईं तुर्क मोरा ब बख़्श"

अर्थात ऐ मेरे अल्लाह मेरे अन्दर अपनी निकटता का ऐसा लगाव पैदा कर दे कि मैं स्वयं को भूल जाऊँ।

एक बार ऐसा हुआ कि ख़्वाजा साहब यमुना के किनारे एक कोठे पर बैठ कर हिन्दुओं की स्नान और पूजा पद्धति देख रहे थे। ख़ुसरो भी वहाँ मौजूद थे। इस अवसर पर ख़्वाजा साहब ने कहा देखते हो–

हर क़ौम रास्त राहे दीने व किब्ला गाहे।

अर्थात सारे समुदाय अपने असल धर्म और संस्कार पर खड़े हैं।

उस समय ख़्वाजा साहब की टोपी ज़रा टेढ़ी थी, ख़ुसरो ने उनकी ओर इशारा करके तुरन्त कहा–

मा किब्ला रा अस्त करदेम बर तरफ़े कजकुलाहे

अर्थात लेकिन मेरे धर्म का रास्ता तिरछी टोपी वाले मेरे गुरु से होकर गुजरता है।

जहाँगीर ने तुजुक–ए–जहाँगीरी में लिखा है कि एक दिन मेरी सभा में क़व्वाल यही शेर गा रहे थे। जब मैंने उनसे उस शेर की उत्पत्ति के बारे में पूछा तो मुल्ला अली अहमद मेहरकुन ने ख़्वाजा साहब और ख़ुसरो की पूरी घटना बतायी। उसने लिखा है कि अन्तिम पंक्ति समाप्त होते–होते मुल्ला की हालत बदलने लगी, यहाँ तक कि वह बेहोश हो कर गिर गये। उन्हें देखा गया तो उसी समय उनके प्राण निकल चुके थे।[1]

ख़्वाजा साहब ने ख़ुसरो को 'तर्कुल्लाह' की पदवी दी थी और वे उन्हें उसी नाम से बुलाते थे। ख़ुसरो प्रायः ख़्वाजा साहब के दिये इस नाम का वर्णन करते हुए गर्व की अनुभूति करते थे। अतः ख़्वाजा साहब की बड़ाई में एक कविता लिख कर उसका यूँ वर्णन करते हैं—

बर ज़बानत चूँ ख़िताब बंदाए तर्कुल्लाह रफ़्त
दस्ते तुर्कुल्लाह मीर व हम ब अल्लाहश सेपार

अर्थात प्रत्येक मुँह से बार–बार ये कहा जा रहा है कि तुर्कुल्लाह अर्थात अमीर ख़ुसरो चला गया। यद्यपि मैं दसियों बार स्वयं को अल्लाह के हवाले कर चुका हूँ।

ख़्वाजा साहब ने वसीयत की थी कि ख़ुसरो को उनकी क़ब्र के बगल में दफनाया जाय और यह भी कहा करते थे कि अगर क़ब्र मे दो लोंगों को साथ दफ़्न करने की इजाज़त होती तो मैं अपनी क़ब्र में उनको भी दफ़्न कराता।

ख़ुसरो ने अध्यात्म में जो दर्जे प्राप्त किये उनको हम जान भी नहीं सकते और उनका वर्णन भी नहीं कर सकते फिर भी यह दिखायी देता है कि ख़ुसरो का प्रत्येक शेर जो बिजलियाँ गिराता है वह उसी वादी–ए–ऐमन की चिनगारियाँ हैं।

खुसरो के अध्याात्मिक जीवन की एक बड़ी घटना अमीर हसन देहलवी से सम्बन्धित है। हसन अत्यन्त सुन्दर थे और नानबाई का व्यवसाय करते थे। ख़ुसरो जवानी के दिनों में एक दिन अचानक हसन की दुकान के सामने से गुज़रे हसन की सुन्दरता की चमक ख़ुसरो पर पड़ी। ख़ुसरो वहीं ठहर गये और पूछा रोटी किस हिसाब से बेचते हो? हसन ने जवाब दिया कि एक पलड़े पर रोटी रखता हूँ और ख़रीदार से कहता हूँ कि दूसरे पलड़े पर सोना रखे। सोने का पलड़ा झुक जाता है तो रोटी उसे दे देता हूँ। ख़ुसरो ने कहा कि अगर ख़रीदार ग़रीब हो तो? हसन ने जवाब दिया दर्द और नियाज़ लेता हूँ। इस बातचीत ने ख़ुसरो को बेचैन कर दिया। वह तुरन्त हज़रत निज़ामुद्दीन औलिया के दरबार में गये और पूरी घटना कह सुनाई। हसन ने यद्यपि व्यंग्य वाण चलाया था परन्तु वह स्वयं भी घायल हो गये थे उसी समय दुकान बन्द करके ख़्वाजा साहब के दरबार में पहुँचे और ख़ुसरो से मित्रवत मिले।

बाद में हसन और ख़ुसरो के सम्बन्ध इतने प्रगाढ़ हो गये कि दोनों एक पल के लिए भी जुदा होना गवारा नहीं करते थे। ख़ुसरो ने जब

ख़ान शहीद के यहाँ नौकरी की तो हसन ने भी साथ ही नौकरी कर ली। जब मुल्तान में ख़ान शहीद को तातारियों ने मार डाला तो ख़ुसरो के साथ हसन भी इस अवसर पर मौजूद थे। दोनों के सम्बन्धों की चर्चा चारों ओर फैल गयी तो लोगों ने ख़ान शहीद से शिकायत की। ख़ुसरो ने इस घटना पर एक कविता लिखी–

जीं दिल ख़ुद काम कारे मन ब रूसवाई कशीद
खुसरूआ फ़रमाने दिल बुरदन हमीं बार आवरद

अर्थात विषय–वासना की पैरवी अपमान और बदनामी है। ख़ुसरो के दिल का फ़रमान प्रत्येक दिन हमें उसका अहसास दिलाता है।

ख़ान शहीद ने बदनामी के डर से ख़ुसरो को हसन से मिलने–जुलने से मना कर दिया परन्तु इस पाबन्दी का उन पर कोई प्रभाव नहीं पड़ा। ख़ान शहीद ने क्रोधित होकर हसन के हाथ पर कोड़े लगवाये। हसन सीधे ख़ुसरो के पास गये ख़ान शहीद को उसी समय सूचना मिल गयी। वह अत्यन्त आश्चर्यचकित हुआ और ख़ुसरो को बुलवाया जब वह आये तो कहा क्या हाल है ख़ुसरो ने आस्तीन से हाथ बाहर निकाल कर दिखाया और कहा–

गवाहे आशिक़े सादिक़ दर आस्तीं बाशद

अर्थात सच्चे आशिक़ की गवाही उसका आस्तीन देगा।

जब ख़ुसरो ने आस्तीन से अपना हाथ बाहर निकाला देखा कि जहाँ हसन के कोड़े लगे थे, वहीं ख़ुसरो के हाथ पर भी कोड़े के निशान थे। फ़ारसी ग़ज़ल में हसन का विशेष योगदान है इसलिए उनके प्रशंसकों के लिए ख़ुसरो के साथ ही हसन की ग़ज़लों के भी कुछ नमूने प्रस्तुत किये जा रहे हैं, जो पाठकों के लिए विशेष आकर्षण का केन्द्र होंगे।

ख़ल्क गोयन्द दिल अज सब्र बजा आवर बाज
ए दिल अज सब्र निशाने देह अगर जाये हस्त

ए कि नज़्ज़ारा दिवाना न कर दी हरगिज़
क़दमे रंजा कुन ईं सूए कि रूसवाये हस्त

अर्थात दिल सन्तोष का नाम है, और दिल ही वह स्थान है जहाँ सन्तोष का तत्त्व पाया जाता है। दीवाने की दृष्टि में यदि दीवानगी अन्त तक पहुँच जाय तो निन्दा और दुख का कारण होती है।

बर चूँ तू कसे दिगर गजीदन
कारे दिगरस्त कारे मन नीस्त

गुफ़्ती कि चरा जुदाई अज़ मन
ई अज़ फ़लक़ अस्त अज़ हुस्न नीस्त

अर्थात तेरी तरह कोई अन्य चुनाव करने वाला नहीं और प्रत्येक काम भी तेरा ही है। तूने कहा कि ये आकाश का सौन्दर्य भी मुझ से अलग हो रहा है।

बाज़ ईं दिलम ब सूवे दिल आराम मी रवद
अज़ दामे जस्ता बाज़ सूवे दाम मी रवद

अय्यामे दर नयामदह बा मा ब दोस्ती
वाँ शोख हम ब सीरते अय्याम मी रवद

अर्थात फिर मेरे दिल का झुकाव आराम की ओर हो रहा है। यद्यपि यह किसी जाल में फँसने जैसा ही है। इसमें उलझ कर मनुष्य लापरवाही का शिकार हो जाता है। दुनिया भी हमारी मित्रता के लिए राज़ी नहीं है, क्योंकि मित्रता करने के लिए भी चाटुकारिता करनी पड़ती है।

ऐ ख़्वाजा! दर मुहल्लाए तक़्वा कयाम गीर
दर कूए आशिक़ी नतवां नेक नाम शुद

अकलम कि ज़ीं बर अबलके अय्याम मी नहाद
आख़िर ब ताज़ियान ए इश्क़े तू राम शुद

अर्थात संयम ही जीवन की वास्तविक सफलता है क्योंकि आशिक़ का मुहल्ला पहले ही से बदनाम है। जब मुझे ज़माने की रंगारंगी का पता चला तो इससे मेरा दिल इश्क़ में दुखी हो गया।

तुरफा सरोकारे अस्त कि बा वादए माशूक़
साबिर न तवां बूद व तकाज़ा न तवां कर्द

अर्थात इश्क़ की ये स्थिति है कि सब्र भी नहीं किया जाता और प्रश्न भी नहीं किया जाता।

अज हसन ईं चे सवालस्त कि माशूक़े तू कीस्त
ईं सुखन रा चे जवाबस्त तू हम मी दानी

अर्थात हसन से ये सवाल करना कि तेरा माशूक़ कौन है। इस बात का क्या जवाब है तू भी जानता है।

दो सेह बार बा तू गुफ़्तम मोरा ब हेच बुस्ताँ
न शुद इत्फाक़ शायद कि ब ईं बहा गरानम

अर्थात दो तीन बार मैंने तुमसे कहा कि मुझे किसी उपवन में ले चलो परन्तु मुझे यह सौभाग्य प्राप्त नहीं हुआ। सम्भवतः इससे मैं बोझ महसूस कर रहा हूँ।

ए हसन यार गर खताए करद
हम शिकायत अजू सवाब नबूद

अर्थात ऐ, हसन यदि मित्रा से कोई चूक हो जाय तो उसकी शिकायत मत करना अच्छी बात नहीं है।

ब तकवा नाम नेकू बरदा बूदम
नेकू रूयाँ मोरा बदनाम करदन्द

अर्थात संयम से पुण्य प्राप्त किया जा सकता था। परन्तु उन पुण्यों ने मुझे बदनाम कर दिया। समय के कारण मैं नेक नाम था परन्तु अच्छे मुखड़े वालों ने मुझे बदनाम कर दिया।

गुफ़्ती कि चेरा हाले दिले ख़्वेश न गोई
मन ख़ुद कुनम आगाज़ ब पायां कि रसानद

अर्थात उसने कहा कि क्यों अपने दिल का हाल नहीं कहता है, मैं प्रारम्भ करूँगा तो मेरा प्रारम्भ ही ऐसा होता है, जो अन्त तक नहीं पहुँच पाता है।

अमीर हसन देहलवी के उक्त शेरों को पढ़ने के बाद सहज आकलन किया जा सकता है कि जो संवेदना, गुदगुदाहट, भावातिरेक एवं प्रभाव उनके काव्य में मौजूद है वह उनके प्रेम में घायल ख़ुसरो के शेरों में भी नहीं है।

भारत में छह सौ वर्षों से आज तक अमीर ख़ुसरो जैसा सर्वगुण सम्पन्न व्यक्तित्व पैदा नहीं हुआ, और सच पूछिए तो इतनी अलग–अलग योग्यताओं वाले व्यक्ति ईरान और रोम की मिट्टी में भी हज़ारों वर्षों के बाद दो–चार ही हुए होंगे। केवल एक काव्य शैली को ही लिया जाय, तो उनकी पूर्णता पर आश्चर्य होता है। फ़िरदौसी, सादी, अनवरी, हाफ़िज़, उर्फ़ी, नज़ीरी बेशक कविता के बादशाह हैं, लेकिन उनकी कविता एक शैली से आगे नहीं बढ़ती। फ़िरदौसी मसनवी से आगे नहीं बढ़ सकते हाफ़िज़, उर्फ़ी, नज़ीरी ग़ज़ल के दायरे से बाहर नहीं निकल सकते परन्तु ख़ुसरो के साहित्य साम्राज्य में ग़ज़ल, मसनवी, क़सीदा, रुबाई सब कुछ सम्मिलित है और छोटी–छोटी शैलियों जैसे तज़मीन, मुस्तज़ाद और सनाए

व बदाए की तो गिनती ही नहीं है। संख्या के अनुपात में देखा जाये तो किसी को उनकी बराबरी का दर्जा नहीं मिल सकता। फ़िरदौसी के शेरों की संख्या 70 हज़ार है। सायब ने एक लाख से अधिक शेर कहे हैं। लेकिन अमीर ख़ुसरो का कलाम कई लाख से कम नहीं है। ज़्यादातर विवरणों में अमीर ख़ुसरो के सन्दर्भ में लिखा गया है कि उनके शेर तीन से चार लाख के बीच में हैं परन्तु उसमें शायद एक ग़लतफ़हमी है ख़ुसरो ने अबियात का लफ़्ज़ लिखा है और प्राचीन साहित्यकारों के मुहावरे में बैत एक लाइन को कहते हैं। यद्यपि पद्य की पुस्तकों के सम्बन्ध में कहा जाता है कि इसमें इतने इतने पद्य हैं।

इन सब बातों से इतर यह है कि ऊहदी किरमानी ने 'अरफ़ात–उल–आशिक़ीन' में लिखा है कि ख़ुसरो का कलाम जितना फ़ारसी में है, उतना ही ब्रज भाषा में है। परन्तु यह कितन अफ़सोस की बात है कि उन संकलनों का आज नामोनिशान भी नहीं बचा है। ख़ुसरो की विभिन्न भाषाओं में विशेषज्ञता की यह स्थिति है कि तुर्की और फ़ारसी उनकी वास्तविक भाषा हैं, जबकि अरबी में अरब साहित्यकारों के बराबर हैं। वह संस्कृत के विद्वान हैं, इसलिए मसनवी 'नुह सिपहर' में प्रशंसात्मक रूप से इसका वर्णन करते हुए कहते हैं–

मन कदरे बर सर ईं कार शुदम

अर्थात धर्म के काम में कोई आप से आगे नहीं निकल सकता।

ख़ुसरो इन अलग–अलग क्षेत्रों में काम कर रहे थे। इसके साथ ही फ़क़ीरी और तसव्वुफ़ का इतना गहरा रंग उनके व्यक्तित्व पर चढ़ गया था, जैसे परलोक के अतिरिक्त वह मत्युलोक की ओर आँख उठा कर भी नहीं देखना चाहते थे।

(**स्रोत** : शेर–उल--अजम भाग दो, शिब्ली नोमानी, शिब्ली अकादमी आज़मगढ़, उ.प्र. प्रकाशन–2018)

सन्दर्भ सूची

1. तुजुक–ए–जहाँगीरी, पृ. 81 अलीगढ़ प्रकाशन।
2. अमीर ख़ुसरो और अमीर हसन–अमीर ख़ुसरो से प्रथम भेंट से पूर्व अमीर हसन दिल्ली में नानबाई का व्यवसाय करते थे। उनकी और ख़ुसरो की इस भेंट का विवरण सारे इतिहासकारों और साहित्यकारों के तज़्किरों में मिलता है। जब ख़ुसरो सुल्तान मुहम्मद की नौकरी में आये, तो उन्होंने हसन को भी वहीं नौकरी दिलवा दी। यह दोनों महान कवि 1280–85 के बीच मुल्तान में गवर्नर

राजकुमार मुहम्मद के दरबारी थे। फ़रिश्ता लिखता है कि जब उन दोनों के बीच गहरी दोस्ती मानवीय मूल्यों से परे हो गयी, तो यह समाचार राजकुमार तक भी पहुँचा। पहले तो राजकुमार ने अमीर हसन को समझा कर ख़ुसरो से दूर रहने का निर्देश दिया। परन्तु हसन और ख़ुसरो की भेंट निरन्तर जारी रहने पर उसने हसन को कोड़े लगवाये। बाद में देखा गया तो जहाँ हसन को कोड़े लगे थे, ख़ुसरो के हाथ पर भी कोड़े के वहीं निशान पड़ गये थे। अन्ततः मामले की सच्चाई जानने के लिए राजकुमार ने अमीर ख़ुसरो को तलब किया और पूछा माजरा क्या है? ख़ुसरो ने अपना हाथ आस्तीन से बाहर निकाला और ये पंक्ति पढ़ी–'गवाहे आशिक़ सादिक दर आस्तीं बाशद' अर्थात सच्चे आशिक़ की गवाही आस्तीन देगी। इस घटना को फ़रिश्ता ने ख़ूब नमक–मिर्च लगा कर बड़ी रोचक शैली में लिखा है। फ़रिश्ता बहुत गप्पी इतिहासकार है। वह इतिहास को कहानी के शिल्प में प्रस्तुत करने का उस्ताद है। बाद के कई इतिहासकार फ़रिश्ता की फान्टासी (phantasy) में गिरफ़्तार नज़र आते हैं। इतिहास में इस प्रकार की घटना का कोई महत्त्व नहीं है।

गुमशुदा अमीर ख़ुसरो

इन्तज़ार हुसैन

अमीर ख़ुसरो अपने ज़माने में एक अमीर ख़ुसरो थे। हमारे ज़माने तक आते–आते एक से अनेक ख़ुसरो बन गये सम्पूर्ण और उच्च व्यक्तित्व के साथ यही तो समस्या है कि सोच में उनको एकत्रित करना कठिन होता है। उधर आदमी बहुत फैला हुआ था। इधर दिन प्रतिदिन सोच कमज़ोर और धारणा सीमित होती जा रही थी। ऐसे भिन्न–भिन्न गिरोहों ने महान अमीर ख़ुसरो से अपनी–अपनी सोच और पसन्द के अनुसार अपने–अपने अमीर ख़ुसरो चुन लिए। सूफ़ी अमीर ख़ुसरो, संगीतकार अमीर ख़ुसरो, फ़ारसी कवि अमीर ख़ुसरो, किन्तु ऐसे कई ख़ुसरो चुने जाने के बाद भी बहुत से ख़ुसरो बचे रहे। तहारत पसन्द मुसलमानों ने उस बचे हुए ख़ुसरो को फालतू समझकर भुला दिया। परन्तु जनमानस ने इन तहारत पसन्द मुसलमानों का विरोध किया और बचे हुए ख़ुसरो को अपनी यादों में सुरक्षित रखा। उनका बहुत सारा साहित्य नष्ट हो गया था, मगर जनमानस ने इस बचे हुए साहित्य को ही बहुत समझा और उसे स्मरण में सुरक्षित रखा। शोधकर्ताओं ने भुलाये गये साहित्य को ढूँढ़ने के बजाय यह प्रश्न खड़ा कर दिया कि यह रचना अमीर ख़ुसरो की है भी या नहीं। साधरण–सा उत्तर था–नहीं। मगर मेरी परेशानी यह है कि मैं जनमानस की यादों की सच्चाई को शोधकर्ताओं की सच्चाई से बड़ा मानता हूँ। जनमानस की याद कभी झूठ नहीं बोलती। हाँ यह सम्भव है इसमें कुछ बढ़ोतरी और उसका रंग रूप अवश्य परिवर्तित कर देती है। इसे सामूहिक स्मृति का रचनात्मक व्यवहार कह लीजिए। इस व्यवहार में रूप बिगड़ते नहीं बल्कि उनमें और निखार आता है। हमें जानना चाहिए कि कवि दो प्रकार के होते हैं–एक कवि वह होता है जो अपनी रचनात्मक प्रतिभा के बल पर अकेले काव्य रचना करता है। दूसरा कवि वह होता है जो सामूहिक स्मृतियों को अपने

में सम्मिलित करके रचना करता है। अमीर ख़ुसरो के व्यक्तित्व में दोनों प्रकार के कवि विद्यमान थे। फ़ारसी का अमीर ख़ुसरो अपनी रचनात्मक प्रतिभा के बल पर अकेले कविता लिख रहा था और दिल्ली दरबार से शीराज़ तक अकेले धूम मचा रहा था और देशी अमीर ख़ुसरो जनमानस को सहभागी बनाकर रचना कर रहा था और एशिया महादेश के क्षेत्र में प्रवेश कर रहा था। मगर मैंने ग़लत कहा अमीर ख़ुसरो दो नहीं थे, एक था। जो दो मोर्चों पर क्रियाशील था।

'गुर्रतुल कमाल' की प्रस्तावना के वर्णन का सहारा लेकर यह कहा गया कि अमीर ख़ुसरो ने स्वयं ही अपने हिन्दवी दोहों, और गीतों को महत्त्वहीन समझा और अपनी रचना में सम्मिलित नहीं किया। सिर्फ़ उद्धरण के तौर पर यत्र–तत्र नक़ल कर दिया। ऐसा भी हो तो इसमें कोई बात नहीं। ग़ालिब ने भी कह दिया था–मेरी उर्दू की रचनाओं को छोड़ो मेरी फ़ारसी को देखो। उनके मित्रों, प्रशंसकों और साहित्य प्रेमियों ने ग़ालिब की बात मान ली क्या? चलिए मान लिया कि अमीर ख़ुसरो फ़ारसी साहित्य को महत्त्वपूर्ण समझते थे। उर्दू रचना का मामला ले–दे कर यह था कि मौज–मस्ती करने वालों के आग्रह पर हँसी–मज़ाक़ में कुछ कह दिया। झूलेवालियाँ पीछे पड़ीं तो उनके लिए लिख दिया। किसी भटियारिन ने बातें मिलायीं तो चलते–चलते उसे कुछ लिखकर दे दिया। मगर इस चलन के सहारे कितना लिखा जा सकता था–सौ–दो सौ न सही, हजार–दो हज़ार सही, किन्तु इनकी रचनाओं की वास्तविकता का पता लगाने वाले विद्वान ये कहते हैं कि ऐसी रचनाओं की संख्या चार–पाँच लाख तक थी, जो उनके फ़ारसी साहित्य से अधिक थी। यह कैसा कवि था जिसने अगाम्भीर्य और अपरिपक्व कविताओं की रचना इतनी अधिकता से की कि गाम्भीर्य और परिपक्व रचनाओं से इनकी संख्या बढ़ गयी। मगर यह दोहा क्या कहता है–

गोरी सोवे सेज पे मुख पर डारे केस
चल ख़ुसरो घर आपने रैन भयी चहुँ रेस

क्या इस दोहे को अगाम्भीर्य कविता की श्रेणी में रखेंगे? क्या हज़रत निज़ामुद्दीन औलिया की मृत्यु अमीर ख़ुसरो के लिए साधारण अनुभव था? हज़रत निज़ामुद्दीन औलिया की मौत अमीर ख़ुसरो के लिए एक प्राणघातक घटना बनी, जिसने उन्हें संसार के मायाजाल से दूर कर दिया और छह महीने में ही अल्लाह ने उन्हें बुला लिया। इस दुखद घटना का स्पष्ट

वर्णन उपर्युक्त दोहे के रूप में हुआ है। यह दोहा यह साबित करने के लिए पर्याप्त है कि अमीर ख़ुसरो के लिए यह भाषा और शैली उतनी ही गाम्भीर्य पूर्ण अभिव्यक्ति का माध्यम है, जितना फ़ारसी ग़ज़ल एवं मसनवी। हाँ यह सम्भव है जैसा कि गुर्रतुल कमाल की प्रस्तावना से स्पष्ट होता है कि अमीर ख़ुसरो को अपनी उस स्थिति का पूरी तरह अनुभव न हो। यह कोई आश्चर्यजनक बात भी नहीं है। कविता कम–से–कम उच्च कोटि की कविता सिर्फ़ विवेक का मामला नहीं है। वे छोटे कवि होते हैं जिन्हें पूरी तरह मालूम होता है कि वे कविता में क्या कर रहे हैं। बड़ा कवि बाख़बर और बेख़बरी के दो राहों पर खड़ा होता है। उसे छोटे कवियों और साधारण जन से अधिक समझ होती है। उसे अपने वर्तमान समय से अधिक समझ होती है। बस उसे एक जानकारी नहीं होती, वह यह कि उसे कितनी जानकारी है। यही बात ऐतिहासिक व्यवहार की है। ऐतिहासिक व्यवहार भी सिर्फ़ विवेक की सतह तक सीमित नहीं रहता। वह अपने लिए बहुत सारे टेढ़े–मेढ़े, घुमावदार, रहस्यमय रास्ते बनाता है। वह अपना काम निकालने के लिए जिन हस्तियों को चुनता है आवश्यक नहीं कि वे हस्तियाँ अपने कार्यकलाप से पूरी तरह भिज्ञ हों। अमीर ख़ुसरो ने फ़ारसी साहित्य में जो कुछ कहा उसके महत्त्व और सार्थकता से वे अपने समय के मुस्लिम महानुभावों के साहित्यिक मानक और हास्य साहित्य से परिचित थे। किन्तु नयी भाषा में वे जो कुछ कह रहे थे और कर रहे थे। उसके अर्थ भविष्य की कोख में छिपे हुए थे। अमीर ख़ुसरो के अन्तःकरण को इसकी जानकारी थी।

चलिए ये भी देख लें कि वह ऐतिहासिक कार्यकलाप क्या था, जिसने अमीर ख़ुसरो को जन्म दिया था और अपना काम निकालने के लिए अमीर ख़ुसरो को चुना था।

यह वह ज़माना था जब मुसलमान अपनी नवीन रचनात्मक ऊर्जा के साथ एशिया महादेश में अपनी उपस्थिति की घोषणा कर रहे थे। अभी उनके यहाँ किसी भय का स्थान नहीं था। अपनी रचनात्मक प्रतिभा पर विश्वास था। इस विश्वास के साथ वे बौद्धिकता और विद्वता की खोज में चीन तक की यात्रा कर सकते थे। इर्द–गिर्द बिखरी हुई बौद्धिकता को समेटने और आत्मसात करने में उत्साही थे। इस उत्साही प्रवृत्ति ने एक ऐसी सभ्यता को जन्म दिया जो आत्मसात करने, फैलने और छा जाने की ऊर्जा से भरपूर थी। अमीर ख़ुसरो इसी ऊर्जा के चमत्कार थे।

अभी यह सभ्यता समाप्त हो जाने के संशय से कोसों दूर थी। अभी तो वह समेटने और यात्रा प्रक्रिया में व्यस्त थी। अभी मुसलमानों के अनुभव किसी व्यवधान के शिकार नहीं बने थे। अभी धार्मिक और अधार्मिक मुसलमानों की युद्धरत शक्तियाँ नहीं उभरी थीं। अमीर ख़ुसरो को पूजा–पाठ और समस्त परहेज़गारी के बावजूद कोई परेशानी नज़र नहीं आयी थी कि सरसों के फूल की टहनी को पगड़ी में ठूँस कर बसन्त के गीत गाते हुए हज़रत निज़ामुद्दीन औलिया के दरबार में उपस्थित हों और हज़रत निज़ामुद्दीन औलिया को अपने श्रद्धालुओं से यह कहने में कोई संकोच नहीं था कि 'बसन्त मनाओ और मेला करो।' यह हिन्द में इस्लामी सभ्यता का उत्थान काल था। चिश्तिया सूफ़ी इसकी आत्मिक शक्ति थे और अमीर ख़ुसरो इसका रचनात्मक फल थे।

अमीर ख़ुसरो ने फ़ारसी कविता ख़ूब लिखी मगर उसी पर सब्र नहीं किया। उन्होंने गीत लिखे, दोहे, पहेलियाँ, कहमुकरनियाँ, दो सुखने, अनमल लिखे, यह उनकी नयी कविता थी। कोई उभरती हुई सभ्यता और रचनात्मक प्रतिभा परम्परा में आबद्ध होकर नहीं रह सकती। एक नवीन धूमिल परिवेश में पलती–बढ़ती हुई यह सभ्यता उत्तराधिकार में प्राप्त कविता की परम्परा पर निर्भर नहीं रह सकती थी। इसके अनुभव परम्परागत अनुभवों से भिन्न थे। ये अनुभव नवीन व्याख्या की माँग कर रहे थे। सही है कि अमीर ख़ुसरो ने अपनी फ़ारसी कविता में उन अनुभवों को समाविष्ट करने का बहुत प्रयत्न किया। यह भी सही है कि उन्होंने अपनी 'ग़ज़ल' और 'मसनवी' को अपने बड़प्पन के डिब्बे में बन्द करके नहीं रखा। यहाँ के रंगों और सुगन्धों के लिए यहाँ के शब्दों एवं शैली के लिए अपनी फ़ारसी ग़ज़ल और मसनवी के समस्त द्वार खोल रखे थे। किन्तु इन विधाओं को बहरहाल अपनी फ़ारसी की परम्परागत मान्यताओं की भी माँग पूरी करनी थी।

बस यहीं से अमीर ख़ुसरो को अपनी फ़ारसी कविता की नाकामी का अनुभव हुआ, और यही से उन्हें प्रस्तुतीकरण में व्यापकता की तलाश हुई कि जो अनुभव इस मिट्टी की देन हैं उनके प्रकटन की सम्भावना निकल सके। यह वह मक़ाम है जहाँ से अमीर ख़ुसरो एक विद्रोही कवि का रूप धरते नज़र आते हैं। शुद्ध फ़ारसी से गुज़र कर दो रंगी भाषा में ग़ज़ल लिखने का प्रयत्न और ग़ज़ल, मसनवी और क़सीदा जैसी विधा से गुज़रकर उन गिरी–पड़ी विधाओं में वर्णन की कोशिश, जिन्हें फ़ारसी की

साहित्यिक परम्परा गम्भीर कविता विधा मानने को तैयार नहीं थी। यह कमोबेश उसी दशा का विद्रोह था, जो बीसवीं सदी की तीसरी दहाई में हमारे कवियों ने आज़ाद कविता और तुकान्त कविता को अपनाकर किया था, परन्तु यह कि अमीर ख़ुसरो का विद्रोह बड़ा तथा अधिक अर्थपूर्ण था। बात को समझने के लिए यों कह लीजिए कि हमारी काव्य परम्परा में अमीर खुसरो राशिद एवं मीराजी से बड़े विद्रोही हुए हैं। राशिद और मीराजी की स्वतन्त्र कविता को इस सभ्यता की मान्यता मिल गयी थी, जिसका उस समय की जनता की शान पर बड़ा प्रभाव था। अमीर खुसरो ने विद्रोही जीवन के अनुभव किये, इसका संकेत उन्होंने किसी एजरा पाउंड और किसी टी.एस. इलियट से नहीं लिया था। बल्कि अमीर ख़ुसरो अपने समय के स्वयं ही एजरा पाउंड थे और स्वयं ही टी.एस. इलियट थे। फिर जिन देशी विधाओं को उन्होंने स्वीकार किया वे जनसामान्य के साहित्य से ली गयी थीं, जिनका विशुद्ध साहित्यिक हास्य में रुचि रखने वाले कुलीन मुसलमानों ने हृदयंगम नहीं किया। इस दृष्टिकोण से अमीर खुसरो की कविता हमारी काव्य परम्परा में पहली नयी कविता है।

अमीर खुसरो की यह कविता दो दृष्टिकोण से नयी कविता है। एक तो अपने ज़माने के हवाले से कि अमीर ख़ुसरो ने अपने ज़माने में जीवन की नयी सच्चाइयों और घटनाओं के वर्णन के लिए इन विधाओं की सीमा से निकलकर जो कुलीन मुसलमानों में विख्यात और ग्राह्य थीं। दूसरी यह कि देखने में अप्रमाणिक तथा अप्रसिद्ध विधाओं को स्वीकारा एवं घटनाओं के नित्य नये अनुभव किये। वह आज के सन्दर्भ में भी नयी कविता है, वह इस तरह कि इस कविता में जो चिन्तन शैली है वह आज के बीसवीं सदी के चिन्तन शैली से संलग्न है। उदाहरणार्थ 'अनमल' को ले लीजिए। ख़ुसरो की 'अनमल' अपनी चिन्तन शैली के दृष्टिकोण से आज के Absurd Drama की तरह दिखायी पड़ती है। पश्चिम के साहित्यिक सोच ने बहुत ज्ञान और बुद्धि की शेख़ी बघारने तथा जीवन एवं सृष्टि में बहुत उद्देश्य और अर्थ निकालने के बाद इस बीसवीं सदी में कहीं जाकर यह जाना कि मनुष्य का जीवन और सृष्टि व्यवहार में उतना अर्थपूर्ण नहीं है, जितना हमने उन्हें समझा था। यहाँ तो क़दम–क़दम पर धोखे का सामना करना पड़ता है। अमीर ख़ुसरो Absurd नाटक के जन्म से सात सौ वर्ष पहले ही इस चेतना से अवगत हो चुके थे। इसी चेतना ने उनसे अनमले और ढकोसले कहलवाये जो मानवीय जीवन की आडम्बरता को सीमित करने के प्रयत्न हैं–

भादों पकी पीली झड़–झड़ पड़ कपास
बी महतरानी दाल पकाओगी या नंगा सो रहूँ

विभिन्न ढकोसलों ओर अनमलों में आडम्बर की विभिन्न दशाएँ दिखायी पड़ती हैं, परन्तु अमीर ख़ुसरो ढकोसलों का वर्णन करने में संकोच नहीं करते। वे ढकोसलों को छान–फटक कर अर्थ तक पहुँचाते हैं–

खीर पकाई जतन से चरखा दिया चलाय
आया कुत्ता खा गया तू बैठी ढोल बजाय
ला पानी पिला!

जीवन की सारी निरर्थकता और मानवीय संघर्षों की समस्त अप्राप्यता को देखने के बाद कम–से–कम एक सच्चाई दिखायी पड़ी और एक काम अर्थपूर्ण लगा तथा समझ में आया–'ला पानी पिला'।

कहमुकरनियों में अमीर ख़ुसरो ने एक सच्चाई मालूम कर ली है, जिसकी सहायता से जीवन व सृष्टि में एक अर्थ देखा और पैदा किया जा सकता है। यहाँ प्रेम के आधार पर वस्तुएँ पहचानी जाती हैं और अर्थ प्राप्त होता है। क्या प्रकृति के दृश्य हों और क्या मनुष्य की बनायी हुई चीज़ें हों, प्रारम्भ में हर चीज़ का वर्णन 'साजन का वर्णन' मालूम पड़ता है। फिर वहाँ से पहचान का रास्ता निकलता है और हर चीज़ अपने असली नाम के साथ सामने आती है। इस सूफ़ी कवि के लिए जीवन का अर्थ प्रेम से है कि इस सम्बन्ध से ये बिखरी हुई चीज़ें एकात्म में सिमटी हुई नज़र आती हैं और अपनी एक अलग पहचान भी रखती हैं।

यह नयी कविता आज की नयी कविता से एक विषय में भिन्न है। इन अर्थों में कि अमीर ख़ुसरो ने परम्परा को रद्द नहीं किया था। उनका विद्रोह यह नहीं था कि उन्होंने ग़ज़ल, मसनवी और क़सीदे को रद्द करके नये अनुभव करने की ठानी हो, उनका विद्रोह यह था कि वे परम्परा में आबद्ध नहीं रहे, उन्होंने फ़ारसी कविता की पूरी परम्परा को स्वीकार किया, आत्मसात किया और फिर से उससे आगे निकलने का और वर्णन में व्यापकता खोजने का प्रयत्न किया। फ़ारसी का ख़ुसरो और उर्दू का ख़ुसरो दो ख़ुसरो नहीं थे। वह एक ख़ुसरो था। दो ख़ुसरो परम्परा वादियों के कारण अस्तित्व में आये जिन्होंने ख़ुसरो की फ़ारसी कविता को स्वीकार किया और नयी कविता को अस्वीकार कर दिया। यहाँ तक कि उसे गायब ही कर दिया।

अमीर ख़ुसरो के बहुत बाद में एक कवि पैदा हुए ग़ालिब, जो रात को चाँदनी रात कहता था। ख़ुसरो वह कवि था जो रात को एक ही समय में चाँदनी रात ओर 'रैन अँधेरी' दोनों कहता था।

एक अर्थ में यह भी 'अनमल' हैं। अमीर ख़ुसरो अपनी रचनात्मक प्रतिभा से 'अनमल' को मिला रहे थे। ख़ुसरो के माध्यम से भाषा विज्ञान के सिद्धान्त एक नये तरीक़े से हल हो रहे थे। एक नयी भाषा बन रही थी और एक नयी परम्परा का बीजारोपण हो रहा था। आख़िर जब एक सभ्यता अपने पृथक स्वरूप के साथ अस्तित्व में आयी थी और उसे अपनी एक साहित्यिक परम्परा को भी निर्मित करना था, परन्तु यह सभ्यता बहुत जल्द एक अजीब घटना से दो–चार हो गयी मुग़ल काल के मध्य में धार्मिक मुसलमान और अधार्मिक मुसलमान दो शक्तियाँ उभर कर सामने आयीं। उसके बाद मुसलमानों की सोच सीमित हो गयी और उपायात्मक व्यवहार थम गया। विभाजनात्मक व्यवहार शुरू हो गया। अमीर ख़ुसरो भी इसी विभाजन के शिकार हो गये, उनकी फ़ारसी कविता ने उनका प्रतिनिधित्व किया। उनकी उर्दू कविता को हिन्दी कहा गया और ग़ायब कर दिया गया। ग़ायब करने वाले बड़े कमाल के निकले। चार–पाँच लाख कविताओं को ग़ायब कर देना कोई हँसी–मज़ाक़ नहीं है। इतनी सफ़ाई तो सफ़ेदफ़ाम अमरीकी भी रेडइंडियस को साफ़ करने में नहीं दिखा सके।

वह काम किया हमने कि रुस्तम से न होगा

शेष बचे हुए साहित्य पर विद्वान सतर्क हुए और उन्होंने ख़ुसरो की भाषा को हिन्दी कहने पर दबाव डाला तथा हम उसको अमीर ख़ुसरो का साहित्य मानने से इनकार करते चले गये।

हाफ़िज़ महमूद शीरानी साहब की खोज का एक नमूना ध्यान देने योग्य है। उन्होंने एक किताब से ख़ुसरो की यह ग़ज़ल उद्धृत की है–

जब यार देखा नैन भर दिल की गयी चिन्ता उतर
ऐसा नहीं कोई अजब राखे उसे समझाये कर

फिर जोड़ते हैं–

'मैंने इस ग़ज़ल को यहाँ लिख तो दिया लेकिन यह मानने के लिए तैयार नहीं है कि अमीर ख़ुसरो इसके रचयिता हैं।'

यह वह जगह है जहाँ आकर महमूद शीरानी साहब की खोज असफल हो जाती है। खालिक बारी पर इतनी खोज और बहस और यहाँ बिना खोज–बहस के सीधे घोषणा कि हम इसे अमीर खुसरो का साहित्य नहीं मानते।

साहब क्यों नहीं मानते? बस हमने कह दिया कि हम नहीं मानते। कोई प्रमाण? बस, हमारा कहना ही हमारा प्रमाण है।

असली बात अब ज़बान पर आयी। शोध वोध व्यर्थ की बातें थीं। वास्तविक बात यह है कि हमारे बुद्धिजीवी यह मानना नहीं चाहते थे कि अमीर ख़ुसरो, अलैह रहमा फ़ारसी साहित्य में मसनवी शरीफ तथा ग़ज़ल लतीफ़ लिखने वाले ऐसी भाषा में भी कविता लिख सकते थे, जिसमें चश्म को नैन और महबूब को साजन कहा जाता हो।

अमीर ख़ुसरो की भाषा को हिन्दी कहने पर दबाव का एक निश्चित कारण था। आख़िर ख़ुसरो के काल में तो इस भाषा का नाम उर्दू नहीं था, किन्तु भाषा तो वही थी, जिसे कई नाम देने के बाद अन्ततः उर्दू कहा गया। परन्तु ऐसा क्यों है कि उसी मुग़ल काल में जिसमें मुसलमानों का एहसास विस्तार पाया, उस भाषा के एक पूरे इतिहास को लुप्त करने का प्रयास किया गया। जल्द ही यह प्रचार शुरू हो गया कि यह भाषा वास्तव में शाहजहाँ के काल में पैदा हुई थी और फिर इसके बाद भाषा की चर्चा प्रारम्भ हो गयी। पूछा गया कि यह क्या हो रहा है? कहा गया कि भाषा को साफ़ किया जा रहा है। जिस भाषा को साफ़ किया जा रहा था, वह अमीर ख़ुसरो का मुहावरा था। जिस तेज़ाब से साफ़ किया जा रहा था, वह फ़ारसी का मुहावरा था। यह भाषा की सफ़ाई थी या सफाया था?

भाषाओं के नाम भी बदल जाया करते हैं और मुहावरा भी बदलता रहता है। इसे एक ऐतिहासिक कार्य ही कहना चाहिए, जिसके अन्तर्गत यह परिवर्तन प्रकाश में आया। लेकिन अगर भाषा का नाम उर्दू हो गया है तो फिर पूरी भाषा उर्दू कहिए। आधा तीतर आधा बटेर क्यों। ख़ुसरो ने क्या ख़ता की है कि भाषा के नये नाम के साथ उसे उस भाषा ही की परिधि से ही निकाल दिया जाय। बहरहाल अगर अमीर ख़ुसरो की उर्दू हिन्दी है तो फिर ग़ालिब की उर्दू फ़ारसी है।

एक बात अमीर ख़ुसरो के मिश्रित साहित्य के विषय में। यदि कुछ कविताएँ अमीर ख़ुसरो की नहीं हैं और वे उनसे सम्बद्ध हो गयी हैं तो इसका अर्थ क्या है। इसका अर्थ ये है कि सृष्टिगत कल्पना में ख़ुसरो एक व्यक्ति का नहीं बल्कि एक अनुभव विधि का नाम है और जब एक नदी ज़्यादा फैल जाती है तो छोटी–मोटी नदियाँ उसमें वैसे ही सिमट जाती हैं। अब शोधार्थी लहरें गिनते रहें और यह कहते रहे कि फलाँ लहर इस नदी की नहीं, बल्कि फलाँ नदी की है।

ख़ैर लुप्त करने वालों ने अमीर ख़ुसरो के साहित्य को लुप्त किया। उनके मुहावरे को लुप्त किया। मगर भाषा को लुप्त न कर सके। सभ्यताएँ और भाषाएँ इस प्रकार लुप्त नहीं हुआ करतीं। ऐतिहासिक शक्तियों का भी तो अपना एक व्यवहार है। व्यक्ति एवं गिरोह अपने व्यवहार विधि से इस व्यवहार में मात्र अवरोध डाल सकते हैं। इसकी इतनी हानि होती है कि एक सभ्यता और एक भाषा की रचनात्मक सम्भावनाएँ किसी प्रकार सीमित हो जाती हैं। बहरहाल एक ऐतिहासिक व्यवहार जारी था और इस पर बाँध नहीं बाँधा जा सकता था। मुग़लकाल में ही जब अमीर ख़ुसरो लुप्त हुए हैं तो उर्दू भाषा ज़ोर पकड़ गयी। अमीर ख़ुसरो ने रस्सी का सिरा जहाँ छोड़ा था इस क्रियात्मक शक्ति ने उसी सिरे को पकड़ा और वही काम शुरू कर दिया किन्तु नव परिवर्तन की सोच चुपके–चुपके अपना काम कर रही थी। उर्दू ग़ज़ल में रिन्द व शेख़ के चरित्र एक नये अर्थ के साथ उभरे जब परिवर्तन सोच के अनुवादक बन गये। फिर नज़ीर अकबराबादी ने भाषा को एक ओर खींचा, नासिख़ और ग़ालिब ने दूसरी ओर खींचा। मगर नज़ीर अकबराबादी के भाग्य में हार लिखी थी। उर्दू कविता में रात अन्ततः 'चाँदनी रात' कहलाई और 'रैन अँधेरी' उपेक्षित हो गयी। वैसे तो ग़ालिब ने यह कहा था–

लताफ़त बे कसाफ़त जलवा पैदा कर नहीं सकती

परन्तु इस पवित्रतावादी कवि ने अपनी ईरानी कोमलता को देसी मलिनता में लिप्त नहीं होने दिया। आम को अम्बा कहा और परम्परा से हट कर पवित्र शायरी की। फिर उर्दू कविता के वे विश्लेषक और शोधार्थी पैदा हुए, जिन्होंने अमीर ख़ुसरो के कई साहित्य को उर्दू कविता से बहिष्कृत कर के उसे अदृष्य ही कर दिया। बाद में आने वाले कबीर जैसे कवियों को उर्दू कविता से बाहर करते चले गये।

नज़ीर अकबराबादी के साहित्य को साधारण साहित्य कहकर नकार दिया और अपने वर्णनों में उसे जगह देने से इनकार कर किया।

इस सब कुछ के बाद 1857 का प्रलय तो आना ही था। जो अब भी मौजूद है उसका एक दृश्य यह है कि मेरे लिए अमीर ख़ुसरो की फ़ारसी अनजान है और प्रोफ़ेसर वजीरूल हसन आबिदी को अमीर ख़ुसरो की उर्दू नहीं पचती।

(**स्रोत** : अलामतों का ज़वाल, इन्तज़ार हुसैन, मकतबा जामिया लिमिटेड, नयी दिल्ली–1983)

अमीर ख़ुसरो की शायरी में आध्यात्मिक रंग

सैयद सबाहुद्दीन अब्दुर्रहमान

अमीर ख़ुसरो की फ़ारसी शायरी में इश्क़ की चिनगारियाँ भड़कती रहती हैं। उनकी फ़ारसी शायरी केवल शायरी नहीं अपितु एक चमत्कार है। क़सीदा हो, मसनवी हो, ग़ज़ल हो, वे कविता की प्रत्येक शैली में अपनी काव्यात्मक प्रतिभा दिखाते हैं। शेख़ अब्दुल हक़ मुहद्दिस देहलवी ने 'अख़बारूल अख़ियार' में लिखा है, कि अमीर ख़ुसरो के काव्य में जो विभूतियाँ हैं, वह पापियों के दिल में नहीं पायी जा सकती हैं। विभूतियों से वंचितों के काव्य को लोकप्रियता और हृदयग्राह्यता प्राप्त नहीं हो सकती। शिब्ली नोमानी लिखते हैं, अमीर का प्रत्येक शेर बिजलियाँ गिराता है। वह उसी वादी–ए–ऐमन अर्थात तसव्वुफ़ की अग्निवर्षा है। उनके अश'आर क्या हैं। शिब्ली के अनुसार आग से धुआँ उठ रहा है। ज्ञात होता है कि वह रो रहे हैं। रोते–रोते ठहर जाते हैं, और जब रो लेते हैं तो आगे बढ़ जाते हैं। उनके स्वभाव में यह ऊष्मा और यह दर्द, उन सूफ़ियाना व्यवहार से उत्पन्न होता है, जो उनको प्राकृतिक रूप से प्राप्त था, और जिनमें उनके पीर की संगति में ऊर्जा का संचार होता रहता है। उनकी मसनवियों ग़ज़लों और क़सीदों में ऐसे अश'आर भरे पड़े हैं, जिनमें वही प्रज्ञात्मकता भरी हुई है, जो इस रास्ते की विशेष पहचान है।

अमीर ख़ुसरो ने अपने फ़ारसी काव्य में जहाँ कहीं भी तसव्वुफ का वर्णन किया है, वह उनके व्यक्तित्व का दर्पण है। वे वर्णन इतने मधुर, कोमल और आकर्षक हैं कि उपमा और रूपक भी उनकी मृदुभाषिता पर न्योछावर दिखाई देते हैं। तसव्वुफ की व्याख्या में ईश्वरीय गुणों का अत्यधिक महत्व है। ख़्वाजा फ़रीदुद्दीन अत्तार, हकीम सनाई, मौलाना रूमी, निज़ामी गंजवी और शैख़ सादी ने ऐसे चमत्कारिक ढ़ंग से तसव्वुफ के विभिन्न आयामों पर चर्चा की है कि बुद्धि आश्चर्यचकित रह जाती है।

अमीर ख़ुसरो के लिए अपने पूर्ववर्ती कवियों की प्रस्तुति के सामने अपने काव्य में नयापन लाना दुरूह कार्य था। लेकिन उन्होंने अपनी काव्यात्मक प्रस्तुति को इतना व्यापक रूप दिया है वे अपने प्रयत्न में सफ़ल हो गये हैं।

मनुष्य, जो ब्रह्माण्ड का उत्कृष्ट जीव है, उसके सत्त विकास की कोई सीमा नहीं है, फिर भी उसके सहस्रों प्रयासों के बाद भी वह ईश्वरीय गुणों से अवगत नहीं हो पाया। उसके लिए उन रहस्यों का ज्ञान तो दूर उसके निकट तक पहुँचना भी असम्भव है। उन रहस्यों की प्राप्ति के लिए उसकी प्रज्ञा निरन्तर प्रयत्नशील रहती है, वह विभिन्न प्रकार की भूमिकाएँ तैयार करती है, यर्थाथ पर चर्चा करती है, क्रिया और विशेषण से अवगत होने का प्रयास करती है, एकेश्वरवाद की समस्या ढूढ़ती है। इन समस्त चिन्तनों और खोजों का परिणाम यह है कि मनुष्य घूम–फिर कर फिर उसी बिन्दु पर आ जाता है, जहां से वह बाहर निकलने के लिए प्रयत्नशील था।

तसव्वुफ में ईश्वरीय ज्ञान के बाद वे समस्याएँ सामने आती हैं, जिनका सम्बन्ध सालिक के व्यक्तित्व से होता है। अर्थात मनुष्य को प्रत्येक स्थिति और प्रत्येक भाव में ईश्वर से आसक्त होना चाहिए। तसव्वुफ के मार्ग में तपस्वी को कड़ी तपस्या भी दरकार होती है। उसके बिना मनुष्य को कुछ भी प्राप्त नहीं होता। पग–पग पर उसे बलिदान और त्याग की आवश्यकता पड़ती है। हृदय क्या है? उसका मूल्य क्या है? उसका महत्त्व क्या है? जीवन क्या है? मृत्यु का रहस्य क्या है? इन समस्त प्रश्नों पर अमीर ख़ुसरो ने जिस काव्यात्मक दक्षता से प्रकाश डाला है, उस पर उन्हीं का अधिकार है।

या रब अन्दर दिले चाक आँ गुले खंदाँ चूनस्त
महे ताबाने मन अन्दर शबे हिज्राँ चूनस्त

अर्थात–ऐ मेरे खुदा मेरे फटे हुये दिल के अन्दर वह हँसता हुआ फूल अर्थात माशूक़ कैसा है? मेरा चमकता हुआ चाँद मेरा माशूक़ मेरी जुदाई की रात में कैसा है।

ए ख़ुश आँ वक्त कि मारा दिले ग़म बूदस्त
ख़ातिर अज़ वसवस–ए–इश्क़ फ़राहम बूदस्त

दिल न दारम ग़मे जानाँ ज़े चे बतवानम खूरद
पेश अजीं गर्चे गमें बुअद दिले हम बूदस्त

अर्थात–वह समय कितना अच्छा था, जब दिल दुखों से खाली था और इश्क़ की शंका से भी ख़ाली था। अब दिल नहीं है तो माशूक़ का दुख भी नहीं है। इससे पहले दुख था तो दिल भी था।

इश्क़ की क्या पहचान है? आशिकों का मार्ग क्या है? उनका स्तर क्या है? इन सवालों को भी अमीर ख़ुसरो ने अत्यन्त मार्मिक रूप में प्रस्तुत किया है। तसव्वुफ़ के उन वर्णनों में जहाँ इश्क़ के मार्ग की व्याख्या होती है, उसका आधार शेख़ सादी ने तैयार किया। परंतु अमीर ख़ुसरो ने उन मूल्यों को बहुत बल प्रदान किया। उनके वर्णनों में जलन, दर्द और दुख की अनुभूति कूट–कूट कर भरी हुई है। उसे पढ़ कर मनुष्य तड़प कर रह जाता है। यह काव्यात्मक वर्णन उनके उच्च स्तर की प्रस्तुति का उदाहरण है। सौंदर्य और इश्क़ के विचारों में खो जाने और अन्य आकर्षणों में स्वयं को भुला देने की प्रवृति को ख़ुसरो की कविता का महत्वपूर्ण अंग कहा जा सकता है। उनकी आशिक़ाना शायरी मृतप्राय हृदयों में भी उष्मा और उर्जा का संचरण करने के लिए अमृत का कार्य करती है।

गंजे इश्क़े तू निहाँ शुद दरदिले वीराने मा
मी ज़नद ज़ाँ शोला दायम आतिशे दर जाने मा

अर्थात–मेरे दिल के निर्जनता में तेरे इश्क़ का खज़ाना छुपा हुआ है। उसी अग्नि से हमेंशा मेरी आत्मा में आग भड़कती रहती है।

बा ग़मे इष्क़े तू मी साज़ेम मा
बा तू पिन्हाँ इष्क़ मी बाज़ेम मा

अर्थात–हम स्वयं को तेरे ही इश्क़ के दुख में ढाल लेते हैं, और छुपे हुए तरीक़े से तेरे ही इश्क़ से खेला करते हैं।

दिलम दर आशिक़ी आवारा शुद आवारा तर बादा
तनम अज़ बे दिली बेचारा शुद बेचारा तर बादा

अर्थात–मेरा दिल आशिक़ी में परेशान होकर अत्यधिक परेशान हो गया है। इश्क़ में दिल हाथ से निकल गया तो मेरा शरीर व्यथित होकर और अधिक व्यथित होता गया।

रंज व ग़म में डूबकी लगाने का स्पष्ट कारण है, उनको दिल वालों से संबन्ध था। मृत्युलोक, प्राणलोक, ईश्वरीय लोक और उसकी शक्ति इन चारों लोकों से अलग इस संसार में उनकी दिव्य दृष्टि व्यापकता लिए हुए थी।

इसी संसार में उनके अन्तःकरण ने परवरिश पाई थी। दिल टूटा था, उनके अन्दर इश्क़ की अग्नि भड़की थी। यहीं उनकी जिह्वा हृदय की अभिव्यक्ति के लिए बेताब दिखाई देती है। ख़ुसरो के दिल की जलन और उनके टूटने–बिखरने की क्रिया का सम्बन्ध उनके जन्म से था, जिसको चिश्तिया तसव्वुफ की परम्परा ने और अधिक भड़का दिया। प्राच्य आलोचकों ने अमीर ख़ुसरो के काव्य का विश्लेषण ब्रह्मज्ञान के आधार पर किया है। इसका अर्थ यह है कि समय–समय पर उनके अश'आर का सहारा लेकर आत्मशान्ति प्राप्त की जा सकती है। उनके काल्पनिक और इश्क़िया शायरी में भी ब्रह्मज्ञान की गहरी अनुभूति होती है। उनके पीर ख़्वाजा निज़ामुद्दीन औलिया ने उनसे कहा था कि माशूक़ों के अलकों, नयनों और अधरों पर इश्क़ में डूबी हुई शायरी करते रहो। उनकी शायरी इन्हीं विषयों का व्याख्यात्मक विस्तार है। वे जब माशूक़ के सौन्दर्य के पर्दे में इश्क़ के कष्टों की व्याख्या करते हैं, तो ऐसे पल में पाठकों को गरिमामयी कविता की अनुभूति होती है। उनकी कविता का गुण कभी प्राकृतिक सौन्दर्य, कभी गुरु की प्रशंसा, कभी देश प्रेम, कभी राजाओं और मन्त्रियों से प्रेम, कभी माता–पिता और कभी पुत्र–पुत्री के प्रेम में प्रकट होता है।

अमीर ख़ुसरो अपने क़सीदों में बार–बार तसव्वुफ़ व सूफ़ियाना सम्बन्धों पर अपने विचार व्यक्त करते नज़र आते हैं। वे तसव्वुफ़ के मार्ग पर चलने के लिए भरपूर ज्ञान की आवश्यकता समझते हैं। क्योंकि ज्ञान से ही गतिशीलता प्राप्त होती है। 'निहायत–उल–कमाल' के क़सीदा 'राह रिहाई' में कहते हैं।

ब इल्म कोश व ला अव्वल आँ गहे ब अमल
कि अज़ बराये अमल इल्म शुद बुलन्द महल

अर्थात ज्ञान का प्रयत्न यह होना चाहिए कि वह क्रियाशील रहे, क्योंकि ज्ञान से ही क्रियाशीलता का विकास होता है।

ज्ञान की महत्ता देखिए–

ब लफ़्ज व फ़ज़ल ग़ोलूकुन अज़ नबी व वली
सुख़न शनासी कम बाशदत ब इल्म ख़लल

अर्थात नबी और वली की बड़ाई में शब्दों का प्रभाव अधिक होना चाहिए, क्योंकि यही ज्ञान का ऊँचा दर्जा है।

केवल ज्ञान को ज्ञान तक सीमित रखना ज्ञान की दुर्वलता दर्शाता है–

खुलासा ईंस्त कि इल्म बराये इमाँ ख़्वाँ
न बहर आँ कि बख़्वानन्द कामिलानत अकमल

अर्थात हालाँकि वे ज्ञान को ईमान की मज़बूती के लिए आवश्यक समझते हैं, परन्तु उन्होंने ज्ञान को विद्वता प्रदर्शित करने का माध्यम बनाने से मना किया है।

जैसे—

नमाज़े सूफ़ी बे दानिश आँ चुनाँ बाशद
कि बे फ़तीला व रोग़न फ़रोज़िशे मशाल

अर्थात कहते हैं कि सूफ़ी अगर अज्ञानी है तो उसकी नमाज़ की स्थिति वैसी ही है, जैसे किसी मशाल को बिना तेल और बत्ती के जलाने का प्रयत्न किया जा रहा हो।

फिर वे अपने क़सीदों में इश्क़ और बुद्धि की चर्चा छेड़ देते हैं और कहते हैं कि—

इश्क़ सख़्त अस्त वले मारिफ़त आमूज़ दिलस्त
सुर्मए संग अस्त वले नूर अफ़ज़ाए बसरस्त

अर्थात इश्क़ की मंज़िल कठिन अवश्य है, लेकिन उसी के माध्यम से ख़ुदा को पहचाना जा सकता है। उसी प्रकार जैसे सुरमा पत्थर से बना होता है, परन्तु आँखों के प्रकाश को बढ़ाता है।

उसका दर्जा और ऊँचा करते हुए कहते हैं कि—

इश्क़ आनस्त कि पोशीदा कुनद पाये बुलन्द
सूए मुल्के कि बरां सूए नईम व सुकरस्त

अर्थात उनका इश्क़ इस प्रकार बढ़ता गया, और ऊँचा होता गया, जैसे सुकरात व नईम अपने देश में महान थे।

यही इश्क़ उनके इश्क़े इलाही, इश्क़े रसूल और इश्क़े मुर्शिद में इस प्रकार प्रकट होता रहा है कि वह सिर से पाँव तक इश्क़ की आग में जलने लगे जिस पर उनके गुरु को गर्व था। इसी इश्क़ का पाठ उन्होंने अपने गुरु से प्राप्त किया। ख़्वाजगाने चिश्त के यहाँ इस प्रकार के इश्क़ की बहुत रंगारंगी है।

इश्क़ की उड़ान—इश्क़ की उड़ान को हज़रत फ़रीदुद्दीन गंजशकर ने निम्न शेरों के माध्यम से परिभाषित करने का प्रयत्न किया है—

सिरिस्त मोरा दरू जा दर इश्क़त
गर सर रूदाए दोस्त निगोयम बाकस

अर्थात मेरे स्वभाव में इश्क़ रच–बस गया है। अगर मेरा सिर ओढ़ना है, तो मेरी आँखें मित्र हैं।

सिरिस्त आशिक़ाँ रा दर ताकते निहानी
पोशीदा दार ख़ुद रा ता आं जा खजिल नमानी

अर्थात आशिक़ के स्वभाव में इश्क़ की शक्ति छुपी होती है। इसमें कोई पछतावा नहीं है।

फिर वे इश्क़ की और अधिक व्याख्या करते हुए कहते हैं कि इश्क़ का आधार केवल अग्नि है, जिसकी लपटों से पूरा संसार जलकर भस्म हो सकता है। इस इश्क़ का परिणाम यह होता है कि आशिक़ अपनी दुई को खो देता है। वह आशिक़ बन कर माशूक़ की इच्छा में संघर्षरत रहता है जिससे उस पर भेद खुलने लगते हैं। भेद खुलने के बाद उसे माशूक़ की पहचान होती है। जिसके बाद उसके इश्क़ में बहुत तीव्रता आ जाती है। धीरे–धीरे सारे पर्दे एक के बाद एक गिरने लगते हैं, और आशिक़ ऐसी स्थिति में पहुँच जाता है, जहाँ वह हर समय आश्चर्य के संसार में खोया रहता है। इस रास्ते में मुहब्बत की 700 स्थितियाँ हैं। इसमें पहला स्थिति यह है कि महबूब की ओर से जो भी विपत्ति आये उसे आशिक़ धैर्य और शान्ति से बर्दाश्त करे। मुहब्बत का कोई अन्त नहीं है। आशिक़ अपने समस्त अंगों के साथ माशूक़ की मुहब्बत में डूबा रहे और अपनी आँखों से केवल माशूक़ को देखे। अपने कानों से केवल माशूक़ की बातें सुने। उसके हाथ पाँव केवल माशूक़ के लिए कार्य करें। उसकी जिह्वा से केवल माशूक़ की चर्चा हो। उस राह में वही सच्चा है, जो प्रत्येक क्षण माशूक़ की याद में खोया रहे। अर्थात ईश्वर के गुणगान में व्यस्त रहे। ईश्वर की आराधना से इश्क़ सम्पूर्ण होता है। ईश्वर की आराधना में बाह्य और आन्तरिक स्थितियों का एक समान होना आवश्यक हैं। परन्तु उसका प्रकटन इश्क़ की परम्परा के विरुद्ध है।[1]

हज़रत बूअली क़लन्दर पानीपती का सम्बन्ध भी चिश्तिया सम्प्रदाय से रहा है। वह भी इश्क़ की व्यापक शक्ति को मानते थे। उन्होंने एक मसनवी 'इश्क़िया' के नाम से भी लिखा है, जिसमें वे कहते हैं–

इश्क़ कू बे बाल व पर तैरा कुनद
इश्क़ कू दर ला मकाँ जौला कुनद

इश्क़ कू ता चश्मे दिल बीना कुनद
इश्क़ कू ता सीना पुर सौदा कुनद

इश्क़ कू ता ताजे सुल्तानी नहद
इश्क़ कू मुल्के सुलेमानी दहद

इश्क़ कू ता अक़्ल रा ज़ायल कुनद
इश्क़ कू ता अक़्ल रा हासिल कुनद

इश्क़ कू ता जामे मदहोशी दहद
इश्क़ दायद ता फरामोशी दहद

इश्क़ देह ता बेख़बर साज़द मोरा
बादा कू बे पा व सर साजद़ मोरा

इश्क़ बायद ता दहद जामे शराब
इश्क़ साज़ व साग़रे मय आफ़ताब

अर्थात इश्क़ की विशेषता यह है कि उसकी उड़ान बिना पंख के होती है। इश्क़ प्रायः जीवन्त रहता है, उसके लिए किसी भवन की आवश्यकता नहीं होती। वह अपने हृदय की आँख से देखता है, जिसके कारण उसके सीने में दीवानगी की स्थिति बनी रहती है। इश्क़ को सत्ता व शक्ति की आवश्यकता नहीं होती है। वह सुलेमान अ. की तरह होता है, जिसकी सत्ता संसार की प्रत्येक वस्तु पर थी। उससे बुद्धि में भी बढ़ोतरी होती है और समाप्ति भी होती है। इश्क़ में मादकता है और स्वयं को भूल जाने का नाम भी है। वह उसी प्रकार अचेतन की अवस्था में पहुँचा देता है, जैसे नशा मनुष्य को अचेत कर देता है। इश्क़ शराब का प्याला है और इश्क़ ही सूर्य भी है।

वे अपने एक पत्र में इश्क़, आशिक़ और माशूक़ की व्याख्या करते हुए कहते हैं कि अल्लाह की कृपा हो जाये तो तुम्हारे अन्दर भावनाएँ उत्पन्न होने लगेंगी। तुमको तुमसे दूर किया जायेगा तो जैसे तुम्हारे अन्दर इश्क़ प्रारम्भ हो जायेगा और सौन्दर्य का जलवा बिखरने लगेगा। जब तुम्हारे अन्दर सौन्दर्य शक्ति आ जाये तो तुम माशूक़ को पहचानो और आशिक़ बन कर माशूक़ हो जाओ और जब आशिक़ बनकर माशूक़ हो जाओगे तो उसी प्रकार कार्य करो। माशूक़ के आचार–विचार को अपना लो और आशिक़ के

कर्तव्य को स्थापित करो। जब ऐसा होगा तो तुम माशूक़ को आशिक़ के द्वारा पहचान लोगे। ऐ भाई, माशूक़ को तुम्हारी जैसी सूरत में जन्म देकर तुम्हारे बीच में भेजा गया है, ताकि वह परोक्ष रूप से तुम को आमन्त्रित करे, आशिक़ ने अपने इश्क़ से तुम्हारे अस्तित्व का साम्राज्य तैयार किया, ताकि वह अपने सौन्दर्य को तुम्हारे आईने में देखे और तुम को अपना राज़दार बना ले। मनुष्य उसका भेद है, यह मनुष्य का सम्मान है। आशिक़ हो जाओ कि सौन्दर्य को हमेशा देखो और लोक–परलोक को पहचानो। परलोक मुहम्मद (स.) की मिल्कियत है और संसार शैतान की मिल्कियत है। दोंनों में मालूम करो कि तुम्हारे लिए क्या बनाया गया है।[2]

हज़रत निज़ामुद्दीन औलिया के व्यक्तित्व पर भी इश्क़ का ही बोलबाला था। उनकी जीवनी लिखने वालों ने लिखा है कि वह बहुत कम खाते थे और उससे भी कम सोते थे। जब बहुत रात गुज़र जाती तब वह अपनी कोठरी में जाते और अन्दर से दरवाज़ा बन्द कर लेते थे। फिर उसके बाद किसी को पता नहीं चलता कि अन्दर क्या हो रहा है। वह ख़ुदा को याद करते और इबादत व रियाज़त में रात गुज़ार देते थे। उन पर एक प्रकार की मादकता और अचेतन की स्थिति छायी रहती। सुबह जब उनकी कोठरी का दरवाज़ा खुलता तो लोग उनकी आँखों में लाल डोरे तैरते हुए देखते। वह अपने शेरों के माध्यम से रात की मस्ती का वर्णन करते–

इश्क़े ज़ि तू दारम ए शमा चेगिल
दिल दानद व मन दानम व दानद दिले मन

अर्थात ऐ चेगिल की शमा, मैं तुमसे कितना प्यार करता हूँ, इस बात को केवल मैं जानता हूँ और मेरा दिल जानता है, या मेरा दिल जानता है और मैं जानता हूँ। तुम अच्छी प्रकार जानती हो कि मैं पूरी रात तुम्हारे साथ जागता हूँ।

यारे ब तमाशाये मन व शमा बया
कज़ मन दम के न मानद व अजवे दूदे

अर्थात आओ देखो आज की रात मुझमें जान नहीं है, और न शमा में धुँआ बाक़ी है। आज मेरे और शमा के बीच एक खेल होने वाला है, इस खेल में या तो शमा रहेगी या मैं रहूँगा।

रात्रि जागरण के सम्बन्ध में निम्नलिखित क़तआ भी बहुत आकर्षक है–

तनहा मनम व शब ब चिराग़े
मूनिस शुदम ता पगाह रौज़म

काहिश ज़े आहे सर्द बकुशम
गाह अज तुफे सीना बरफ़रोज़म

अर्थात मैं अकेला हूँ, यह रात है और इक चिराग़ है, जिसे मैं पूरी रात जलाये रखने का प्रयत्न करता रहता हूँ। जब कभी वह मेरी ठण्डी साँसों से बुझने लगता है, तो मैं उसे अपने सीने की ऊष्मा से पुनः प्रज्वलित कर देता हूँ।

उनकी इस प्रकार की भावनाओं के चरमोत्कर्ष का अन्दाज़ा नीचे दिये शेरों से भी मालूम होता है, जो उनके मुँह से सुने गये–

आं रोज़ मबाद कि अज़ तू बेज़ार शवम
या बा दिगरे दरीं जहाँ बार शवम

गर बर सरे कूये तू मोरा दार कुनन्द
मन रक्सां कुनां बर सर आं दार शवम

अर्थात कभी ऐसा न हो। खुदा न करे कि मैं संसार से विरक्त हो जाऊँ, या फिर संसार में दूसरे के लिए बोझ बन जाऊँ, यदि तेरी गली में मुझे फाँसी दी गयी तो मैं प्रसन्नता के साथ नृत्य करता हुआ फाँसी के फन्दे पर चढ़ जाऊँगा।

वह भी अपने गुरु की तरह इस बात के समर्थक थे कि सूफ़ी इश्क़ वाले होते हैं और उलेमा बुद्धि वाले। वह कहते हैं कि जब तक अल्लाह की मुहब्बत दिल के खोल में रहती है, पाप का होना सम्भव है परन्तु जब मुहब्बत दिल के आसपास आ जाती है तो फिर पाप नहीं होता।[3] पहले इसका वर्णन हो चुका है कि हज़रत ख़्वाजा ने इश्क़ की आग पर बात करते हुए कहा कि सीने की आह से नदी भी सूख कर रेगिस्तान हो सकती है, जिसको ख़ुसरो ने शायराना शैली में कुछ यूँ प्रस्तुत किया है–

दरिया ज़ आहे सीना ए मन ख़ुश्क शुद चुनाँकि
हरगिज़ ब चश्मे ख़्वेश न बीनद कसे नमे

अर्थात दिल से जो आह निकलती है, उसकी गर्मी से नदी सूख जाती है। परन्तु प्रियतम की निकटता से आँखें भीग जाती हैं।

अमीर ख़ुसरो ने ख़्वाजगाने चिश्त के रास्ते को ही अपना कर अपने दिल के अन्दर इश्क़ की आग भड़काई। उनके गुरु ख़्वाजा निज़ामुद्दीन औलिया का उपदेश भी था कि इश्क़ से भरपूर शेर कहा करो।[4] इस बात को ख़ुसरो ने अत्यन्त ऊँचाई तक पहुँचा दिया। उन्होंने अपनी शायरी,

विशेष रूप से ग़ज़लों में तसव्वुफ़ के भेदों और उसके विभिन्न पहलुओं को अत्यन्त प्रभावशाली रूप से प्रस्तुत किया है। उनकी ग़जलें इश्क़ अर्थात ईश्वरी प्रेम के विषय के प्रकटन का उत्कृष्ट उदाहरण प्रस्तुत करती हैं। ईश्वरी प्रेम की लपटों से उनका सीना अग्निकुण्ड बना रहता है। इसीलिए उनके शेरों में अग्नि की ज्वाला भड़कती हुई दिखायी देती है। उसी कारण उनके गुरु ख़्वाजा साहब ने उन्हें 'तर्कुल्लाह' अर्थात अल्लाह के माशूक़ की पदवी दी। ख़ुसरो के इश्क़ की उड़ान को समझने के लिए उनके इश्क़िया शेरों को प्रस्तुत किया जाना आवश्यक है, ताकि उनके दिल की धड़कनों के साथ उनके इश्क़ के मूड को भी समझा जा सके–

इश्क़ अज़ पे जाँ गिरिफ़्त मारा
हलके बजबाँ गिरिफ़्त मारा

अर्थात इश्क़ ने मेरी आत्मा के कारण मुझे जकड़ लिया, और उसके बाद मेरी जिह्वा भी पकड़ी गयी।

बइश्क़ अज़ गिरिया हम माँदम चे गोयम
पुर अज़ कश्ती कि बाराँ नीस्त ऊ रा

अर्थात इश्क़ के कारण मैं रो भी नहीं सकता, फिर क्या कहूँ? यह वह पानी से भरी नाव है, जिसे वर्षा की आवश्यकता नहीं।

बजाँ पैवन्द करदम आशिक़ी रा
कुनूं जाँ रफ्त व आन पैबन्द मांदह अस्त

अर्थात मैंने अपनी आत्मा में आशिक़ी का पैबन्द लगाया है। आत्मा जा चुकी है, परन्तु पैबन्द बाकी रह गया है।

नगुन्जद जाँ दरूने सीन–ए–इश्क़
न गुजंद ग़म कि उ हम जाँ ख़्वेश अस्त

अर्थात इश्क़ के सीने के अन्दर आत्मा के लिए स्थान नहीं है, उसमें दुख का भी सामर्थ्य नहीं, क्योंकि यह भी उसी में से है।

इश्क़े तू बलाये जाँ पसन्दस्त
यक खंदा अजाँ दहाँ पसन्दस्त

अर्थात तेरा इश्क़ विपत्ति है, मगर आत्मा को यही पसन्द है। मेरी आत्मा को तेरे मुँह से एक बार की हँसी पसन्द है।

हर गिरोहे ब गुज़ीदन्द ब आलम दीने
आशिक़ी दीने मन व बेख़बरी कीशे मनस्त

अर्थात प्रत्येक गिरोह के लिए एक धर्म है। मगर मेरा धर्म आशिक़ी है, और दुनियादारी से अनजान रहना मेरा रास्ता है।

इश्क़ बा जान बहम अज़ सीना बरूं ख़्वाहद रफ़्त
ता न दानी कि ब तावीज़ व फसूं ख़्वाहद रफ़्त

अर्थात इश्क़ मेरी आत्मा के साथ ही बाहर निकलेगा। ये न समझ कि ये तावीज़ और जादू के द्वारा बाहर चला जायेगा।

ताज़ीद बन्दा गमे इश्क़ ब जाँ ख़्वाहद रफ़्त
सर ब ख़ाके रहे आं सरवे रवां ख़्वाहद रफ़्त

अर्थात जब तक यह मनुष्य जीवित रहेगा, इश्क़ का ग़म आत्मा में समाया रहेगा और मेरा सिर उस माशूक़ के रास्ते की धूल बना रहेगा।

इश्क़ ब निशस्त बजान ख़ान–ए–दिल कर्द खराब
कि मन सोख़्ता रा बर सर ईं सौदा दास्त

अर्थात इश्क़ मेरी आत्मा में आकर बैठ गया है, और मेरे दिल के घर को बर्बाद कर रखा है। मेरे जैसे दुखी दिल वाले के लिए यही दीवानगी काफ़ी है।

बारे इश्क़त बर दिलम बारे ख़ुशस्त
कारे मन इश्क़ अस्त व ईं कारे ख़ुशस्त

अर्थात तेरे इश्क़ का बोझ मेरे दिल के लिए बहुत सुहाना है। मेरा काम इश्क़ करना है, और यह बहुत अच्छा कार्य है।

आशिक़ाँ रा ज़ख़्म बे मरहम ख़ुशस्त
बे दिलाँ रा दीदाए पुर नम ख़ुशस्त

अर्थात आशिक़ों के लिए वही घाव अच्छा है, जिसको मरहम न मिले। हृदयविहीनों के लिए भीगी आँख ही अच्छी होती है।

नीस्त लज़्ज़ते इश्क़ रा बाद अज़ विसाल
इश्क़ बजाँ रा जुदाई ख़ुशतर अस्त
इश्क़ दूनाँ खुसरूवा अज़ सर ब ना
इश्क़ बर सर फिदाइ ख़ुशतर अस्त

अर्थात भेंट के बाद इश्क़ का मज़ा बाकी नहीं रहता। इश्क़ वालों के लिए बिछुड़ना ही अच्छी बात है। ख़ुसरो कहते हैं कि व्यर्थ की वस्तुओं के इश्क़ से तुम स्वयं को दूर ही रखो। खुदाई के साथ ही इश्क़ अच्छा होता है।

साक़ी! बयारे मय कि चुनां सोख़्ता दिल ज़े इश्क़
कज़ सोज़े ईं क़बाब हमा ख़ाना बू गिरिफ़्त

अर्थात साकी शराब ला क्योंकि इश्क़ से दिल ऐसा जल गया है कि उससे मांस के जलने की गन्ध घर–घर में फैली हुई है।

कसे कि इश्क़ न बाज़द न आदमी संगस्त
बलाये इश्क़ कुशद हर कि आदमी रंग अस्त

अर्थात जो आदमी इश्क़ नहीं करता है, वह आदमी नहीं पत्थर है, और जो मानवता के रंग में है वही इश्क़ की सारी विपत्तियों को झेलने की क्षमता रखता है।

चे नक्श बन्दी अज़ अन्देशा ए कि बे इश्क़ अस्त
चे रूए बीनी अज़ आईना ए कि दर जंग अस्त

अर्थात उस विचार से क्या चित्र बना सकते हो, जो इश्क़ के विवरण से खाली है। तुम ऐसे आईने में अपना मुखड़ा कैसे देख सकते हो, जो धूल धूसरित हो।

इश्क़ अगरचे निशाने बख़्ते बदस्त
नज़्दे आशिक़ सआदते अबद अस्त

अर्थात इश्क़ यद्यपि दुर्भाग्य की पहचान बन गया है, परन्तु आशिक़ के लिए यह उसके सौभाग्य का माध्यम है।

हर कि जोयद मुरादे अज़ माशूक़
गोई ऊ आशिक़े मुराद ख़ुदस्त

अर्थात जो कोई माशूक़ से किसी पुरस्कार की इच्छा रखता है, तो फिर वह अपनी इच्छाओं का आशिक़ है।

गर्चे सद रोज़ नेक आशिक़ रास्त
बेहतरीन रोज़ असीर रोज बदस्त

अर्थात यद्यपि आशिक़ों के लिए सैकड़ो दिन भले अच्छे हों, परन्तु उसके लिए वह दिन सबसे अच्छा होता है, जब वह विपत्ति में फँसा रहे।

चे पिंदारी कि मन अज़ आशिक़ी दीवाना ख़्वाहम शुद
ज़े रूसवाई अगरचे दर जहाँ अफ़साना ख़्वाहम शुद

अर्थात तुम यह सोचते हो कि मैं आशिक़ी में दीवाना हो जाऊँगा। यद्यपि मैं अपनी बदनामी के कारण संसार में भुला ही क्यों न दिया जाऊँ।

ज़ेबस जेबास्त लाफ़े इश्क़बाज़ी ख़ुद परस्ताँ रा
चू बा इश्क़ आश्ना गश्तम ज़े ख़ुद बेगाना ख़्वाहम शुद

अर्थात इश्क़बाजी का नारा स्वार्थी लोगों के लिए बहुत ही शोभनीय है। जबकि मैं जब इश्क़ से परिचित हो जाऊँगा, तो स्वयं को भुला दूँगा।

मन अन्दर इश्क़ ख़्वाहम मुर्दके जान मी बुर्द हर कस
अजाँ वादी कि दरवै सद हज़ाराँ कारवाँ गुम शुद

अर्थात मैं इश्क़ में मर मिटूँगा, क्योंकि इस घाटी में जहाँ लाखों काफ़िले खो गये, एक आदमी कैसे सुरक्षित रह सकता है।

दर मक़सूद बर उश्शाके मिस्कीं बाज कय गर्दद
चूँ दरे खाक दर ख़ूबा कलीद बख़्ते शां गुम शुद

अर्थात लाचार और बेबस आशिक़ों के लिए उनके भाग्य का दरवाज़ा कैसे खुल सकता है? जबकि उनके माशूक़ो के दरवाज़े की ख़ाक में उनकी क़िस्मत के ताले की कुंजी कहीं खो गयी है।

क़दम ता–के–दरेग़ अख़्तर कुनूँ अज़ हाले मिस्कीनाँ
कि आशिक़ ख़ाक गश्त व जानश अन्दर ख़ाकदाँ गुम शुद

अर्थात आख़िर कब तेरा क़दम इन बेबस व लाचार लोगों की हालत देखने के लिए उठेगा। आशिक़ तो मिट्टी हो चुका है और उसकी आत्मा उस मिट्टी में मिल चुकी है।

दर इश्क़ इल्म करदम व दर मज़हबे उश्शाक
मंसूर शवम गर ब सरे दार बर आरीद

अर्थात मैंने इश्क़ और आशिक़ों के धर्म में प्रसिद्धि प्राप्त की है। यदि मेरा सर फाँसी पर लटका दिया जाये, तो मैं मंसूर हो जाऊँगा।

आँ रा सुख़ने इश्क़ रसद कू ब दिल ज़े दोस्त
सद तीर बला गुंजद व आज़ार न गुंजद

अर्थात इश्क़ की बात उसके पास इस प्रकार पहुँची है कि माशूक़ की ओर से सैकड़ों विपत्तियाँ भेजी गयीं, परन्तु उसे कोई कष्ट प्रतीत नहीं हुआ।

ब राहे इश्क़ सलामत चगुना दर गुंजद
ज़हे मुहाल कि दर शौक़े ख़्वाब व ख़ुर गुंजद

अर्थात इश्क़ के रास्ते में भलाई कैसे मिल सकती है। उस रास्ते में खाना, पीना, सोना सब कठिन है।

कसे कज़ आशिक़ी बेज़ार बाशद
अगर ताअत कुनद बेकार बाशद

अर्थात अगर कोई व्यक्ति आशिक़ी से उदासीन हो चुका है तो उसकी तपस्या भी व्यर्थ हो जायेगी।

आशिक़ अज सीना जाँ बुर्द
ता ग़मत रा ब जाँ दुरूँ गीरद

अर्थात आशिक़ अपनी आत्मा को अपने सीने से इसलिए बाहर निकाल देता है, ताकि वह तेरे दिये हुए दुखों को आत्मा के स्थान पर अपने सीने में रख सके।

पोख़्ता न शुदम ज इश्क़ हर चन्द
जान सोख़्ता शुद ज़े दूदे अलम

अर्थात हालाँकि इश्क़ में मैं मज़बूत न हो सका, फिर भी दुखों के धूएँ से ही मेरी आत्मा जल गयी।

ईश्वरीय प्रेम की भावना से दिल के अन्दर जो आत्मीय कैफ़ियत पैदा होती है, उसका विश्लेषण ख़ुसरो ने अद्भुत शैली में किया है और यदि यह कहा जाये कि स्वयं उनके दिल के अन्दर ईश्वरीय प्रेम की ज्योति प्रकाशमान थी, जिन्हें वे विभिन्न रूपों में प्रस्तुत करते रहे, तो शायद ग़लत न हो।

मोरा दर्देस्त अन्दर दिल कि दरमाँ निसस्तश मारा
मन दर्दत चू तू दरमाँ न मी ख़्वाही दिले मारा

अर्थात कहते हैं कि मेरे दिल के अन्दर दुख भरा हुआ है। दोस्तों इसका कोई इलाज नहीं। मैं हूँ और तेरा दुख है। इसलिए कि तू स्वयं मेरे दिल का इलाज नहीं चाहता है।

ऐ तबीब अज़ मा गुज़र दरमाने दर्दे मा मजोए
ता कुनद जानाने मा अज़ लुत्फ़े ख़ुद दरमाने मां

अर्थात ऐ वैद्य, हमको हमारे हाल पर छोड़ दे। मेरे दर्द का इलाज उस समय तक मत ढूँढ़, जब तक मेरा माशूक़ अपनी कृपा द्वारा स्वयं मेरा इलाज न कर दे।

दिले माँ अज़ दस्ते ग़म अमॉ नीस्त
निशाने शादमानी दर जहाँ नीस्त

अर्थात मेरे दिल को दुख–दर्द से छुटकारा नहीं, इसीलिए यह दुनिया मेरे लिए प्रसन्नता का कारण है।

बलाये अक़्ल इश्क़म बूद अकनूँ
बला ईं शुद कि अज़ इश्क़म अमां नीस्त

अर्थात मेरी बुद्धि के लिए मेरा इश्क़ बला था। लेकिन मेरे लिए मुश्किल यह है कि अब इश्क़ के बिना चैन ही नहीं मिलता।

दीदा दिल रा दर बला अफ़गंदा ख़्वाही दीदा फ़ाश
दरमियाने दीदा व दिल मौजे ख़ूँ ख़्वाहद गुजश्त

अर्थात दिल की आँख को मुश्किल में डाल दिया है अगर उसको खुले में देखना चाहता है, तो दिल और आँख के बीच ख़ून की धारा उठती दिखायी देती है।

खुसरोस्त न सोज़े दिल व ज़े ज़ौके आलम बेख़बर
मुर्ग आतिश ख़्वारा के लज़्ज़त शनासद दाना रा

अर्थात ख़ुसरो तो है, परन्तु उसके दिल में जलन नहीं है। इसलिए वह दुनिया के मज़े से अनजान है। उसी प्रकार जैसे आग खाने वाली चिड़िया को दाना खाने में कोई मज़ा नहीं मिलता।

आशिक़े सोख़्ता दिल ज़िन्दा ब जाने दिगर अस्त
जीं जहानश चे ख़बर कू ब जहाने दिगर अस्त

अर्थात दिलजला आशिक़ ज़िन्दा तो रहता है लेकिन उसकी आत्मा दूसरे के हाथ में होती है, इस संसार की ख़बर उसे नहीं होती क्योंकि उसकी दुनिया दूसरी होती है।

दिल गिरफ़्तार व जिगर ख़स्ता व तने जार हुनूज़
ता चहा बरसरे मिस्कीने ज़बूँ ख़्वाहद आमद

अर्थात मेरा दिल इश्क़ में गिरफ़्तार हो चुका है और घायल हो रहा है, और अब तक शरीर कष्ट में है। पता नहीं इस लाचार दिल पर सम्भवतः कोई कठिनाई आने वाली है।

गर ब गोयम कि दरूने दिले मन पिन्हाँ चीस्त
ख़ुद बगोई व बदानी कि ग़मे हिजराँ चीस्त

अर्थात यदि मैं यह कहूँ कि मेरे दिल के अन्दर क्या छुपा है तो तू स्वयं यह कह देगा और जान जायेगा कि जुदाई का दुख क्या होता है।

न मोरा ख़्वाब बचश्म न मोरा दिल दरे दस्त
चश्म व दिल हर दो ब रुख़सार तू आशुफ़्ता व मस्त

अर्थात न मेरी आँखों में नींद है न मेरे हाथ में मेरा दिल है। मेरी आँख और मेरा दिल दोनों तेरे मुखड़े पर दीवाने हैं।

सद दिल अन्दर ज़ुल्फ़े शबगूँ सोख़्ता अस्त
गोईया दर शब चिराग़ अफ़रोख़्ता अस्त

दिल ब शमशीर जफ़ा ब शेगाफ़्ता अस्त
वाँ कि अज तीर मिज़ा बर दोख़्ता अस्त

अर्थात सैकड़ों दिल उस काली रात जैसी ज़ुल्फ़ों के कारण जल गये हैं, उसी प्रकार जैसे रात में चिराग़ जल रहे हों। यह दिल माशूक़ की यातनाओं और अत्याचार से फट गया है और उसकी पलकों के तीर से मेरा दिल छलनी हो गया है।

दर्दे दिलम रा तबीब चारा न दानिस्त
मरहम ईं रेश पारा पारा न दानिस्त

अर्थात मेरे दिल के दर्द की दवा वैद्य के पास नहीं है मेरे टुकड़े–टुकड़े ज़ख़्मों के लिए किसी के पास मरहम नहीं है।

ऐ दिल ग़मगीं मबाश कि जानाँ रसीद नीस्त
दर कामे तश्ना चश्मा ए हैवाँ रसीद नीस्त

अर्थात ए दिल! दुखी न हो, तुम्हें माशूक़ अवश्य मिलेगा। क्योंकि प्यासे होठों को अमृत मिल ही जाता है।

हर दिल कि दर तने ब हवा ए मुकय्यद अस्त
दिल नीस्त कि शाहिदे अन्दर नक़ाबा अस्त

अर्थात वह दिल जो शरीर के अन्दर बुरी इच्छाओं से घिरा हुआ है, वह दिल नहीं है। वह दिल क्या जिसके अन्दर वास्तविक माशूक़ पर पर्दा पड़ा हुआ हो।

ज़े ख़ूने दिल कि ब रुख़सार माजराये मनस्त
बखां ब लुत्फ़ कि दिबाचए वफ़ाए मनस्त

अर्थात यदि मेरे दिल का ख़ून मेरे चेहरे की कहानी बताने लगे तो उसको मज़े लेकर पढ़ना चाहिए, क्योंकि यह मेरी निष्ठा की किताब की प्रस्तावना है।

मोरा ब इश्क़ दिले ख़्वेश नीज़ महरम नीस्त
कि मी ज़नद दमे बेगानगी व हमदम नीस्त

अर्थात मेरा दिल मेरे इश्क़ का राज़दार नहीं है, वह इश्क़ से बेपरवाह है, मित्र नहीं है।

कुजास्त दिल कि ग़मत रा निहाँ तवानद दाश्त
ब सब्र कू शुद व ख़ुद रा बरा तवानद दाश्त

अर्थात ऐसा दिल कहाँ है, जो उसके दुखों को छुपाये रखता। वह सन्तोष करता और उसके अन्दर समाये रहता।

बया कि बे तू दिले ख़स्ता गर्के ख़ूँनाबस्त
मोरा न ताकते सब्र न ज़ोहराये ख़्वाबस्त

अर्थात ए माशूक़ अब आ जाओ कि तुम्हारे बिना मेरा दिल ख़ून में डूब चुका है। अब मुझमें शक्ति बाकी नहीं है और मेरी नींद भी उड़ चुकी है।

दिल तलबे काबा ए रूए तू कर्द
हल्काये आँ ज़ुल्फ़े परीशां कर्द

अर्थात दिल ने उसके चेहरे के काबा को बुलाया और उसकी बिखरी हुए ज़ुल्फ़ों के घुमावदार बन्धनों में फँस कर रह गया।

शुद अज़ इश्क़त दिलम ख़ून व जिगर अफ़गार व जाँ बर्बाद
कुजा या रब मोरा ई चश्मे ख़ूनीं बर रूख़्त उफ़्ताद

अर्थात तेरे इश्क़ में मेरा दिल ख़ून, जिगर लहुलुहान और आत्मा बर्बाद होकर रह गयी है। ऐ ख़ुदा मेरी ये ख़ूनीं आँखें कहाँ तेरे मुखड़े पर जा पड़ीं।

आँ दिल ब चे कार आयद काँ ख़ान–ए–तू नबूद
वां मूए चे बन्दद दिल गर खान–ए–तू नबूद

अर्थात वह दिल किस काम का है जिसमें तेरा घर न हो और उस ज़ुल्फ़ में गाँठ ही क्यों लगायी जाय, जिसमें तेरा घर न हो।

मन सोख़्ता इश्क़म तू दमे दमीम ऐ दिल
ईं सोख़्ता रा आख़िर आतिश हम अजीं ख़ेज़द

अर्थात मैं इश्क़ का जलाया हुआ हूँ, मगर ऐ दिल तू मेरी साँस की साँस है, देखना इस जली हुई चीज़ से आग भड़क उठेगी।

दिले आशिक़ चरा शैदा न बाशद
ब इश्क़ अन्दर जहाँ रुसवा न बाशद

दिले मारा शकेब अज जाँ न बाशद
वर अज़ जाँ बाशद अज़ जाँ न बाशद

अर्थात आशिक़ का दिल अपने माशूक़ का दीवाना क्यों न हो। वह अपने इश्क़ से दुनिया में बदनाम नहीं होगा। मेरे दिल को मेरी आत्मा से सन्तोष नहीं प्राप्त हो सकता और अगर आत्मा को धैर्य प्राप्त हो भी जाय, तो वास्तव में यह संयम आत्मा से न हो पायेगा।

वले कू चूँ तू दिलदारे नदारद
हर अहले इश्क़ मिकदारे नदारद

अर्थात तेरे जैसा दिलदार न हो, तो इश्क़ वालों के लिए ऐसे दिल का कोई मूल्य नहीं।

ऐ अहले दिल नख़ुस्त ज़े तर्के जाँ कुनीद
वाँ गहे नज़्ज़ारा दर रुखे आँ दिल सिताँ कुनीद

अर्थात ऐ दिल वाले, पहले अपनी आत्मा को आज़ाद कर ले फिर उस दिल लेने वाले के चेहरे पर नज़र डालना।

ख़ुसरो ने दिल के विषय पर एक पूरी ग़ज़ल कही है। देखिए–

रस्ता बूदम ब मन चन्द गह अज़ ज़ारीये दिल
अज़ नमक दाने तू शुद ताज़ा जिगर ख़्वारीये दिल

तू हमीं आयी व सद ग़ारते जाँ अज हर सू
दर चुनीं फ़ित्ना कुजा सब्र कुनद यारीये दिल

हर कसे बा दिल आज़ाद अजीं शहर गुजश्त
मन गिरफ़्तार ब मांदम ब गिरफ़्तारीये दिल

दिल गुनह कर्द कि आशिक़ शुद व निज़्दे ख़ूबां
न शवद अफू हमा उम्र गुनह गारीये दिल

वक़्ते अफ़ग़न नजरे जानिबे मन ऐ खुर्शीद
कि सियाह रूए ब मांदम ज़ि शबे तारीये दिल

वक़्त आनस्त कि दस्ते दही ऐ दोस्त ब लुत्फ
कि फ़रो रफ़्तम दर गिल ज़ि गिराँ बारीये दिल

इश्क़त अफ़गन्द मयाने मन व दिल बेज़ारी
बर रुख़ अज ख़ून निगर ईं कि ख़त बेज़ारीये दिल

मी शवद ज़ुल्फ़े तू ज़ि आसेबे नसीमे दरहम
बस कि बेताब शुद अज़ रहमते बिसियारीये दिल

इश्क़ गोयन्द कि कारे दिल बेदार बूअद
बहरा अम ख़्वाबे अज़ल ज़े बेदारीये दिल

अर्थात ऐ मेरे चाँद! कुछ देर के लिए मैं दिल के कष्टों से मुक्त हो गया था, परन्तु तेरे नमक छिड़कने से मेरे जिगर की जलन बढ़ गयी।

तू मेरे पास आता है, तो चारों ओर से मेरी आत्मा को चोट पहुँचती है। ऐसी बदनामी से दिल को शान्ति कैसे मिलेगी। इस बस्ती में हर आदमी स्वतन्त्र दिल लेकर गुज़र गया, परन्तु मैं अपने दिल के हाथों गिरफ़्तार हो गया हूँ। दिल ने ये गुनाह किया कि आशिक़ हो गया, मगर माशूक़ की ओर से गुनाह की माफ़ी पूरी ज़िन्दगी नहीं मिल पाती। ऐ मेरे चाँद! मेरी ओर भी कुछ देर के लिए अपनी दृष्टि कर ले क्योंकि मैं अपने दिल की रात के अँधेरेपन से और अधिक अँधेरे में डूब गया हूँ। अब समय आ गया है कि मेरा दोस्त मुझको सहारा दें, क्योंकि मैं अपने दिल के भारीपन के कारण मिट्टी में मिल गया हूँ। तेरे इश्क़ ने मेरे और मेरे दिल के बीच घृणा पैदा कर दी है। मेरे चेहरे पर ख़ून देख कर यही दिल की घृणा पहचान बन गयी है। तेरी ज़ुल्फ़ हवा के झोंके से बिखर जाती है और यह हवा मेरे दिल के दर्द की अधिकता से बेचैन हो गयी। इश्क़ कहता है कि दिल का वास्तविक कार्य चौकन्ना रहना है, लेकिन मैंने इस चौकन्ने दिल से मौत की नींद का फ़ायदा उठाया।

उपर्युक्त शेरों से अन्दाज़ा हुआ कि ख़ुसरो के अनुसार जब दिलों में इश्क़ हो तो ऐसा दर्द पैदा होता रहे कि फिर उसका कोई इलाज न हो। दिल और आँख के बीच ख़ून की नदियाँ बहती रहें। दुनिया में उसके लिए कोई ख़ुशी का अवसर न हो। ऐसे दिलजले आशिक़ की आत्मा दूसरों के हाथों में होती है, मगर उसी दिल के जलन से उसे आत्मीय प्रसन्नता प्राप्त होती रहती है।

इश्क़ की कथात्मक परम्परा को आगे बढ़ाते हुए ख़ुसरो की एक दूसरी ग़ज़ल नीचे प्रस्तुत की जा रही है, जिसमें उन्होंने इश्क़ की परम्परा के चरमोत्कर्ष का वर्णन करते हुए इश्क़ और आशिक़ी की भिन्न–भिन्न परिस्थितियों की व्याख्या अत्यन्त मार्मिक शैली में की है–

ऐ ज़ि सौदाये तू दर दिल रौनके बाज़ारे इश्क़
मरहमे जाँहाँस्त अज यादे लबत आज़ारे इश्क़

वे कि मी रफ़्ती ब पेशे आशिक़ाँ गम्ज़ा ज़नाँ
दीगराँ बिस्मिल शुदन्द व मन शुदम मुरदारे इश्क़

मन बदाँ नज़रम कि गर मीरम ब सोजम ब निगरी
बीं कि चूँ मन चंद कस मुरदस्त दर बाज़ारे इश्क़

तेग़े ख़ुद ब गुज़ार ता दामे तू ब गुजारम अजाँक
दामे माशूक़ अस्त सर बर गरदने अय्यारे इश्क़

अज दुआयत मन चूँ ऐ ज़ाहिद न गश्तम नेक बख़्त
तू बया बारे चू मन बदबख़्त शू दरकारे इश्क़

आँ कि बेदारिश बहरे ख़्वाबे ख़ुश बा शाहिद अस्त
शाहिदश वाँ आँ कि हक अस्त ईं चुनीं बेदारे इश्क़

ख़ुसरूआ बा जान व दिल हम किस्साए जानाँ मगोय
ज़ा कि नतवां गुफ़्त बा ना महरमा असरारे इश्क़

अर्थात इश्क़ के पागलपन से ही इश्क़ के बाज़ार में चमक पैदा होती है। इश्क़ के रास्ते में जो कठिनाई आती है, और दुख सहन करना पड़ता है, वह आशिक़ की घायल आत्मा के लिए मरहम का काम करता है। वास्तविकता यह है कि इश्क़ के रास्ते में घायल न हों बल्कि अपने आप को मिटा दें। अगर इश्क़ की तड़प में आप की जान निकल गयी तो आप अमर हो गये। इश्क़ की पहचान की कसौटी यह है कि आशिक़ के व्यक्तित्व पर उसके प्रियतम के व्यक्तित्व की छाया बनी रहे। इश्क़ के रास्ते से रोकने वाले उपदेशक से कहा गया है कि मैं तो तेरे कहने से सद्गुणी नहीं हो पाया क्यों न तू मेरी तरह दुर्गुणी हो जाते हो। प्रियतमा से भेंट करके सो जाने से अच्छा है कि उसकी भेंट की इच्छा में निरन्तर जागरण किया जाय। ख़ुसरो कहते हैं कि आशिक़ को इश्क़ का भेद किसी पराये पर नहीं खोलना चाहिए। केवल पराये पर ही नहीं बल्कि अपनी आत्मा और हृदय पर भी अपने इश्क़ का भेद खोलना प्रतिबन्धित है। यह इश्क़ का उच्चतम मापदण्ड है।

ऊपर ख़ुसरो की इश्क़ के विषय पर जो ग़ज़ल प्रस्तुत की गयी है, उससे उनकी आध्यात्मिकता का अन्दाज़ा भली–भाँति हो जाता है। उनके अनुसार इश्क़ अर्थात ईश्वरीय प्रेम ऐसा है जो आग की तरह आत्मा में सुलगता रहता है। इश्क़ का दुख नये जीवन पर छाया हुआ है। जीवन का समस्त सौन्दर्य इश्क़ के खेल में महसूस होता है। उसमें जितनी समस्याएँ बढ़ती हैं उससे इश्क़ और भी मज़ेदार हो जाता है। इश्क़ के हाथों आत्मा गिरफ़्तार हो जाये और ज़बान गूँगी होकर रह जाय। इश्क़ की समस्याओं

में आँखें आँसुओं से भरी रहें मगर आँसू बाहर न निकलें। इश्क़ ऐसा हो कि उसमें आत्मा या दुख समाने का प्रयत्न करे तो उसे उसमें स्थान ही न मिल सके। इश्क़ ही धर्म हो जाय। इश्क़ ही जुनून हो जाये। इश्क़ में मिलने की इच्छा पैदा ही न हो। वियोग ही में इश्क़ का मज़ा मिले। इश्क़ में दिल ख़ून से लथपथ हो जाय। जिगर घायल और आत्मा बर्बाद हो जाय, तो समझो इश्क़ में सफल हो गये। इश्क़ का राज़ उसमें है कि आशिक़ ख़ाक में मिल जाय और उसकी आत्मा कूड़ेदान में बदल जाये। ग़मे इश्क़ में आत्मा पर लापरवाही छायी रहे अगर दिल पर गहरी चोट लगी हो तो आशिक़ को उस पर दवा लगाने की चिन्ता ही न हो बल्कि दिल क़बाब की तरह भुनता रहे। अगर दिल में इश्क़ नहीं तो वह आदमी का दिल नहीं पत्थर है। इश्क़ परलोक में आराम का माध्यम है। इश्क़ स्वार्थ के लिए न हो। इश्क़ में माशूक़ को पाने की इच्छा का अर्थ यह है कि आप माशूक़ को पा लेने के लिए इश्क़ कर रहे हैं। जिसे इश्क़ की पहचान होगी वह स्वयं से भी बेपरवाह हो जायेगा। इश्क़ की वास्तविक सफलता मंसूर बन कर फाँसी पर लटक जाने में है। अगर कोई इश्क़ से ही नाराज़ हो तो उसकी रियाज़त और इबादत सब बेकार है। इश्क़ में वही सफल होगा जो अपनी जान आग में तपा देगा।

इश्क़ की विविधता की प्रस्तुति में ख़ुसरो प्रायः पीछे हट जाते हैं तो कभी इश्क़ का इलाज भी नहीं चाहते। वह कहते हैं कि इश्क़ की आग में मनुष्य का मर जाना ही सफलता है। जब वह यह कहते हैं कि इश्क़ की वास्तविक सफलता यह है कि आदमी मंसूर की तरह फाँसी पर लटक जाये तो जैसे वह यह कहना चाहते हों कि इश्क़ की जो मस्ती है उसी का नाम 'वहदतुल वजूद' है। जिसको उन्होंने दार्शनिक अन्दाज़ में नहीं बल्कि शायराना अन्दाज़ में प्रस्तुत किया है। फिर उसी मस्ती में वह कह उठते हैं–

क़ाफ़िरे इश्क़म मुसलमानी मोरा दरकार नीस्त

अर्थात मैं इश्क़ का काफ़िर हूँ। मुझे मुसलमानी से क्या वास्ता।

इसको उनकी बेपरवाही में नहीं गिना जा सकता। यह वास्तव में उनके ईश्वरीय प्रेम का मस्ती भरा नारा है। उनके यहाँ इश्क़ की वही धारणा और परिकल्पना है जो ख़्वाजगाने चिश्त के यहाँ मौजूद है। ख़ुसरो ने हज़रत फ़रीदुद्दीन गंजशकर और ख़्वाजा निज़ामुद्दीन औलिया के सिद्धान्तों को अपनी शायरी में कुछ अधिक आकर्षक, सुन्दर और प्रभावशाली शैली में प्रस्तुत किया है।

इश्क़ और अक़्ल (बुद्धि)–ख़ुसरो की कविता में इश्क़ और अक़्ल एक–दूसरे से घुले–मिले नज़र आते हैं। परन्तु उनके यहाँ इश्क़ की मस्ती की इतनी अधिकता है कि अक़्ल उसके नीचे दब कर रह जाती है। वह प्रत्येक दशा में इश्क़ को बुद्धि पर प्राथमिकता देते नज़र आते हैं। वह कहते हैं–

दिले दारम कि माँदा अस्त अज़ पये इश्क़
ख़िरद जोई बराये आँ न माँदा अस्त

अर्थात मैं ऐसा दिल रखता हूँ जो इश्क़ के पीछ–पीछे भागा फिरता है। अब उसके लिए बुद्धि की आवश्यकता नहीं रह गयी है।

इसी बात को दूसरी प्रकार दुहराते हैं–

मलामत मी कुनद मारा ख़िरद दर इश्क़ वरज़ीदन
दिले आशिक़ कुजा कौले ख़िरद रा मोअतबर गीरद

अर्थात हमको इश्क़ करने पर बुद्धि डाँटती–दुत्कारती रहती है। मगर आशिक़ के दिल में बुद्धि की बात का कोई सम्मान नहीं होता है।

ख़ुसरो इश्क़ को राजा का दर्जा देते हैं और स्वयं को उसका दास कहते हैं, इन दोनों के बीच में बुद्धि का कोई महत्त्व नहीं होता है। देखिए–

मने मिस्कीन ग़ुलामे इश्क़म ए अक़्ल अज़ सरम बगुज़र
कि ईं सुल्ताँ तुरा दरकार ख़ुद महरम नमी बीनद

अर्थात मैं इश्क़ का एक अदना दास हूँ। ऐ अक़्ल मेरे सिर से दूर हो जा। इश्क़ ऐसा राजा है कि वह अपने काम में मुझको अपने राज़दार के रूप में देखना पसन्द नहीं करता।

अमीर ख़ुसरो इश्क़ की विशेष सभा में बुद्धि को पराया मानते हैं। इसलिए कहते है–

दर दिल चू बूअद इश्क़ न गुंजद खिरद व अक्ल
दर मजलिसे ख़ासे मलिके अग़ियार न गुंजद

अर्थात जब दिल में इश्क़ हो, उसमें बुद्धि का स्थान ही नहीं रहता। इस विशेष सभा में परायों की क्या आवश्यकता।

ख़ुसरो ईश्वरीय प्रेम की मादकता व प्रसन्नता में बुद्धि की बिल्कुल ही आवश्यकता नहीं समझते–

ख़ूशम बा इश्क़े तू बेअक़्ल व बेजाँ
न गुंजद दरमियाने बेगानए चन्द

अर्थात मैं तेरे इश्क़ में प्रसन्न हूँ, जिसके बाद बुद्धिविहीन और मृतप्राय हो गया हूँ। अब मेरे और इश्क़ के बीच बुद्धि जैसी अनजानी वस्तु की आवश्यकता ही नहीं है।

ख़ुसरो इस बात को मानते थे कि बुद्धिमान लोगों के पास दिल नहीं होता दिमाग़ होता है परन्तु ईश्वरीय प्रेम में मस्त रहने वाले लोग अपने ऊपर बुद्धि का प्रभुत्व पसन्द नहीं करते–

दिले दीवानगाँ आकिल न गरदद
सरे शोरीदगाँ सामाँ न ख़्वाहद

अर्थात बुद्धिमान लोग दीवानों की तरह दिल नहीं रखते हैं। इश्क़ में जो दीवाने होते हैं, उन्हें सम्पत्ति नहीं चाहिए।

वे इश्क़ को एक पहाड़ समझते हैं और बुद्धि को केवल घास–फूस मानते हैं–

इश्क़ रा आँ कू सिपर साज़ दर्व ज़े अक्ल
दफ़ा कोहे राब काहे मी कुनद

अर्थात कौन है जो इश्क़ को बुद्धि की ढाल बना सकता है। क्या पहाड़ के मुकाबले घास–फूस खड़ा किया जा सकता है।

वह तो ईश्वरीय प्रेम की मादकता में न केवल मस्तिष्क, बुद्धि बल्कि दिल से भी बेगाना होकर रहना पसन्द करते थे–

इश्क़ आमद व दिल ज़ि दस्ते मा बेरवद
तदबीरे ज़ि अक़्ले मुब्तला बेरवद

अर्थात इश्क़ हुआ तो दिल मेरे हाथ से निकल गया। इस दौरान बुद्धि की सारी रणनीति व्यर्थ हो गयी।

इश्क़ और बुद्धि की आपसी लड़ाई बहुत प्रसिद्ध है। दर्शन की सारी शक्ति बुद्धि पर ख़र्च होती है। अध्यात्म और भक्ति में सारा करिश्मा और जलवा इश्क़ में दिखायी देता है। दार्शनिकों के यहाँ बुद्धि वास्तविक वस्तु है, उनके अनुसार दुनिया की प्रत्येक वस्तु बुद्धि के इर्द–गिर्द घूमती रहती है। उनका विचार है कि स्वयं ईश्वर भी केवल बुद्धि के कारण अस्तित्व में है, और वह स्वयं बना हुआ है। वर्तमान दौर का समस्त वैज्ञानिक शोध बुद्धि के दायरे में हो रहा है। वैज्ञानिकों का कहना है कि वह अपनी बुद्धि से मंगल, चाँद और अन्य ग्रहों तक पहुँच रहे हैं। परन्तु सूफ़ियों का मत उनसे भिन्न है। विश्व की प्रत्येक वस्तु को वैज्ञानिक शोध और बुद्धि के द्वारा जीता जा सकता है। मनुष्य हवा में उड़ सकता है, पानी पर अधिकार

जमा सकता है, सूर्य और चन्द्रमा तक भी पहुँच सकता है, परन्तु लोक–परलोक में कुछ ऐसे भेद हैं, जिनको बुद्धि के द्वारा स्पष्ट नहीं किया जा सकता। मनुष्य अपनी बुद्धि से अग्नि, वायु, जल और पृथ्वी की समस्त विशेषताएँ और भेद की जानकारी प्राप्त कर सकता है, परन्तु बुद्धि यह बताने में असमर्थ है कि यह तत्त्व कैसे अस्तित्व में आये, या इनकी वास्तविकता क्या है। आख़िर दुनिया में जो आध्यात्मिक और धार्मिक क्रान्ति ने जन्म लिया, उसकी वास्तविकता क्या है। इसलिए खिज्रे राह, गुलज़ारे खलील, शोला–ए–तूर, यदे बैजा, दमे ईसा और नूरे मोहम्मदी की व्यापकता भी बुद्धि के दायरे से बाहर है। ईशदूतों prophets के द्वारा जो धार्मिक और आध्यात्मिक क्रान्तियाँ की गयीं, उन्हें भी बुद्धि अपनी सोच के दायरे में नहीं ला सकती। रात के पिछले पहर के जागरण से मनुष्य के मस्तिष्क में जो खिड़कियाँ खुलती है, वह क्या है। यह भी बुद्धि की सोच और समझ से परे है, परन्तु यह सारी बातें इश्क़ के माध्यम से समझी जा सकती हैं, और समझी जाती रहेंगी। जहाँ बुद्धि शंका और आशंका में घिर जाती है, वहाँ से इश्क़ में स्थायी विश्वास जन्म लेना प्रारम्भ कर देता है।

इश्क़ और बुद्धि की बहस सैद्धान्तिक, वैचारिक और व्यावहारिक रूप से होती रही है। ख़ुसरो के यहाँ अगर यह बहस सैद्धान्तिक और वैचारिक रूप से होती है, तो उस पर उनका व्यावहारिक पक्ष भी प्रभावी रहता है। वह अपने व्यक्तिगत अनुभवों को अपनी कविता के माध्यम से लोगों के सामने प्रस्तुत करते रहते हैं। और यह विश्वास से कहा जा सकता है कि इश्क़ दिल और बुद्धि पर उन्होंने जो कुछ कहा है, वह उनकी हृदय अग्नि की चिनगारियाँ भी हैं, जो उनके आध्यात्मिक गुरु की संगत में और अधिक भड़क उठती थीं।

मानवतावाद–तसव्वुफ़ मानवता के उच्च आदर्शों का पालन करने पर बहुत बल देता है। यही कारण है कि ख़ुसरो की कविता में मानवता के ऊँचे आदर्शों का वर्णन बार–बार हुआ है और उसकी शैली भी निराली है। ख़ुसरो कहते हैं–

ए ज़ि अज़ल गौहरे पाक आमदा
गौहरे तू ज़ेवरे ख़ाक आमदा

अर्थात मनुष्य पवित्र मोती है और इस दुनिया का आभूषण है।

आईना जीं गुना कि दारी ब जंग
आह हज़ार आह कि दारी ब ज़ंग

अर्थात अगर मनुष्य की लापरवाही से मानवता का आईना धुँधला हो जाय तो अफ़सोस कि यह पूरी दुनिया के लिए अत्यन्त दुख का विषय होगा।

ऊपर ख़ुसरो ने मानवता पर जो विचार व्यक्त किये हैं उनसे बढ़ कर मनुष्य के लिए कोई आकर्षक सन्देश नहीं हो सकता। अध्यात्म उसी प्रकार की मानवता को सँवारने का कार्य करता है, और जब मनुष्य उसी प्रकार की सँवरी हुई मानवता का परिचय देता है तो ख़ुसरो कहते हैं–

नै गुलम नै बलबुलम नै शमा व नै परवाना अम
आशिक़े हुस्ने ख़ुदम बर हुस्ने ख़ुद दीवाना अम

अर्थात न मैं फूल, न बुलबुल, न शमा, मैं अपनी सुन्दरता का आशिक़ और उसी का दीवाना हूँ।

सुन्दरता के आशिक़ का यह हाल है कि वह स्वयं अपने सौन्दर्य पर मोहित है।

नैतिक शिक्षा–आध्यात्म दिल के अन्तः ज्ञान के साथ–साथ बाह्य नैतिकता को भी उत्कृष्ट बनाने पर बल देता है। इसलिए ख़ुसरो की कविताओं में नैतिक सन्देश भी मौजूद है और उच्च आदर्श से भी ओत प्रोत है। वह अपने समय के प्रत्येक वर्ग की नैतिकता के लिए सन्देश छोड़ते हैं। वह मनुष्य के चरित्र में अच्छे स्वभाव और अच्छे व्यवहार की इच्छा रखते हैं। यही कारण है कि वे लोगों के स्वभाव को ठीक करने के लिए, सहदय अपील करते हैं। वह अपने समय के बादशाहों, दरबारियों, वज़ीरों, सेना के सिपाहियों और आम लोगों को भी नैतिकता का पाठ पढ़ाते दिखायी देते हैं और सबसे बड़ी बात यह है कि वह नौजवानों को अच्छे और कुशल भारतीय नागरिक होने के लिए भी सलाह देते हैं। वह लोगों से कहते हैं–

हिल्म व सुकूँ सीरते फ़रज़ानगी अस्त
खशम व ग़ज़ब माया ए दीवानगी अस्त

अर्थात आम नागरिक को मर्यादित और कोमल प्रवृत्ति का होना चाहिए। धैर्य और संयम ही व्यक्तित्व में निखार पैदा करता है। क्रोध और घृणा पागलपन है।

दीं ज दयानत शवद आरास्ता
खाइन अज अदबार शवद कास्ता

अर्थात लोगों को सत्यता के पथ पर चलना चाहिए। इससे चारों ओर धर्म का बोलबाला होगा। भ्रष्टाचार से समाज पर बोझ बढ़ता है।

हेच बदीं दर दिल व जाँ बदाँ
चूँ हसद व ख़शम व बख़ील मदाँ

अर्थात ईर्ष्या क्रोध और कंजूसी सारी बुराइयों की जड़ है।

ख़ुसरो एक आदर्श भारतीय नौजवान में कई प्रकार की विशेषताएँ गिनाते हैं। उसका वर्णन करते हुए वह नसीहतें भी करते हैं–

चूँ शेराँ दर शिकार अन्दाज़ मस्ती
चू ख़ूक व सग मकुन शहवत परस्ती

अर्थात एक नौजवान को शेर की भाँति होना चाहिए, जो अपने शिकार के साथ मस्त रहता है। सूअर और कुत्ते की तरह ईर्ष्यालु नहीं होना चाहिए।

बताअत कोश चूँ रौशन ज़मीराँ
मकुन कारे कि न पसन्दद पीराँ

अर्थात उसकी आत्मा प्रकाशमान होनी चाहिए। उसे कोई ऐसा कार्य नहीं करना चाहिए कि जो उसके घर के बूढ़ों को पसन्द न हो।

अगर ख़्वाही नकू बाश नकू बाश
हमेशा रास्त गारी व रास्त गो बाश

मितरस अज़ तोहमत गो रस्त गारस्त
कि मर्द अज़ रास्त गारी रस्त गारस्त

अर्थात वह हमेशा सत्य बोले, अगर सत्य बोलने पर भी उसे बदनाम किया जाय, तो वह उसकी परवाह न करे सत्यवादिता में ही उसकी सत्यता है।

ब नाने सब्र करदन बादशाहिस्त
दवीदन दरपये गंजे गदाइस्त

अर्थात एक रोटी पर सन्तोष कर लेना ही वास्तविक सत्ता है। धन–सम्पत्ति के पीछे भागना भिखारीपन है।

मबाश अज़ बहर तख़्त व ताज मोहताज
ज़मीन रा तख़्त दां व चर्ख़ रा ताज

अर्थात राजपाट के पीछे भागना अनुचित है। उसे धरती को अपना सिंहासन और आकाश को मुकुट समझना चाहिए।

ज़े हाजत पेश दर दुनिया मजू चीज़
वगर्ना जस्तायाबी रद मकुन नीज़

अर्थात वह भिखारी बन कर दुनिया की किसी वस्तु की माँग न करे। अगर बिना ढूँढ़े उसे कोई वस्तु प्राप्त होती है, तो उसे इनकार भी न करे।

चू गर्द व अब्रे दौलत बर तू दुरबार
फेरोतन बाश हम चूँ शाखे गुलनार

अर्थात अगर धन का बादल उसके ऊपर मोती की वर्षा करे तो वह गुलनार की डाली की तरह झुका रहे।

चूँ पीलाँ बाश पेशानी कुशादा
कि चूँ मोर कज़ बरसीना दादा

अर्थात नौजवानों को हाथी के मस्तक की तरह फैल कर रहना चाहिए न कि चींटियों की तरह सिमट कर।

(**स्रोत** : सूफ़ी अमीर ख़ुसरो, सैयद सबाहुद्दीन अब्दुर्रहमान दारूल मुसन्निफीन, मआरिफ़ प्रेस, आज़मगढ़–1980)

सन्दर्भ सूची

1. इसरारूल औलिया मलफ़ूज़ात हज़रत फ़रीदुद्दीन गंजशकर पृ. 4, 6, 8, 49 और 51, बज़्मे सूफ़िया, सम्पादन सबाहुद्दीन अब्दुर्रहमान, पृ. 179–80
2. बज़्मे सूफ़िया–सबाहुद्दीन अब्दुर्रहमान, तीसरा संस्करण पृ. 295–298
3. अफ़ज़लुल फ़वायद हस्त पाण्डुलिपि संग्रह–दारूल मुसन्निफ़ीन, आज़मगढ़।
4. सियरूल औलिया–मल्फ़ूज़ान हज़रत शेख़ निज़ामुद्दीन औलिया पृ. 301

खुसरो काल में दिल्ली का सामाजिक व राजनीतिक परिदृश्य

प्रो. सैयद अतहर अब्बास रिज़वी

हज़रते देहली कनफ़े दीन व दाद
जन्नते अदनस्त के आबाद बाद

गर शुन्वद क़िस्सए ईं बोस्ताँ
मक्का शवद ताइफ़े हिन्दुस्ताँ

कुब्बाए इस्लाम शुदाह दर जहाँ
बस्ताए उ कुब्बाए हफ़्त आसमाँ

अर्थात श्रीमन् दिल्ली के धर्म और न्याय की प्रसिद्धि चहुँओर फैली हुई है। यह अदन देश का स्वर्ग है, इसके सौन्दर्य की कहानियाँ सुन–सुन कर मक्का भी हिन्दुस्तान की परिकर्मा करने लगा है। यह अपनी विशेषतओं के कारण इस्लाम का केन्द्र बन चुका है।

उपर्युक्त अश'आर अमीर ख़ुसरो की मसनवी 'किरानुस्सादैन'[1] से लिए गये हैं, इनमें सुल्तान मुईज़्ज़ुद्दीन कैकुबाद के काल की दिल्ली की झलकियाँ प्रस्तुत की गयी हैं। राजधानी दिल्ली की चारों सीमाएँ उन दिनों बहुत लम्बी–चौड़ी थीं, जहाँ भिन्न–भिन्न वर्गों और समुदायों के लोग निवास करते थे। उनमें विशेष रूप से उलेमा, सूफ़िया, सभ्य और कुलीन वर्गीय लोग सम्मिलित थे। सुल्तान और उनके बड़े अधिकारी यद्यपि तुर्क थे, परन्तु सत्ता के शीर्ष पर उलेमा का विशेष प्रभाव था। महमूद काशग़री 'दीवाने लुग़ाते तुर्की' में लिखता है, "मैंने देखा कि हिन्द में तुर्कों का सितारा बुलन्दी पर है, और ईश्वर ने उनको सत्ता में शक्तिशाली स्थान दे रखा है। लोगों का भाग्य उनके हाथ में है। इसलिए मुझे उनकी हानि से बचने और लाभ प्राप्त करने के लिए, इससे अच्छा कोई रास्ता दिखायी

नहीं दिया, कि उनकी भाषा और शब्दकोश को सीखा जाये, और उसी को बातचीत का माध्यम बनाया जाये।"[2]

छठीं और सातवीं शताब्दी ईस्वी में तुर्की क़बीलों का मध्य एशिया और पूर्वी ईरान में फैलने का कारण युद्ध सम्पत्ति और गर्मी में चरागाहों की आवश्यकता था। ईरान में उनकी रुचि का कारण धर्म इस्लाम भी था, जिसे उन्होंने धीरे–धीरे अंगीकार कर लिया था, और फिर अब्बासी ख़लीफ़ा अलमंसूर ने नौजवान तुर्क ग़ुलामों को नगर में बसाना प्रारम्भ कर दिया। जब ख़लीफ़ा अल–मुअत्सिम का समय आया तो उसने तुर्कों में विशेष रुचि ली और समरकन्द व बुख़ारा से हज़ारों तुर्क ग़ुलाम मँगवाये। उन्हें सेना में भर्ती किया। उन्हें योग्यता के अनुसार महल और दरबार की सुरक्षा में नियुक्त किया। इस प्रकार धीरे–धीरे अब्बासी शासनकाल में तुर्की ग़ुलामों की संख्या और शक्ति में दिन दूनी रात चौगुनी बढ़ोतरी होती गयी। अब्बासियों को तुर्कों के माध्यम से खुरासानी सेनाओं को सन्तुलित रखना था, क्योंकि उन पर विश्वास नहीं किया जा सकता था। जब अब्बासियों की सत्ता क्षीण होने लगी, उस समय तुर्क ग़ुलामों को पूर्वी ईरानी कुलीन जो बाद में सुल्तान भी हुए, जैसे खुरासान के ताहिरिया 821–873, सेस्ताँ के सफ़ारिया 867–1495 इत्यादि, अपने नज़दीक करते गये, यहाँ तक कि उनकी स्थिति घरेलू चाकरों से बहुत आगे बढ़ गयी, और वह सल्तनत के कार्यों में भागीदार बनाये जाने लगे। ये तुर्क ग़ुलाम और सिपाही सल्तनत के रखवाले और अत्यन्त वफ़ादार होते थे। कुछ सुल्तान तो यौन सम्बन्धों के शौक़ में भी उन्हें अपने साथ रखते और कुछ उनके साथ पुत्रवत और नज़दीकी सम्बन्धी जैसा व्यवहार करते थे।[3] कई तुर्की ग़ुलामों को सम्पत्ति और स्वामित्व के अधिकार भी प्राप्त थे, यहाँ तक कि उनमें से कुछ कमांडर जनरल बने और फिर स्वतन्त्र सुल्तान हो गये। अलप्तगीन 955 का उदाहरण सामने है, जो खुरासान के सामानियों का जनरल था। फिर उसने गजनी में एक छोटी–सी सल्तनत स्थापित कर ली, और सलातीने ग़ज़नवी की वंशावली का संस्थापक हुआ। एक समय ऐसा आया कि यही तुर्क तलवार का धनी प्रसिद्ध हुआ और उससे शासक और प्रजा दोनों डरे रहने लगे। ये लोग मसलके इमाम हनीफ़ा कूफ़ी के पैरोकार थे। हनफी मसलक का स्वयं कड़ाई से पालन करते और उसके प्रचार व प्रसार में भी रुचि दिखाते थे। चतुर ईरानियों ने उनको समझा रखा था, कि जब तक तुर्कों की तलवार में शक्ति है, हनफी मसलक को कोई समाप्त नहीं कर सकता।[4]

हिन्दुस्तान में ये तुर्क क़बायल केवल शक्तिशाली और दूरदृष्टि वाले सुल्तानों जैसे इल्तुतमिश के दबाव में रहे, परन्तु कमज़ोर सुल्तान उन्हें अपने अधिकार में कभी नहीं रख सके।

गुलाम और शासक

तुर्कों की प्रचण्ड नस्लीय श्रेष्ठता का उभार गयासुद्दीन बलबन के समय में हुआ। उसने बदले की भावना से ही सुल्तान बनने के पूर्व सुल्तान नासिरूद्दीन महमूद की सत्ता पर अपरोक्ष रूप से सम्पूर्ण अधिकार कर लिया था। उस समय तुर्कों और हिन्दुस्तानी नेतृत्व ने उसके प्रभाव को कम करने का भरसक प्रयास किया, परन्तु वे लोग उसमें सफल नहीं हुए। सुल्तान बन जाने के उपरान्त बलबन ने उन्हें पूरी तरह कुचल देना चाहा। अलाउद्दीन ख़िलजी के शासनकाल में तुर्कों की नस्लीय श्रेष्ठता की चेतना लगभग समाप्त कर दी गयी। उनका प्रसिद्ध जनरल मलिक काफूर, जिसने देवगीर और अन्य युद्ध अभियानों में अतुलनीय प्रदर्शन किया, वो तुर्क नहीं बल्कि एक हिन्दुस्तानी ग़ुलाम था। बरवार क़बीले का एक अन्य स्थानीय ग़ुलाम सुल्तान कुतुबुद्दीन मुबारक़ शाह के शासनकाल में सामने आया, जिसका नाम हसन था। वह इतिहास में ख़ुसरो खाँ के नाम से प्रसिद्ध हुआ। सुल्तान मुबारक़ शाह के साथ उसके अन्तरंग सम्बन्धों और अपने आश्रयदाता की हत्या करके राजसिंहासन पर अधिकार कर लेने का आदर न किया जाये, तो दक्षिण हिन्दुस्तान में उसकी सैनिक सफलता की उपेक्षा नहीं की जा सकती। यद्यपि उस समय और बाद के इतिहासकारों ने उसे और उसके क़बीले बरवार को घृणित और इस्लाम विरोधी बताया है, परन्तु सच्चाई यह है कि अगर वह ग़ाज़ी मलिक तुग़लक़ के सामने युद्ध में सफल हो गया होता तो शायद हमारे कवि अमीर ख़ुसरो ही उसके लिए 'ख़ुसरो नामा' लिख डालते।

ख़ुसरो खाँ (मृत्यु 1320) के समय में राजधानी दिल्ली बर्नी के अनुसार तीन वर्गों में विभक्त थी। एक तो मुसलमानों का बड़ा गिरोह था, जो ख़ुसरो की नौकरी में न होते हुए भी उनका पक्षधर और समर्थक था। कम और अधिक एक दूसरा गिरोह था, जिसमें उनके कर्मचारी, व्यापारी और शिल्पकार थे। तीसरा गिरोह द्वयवादियों का था। वे पीठ पीछे ग़ाज़ी मलिक की सहायता कर रहे थे। इन द्वयवादियों को बर्नी ने निष्ठावान मुसलमानों का गिरोह कहा है।

शेख़ निज़ामुद्दीन औलिया सूफ़ियों के अन्दरूनी मामलों में बेजा दख़लअन्दाज़ी के लिए कुतुबुद्दीन मुबारक को नापसन्द करते थे। उन्होंने ख़ुसरो खाँ की भेजी एक बड़ी राशि स्वीकार कर ली थी।[6] ऐसा प्रतीत होता है कि बरवार क़बीला अलाउद्दीन ख़िलजी ही के शासनकाल में अपनी वीरता और युद्ध कौशल में प्रवीणता के कारण तुर्की सेना में सम्मिलित हुआ था। ख़ुसरो खाँ जिसने नासिरूद्दीन की उपाधि धारण कर ली थी, उसके सीमित शासनकाल में हिन्दू अपने धर्म की वापसी के लिए स्वतन्त्र हो गये थे, और मुसलमानों के किसी सम्प्रदाय पर भी कोई पाबन्दी नहीं थी। आश्चर्य है कि नये इतिहासकार और उनके पूर्व के लोग ग़ाज़ी मलिक और ख़ुसरो खाँ के बीच युद्ध का कारण हिन्दू–मुसलमान बताते हैं। यद्यपि वास्तविकता यह है कि यह एक राजनीतिक और सत्ता पर अधिकार कर लेने का युद्ध मात्र था, और दोनों पक्ष भावनाओं को भड़काने और अधिक–से–अधिक सहायता प्राप्त करने के लिए नारेबाज़ी से काम ले रहे थे। दोनों सेनाओं में सभी धर्मों और सम्प्रदायों के सिपाही सम्मिलित थे और ग़ाज़ी मलिक तुग़लक़ की सफलता भाग्य पर आधारित थी। उस समय की सामाजिक, राजनीतिक और आर्थिक परिस्थितियाँ इतिहासकारों के वर्णनों के अनुसार संक्षिप्त रूप से यूँ है–

तुर्की के उच्च कुलीन वर्ग में मनोवैज्ञानिक इच्छाओं का दबदबा था। अय्याशी और बदमस्ती भी आम बात थी। मद्यपान विशेष रूप से प्रचलन में था। अलाउद्दीन के शराब पर पाबन्दी का प्रभाव समाप्त हो गया था। उधर ईरान के बूया अमीर अज़दुद्दौला ने वेश्यावृत्ति को क़ानूनन वैध कर दिया था, और नूरूद्दीन मुबारक ग़ज़नवी ने भी गुंडों के डर और मुस्लिम महिलाओं की सुरक्षा के उद्देश्य से उसे उचित ठहराया था।

मुसलमानों में ऊँच-नीच

तुर्कों में वर्गीय बँटवारा सासानियों का विकसित रूप था। इसमें उच्च कुलीन वर्ग, शाही परिवार और सेना के लोग सम्मिलित थे। उसके बाद धार्मिक प्रतिनिधियों का, फिर बौद्धिक व दार्शनिक, और चौथा वर्ग किसानों और शिल्पकारों का था। तुर्क हिन्दुओं की जात–पाँत के बँटवारे से भी अधिक प्रभावित थे। अन्तर केवल इतना था, कि हिन्दुओं में ये बँटवारे धार्मिक आधार पर होते थे, और तुर्कों में आर्थिक और सामाजिक आधार पर बँटवारा हुआ था।[6]

दिल्ली और लाहौर के विकास और विस्तार में किसी प्रकार की कोई योजना सम्मिलित नहीं थी। यहाँ ईरानी ढर्रे के अनुसार समाज के विभिन्न स्तर के लोग अलग–अलग मुहल्लों में बसते थे। फिर भी दिल्ली के बारे में हमारी जानकारी उचित और ठोस आधार पर नहीं है। चौदहवीं शताब्दी की राजधानी दौलताबाद में भी मकानों और मुहल्लों का नक़्शा वैसा ही था, जिसकी व्यवस्था मुहम्मद बिन तुग़लक़ ने की थी। 'मसालिकुल अबसार' का लेखक शिहाबुद्दीन उमरी लिखता है–

"प्रत्येक वर्ग के लिए अलग–अलग स्थान निश्चित था। सेना के लिए अलग, इसी प्रकार शेख़ और फ़क़ीर और व्यापारी और शिल्पकार की अलग–अलग विशेष आबादियाँ थीं। प्रत्येक स्थान पर मस्जिदें स्नानागार और बाज़ार थे, और किसी को दूसरे स्थान पर जाने की आवश्यकता नहीं पड़ती थी। परन्तु दिल्ली में ऐसा नहीं था। वहाँ बाज़ार, मस्जिदें प्रशासनिक अधिकारियों और उच्च कुलीन वर्ग के लोगों के भवन संयुक्त रूप से बनाये गये थे, केवल नव मुस्लिम मंगोलों को ही अलग ठिकाना दिया गया था।"[8]

बारहवीं और तेरहवीं शताब्दी के ईरान में सासानियों के वर्गीकरण के प्रभाव मौजूद थे। शिल्पकारों और व्यवसायियों की कमेटियाँ भी थीं, जैसे 'असनाफ़' 'फ़ुतुवत' और 'अखी' इत्यादि। परन्तु हिन्दुस्तान में धन–दौलत और युद्ध सम्पत्ति की निरन्तर आय के कारण व्यापारी और दस्तकार वर्गों में कभी मिलाप न हो सका, और भेदभाव बना रहा। नव मुस्लिम ग़ुलामों की बड़ी संख्या यद्यपि शाही कारख़ानों में काम कर रही थी। परन्तु शिल्पकार और उद्यमियों को सामाजिक वर्गीकरण में विकास की आज्ञा नहीं दी गयी थी। ग़रीब मुसलमान जिनका आधार छोटे–मोटे व्यवसाय और व्यापारियों पर निर्भर था, उनकी गिनती समाज के सबसे पिछड़े वर्ग में होती थी।

अलाउद्दीन ख़िलजी का मूल्य नियन्त्रण का क़ानून जनहित में नहीं था, क्योंकि मज़दूरी बहुत कम और सीमित हो गयी थी, और उसका अधिकतर लाभ नगरीय आबादी को मिलता था। अमीर ख़ुसरो ने उस नियम की प्रशंसा इस कारण से की थी, कि वे जनता के लिए बहुत लाभप्रद है। परन्तु बर्नी की रिपोर्ट के अनुसार उसे यूँ समझा जा सकता है कि व्यापारियों को जनता का समर्थन प्राप्त नहीं था। यह भी पता चलता है, कि व्यापारी मूल्यों पर नियन्त्रण का उलंघन करके आर्थिक लाभ प्राप्त करते थे। विशेषकर फुटकर व्यापारी।

दिल्ली के आसपास सूफ़ी ख़ानक़ाहों की बहुतायत थी। 'मसालिकुल अबसार' के वर्णन के अनुसार बड़ी–बड़ी ख़ानक़ाहों की संख्या 2 हज़ार थी।[9] इब्नबतूता के अनुसार हिन्दुस्तान में सबसे प्राचीन और प्रसिद्ध ख़ानक़ाह 'उंछ' में शेख़ सफ़ीउद्दीन भ्राता शेख़ अबूइसहाक काज़रूनी की थी। इब्नबतूता वहाँ गया था। उसने उनकी महानता पर विशेष रूप से प्रकाश डाला है–

'शेख़ अबू इसहाक का हिन्दुचीन की जनता बहुत सम्मान करती है। समुद्री यात्री तूफ़ान के ख़तरे में उनके नाम की मन्नत मानते हैं। जैसे ही जहाज़ समुद्र के किनारे सुरक्षित पहुँचता है, समस्त यात्री वहीं मन्नत की समस्त धनराशि इकट्ठा कर लेते हैं, जो हज़ारों दीनार तक पहुँच जाती है, और फिर शेख़ की सेवा में अर्पित कर देते हैं और शेख़ आवश्यकतानुसार उसे ग़रीब और बेसहारा लोगों में बाँट देते हैं।"[11]

आज शेख़ सफ़ीउद्दीन के कारनामों का पता नहीं चलता सिवाय इसके कि एक हठयोगी से उनकी मुठभेड़ हुई थी, जो आकाश में उड़ने की क्षमता रखते थे, परन्तु शेख़ ने अपनी शक्ति से उन पर अधिकार पा लिया था।[12] सूफ़ी मल्फ़ूज़ात में सूफ़ी और योगी के बीच शास्त्रार्थ और आमने–सामने टक्कर की कई घटनाएँ मिलती हैं और वास्तविक रूप से ख़्वाजा शेख़ मुईनुद्दीन चिश्ती और अन्य पहुँचे हुए लोगों से जो चमत्कार सम्बन्धित हैं। वे प्रायः वैसे ही हैं, जैसे स्वयं योगी लोग दिखाते थे। इब्नबतूता ने भी किसी योगी का यह चमत्कार देखा था, और वह स्तब्ध रह गया था। मुहम्मद तुग़लक़ ने उस तमाशे की व्यवस्था स्वयं की थी।[13] परन्तु चिश्तिया और सुहरवर्दी सम्प्रदायों में इस प्रकार के चमत्कारों में अधिक विश्वास नहीं किया जाता था। उन्होंने एक सादगी भरे जीवन की रूपरेखा जनता के सामने प्रस्तुत की। वे योगियों के चमत्कार को जादू कहते थे।

सूफ़ियों की भिन्न-भिन्न परम्पराएँ

अमीर ख़ुसरो की दिल्ली में शेख़ निज़ामुद्दीन औलिया सबसे उच्चकोटि के सूफ़ी थे। उस समय इराक के रफ़ाइयों, जिन्हें क़लन्दर के नाम से जाना जाता था, ख़ानाबदोश सूफ़ी थे। उनमें सबसे सम्मानित व्यक्तित्व शेख़ अबूबक्र तूसी हैदरी का था, जिन्होंने यमुना के किनारे एक मन्दिर के स्थान पर अपनी ख़ानक़ाह बनायी थी। अपनी ख़ानक़ाह में वे समाअ का आयोजन भी करते थे। शेख़ निज़ामुद्दीन औलिया प्रायः उनके पास जाते थे।

परन्तु शेख़ अबूबक्र के सम्बन्ध समकालीन सूफ़ियों से अच्छे नहीं थे। लाहौर के नूरुद्दीन मलिक यार पर्रां जो बलबन काल में दिल्ली आ गये थे, उन्होंने शेख़ की ख़ानक़ाह के निकट अपनी ख़ानक़ाह का निर्माण कराना चाहा तो शेख़ इसके लिए सहमत नहीं हुए, और जब शेख़ नुरुद्दीन हड़बड़ी में शाही फ़रमान लेकर आ गये तो शेख़ ने उन्हें पर्रां की उपाधि दे दी, क्योंकि सुल्तान बलबन उस समय दिल्ली में उपस्थित नहीं था।[14]

शेख़ अबूबक्र तूसी और उनके शिष्यों की सहमति से एक उच्चकोटि के सूफ़ी सीदी मौला की दर्दनाक हत्या जलालुद्दीन ख़िलजी काल की अविस्मरणीय घटना है। सीदी मौला हलमन्द से आये थे। वे बहुत दिनों तक बाबा फ़रीद गंजशकर की दरगाह में उपस्थित भी रहे। बाबा ने अपनी मृत्यु से पूर्व उन्हें सचेत किया था कि राजनीतिज्ञों और सत्ता के शीर्ष पर बैठे उच्चाधिकारियों से सम्बन्ध मत रखना। परन्तु उन्होंने उनके परामर्श पर ध्यान नहीं दिया, और उसके विरुद्ध आचरण किया। बलबन और कैकुबाद काल में उनकी लोकप्रियता सीमित थी, परन्तु जलालुद्दीन काल में वे दिल्ली के लोकप्रिय सूफ़ी बन गये। स्वयं सुल्तान का पुत्र ख़ानख़ाना उनका प्रिय शिष्य था। इसी प्रकार सरकार के उच्चाधिकारी और अन्य प्रभावशाली कुलीन वर्ग के लोग भी उनकी ख़ानक़ाह पर नियमित रूप से उपस्थित होने लगे। बर्नी के अनुसार सीदी मौला का स्वभाव और रहन–सहन आश्चर्यजनक रूप से भिन्न था। वे कड़ाई से तपस्या और आराधना करते, परन्तु जुमे की नमाज़ नहीं पढ़ते थे। स्वयं अत्यन्त सादा भोजन करते, परन्तु अतिथियों को विभिन्न प्रकार के व्यंजन परोसते थे। दिल्ली और बाहर वाले भी उनके यहाँ आते–जाते रहते थे। वे न कोई भेंट और उपहार स्वीकार करते और न ही उनकी आय का कोई अन्य स्रोत था। जब धन की आवश्यकता होती वे मिट्टी पर हाथ मारते और उनकी मुट्ठी रुपयों से भर जाती। उनकी लोकप्रियता और प्रसिद्धि से उलेमा को उनसे ईर्ष्या हुई। उलेमा ने उन पर सरकार के विरुद्ध षड्यन्त्र करने का आरोप लगाया। उन्होंने सुल्तान के कान भरे, जिसके बाद सीदी मौला को गिरफ़्तार कर लिया गया। उन्हें दरबार में सभी दरबारियों, उलेमा, राजकुमारों और अधिकारियों की उपस्थिति में प्रस्तुत किया गया। इस अवसर पर शेख़ अबूबक्र तूसी और उनके शिष्य भी उपस्थित थे। सुल्तान ने कहा कि आप लोग उनको क्या दण्ड निश्चित करना चाहते हैं। इसी दौरान अचानक एक हैदरी क़लन्दर ने झपट्टा मार कर तेज़ उस्तरे से

उनकी गरदन रेत दी और एक युवराज अरकली खाँ ने एक पीलवान की ओर इशारा किया, जिसने उनके शरीर को हाथी से कुचल दिया।[15] ज़िया बर्नी और अन्य अन्धविश्वासी इतिहासकार जलालुद्दीन ख़िलजी के पतन और उसकी सत्ता में फैली दुर्व्यवस्था का कारण इस घटना को बताते हैं, क्योंकि इस घटना के बाद दिल्ली में निरन्तर प्राकृतिक आपदाओं के आने का क्रम प्रारम्भ हो गया। चारों ओर आँधियाँ, सूखा, बाढ़ और बर्बादी का बोलबाला हो गया।[16]

शेख़ निज़ामुद्दीन औलिया कहते हैं कि मेरी तरह संसार का कोई अन्य मनुष्य दुखी नहीं है। हज़ारों लोग मेरे पास अपनी समस्याएँ लेकर आते हैं, जिसने मेरी आत्मा को छलनी कर दिया है। उस हृदय पर आश्चर्य है, जो मुसलमान भाइयों का ये दृश्य देख कर प्रभावित नहीं होता है। हाँ वे दरवेश और फ़क़ीर जो जंगलों की ओर निकल गये, वे इन समस्याओं से निश्चिन्त हैं।[17] निज़ामुद्दीन औलिया निरन्तर रोज़ा रखते थे, परन्तु इफ़्तार और सेहरी में भी अत्यन्त अल्प भोजन लेते थे। कोई कारण पूछता तो उनकी आँखें डबडबा जातीं। वे कहते कि जब भूखे लोगों की याद आती है, तो एक निवाला भी गले से नीचे उतारना कठिन हो जाता है।[18]

शेख़ निज़ामुद्दीन औलिया अपनी आध्यात्मिक शक्ति और दिव्य दृष्टि, सद्‌गुण और सुव्यवहार और प्रज्ञा से केवल जनता को ही प्रभावित नहीं करते, अपितु वे उलेमा भी जो प्रायः सूफ़िया से अधिक लोकप्रियता और सम्मान पाने की इच्छा में बदनाम रहते थे, उनकी कोमल और मृदुल वाणी के जादू में खो जाते थे।[19]

'हर चे बरख़ुद न पसन्दी ब दीगराँ मपसन्द'

अर्थात तुम जो अपने लिए पसन्द नहीं करते वह दूसरों के लिए भी पसन्द न करो।

जैसी शिक्षाएँ उनके जीवन में महत्त्वपूर्ण स्थान प्राप्त कर चुकी थीं। वे जनसेवा को किसी भी प्रकार की पूजा--पाठ और तपस्या से अच्छा समझते थे। उन्होंने एक घटना सुनायी कि गुजरात में एक दरवेश किसी मजज़ूब से मिला। एक बार वह तालाब से वज़ू के लिए पानी लेकर निकला, तो रास्ते में कुछ ऐसी महिलाओं ने जिन्हें तालाब पर जाना मना था, उससे पानी माँगा। वह सबको देता रहा। अन्त में एक बुढ़िया ने शेष बचा हुआ पानी अपने बर्तन में उँड़ेल लिया। जब वह खाली बर्तन के साथ मजज़ूब के पास पहुँचा तो मजज़ूब ने उससे कहा, आओ--आओ नमाज़ पढ़ो, वज़ू हो गया।

शेख़ का कहना था कि नमाज़ का उदाहरण उस बर्तन जैसा है, जिसमें भोजन पकता है। वास्तविक वस्तु वह भोजन है, जो बर्तन में पक रहा है। मनुष्य को दोनों की आवश्यकता है। परन्तु महत्त्वपूर्ण वस्तु वह है, जो बर्तन में पक रहा है, अर्थात जनसेवा। उसके लिए भोजन और परिधान की आवश्यकता नहीं है। बल्कि आवश्यकता इस बात की है, कि अपने प्रयोग से अधिक वस्तु उन लोगों में बाँट दी जाय, जिनको उसकी अधिक आवश्यकता है। शेख़ की शिक्षा यह थी कि संन्यास का यह अर्थ नहीं है, कि समाज को उसके हाल पर छोड़ दिया जाय। वे प्रत्येक धर्म का एक समान सम्मान करते थे, और समस्त जनता के साथ समान रूप से बर्ताव करते थे।

शेख़ का लंगर खाना सभी जन के लिए खुला रहता था। वे हिन्दुओं की भी उतनी ही चिन्ता करते जितनी मुसलमानों की। उनका धार्मिक सामंजस्य बहुत लोकप्रिय था। इसी क्रम में लोकप्रिय कवि और लेखक अमीर हसन सिज्जी ने एक घटना लिखी है–देवगीर में उनके नौकर ने एक लड़की ख़रीदी और जब सेना देवगीर से दिल्ली की ओर वापस आने लगी, तो लड़की के माता–पिता ने अनुरोध किया कि लड़की को हमें वापस कर दिया जाये। अमीर हसन सिज्जी ने अपने पास से अपने नौकर को उसका मूल्य चुकता करके उस लड़की को उसके माता–पिता को सौंप दिया। शेख़ निज़ामुद्दीन औलिया ने जब यह सुना तो कहा कि इसी से मिलती जुलती एक घटना मौलाना अलाउद्दीन उसूली बदायूँनी की है। उन्होंने भी ऐसा ही किया था। यद्यपि उलेमा की दृष्टि में यह कार्य प्रशंसनीय नहीं था, क्योंकि जब लड़की ख़रीदी गयी तो उस पर ख़रीदने वाले का अधिकार हो जाता है। परन्तु शेख़ निज़ामुद्दीन औलिया इस घटना पर बहुत प्रसन्न और प्रभावित हुए।

चिश्तिया और सुहरवर्दिया परम्पराओं में कभी कोई मनमुटाव नहीं रहा। सुल्तान कुतुबुद्दीन मुबारक शाह ने दोनों में विवाद उत्पन्न करने का भरसक प्रयत्न किया, परन्तु असफल रहा। प्राचीन चिश्ती सूफ़ियों में कई सूफ़ी बहुत बड़े विद्वान हुए हैं। परन्तु वे लेखन और प्रकाशन पर बल नहीं देते थे। सुहरवर्दी परम्परा की पुस्तक 'अवारिफ़ उल–मआरिफ़' ही समस्त सूफ़ियों में पाठयक्रम के रूप में प्रचलित थी। क़ाज़ी हमीदुद्दीन नागौरी की इस पुस्तक ने समस्त चिश्ती गुरुओं को अपनी ओर आकर्षित किया और उसे सभी लोग अत्यन्त लगाव से पढ़ने लगे।

जमाअतखाना, ख़ानक़ाह का एक महत्त्वपूर्ण भाग होता था। उसमें दरवेशों की बड़ी संख्या निवास करती थी। यद्यपि शेख़ नसीरूद्दीन ने ख़ानक़ाह को पूजा स्थल ही माना है। जबकि जमाअतखाना का भी यही उद्देश्य था। चिश्ती सूफ़ी जमाअतखाना को प्रायः निवास स्थान के रूप में प्रयोग करते थे। प्राचीन सूफ़ी दस्तावेज़ों से ज्ञात होता है कि जमाअतखाना गुरु के निवास से सम्बद्ध होता था। चिश्ती साहित्य में ख़ानक़ाह और जमाअतखाना दो भिन्न--भिन्न स्थान हैं। सुहरवर्दी सूफ़िया जनता और सरकार की सहायता से विशाल और भव्य ख़ानक़ाहों का निर्माण कराते थे। भविष्य में वे उनके रखरखाव और अन्य ख़र्चों के लिए अचल सम्पत्ति भी रखते थे। शेख़ बहाउद्दीन ज़करिया मुल्तानी की ख़ानक़ाह बहुत भव्य थी। उसमें बहुत अधिक और उत्तम भोजन की व्यवस्था होती थी। परन्तु वहाँ तक आमजन की पहुँच नहीं हो पाती थी। वे क़लन्दरों को भी नापसन्द करते थे। यद्यपि वे कुछ निर्धन और बेसहारा लोगों की आर्थिक सहायता अवश्य करते थे।[22] परन्तु इसके विपरीत चिश्ती जमाअतखाना प्रत्येक ग़रीब और निर्धन आश्रितों के लिए प्रायः खुला रहता था, और किसी माँगने वाले को वहाँ से वापस नहीं जाने दिया जाता था।[23]

बर्नी की पुस्तक 'हसरतनामा' अप्राप्य है। परन्तु लेखक ने एक बार शेख़ निज़ामुद्दीन औलिया से पूछा कि आप अपना शिष्य बनाने में कोई मानक या गुण–दोष का निर्धारण क्यों नहीं करते हैं, जबकि दूसरे गुरु काफ़ी खोजबीन और जाँच–पड़ताल के बाद शिष्यों का चयन करते हैं। शेख़ ने जवाब दिया, ईश्वर पूरी दुनिया का मालिक है, उसने प्रत्येक काल में मनुष्यों को उसकाल के गुण–दोष के आधार पर ही जन्म दिया है। शिष्यत्व की आत्मा है, कि ईश्वर के अतिरिक्त प्रत्येक वस्तु को छोड़ देना चाहिए। शेख़ अबूसईद अबूलखैर के समय से शेख़ सफ़ीउद्दीन बुखराजी और शेख़ शिहाबुद्दीन सुहरवर्दी और शेख़ फ़रीदुद्दीन के समय तक सूफ़ी गुरुओं के दरवाज़े पर लोगों का जमघट लगा रहता था। जिसमें प्रत्येक समुदाय के लोग सम्मिलित होते थे। वे लोग स्वयं को ईश्वर के प्रिय सूफ़ियों की सुरक्षा में अर्पित कर देते थे। ईश्वर के प्रिय होने के कारण उनके प्रत्यक्ष कथनी और नीयत पर विश्वास किया जाता था, और किसी को भी कपटी और अयोग्य नहीं कहा जाता था। लोग हमारे ऊपर विश्वास करते हैं और विश्वास दिलाते हैं, कि वे पाप और अधर्म से दूर रहेंगे, और उसकी सूचना भी मिलती रहती है, कि वे ऐसा करते भी हैं, तो फिर जो भी श्रद्धालु आये उसे मुरीद बनाने में नुक़सानदायक क्या है?

अमीर ख़ुसरो जो एक तुर्क थे। उन्होंने अपनी मसनवी 'नुह सिपहर' में हिन्दुओं और हिन्दुस्तान की जो भरपूर प्रशंसा की है, वह शेख़ निज़ामुद्दीन औलिया के जमाअत खाने के कारण ही सम्भव हुआ है। शेख़ का विचार था कि हिन्दू को इस्लाम की सच्चाई अपने चरित्र और अपने आचार–विचार से समझाया जाये वर्ना इस्लाम को उनके सामने प्रस्तुत करना व्यर्थ होगा।

चिश्ती और सुहरवर्दी दोनों परम्पराओं में 'फ़ना' व 'बक़ा' के सिद्धान्त पर लम्बी छानबीन होती रहती थी। इसे शेख़ जुनैद बग़दादी और इमाम अल–ग़ज़ाली ने प्राचीनकाल में ही परिभाषित करने का भरसक प्रयत्न किया था। दोनों आध्यात्मिक गुरु इस बात को मानते थे कि वास्तविकता का रहस्य जीवन और मृत्यु से परे है, इसलिए दोनों इस पर बहुत अधिक चर्चा करने से बचते थे और अपनी इच्छाओं को ईश्वर की मर्ज़ी के अनुसार चलाने के संघर्ष में लगे रहते थे। वे प्रायः ईश्वरी ज्ञान और आध्यात्मिक ज्ञान में पूर्ण विश्वास प्राप्त करने का प्रयत्न करते रहते। उनका मानना था कि ईश्वर के अतिरिक्त प्रत्येक विचार को मन व मस्तिष्क से निकाल देना चाहिए।

इब्ने अरबी का 'वहदतुल वजूद' का सिद्धान्त हिन्दुस्तान में फख़रूद्दीन इराक़ी सुहरवर्दी के माध्यम से प्रसारित हुआ था। उस सिद्धान्त का चिश्ती और सुहरवर्दी परम्परा में मिश्रण नहीं हुआ था। यहाँ तक कि चौदहवीं शताब्दी के मध्य में 'अवारिफुल मारिफ़' के द्वारा उसका अत्यधिक प्रचार प्रसार हुआ।

ईश्वर के सम्बन्ध में प्राचीन सूफ़ियों का आध्यात्मिक अनुभव सम्पूर्ण प्रेम पर आधारित है, जिसका विरोध दर्शन और शरीअत के मानने वाले करते रहते थे। शेख़ मुईनुद्दीन चिश्ती अजमेरी उस सिद्धान्त की वकालत करते हुए कहते हैं कि मुहब्बत के साम्राज्य के अन्दर तौहीद को तीन प्रकार से देखना चाहिए–हबीब, हुब और महबूब। ये तीनों एक ही हैं।[24] हमीदुद्दीन नागौरी ने अपनी 'इश्क़िया' उसी रंग में लिखी थी, जिसमें अधिकतर 'वहदतुल वजूद' की वकालत की मस्ती भरी शैली से काम लिया गया है, और इस मस्ती का आधार ऐनुलकुज़्ज़ात हमदानी की पुस्तक 'तमहीदात' है।

चिश्ती और सुहरवर्दियों के आध्यात्मिक सिद्धान्त में जो अन्तर है, वह यह है कि सुहरवर्दी नमाज़ और ज़िक्र से अन्तरात्मा को शुद्ध करते थे और रमजान के महीने का रोज़ा रख लेना काफ़ी समझते थे, परन्तु

चिश्ती नमाज़ और ज़िक्र में तपस्या और इन्द्रियों पर कंट्रोल में बढ़ोतरी कर लेते थे। उनके यहाँ कम भोजन और अधिक–से–अधिक रोज़ा रखना महत्त्वपूर्ण हो गया था। फिर चिन्तन और ध्यानमग्नता का चिश्ती परम्परा में विशेष महत्त्व था। योगियों से मेल–मिलाप के कारण ज़िक्र में एक और नया रास्ता निकल आया था, और वह था शारीरिक अभ्यास और आसन और श्वास खींचना और हृदय के ऊपर श्वांस से चोट पहुँचाना।[25]

सांसारिकता और उससे विरक्ति

शेख़ निज़ामुद्दीन के समय में चिश्ती सूफ़ियों के अन्दर ब्रह्मचर्य प्रिय वस्तु बन गया था। शेख़ के अनुसार यद्यपि सूफ़ी को गृहस्थ जीवन गुज़ारने की आज्ञा है, परन्तु उच्च आध्यात्मिक विशेषताएँ प्राप्त करने के लिए ब्रह्मचर्य जीवन व्यतीत करना लाभप्रद है। अगर कोई व्यक्ति इस अवस्था को प्राप्त करने का इच्छुक है, तो उसे शरीर के प्रत्येक अंग को यौनानन्द से बचाना चाहिए। क्योंकि आध्यात्मिक और ईश्वरीय ज्ञान प्राप्त करने का रास्ता हृदय है, और वही इन बखेड़ों में व्यस्त रहेगा तो उसका प्रभाव ज्ञान प्राप्त करने की क्रिया पर अवश्य पड़ेगा।

यद्यपि सुहरवर्दी समाअ को हतोत्साहित करते थे, परन्तु अन्ततः उसे रद्द नहीं करते थे। कई महत्त्वपूर्ण सुहरवर्दी सूफ़ी इससे सम्बन्ध बनाये हुए थे। जलालुद्दीन तबरेज़ी अपनी भावनाओं के अतिरेक को केन्द्रित करने के लिए एक कमसिन लौंडे को अपने साथ रखते थे। हालाँकि मुल्तान में सुहरवर्दियों को साधारणतया समाअ की आज्ञा नहीं दी गयी थी। रहा चिश्तियों का मामला तो वह अलग था। क्योंकि समाअ के पवित्र गीतों में वे स्थानीय बोलियों के शब्द भी प्रयोग करते थे। इसलिए शिव और विष्णु में आस्था रखने वालों से चिश्तियों का लगाव बढ़ गया था। चिश्तियों के यहाँ महफ़िले समाअ का विशेष महत्त्व था, इसलिए उनके यहाँ उसका निरन्तर विकास होता रहा।

समाअ और सिजदा

पहले पीर को सिजदा करने की परम्परा हिन्दुस्तानी चिश्तियों में नहीं थी, परन्तु अबूसईद ज़करिया ने उसे यह कह कर प्रचलित किया कि इससे शिष्यों में आज्ञाकारिता बढ़ेगी, और अच्छाइयों को बढ़ावा मिलेगा।[26] यद्यपि शेख़ निज़ामुद्दीन औलिया को ये बात पसन्द नहीं थी। परन्तु इसलिए कि

कुतुबुद्दीन बख़्तियार काकी और बाबा फ़रीद ने इसे जारी रहने दिया था, शेख़ भी इस पर चुप ही रहते थे।

शेख़ बहाउद्दीन ज़करिया सुहरवर्दी ने सज़्दा करने की परम्परा को प्रोत्साहित नहीं किया। उनके शिष्य 'अस्सलाम व अलैकुम' कह कर उनका स्वागत करते थे।[27] उनका आदेश था कि धार्मिक कर्तव्यों और पूजा विधि को मेरे सम्मान के लिए परिवर्तित न किया जाये। परन्तु चिश्ती ख़ानक़ाह की स्थिति अलग थी। अमीर हसन का कहना है कि नमाज़ के समय यदि पीर का गुजर उधर से हो जाये तो शिष्य को चाहिए कि वह नमाज़ छोड़ कर पीर के पाँव छूए। फिर नमाज़ में व्यस्त हो जाये। परन्तु शेख़ निज़ामुद्दीन औलिया उस राय से सहमत नहीं दिखायी देते थे। उनका विचार था कि नमाज़ को पूरा करना चाहिए। उसे तोड़ना नहीं चाहिए।[28]

शेख़ बहाउद्दीन ज़करिया की ख़ानक़ाह में कुलीन वर्गों और उच्चाधिकारियों और धनाढ्य लोगों का ठठ लगा रहता था। जो सम्भवतः सब के सब ईमान की दृढ़ता और अच्छाई की खोज में नहीं जाते रहे होंगे। चिश्ती जमाअतखाना भी तावीज़ गण्डे के इच्छुक लोगों से भरा रहता था। कुतुबुद्दीन बख़्तियार काकी ने अपने शिष्यों से कह रखा था कि काग़ज़ के टुकडे पर अल्लाह के भिन्न–भिन्न नामों को लिख कर रखे रहें, और आवश्यकतानुसार माँगने वालों को दे दिया करें। निज़ामुद्दीन औलिया कहते हैं कि बाबा फ़रीद की दाढ़ी के बाल भी लोग तावीज़ के रूप में ले जाते थे।[29]

चिश्ती गुरु अपने शिष्यों को मन्त्र देते थे कि वे रोज़ी रोटी के लिए अलग–अलग संसाधनों, जैसे व्यापार, कृषि, शिल्पकारी और उद्यमिता में से अपनी क्षमता के अनुसार अपनायें। उससे आध्यात्मिक अनुभवों के रास्ते में किसी प्रकार की रुकावट नहीं आयेगी। शर्त यह है कि उन धन्धों में पूरी पारदर्शिता और ईमानदारी का व्यवहार किया जाय।[30]

ख़ानक़ाहों के आर्थिक स्रोत

शेख़ बहाउद्दीन ज़करिया की ख़ानक़ाह का आर्थिक आधार अधिकतर व्यापारियों पर निर्भर था। सरकारी उच्चाधिकारी व कर्मचारी भी कुछ दे देते थे। परन्तु देश से बाहर व्यापार करने वालों की सहायता बहुत अधिक होती थी। इसलिए उनकी ख़ानक़ाह सरकारी दबाव और प्रभाव से मुक्त थी। कुछ ऐसी ही स्थिति शेख़ निज़ामुद्दीन औलिया के जमाअतखाना की भी थी।

सुल्तान कुतुबुद्दीन मुबारक़ शाह को अन्देशा था, कि शेख़ की ख़ानक़ाह का ख़र्च सरकारी उच्चाधिकारी और कर्मचारियों की आर्थिक सहायता से वहन होता है। उसने सरकारी अधिकारियों के ख़ानक़ाह आने–जाने पर प्रतिबन्ध लगा दिया। उसका विचार था कि इस प्रकार आर्थिक सहायता बन्द हो जाने से जमाअतखाना बन्द हो जायेगा, और उपवास से लोगों की मृत्यु हो जायेगी। जब शेख़ को इस बात की सूचना मिली तो उन्होंने जमाअतखाना के व्यय को बढ़ा कर दोगुना कर दिया, और सुल्तान को अपमानित होकर माफ़ी माँगनी पड़ी।[31] इसलिए आमजन का मानना था, कि शेख़ की आय का माध्यम लौकिक नहीं है, बल्कि परलौकिक है।

उन दिनों बहुत से उच्चाधिकारी, बड़े व्यापारी और धनाढ्य लोग अपनी–अपनी सम्पत्ति और कामकाज छोड़ कर दरवेश का जीवन व्यतीत करने लग गये थे। परन्तु शेख़ सरकारी अधिकारियों को यह कह कर नौकरी छोड़ने से मना करते थे कि तुम्हारी नौकरी, तुमको जनता की सेवा का बेहतर अवसर प्रदान कर सकती है, उसे मत छोड़ो। स्वयं बाबा फ़रीद का चहेता बेटा सुल्तान बलबन की सेना में सिपाही था। शेख़ निज़ामुद्दीन औलिया के कुछ शिष्य जैसे अमीर ख़ुसरो और अमीर हसन सिज्जी सल्तनत के विशेष सदस्य थे। फिर भी शेख़ राजनीति और राजशाही के प्रशासनिक व्यवस्था में हस्तक्षेप करना पसन्द नहीं करते थे। क्योंकि ये बातें मनुष्य को घमण्डी, लालची और निर्दयी बना देती हैं, और ईश्वर पर भरोसा कम कर देती हैं।[32] बादशाह या सल्तनत के किसी बड़े अधिकारी से चिश्ती सूफ़ी कोई अचल सम्पत्ति भी स्वीकार नहीं करते थे, ताकि वे ख़ुदा के अतिरिक्त किसी अन्य के आभारी और अधीन न रहें।

सूफ़ी और उलेमा

13वीं और 14वीं शताब्दी में हिन्दुस्तान की राजनीतिक परिस्थितियों ने भी चिश्तियों के सुल्तानों व हुक्मरानों से दूर रहने के स्वभाव को सुदृढ़ किया। इल्तुतमिश जो एक दूरदर्शी बादशाह होने के साथ ही बुख़ारा और बग़दाद की सूफ़ियाना परम्पराओं से भी परिचित था, बचपन से ही दरवेश स्वभाव का व्यक्ति था। उसने उलेमा और तुर्क सैनिक अधिकारियों के बीच सन्तुलन बनाये रखने के लिए सूफ़ियों से सहायता ली। परन्तु उसकी मृत्यु के उपरान्त उत्तराधिकार का युद्ध छिड़ गया, जिसमें उलेमा का पलड़ा भारी हो गया। क्योंकि वे अपने हित के अनुसार चालें चलकर जीतने वाले

की सहायता करने लगे। शेख़ बदरूद्दीन जैसे कई शक्तिशाली लोग इस खींचतान की भेंट चढ़ गये। ऐसे में बाबा फ़रीद ने उस समय सरकार की ओर से प्रदान की जा रही प्रत्येक आर्थिक सहायता को अस्वीकृत करके उस संकट को समाप्त किया, जो चिश्ती कार्यप्रणाली के सामने निश्चित रूप से एक चुनौती बन गया था। उन्होंने अपने शिष्यों के मन में यह बात उतार दी कि बुद्धिमानी इसी में है, कि ज़मीन और सम्पत्ति की सहायता बिल्कुल न स्वीकार की जाये। यद्यपि सरकारी नौकरी साधारण शिष्यों के लिए मना नहीं थी, न पहले और न बाद में। परन्तु ख़लीफ़ा के लिए आवश्यक शर्त थी कि वह सरकार से बिल्कुल सम्बन्ध न रखता हो। शेख़ निज़ामुद्दीन ने सुल्तान अलाउद्दीन ख़िलजी को सूचित कर दिया था कि वे दरवेश के रूप में सल्तनत के किसी मामले से कोई सम्बन्ध नहीं रख सकते। परन्तु दूर से ही सुल्तान और जनता की भलाई और कल्याण के लिए ईश्वर से प्रार्थना करते रहना उनका दायित्व है।

वास्तविकता यह है कि शेख़ निजामुद्दीन औलिया ने ख़ुसरो बरवार से बड़ी संख्या में आर्थिक उपहार स्वीकार कर लिया था। उससे अन्दाज़ा होता है, कि कोई राशि किस माध्यम से आयी उनको इससे कोई सरोकार नहीं होता था, और वे उसे स्वीकार कर लेते थे। उनका विचार था कि ख़ज़ाने का धन जनता पर ख़र्च होना चाहिए। यही विचार उनको सरकारी अधिकारियों जैसे युवराज खिज्र ख़ाँ से आर्थिक सहायता स्वीकार करने को उचित ठहराता था। राशि मिलते ही उसे वे तुरन्त बाँट देते थे। वास्तविकता यह है कि दूसरों के भेंट और चढ़ावे के बिना चिश्ती सूफी ग़रीबों और इच्छुक लोगों की सहायता नहीं कर सकते थे। उनका अस्तित्व धनाढ्यों और ग़रीबों के बीच पुल जैसा था।

चिश्ती और सुहरवर्दी दोनों ही इमाम अल–ग़ज़ाली के सिद्धान्तों के मानने वाले थे। परन्तु उनमें व्यावहारिक दृष्टिकोण से थोड़ा अन्तर था। सुहरवर्दियों के अनुसार राज्य के सफल क्रियावयन के लिए यह आवश्यक था कि उच्च पदों पर कुलीन वर्ग के सुन्नी लोग ही नियुक्त हों, और स्वतन्त्र विचारों वाले सुन्नी, शिया और हिन्दू समृद्धि के उस स्तर तक पहुँचे बिना ही अपना जीवन व्यतीत कर दें। चिश्तियों की दृष्टि में राज्य का विकास और कल्याण उस बात पर निर्भर करता था, जिसमें समस्त प्रजा सम्पन्न और समृद्ध हों। ऊँचे और निम्न वर्गों के साथ नौकरियों में भेदभाव और पक्षपात न हो। जैसा कि बर्नी ने बताया है, शेख़ ने दिल्ली

में अपने उस विचार को क्रियान्वित करने के लिए जीवन भर अपने नैतिक पक्ष का पालन किया।

शेख़ जलालुद्दीन सुहरवर्दी की बंगाल में कार्यवाहियों पर दृष्टि डालने से ज्ञात होता है कि वे हिन्दुओं को धर्म परिवर्तन के लिए प्रेरित करने में बहुत उत्साह का परिचय देते थे।[33] परन्तु उनके विरुद्ध चिश्तियों का विचार था कि नेक, व्यावहारिक और सच्चा मुसलमान ही किसी अन्य धर्मावलम्बी को इस्लाम की ओर आकर्षित कर सकता है। तलवार और उपदेशों से कोई उद्देश्य प्राप्त नहीं किया जा सकता। उनका विशेष मिशन यह था कि वह साधारण मुसलमानों और नये मुस्लिम बने हिन्दुओं में तालमेल और भाईचारा उत्पन्न करें। आर्थिक तंगी और राजनीतिक समस्याओं के कारण जो लोग मुसलमान बन गये थे, उन्हें अच्छा मुस्लिम बना कर, घमण्डी तुर्क सरदारों और उलेमा के नस्लीय भेदभाव और पक्षपातपूर्ण रवैये से सुरक्षित कर दें। अमीर ख़ुसरो के काव्य का अधिकतर भाग शेख़ निज़ामुद्दीन औलिया के इस मिशन के प्रचार–प्रसार का एक माध्यम और उसका प्रवक्ता दिखायी देता है।

स्रोत : ख़ुसरो शनासी, जो अंसारी/अबूफ़ैज़ सहर, एन.सी.पी.यू.एल., नयी दिल्ली, 1998

सन्दर्भ सूची

1. किरानुस्सादैन, अलीगढ़ प्रकाशन।
2. दीवाने लुगाते तुर्की, महमूद काशग़री, पृ. 293–94
3. राहतुस्सुदूर, अली बिन सुलेमान अलरावन्दी, लन्दन प्रेस, पृ. 18
4. सियासतनामा, निज़ामुल मुल्क तूसी अंग्रेज़ी अनुवाद प्रेस लन्दन, पृ. 164–65
5. तुग़लक़नामा, अमीर ख़ुसरो हैदराबाद प्रेस, पृ. 18
6. सियरूल आरिफ़ीन, जमाली, दिल्ली प्रेस, पृ. 88–89
7. मसालिकुल अबसार, शिहाबुद्दीन उमरी, अंग्रेज़ी अनुवाद, पृ. 18–19
8. तारीख़े फ़िरोज़शाही, ज़ियाउद्दीन बर्नी, पृ. 219
9. ख़ैरूल मजालिस, हमीद क़लन्दर, अलीगढ़ प्रेस, पृ. 240–41
10. मसालिकुल अबसार, पृ. 24
11. सफ़रनामा, इब्नबतूता अंग्रेज़ी अनुवाद भाग 2 कैम्ब्रिज प्रेस, पृ. 320–21
12. फ़बायद–उल–फ़वाद, अमीर हसन सिज्जी, पृ. 57–58
13. सफ़रनामा,
14. सियरूल आरिफ़ीन, पृ. 67–68
15. तारीख़े फ़िरोज़शाही, 208–212

16. खैरूल मजालिस, पृ. 105
17. सियरूल औलिया, पृ. 128
18. वही, पृ. 129–30
19. सूफ़ी जवाबित, शेख़ शिहाबुद्दीन सुहरवर्दी, अरबी।
20. ख़ैरूल मजालिस, पृ. 74–75
21. वही।
22. वही।
23. सियरूल औलिया, पृ. 47
24. फ़वायद–उल–फ़वाद, पृ. 226
25. वही, पृ. 228
26. वही, पृ. 173
27. वही, पृ. 143
28. वही, पृ. 73–74
29. खैरूल मजालिस, पृ. 156–57
30. सियरूल आरिफ़ीन, पृ. 75
31. खैरूल मजालिस, पृ. 104–105
32. सियरूल आरिफ़ीन, पृ. 171
33. वही।

ख़ुसरो की हिन्दवी कविता

बाबू ब्रजरत्न दास

13वीं शताब्दी के आरम्भ में जब दिल्ली का राजसिंहासन ग़ुलाम वंश के सुल्तानों के अधीन हो रहा था, अमीर सैफुद्दीन नामक एक सरदार बल्ख हज़ारा से मुग़लों के अत्याचार के कारण भागकर भारत आया और एटा के पटियाली नामक ग्राम में रहने लगा। सौभाग्य से सुल्तान शम्सुद्दीन इल्तुतमिश के दरबार में उसकी पहुँच जल्दी हो गयी, और अपने गुणों के कारण वह उसका सरदार बन गया। भारत में उसने नवाब इमादुलमुल्क की पुत्री से विवाह किया जिससे प्रथम पुत्र इज्जुद्दीन अलीशाह द्वितीय पुत्र हिसामुद्दीन अहमद और 1253 में पटियाली ग्राम में तीसरे पुत्र अमीर ख़ुसरो का जन्म हुआ। इनके पिता ने इनका नाम अबूलहसन रखा था, पर इनका उपनाम ख़ुसरो इतना प्रसिद्ध हुआ कि असली नाम लुप्तप्राय हो गया, और वे अमीर ख़ुसरो कहे जाने लगे।

चार वर्ष की अवस्था में वे माता के साथ दिल्ली गये और आठ वर्ष की अवस्था तक अपने पिता और भाइयों से शिक्षा प्राप्त करते रहे। 1264 में 85 वर्ष की अवस्था में इनके पिता किसी लड़ाई में मारे गये तब इनकी शिक्षा का भार इनके नाना नवाब इमादुलमुल्क ने अपने ऊपर ले लिया। कहते हैं कि उनकी अवस्था उस समय 13 वर्ष की थी। नाना ने थोड़े ही दिनों में इन्हें ऐसी शिक्षा दी कि ये कई विद्याओं से विभूषित हो गये। ख़ुसरो अपनी पुस्तक 'तोहफतुस्सिग्र' की भूमिका में लिखते हैं कि ईश्वर की कृपा से मैं 12 वर्ष की अवस्था में शेर और रुबाई कहने लगा जिसे सुनकर विद्वान् आश्चर्य करते थे और उनके आश्चर्य से मेरा उत्साह बढ़ता था। उस समय तक मुझे कोई काव्यगुरु नहीं मिला था जो कविता की उचित शिक्षा देकर मेरी लेखनी को बेचाल चलने से रोकता। मैं प्राचीन और नवीन कवियों के काव्यों का मनन करके उन्हीं से शिक्षा ग्रहण करता रहा।

ख़्वाजाः शम्सुद्दीन ख़्वारिज़्मी इनके काव्यगुरु इसकारण कहे जाते हैं कि उन्होंने इनके प्रसिद्ध ग्रन्थ 'पंजगंज' को शुद्ध किया था। इसी समय ख़ुसरो का झुकाव धर्म की ओर बढ़ा और उस समय दिल्ली में निज़ामुद्दीन मुहम्मद बदायूँनी सुल्तानुल मशयख़ औलिया की बड़ी धूम थी। इससे ये उन्हीं के शिष्य हो गये इनके शुद्ध व्यवहार और परिश्रम से इनके गुरु इनसे बड़े प्रसन्न रहते थे और इन्हें 'तर्कुल्लाह' के नाम से पुकारते थे।

ख़ुसरो ने पहले–पहल सुल्तान गयासुद्दीन बलबन के बड़े पुत्र मुहम्मद सुल्तान की नौकरी की, जो मुल्तान का सूबेदार था। वह बहुत ही योग्य, कविता का प्रेमी और उदार था और उसने एक संग्रह तैयार किया था जिसमें बीस सहस्र शेर थे। इसके यहाँ ये बड़े आराम से पाँच वर्ष तक रहे। जब 1285 में मुग़लों ने पंजाब पर आक्रमण किया तब शहज़ादे ने मुग़लों को दिपालपुर के युद्ध में परास्त कर भगा दिया, पर युद्ध में वह स्वयं मारा गया। ख़ुसरो जो युद्ध में साथ गये थे मुग़लों के हाथ पकड़े जाकर हिरात और बल्ख गये जहाँ से दो वर्ष के अनन्तर इन्हें छुटकारा मिला। तब ये पटियाली लौटे और अपने सम्बन्धियों से मिले। इसके उपरान्त गयासुद्दीन बलबन के दरबार में जाकर इन्होंने शेर पढ़े जो मुहम्मद सुल्तान के शोक़ में लिखे गये थे। बलबन पर इसका ऐसा असर पड़ा कि रोने से उसे ज्वर चढ़ आया और तीसरे दिन उसकी मृत्यु हो गयी।

इस घटना के अनन्तर ख़ुसरो अमीर अली मीरसरजानदार के साथ रहने लगे। उसके लिए इन्होंने 'अस्पनामा' लिखा था और जब वह अवध का सूबेदार नियुक्त हुआ तब वे भी वहाँ दो वर्ष तक रहे। सन् 1288 में ये दिल्ली लौटे और कैकुबाद के दरबार में बुलाये गये उसकी आज्ञानुसार 1289 में 'किरानुस्सादैन' नामक काव्य इन्होंने छह महीने में तैयार किया। 1290 में कैकुबाद के मारे जाने पर ग़ुलाम वंश का अन्त हो गया और सत्तर वर्ष की अवस्था में जलालुद्दीन ख़िलजी ने दिल्ली के तख़्त पर अधिकार कर लिया। उसने ख़ुसरो की प्रतिष्ठा बढ़ायी और अमीर की पदवी देकर 1200 तनका वेतन कर दिया।

जलालुद्दीन ने कई बार निज़ामुद्दीन औलिया से भेंट करने की इच्छा प्रकट की पर उन्होंने नहीं मानी। तब उसने ख़ुसरो से कहा कि इस बार बिना आज्ञा लिए हुए हम उनसे जाकर भेंट करेंगे, तुम उनसे कुछ मत कहना। ख़ुसरो बड़े असमंजस में पड़े कि यदि उनसे जाकर कह दें तो प्राण का भय है और नहीं कहते तो वे हमारे धर्मगुरु हैं।

उनके क्रोधित होने से धर्म नाश होता है। अन्त में जाकर ख़ुसरो ने सब वृत्तान्त उनसे कह दिया, जिसे सुनकर वे अपने पीर फ़रीदुद्दीन शकरगंज के यहाँ अजोधन चले गये सुल्तान ने यह समाचार सुनकर इन पर शंका की और इन्हें बुलाकर पूछा। इस पर इन्होंने सत्य बात कह दी।

सन् 1296 में अपने चाचा को मारकर अलाउद्दीन सुल्तान हुआ और उसने इन्हें 'खुसरुए–शोअरा' की पदवी दी और इनका वेतन एक सहस्र 'तनका' कर दिया। खुसरो ने उसके नाम पर कई पुस्तकें लिखी हैं, जिनमें एक इतिहास भी है जिसका नाम 'तारीख़े अलाई' है। 1316 में कुतुबुद्दीन मुबारक़ शाह सुल्तान हुआ और उसने ख़ुसरो के क़सीदे पर प्रसन्न होकर हाथी के तौल जितना सोना और रत्न पुरस्कार में दिये। 1320 में उसके व़जीर खुसरो ख़ाँ ने उसे मार डाला और इसके साथ ख़िलजी वंश का भी अन्त हो गया।

पंजाब से आकर ग़ाज़ी ख़ाँ ने दिल्ली पर अधिकार कर लिया और गयासुद्दीन तुग़लक़ के नाम से गद्दी पर बैठा। ख़ुसरो ने उसके नाम पर अपनी अन्तिम पुस्तक 'तुग़लक़नामा' लिखी थी। इसी के साथ ये बंगाल गये और लखनौती में ठहर गये। 1324 में जब निज़ामुद्दीन औलिया की मृत्यु का समाचार मिला तब ये वहाँ से झट चल दिये। कहा जाता है कि जब ये उनकी क़ब्र के पास पहुँचे तब यह दोहा पढ़कर बेहोश हो गिर पड़े।

गोरी सोवे सेज पर मुख पर डारे केस।
चल खुसरू घर आपने रैन भई चहुँ देस।।

इनके पास जो कुछ था, सब इन्होंने लुटा दिया और स्वयं उनकी मज़ार पर जा बैठे। अन्त में कुछ ही दिनों में उसी वर्ष 18 शव्वाल, बुधवार इनकी मृत्यु हो गयी ये अपने गुरु की क़ब्र के नीचे की ओर पास ही दफ़नाये गये। 1605 में ताहिर बेग नामक अमीर ने वहाँ पर मकबरा बनवा दिया। ख़ुसरो ने अपनी आँखों से ग़ुलामवंश का पतन, ख़िलजी वंश का उत्थान और पतन तथा तुग़लक़ वंश का आरम्भ देखा। इनके समय में दिल्ली के तख़्त पर 11 सुल्तान बैठे जिनमें सात की इन्होंने सेवा की। ये बड़े प्रसन्नचित्त, मिलनसार और उदार थे। सुल्तानों और सरदारों से जो कुछ धन आदि मिलता था उसे वे बाँट देते थे। सल्तनत के अमीर होने और कविसम्राट् की पदवी मिलने पर भी ये अमीर और दरिद्र सभी से बराबर मिलते थे। इनमें धार्मिक कट्टरता नाममात्र को भी नहीं थी। इनके ग्रन्थों से जाना जाता है कि इनके एक पुत्री और तीन पुत्र थे,

जिनका नाम गयासुद्दीन अहमद, ऐनुद्दीन अहमद और यमीनुद्दीन मुबारक था। इन लोगों के बारे में और कुछ वृत्तान्त किसी पुस्तक में नहीं मिलता।

मनुष्य की मृत्यु के साथ ही उसका नाम भी संसार से उठ जाता है, पर उन कार्यकुशल व्यक्तियों और कवि–समाज का जीवन और मृत्यु भी आश्चर्यजनक है कि जो मर जाने पर भी जीवित कहलाते हैं और जिनका नाम् सदा सर्वदा के लिए अमिट और अमर हो जाता है। इनका कार्य और रचना ही अमृत है जो उन्हें अमर बना देती है, नहीं तो अमृत कल्पना मात्र है। अमीर ख़ुसरो भी इन्हीं में हैं कि जिनके शरीर को इस संसार से गये हुए आज छह सौ वर्ष हो गये, पर वे अब भी जीवित हैं और बोलते हैं। इनके मुख से जो कुछ निकल गया वह संसार को भाया। इनके गीत, पहेलियाँ आदि छह शताब्दी बीतने पर भी आज तक उसी प्रकार प्रचलित हैं।

ख़ुसरो अरबी, फ़ारसी, तुर्की और हिन्दी भाषाओं के विद्वान थे और संस्कृत का भी कुछ ज्ञान रखते थे। यह फ़ारसी के प्रतिभाशाली कवि थे। इन्होंने कविता की 99 पुस्तकें लिखी हैं, जिनमें कई लाख के लगभग शेर थे, पर अब उन ग्रन्थों में से केवल बीस–बाईस ग्रन्थ प्राप्य हैं।

इनके फ़ारसी ग्रन्थ, जो प्राप्य हैं, यदि एकत्र किये जायें तो और कवियों से इनकी कविता अधिक हो जायेगी। इनके ग्रन्थों की सूची देखने ही से मालूम हो जाता है कि इनकी काव्य–शक्ति कहाँ तक थी। इनकी कविता में श्रृंगार, शान्ति, वीर और भक्ति रसों की ऐसी मिलावट है कि वह सर्वप्रिय हो गयी है। सब प्रकार से विचार करने पर यही कहा जा सकता है कि ख़ुसरो फ़ारसी कवियों के सिरमौर थे। ख़ुसरो के कुछ फ़ारसी ग्रन्थों की व्याख्या इस कारण यहाँ करना आवश्यक है कि उनमें इन्होंने अपने समय की ऐतिहासिक घटनाओं का समावेश किया है और वह वर्णन ऐसा है जो अन्य समसामयिक इतिहास लेखकों के ग्रन्थों में नहीं मिलता।

ख़ुसरो की मसनवियों में कोरा इतिहास नहीं है। उस सहृदय कवि ने इस रूखे–सूखे विषय को सरस बनाने में अच्छी सफलता पायी है और उस समय के सुल्तानों के भोग–विलास, ऐश्वर्य, यात्रा, युद्ध आदि का ऐसा सजीव चित्र खींचा है कि पढ़ते ही वह दृश्य आँखों के सामने आ जाता है। इन मसनवियों में 'किरानुस्सादैन' मुख्य है। इस शब्द का अर्थ दो शुभ तारों का मिलन है। बलबन की मृत्यु पर उसका पौत्र कैकुबाद जब दिल्ली की गद्दी पर बैठा, तब कैकुबाद का पिता नसीरुद्दीन बुग़रा ख़ाँ जो अपने

पिता के समय ही से बंगाल का सुल्तान कहलाता था, इस समाचार को सुनकर सेना सहित दिल्ली की ओर चला। पुत्र भी यह समाचार सुनकर बड़ी भारी सेना सहित पिता से मिलने चला और अवध में सरयू नदी के किनारे पर दोनों सेनाओं का सामना हुआ। परन्तु पहले कुछ पत्र–व्यवहार होने से आपस में सन्धि हो गयी और पिता–पुत्र का मिलाप हो गया। बुग़रा खाँ ने अपने पुत्र को गद्दी पर बिठा दिया और वह स्वयं बंगाल लौट गया। 'किरानुस्सादैन' में इसी घटना का 3,944 शेरों में वर्णन है।

मसनवी 'खिज्रनामा' में सुल्तान अलाउद्दीन ख़िलजी के पुत्र खिज्र खाँ और देवल रानी के प्रेम का वर्णन है। खिज्र खाँ की आज्ञा से यह मसनवी लिखी गयी थी। गोरी और ग़ुलाम वंश का संक्षेप में कुछ वर्णन आरम्भ में देकर अलाउद्दीन ख़िलजी की विजयों का, जो उसने मुग़लों पर प्राप्त की थी, विवरण दिया है। इसके अनन्तर ख़ुसरो ने क्रमशः गुजरात, चित्तौड़, मालवा, सिवाना, तेलंगाना, मालाबार आदि पर की गयी चढ़ाइयों का हाल दिया है। गुजरात के रायकर्ण की स्त्री कमला देवी युद्ध में पकड़ी गयी। उसे अलाउद्दीन के हरम में रखा गया। उसी की छोटी पुत्री देवल रानी थी जिसके प्रेम का वर्णन इस पुस्तक में है। दोनों का विवाह हुआ पर कुछ दिनों में अलाउद्दीन की मृत्यु हो जाने पर क़ाफ़ूर ने खिज्र खाँ को अन्धा कर डाला। इसके अनन्तर मुबारकशाह ने काफ़ूर को मारकर दिल्ली पर अधिकार कर लिया। जो कुछ रक्तपात इसने शाही घराने में किया था, उसका हृदयग्राही वर्णन पढ़ने योग्य है।

ख़ुसरो ने इस ग्रन्थ में हिन्दुस्तान के फूलों, कपड़ों और सौन्दर्य को फारस, रोम एवं रूस आदि के फूलों, कपड़ों और सौन्दर्य से बढ़कर वर्णित किया है और अन्त में लिखा है कि यह देश स्वर्ग है, नहीं तो हज़रत आदम और मोर यहाँ क्यों आते। खुरासानियों की हँसी उड़ाते हुए लिखा है कि वे पान को घास समझते हैं। हिन्दी भाषा के बारे में इन्होंने जो कुछ लिखा है, वह उल्लेखनीय है–

"मैं भूल में था, पर अच्छी तरह सोचने पर हिन्दी भाषा फ़ारसी से कम नहीं ज्ञात हुई, सिवाय अरबी के, जो प्रत्येक भाषा की मूल और अन्य भाषाओं में मुख्य है। रोम की प्रचलित भाषाएँ समझने पर हिन्दी से कम मालूम हुईं। अरबी अपनी बोली में दूसरी भाषा को नहीं मिलने देती पर फ़ारसी में यह एक कमी है कि वह बिना मेल के काम में आने योग्य नहीं है। इस कारण कि वह शुद्ध है और यह मिली हुई है। उसे प्राण और इसे

शरीर कह सकते हैं। शरीर से सभी वस्तु का मेल हो सकता है, पर प्राण से किसी का नहीं हो सकता। यमन के मूँगे से दरी के मोती की उपमा देना शोभा नहीं देता। सबसे अच्छा धन वह है, जो अपने कोष में बिना मिलावट के हो और न रहने पर माँग कर पूँजी बनाना भी अच्छा है। हिन्दी भाषा भी अरबी के समान है, क्योंकि उसमें भी मिलावट का स्थान नहीं है।

इससे मालूम पड़ता है कि उस समय हिन्दी में फ़ारसी शब्दों का मेल नहीं था या नाममात्र को रहा हो। हिन्दी भाषा के व्याकरण और अर्थ पर भी लिखा है–यदि अरबी का व्याकरण नियमबद्ध है तो हिन्दी में भी उससे एक अक्षर कम नहीं है। जो इन तीनों भाषाओं का ज्ञान रखता है वह जानता है कि मैं न भूल कर रहा हूँ और न बढ़ाकर लिख रहा हूँ और यदि पूछो कि उसमें अर्थ न होगा तो समझ लो कि उसमें दूसरों से कम नहीं है। यदि मैं सच्चाई और न्याय के साथ हिन्दी की प्रशंसा करूँ तब तुम शंका करोगे और यदि मैं सौगन्ध खाऊँ, तब कौन जानता है कि तुम विश्वास करोगे या नहीं? ठीक है कि मैं इतना कम जानता हूँ कि वह नदी की एक बूँद के समान है पर उसे चखने से मालूम हुआ कि जंगली पक्षी को दजला नदी और टाइग्रिस का जल अप्राप्य है। जो हिन्दुस्तान की गंगा से दूर है, वह नील और दजला के बारे में बहकता है। जिसने बाग की बुलबुल को चीन में देखा है, वह हिन्दुस्तानी तूती को क्या जानेगा।''

'नुह सिपहर' नामक मसनवी में अलाउद्दीन ख़िलजी के रंगीले उत्तराधिकारी कुतुबुद्दीन मुबारक़ शाह की गद्दी नशीनी के अनन्तर की घटनाओं का हाल है। इस पुस्तक में नौ परिच्छेद है। इसका तीसरा परिच्छेद हिन्दुस्तान, उसके जलवायु, पशुविद्या और भाषाओं पर लिखा गया है। हिन्दुओं का दस बातों में और देशवालों से बढ़कर होना दिखलाया है। इसमें उस समय के सुल्तानों के अहेर और चौगान खेलने का अच्छा दृश्य खींचा गया है। यह ग्रन्थ अभी छपा नहीं है।

'तुग़लक़नामा' में खिलिजयों के पतन और तुग़लक़ों के उत्थान का पूरा ऐतिहासिक वर्णन दिया गया है। दीवान 'तोहफतुस्म्रि' में बलबन के समय की घटनाओं पर छोटी–छोटी मसनवियाँ है। इसे खुसरो ने 16–19 वर्ष तक की अवस्था में लिखा था। दूसरा दीवान 'वस्तुलहयात' है, जिसमें निज़ामुद्दीन औलिया, राजकुमार मुहम्मद गवर्नर मुल्तान, दिपालपुर के युद्ध आदि पर मसनवियाँ हैं, जो 24 से 42 वर्ष की वय में लिखी गयी हैं। आरम्भ में अपने जीवनचरित्र का कुछ हाल लिखा है। छोटी–छोटी मसनवियाँ

ऐतिहासिक घटनाओं पर, जो इनके समय में हुई थीं, लिखी हैं। चौथा दीवान 'बकीयः नकीयः' 50 से 64 वर्ष की अवस्था में लिखा गया है उसमें भी समसामयिक घटनाओं पर मसनवियाँ है।

खुसरो ने गद्य में एक इतिहास 'तारीख़े अलाई' लिखा है जिसमें 1296 में अलाउद्दीन के सत्ता पर बैठने से लेकर 1310 में मालाबार विजय तक 15 वर्ष का हाल दिया गया है। कुछ इतिहासकारों ने इस पुस्तक का नाम 'तारीख़ अलाउद्दीन खिलजी' लिखा है। इलियट लिखते हैं कि इस पुस्तक में ख़ुसरो ने कई हिन्दी शब्द काम में लाये हैं, जैसे काठगढ़, परधन, बरगद, मार–मार आदि। इस प्रकार ख़ुसरो के ग्रन्थों से गयासुद्दीन बलबन के समय से गयासुद्दीन तुग़लक़ के समय तक का इतिहास लिखा जा सकता है।

ख़ुसरो का वर्णन अधिक विश्वसनीय है क्योंकि वह केवल उन घटनाओं के समकालीन ही नहीं थे, बल्कि कई में उन्होंने योगदान भी दिया था। ज़ियाउद्दीन बर्नी ने अपने इतिहास के समर्थन के लिए कई स्थानों पर इनके ग्रन्थों का उल्लेख किया है।

ख़ुसरो प्रसिद्ध गवैये भी थे और नायक गोपाल और जस सावंत जैसे विख्यात गवैये इन्हें गुरुवत समझते थे। इन्होंने कुछ गीत भी बनाये थे जिनमें से एक को आज तक झूले के दिनों में स्त्रियाँ गाती हैं। वह यों है–

जो पिया आवन कह गये,
अजहुँ न आये स्वामी हो।
ए जो पिया आवन कह गये।
आवन आवन कह गये

आये न बारह मास
ए हो जो पिया आवन कह गये

बरवा राग में लय भी इन्होंने रखी है। यह गीत युवा स्त्रियों के लिए बनाया था, क्योंकि छोटी–छोटी लड़कियों के लिए स्वामी और पिया की याद में गाना अनुचित होता, इससे उनके योग्य एक गीत बनाया है, जो संग्रह में दिया गया है। इनका हृदय क्या था, एक बीन था, जो बिना बजाये ही बजा करता था। ध्रुपद के स्थान पर क़ौल या क़व्वाली बनाकर उन्होंने बहुत से नये राग निकाले थे, जो अब तक प्रचलित हैं। कहा जाता है कि बीन को घटाकर इन्होंने सितार बनाया था। इन्हीं के समय से दिल्ली के आसपास के सूफ़ी मुसलमानों में बसन्त का मेला चल निकला

और इन्होंने बसन्त पर भी कई गीत लिखे हैं। नये बेलबूटे बनाने का इन्हें जन्म ही से शौक़ था।

खुसरो ने पद्य में अरबी, फ़ारसी और हिन्दी का एक बड़ा कोष लिखा था, जो पूर्णरूप में अब अप्राप्य है, पर उसका कुछ संक्षिप्त अंश मिलता है, जो ख़ालिकबारी नाम से प्रसिद्ध है। इसके कुछ नमूने दिये जाते हैं, जिससे ज्ञात हो जायेगा कि इन्होंने इन बेमेल भाषाओं को इस प्रकार मिलाया कि वे कहीं भी पढ़ने में कर्णकटु नहीं मालूम होतीं।

ख़ालिक़ बारी सिरजनहार
वाहिद एक बिदा करतार

मुश्क काफ़ूर अस्त कस्तूरी कपूर
हिन्दवी आनन्द शादी और सरूर

मूश चूहा गुर्बा बिल्ली मार नाग
सोजनो रिश्ता बहिन्दी सूई ताग

गन्दुम गेहूँ नखुद चना शाली है धान
जुर्रत जूनरी अदस मसूर बर्ग है पान

कहा जाता है कि खुसरो ने फ़ारसी से कहीं अधिक हिन्दी भाषा में कविता की थी, पर अब कुछ पहेलियों, मुकरियों और फुटकर गीतों आदि को छोड़कर सब अप्राप्य हैं। फ़ारसी और हिन्दी मिश्रित ग़ज़ल पहले–पहल इन्हीं ने बनाना आरम्भ किया था जिसमें से केवल एक ग़ज़ल जो प्राप्त हुई है, वह संग्रह में दे दी गयी है। उसे पढ़ने से चित्त प्रफुल्लित होता है पर साथ ही यह दुख अवश्य होता है कि केवल यही एक ग़ज़ल प्राप्य है।

खुसरो को गुज़रे हुए छह सौ वर्ष व्यतीत हो गये, किन्तु उनकी कविता की भाषा इतनी सजी–सँवरी और कटी–छँटी हुई है कि वह वर्तमान भाषा से बहुत दूर नहीं अर्थात् उतनी प्राचीन नहीं जान पड़ती। भांटों और चारणों की कविता एक विशेष प्रकार के ढाँचे में ढ़ाली जाती थी। चाहे वह ख़ुसरो के पहले की अथवा पीछे की हो तो भी वह वर्तमान भाषा से दूर और ख़ुसरो की भाषा से भिन्न और कठिन जान पड़ती है। इसका कारण साहित्य के सम्प्रदाय की रूढ़ि का अनुकरण ही है। चारणों की भाषा कविता की भाषा है, बोलचाल की भाषा नहीं।

ब्रजभाषा के अष्टछाप आदि कवियों की भाषा भी साहित्य, अलंकार और परम्परा के बन्धन से ख़ुसरो के पीछे की होने पर भी उससे कठिन और भिन्न है। कारण केवल इतना ही है कि ख़ुसरो ने सरल और स्वाभाविक भाषा को ही अपनाया है, बोलचाल की भाषा में लिखा है, किसी साम्प्रदायिक बन्धन में पड़कर नहीं। अब कुछ वर्षों से खड़ी बोली की कविता का आन्दोलन मचाकर हिन्दी गद्य और पद्य की भाषा एक हुई है, नहीं तो, पद्य की भाषा पश्चिमी राजस्थानी, ब्रजी और पूरबी (अवधी) ही थी।

सर्वसाधारण की भाषा–सरल व्यवहार का वाहन–कैसे थी। यह तो ख़ुसरो की कविता से जान पड़ता है, या कबीर के पदों से। इतना कहने पर भी इस कविता के आधुनिक रूप का समाधान नहीं होता। ये पहेलियाँ, मुकरियाँ आदि प्रचलित साहित्य की सामग्री हैं, लिखित कम, वाचिक अधिक, इसलिए मुँह से कान तक चलते–चलते इनमें बहुत कुछ परिवर्तन हो गया है, जैसा कि प्राचीन प्रचलित कविता में होता आया है। यह कि यह कुल रचना ज्यों–की–त्यों ख़ुसरो की है, कहना कठिन है। हस्तलिखित पुरानी पुस्तकों से मिलान आदि के साधन दुर्लभ हैं। पिछले संग्रहकार आजकल के खोजियों की तरह छानबीन करने के प्रेमी नहीं थे। पहेली में पहेली का ख़ुसरो के नाम और कहानी में कहानी का बीरबर या विक्रमादित्य या भोज के नाम से मिल जाना असम्भव नहीं। कई लोग अपने नये सिक्के को चलाने के लिए उन्हें पुराने सिक्कों के ढेर में मिला देते हैं, किसी बुरी नीयत से नहीं, कौतुक से, विद्या के प्रेम से या पहले की अपूर्णता मिटाने के सद्भाव से। प्राचीन वस्तु में हस्तक्षेप करना बुरा है, यह उन्हें नहीं सूझता। कई जानबूझकर भी अपने उद्देश्य की सिद्धि के लिए ऐसा किया करते हैं। पुराणों के भविष्य वर्णन के एकाध पद पृथ्वीराज रासो में और वैसे ही कुछ पद सूरदास या तुलसीदास की छाप से उन कई भोले मनुष्यों को पागल बनाये हुए हैं, जो अपनी जन्मभूमि को सम्भल और अपने ही को भविष्य कल्कि समझे हुए हैं। अभी–अभी चरखे की महिमा के कई गीत 'कहै कबीर सुनो भाई साधो' की चाल के चल पड़े हैं। जब राजनीतिक, धार्मिक और सामाजिक संसाधन या परिवर्तन या स्वार्थ के लिए श्रुति, स्मृति और पुराण में या उनके अर्थों में वर्द्धन और परिवर्तन होता आया है तब केवल मौखिक, बहुधा अलिखित, लोकप्रिय प्रचलित साहित्य में अछूतापन रहना असम्भव है। यदि अकबर और बीरबर की सब कहानियाँ प्रामाणिक हों तो ख़ुसरो के नाम की सब रचना भी उसी की हो सकती है।

इनके जो फुटकर छन्द मिले हैं उनमें इनका सांख्य भाव ही अधिक प्रतीत होता है। इनकी पहेलियाँ दो प्रकार की हैं। कुछ पहेलियाँ ऐसी हैं जिनमें उनका बूझ छिपाकर रख दिया है और वह झट वहीं मालूम हो जाता है। कुछ ऐसी हैं जिनका बूझ उनमें नहीं दिया हुआ है। मुकरी भी एक प्रकार की पहेली ही है पर उसमें उसका बूझ प्रश्नोत्तर के रूप में दिया रहता है। 'ऐ सखी साजन ना सखी' इस प्रकार एक बार मुकर कर उत्तर देने के कारण इन अपन्हुति का नाम कह–मुकरी पड़ गया है। दो–सख़ूने वे हैं जिनमें दो या तीन प्रश्नों के एक ही उत्तर हों।

(**स्रोत** : नागरी प्रचारिणी सभा पत्रिका, द्वितीय अंक, 1921)

अमीर ख़ुसरो : एक सामाजिक बाग़ी

प्रो. मुशीरुल हक़

अमीर ख़ुसरो एक प्रतिष्ठित ख़ानदान में पैदा हुए थे। राजदरबार में भी उनको उच्च स्थान प्राप्त था। उन्होंने दिल्ली के विभिन्न बादशाहों के यहाँ नौकरी की और कम–से–कम पाँच बादशाहों के यहाँ तो बहुत उत्तरदायित्वपूर्ण पदों पर आसीन रहे।

सांसारिक कार्यों में उलझने और उच्च पदों को प्राप्त करने से बहुत पहले होशमन्दी की शुरुआत ही में उनको दिल्ली पहुँचे हुए फ़क़ीर ख़्वाजा निज़ामुद्दीन औलिया के सानिध्य का सौभाग्य प्राप्त हो चुका था। ख़्वाजा साहब बादशाहों के दरबारियों और अमीरों से विरोध व नाराज़गी के बावजूद अमीर ख़ुसरो से इस तरह प्रेम करते थे कि एक दिन उनको देखे बिना नहीं रह सकते थे। बादशाहों और रईसों से अति मेल–मिलाप और ख़्वाजा निज़ामुद्दीन से प्रगाढ़ सम्बन्ध, इन दोनों बातों के मेल ने ख़ुसरो के जीवन को ज्ञान प्रदान किया। और उनके बाह्य तथा अन्तःकरण को समझने के योग्य बनाया।

बचपन ही से अमीर ख़ुसरो ने कविता लिखना और सिद्ध ख़्वाजा की शिक्षाओं को हृदय और मस्तिष्क में उतारना शुरू कर दिया था। यही कारण है कि उनका साहित्य उच्च चारित्रिक गुणों का छलकता हुआ प्याला बन गया है। उन्होंने अपने साहित्यिक कार्यकलापों गद्य–पद्य में कभी उन सभ्यताओं एवं चारित्रिक गुणों को उभारने का कोई अवसर हाथ से जाने नहीं दिया, जिन्हें उनके धर्मगुरु प्रिय समझते थे। साथ ही साथ उनकी लेखनी के कारनामे हमारे सामने उस ज़माने की ऐतिहासिक सच्चाई एवं राजनीतिक दशा का चित्र भी प्रस्तुत कर देते हैं।

अमीर ख़ुसरो के यहाँ नस्लीय, धार्मिक या सामाजिक ऊँच–नीच का रुझान बिल्कुल नहीं था। जब हम उस ज़माने के समाज में ऊँच–नीच,

छोटे–बड़े, जोड़–तोड़ का अध्ययन करते हैं तो हमारे सामने उनकी एक चंचल और नादानी की तस्वीर उभरती है, जहाँ आदमी का मान–सम्मान इस सिद्धान्त पर आँका जाता था कि वह कहाँ किस घराने में पैदा हुआ। वहाँ पर ख़ुसरो एक ऐसे सामाजिक विद्रोही के रूप में सामने आते हैं, जो इस कलुषित विचारधारा के ताने–बाने को बिखेर देने की दृढ़ प्रतिज्ञा कर चुका हो।

उस ज़माने के प्रसिद्ध विद्वान और इतिहासकार बर्नी ने भी मानवीय गुणों को सिर्फ़ उच्च ख़ानदान से जोड़ा है। बुराइयों एवं नीचता को नीच ख़ानदान वालों के सिर थोपा है। आश्चर्यजनक बात यह है कि धार्मिक विद्वान जो इस्लामी प्रेम और समानता के संरक्षक एवं ध्वजवाहक कहे जाते हैं वे भी समय के इशारों पर नाचते हुए दिखायी देते हैं। मगर अमीर ख़ुसरो ने इस विचारधारा का बड़ी दृढ़ता के साथ खुल्लमखुल्ला विरोध किया। उनकी दृष्टि में समाजी हैसियत का मानक इस आधार पर क़ायम होना चाहिए कि कोई व्यक्ति अपने कर्तव्य और न्याय के निर्वहन में कितना परिश्रमी है और किस क़दर कठिनाइयों को झेलता है। उसके परिश्रम तथा क्रियाकलापों से सर्वसाधारण को कितना लाभ मिलता हैं, यह उसके मान–सम्मान, प्रतिष्ठा की कसौटी होनी चाहिए। इसीलिए अमीर ख़ुसरो उस वर्ग से बहुत प्यार करते थे, जो अपने हाथों से काम करता था। समाज उन्हें हेय दृष्टि से देखता और नीची जाति का मानता था, सिर्फ़ इसलिए कि वे अपने हाथ–पाँव से जी–तोड़ मेहनत करके हलाल रोज़ी कमाता था। इस वर्ग में कुछ ऐसे भी थे, जो कभी–कभी अपने दाँत से चमड़ा काटते–तोड़ते थे। ख़ुसरो को इससे कोई फ़र्क़ नहीं पड़ता था। उनकी नज़र में धर्म और व्यवसाय के आधार पर कोई विभेद नहीं था, बल्कि हर वह व्यक्ति सज्जन और उच्च हैसियत वाला था जो अपने पेशे के प्रति समर्पित एवं संवेदनशील हो। वे कहते हैं–'ग़रीब मज़दूर और छोटे–मोटे व्यापार, फेरी करने वाले दिनभर कठोर परिश्रम करने के बाद रात में खर्राटे लेकर सोते हैं, मगर बादशाहों, रईसों और उनके दरबारियों को दिन–रात पेशी में हाज़िर रहना पड़ता है। ये लोग पेट की खातिर अपनी आयु कमर बाँधे हुए खड़े–खड़े काट देते हैं, मगर यह कितनी अजीब बात है कि वे इसी को ख़ुशहाल ज़िन्दगी का नाम देते हैं।'

ख़्वाजा निज़ामुद्दीन औलिया के सानिध्य के प्रभाव ने ख़ुसरो को हलाल रोज़ी के लिए कठोर परिश्रम करने वालों से प्रेम करना सिखाया।

आलसी और आरामतलब लोगों के प्रति नफ़रत का भाव पैदा किया। जिनका वर्णन वे इस प्रकार करते हैं–'प्रतिष्ठित आदमी वह है जो काम करता है, निखट्टू तो बस एक प्रतिष्ठित गधा है।'

वह ग़रीबी जो मनुष्य अपने हाथों मोल लेता है, उससे अमीर ख़ुसरो को बहुत घृणा है। वे चेताते हैं कि जायज़ आमदनी के द्वारा आदमी को धनवान बनने के लिए प्रयत्नशील रहना चाहिए। मगर ऐसा कदापि न हो कि अमीरी व्यक्तिगत वस्तु बन कर रह जाये। बल्कि दौलत है ही इसलिए कि ज़रूरतमन्दों के बीच आवश्यकतानुसार बाँटी जाये। वे कंजूस के हाथ में दौलत को समुद्र की गहराई में छिपे हुए मोती की उपमा देते हैं। उनका सुझाव यह था कि किसी व्यक्ति के पास जो भी हो, वह उसे दिल खोल कर ज़रूरतमन्दों को दे ताकि यह सहृदयता उसे दोगुना पुण्य प्रदान करे। अपनी धन–सम्पदा में दूसरों को भी ज़रूर शामिल करना चाहिए। वर्ना यों तो मूर्ख गधा भी अपने सम्बन्धियों का ध्यान रखता है। जिसकी दया दृष्टि घूम–घूम के बस अपने सगे–सम्बन्धियों तक ही सीमित हो जाये वह प्रथम श्रेणी का स्वार्थी है।

नौकरी पेशा करने वाले व्यक्तियों को सम्बोधित करते हुए अमीर ख़ुसरो कहते हैं–'थोड़ी सहायता करके भारी एहसान लादना अन्याय है। यह सही है कि तुम एक मज़दूर को पारिश्रमिक देते हो किन्तु यह भूल जाते हो कि वह तुम्हारा इतना भारी बोझ ढोता है कि उतना बोझ तुम निश्चित रूप से नहीं उठा सकते। यदि ग़रीब इस बोझ से दबकर मर जाये तो तुम्हारे पैसे उसके किस काम आयेंगे।'

दूसरी ओर अमीर ख़ुसरो दस्तकारों और कारीगरों पर ध्यान केन्द्रित करते हुए कहते हैं कि–उन्हें उतना ही कार्य स्वीकार करना चाहिए, जितना कि वे अच्छी तरह कर सकें। यदि अपनी शक्ति से अधिक बोझ उठायेंगे तो यह उनके लिए अत्यन्त हानिप्रद है। याद रहे कि सोने की चपाती चबाना बहुत कठिन है।

शस्त्र निर्माण का पेशा

अमीर ख़ुसरो की दृष्टि में दस्तकारी ऐसा चुम्बक है जो जायज़ जीविका को आनन–फानन में अपनी ओर खींच लेता है। मगर इन तमाम तारीफ़ों के साथ उन्होंने व्यवसाय की कुछ सीमाएँ भी तय की हैं और सुरक्षा भी चाहते हैं। वे शस्त्र निर्माण के घोर विरोधी थे। उसे उचित तो समझते थे,

किन्तु एक अत्यन्त निकृष्ट पेशे के तौर पर। क्योंकि यह काम आदम अ. की पीढ़ी के लिए दुखदायक है उनका दृष्टिकोण था कि 'व्यवसाय का वास्तविक प्रतिफल संसार की सेवा होना चाहिए।'

खुसरो कहते हैं कि कठिन–से–कठिन व्यवसाय और कारोबार करने वाला ही श्रेष्ठतम है। उनके विचार में एक चमार या मोची, दर्जी से बड़ा है। चमार जब दूसरों के आराम के लिए जूता गाँठता है तो उसकी उँगलियों और चमड़े को भी खरोंच या घाव हो जाता है, मगर दर्जी आराम से अपनी दुकान में बैठ कर उस कैंची के दोनों फलकों से कपड़े ब्योंतता है, जिससे कोई शारीरिक क्षति नहीं होती।

बेईमानी के व्यवसाय

इस प्रकार विभिन्न व्यवसायों के बीच वर्गीकरण बताता है कि अमीर ख़ुसरो उनके कारोबार की ऊँच–नीच और बारीक़ियों को ख़ूब समझते थे। कारीगरों और हाथ से काम करने वालों के सम्बन्ध में वे हमें सुझाव देते हैं कि उनमें जो लोग अपने व्यावसायिक मामले में दयालु नहीं हैं, उनसे दूर रहो। परन्तु व्यावसायियों की सीमाओं और रंग–ढंग के सम्बन्ध से ख़ुसरो कुछ बेईमान लोगों को कुछ विशेष व्यवसायों में संलिप्त देखकर एक निर्णय कर लेते हैं, जिसका परिणाम यह होता है कि वे दर्जियों और सुनारों के बारे में उच्च दृष्टिकोण से काम नहीं ले पाते। दर्जियों के बारे में उनका विचार है कि ये लोग कपड़ा काटते समय प्रायः अपने प्रयोग के लिए थोड़ा कपड़ा बचा लेते हैं और मालिक को बताते भी नहीं। इसी तरह सुनारों की आदत है कि वे सोने को सुहागा से साफ़ करने के बहाने उससे थोड़ा–बहुत उड़ा लेते हैं। ऐसा लगता है कि उनके दिल में यह बात बैठ गयी है कि दर्जियों और सुनारों में शायद ही कोई ईमानदार होगा।

अमीर ख़ुसरो के ज़माने में अच्छे–बुरे, देशी–विदेशी, छोटी–बड़ी जाति की धारणा सामान्यतया प्रचलन में थी। इस्लामी शिक्षा तो यह थी कि सबसे बड़ा वह है, जो ख़ुदा का सबसे बड़ा भक्त और आज्ञाकारी हो। किन्तु इस पर कोई ध्यान देने वाला नहीं था। उदाहरणार्थ, शादी–विवाह के सम्बन्ध में धर्म के ठेकेदारों ने समाज को चार श्रेणियों में विभक्त कर दिया था। इनमें सबसे उच्च वर्ग वह था, जो उच्च सरकारी पदों पर आसीन था। फिर व्यापारी और छोटे–मोटे व्यवसायी थे। सबसे छोटे और पिछड़े हुए थे, किसान। इस्लाम विरुद्ध प्रचलन के विरोध में खड़ा होने का किसी

में साहस नहीं था। यहाँ तक कि इस्लाम धर्म के विद्वान भी मूक द्रष्टा बन गये थे। सामाजिक संरचना में विद्वानों की संवेदना और निष्क्रियता ख़ुसरो के लिए बहुत पीड़ादायक थी। और वे इन विद्वानों की कठोर, तरस खाने वाली आलोचना भी करते थे। उनका कहना था कि इस्लाम धर्म के विद्वानों के चरित्र में धोखाधड़ी, निकृष्टता और स्वार्थपरता भरी हुई थी। उनकी दृष्टि में इन विद्वानों को दिया जाने वाला सम्मान दिखावटी, खोखला और भेड़चाल जैसा था। इसके अतिरिक्त कुछ नहीं। ख़ुसरो ने कहा कि अगर व्यक्तिगत गुणों के आधार पर समाज में श्रेष्ठ स्थान निर्धारित किया जाये तो इन विद्वानों से हज़ार गुना श्रेष्ठ सांसारिक लोग होंगे।

विदेशी एवं देशी मुसलमानों में ऊँच-नीच

विदेशी एवं देशी मुसलमानों में ऊँच–नीच विद्यमान थी। प्राचीन मुसलमान जो अपना देश छोड़कर भारत में बस गये थे, वे समाजिक प्रतिष्ठा एवं स्तर में अपने को अलग मानते थे। अगर कोई व्यक्ति खींचतान कर अपनी वंशसूची भारत के विदेशी मुसलमानों से मिला दे तो वह सम्मान के योग्य हो जाता था। इसके अतिरिक्त दूसरे मुसलमानों और हिन्दुओं के प्रति एक जैसे विचार थे। सामाजिक दृष्टि से दोनों की गणना निम्न श्रेणी में की जाती थी। बाहर से आया हुआ मुस्लिम वर्ग यद्यपि भारतीयों के इस्लाम धर्म को स्वीकार करने में अवरोध नहीं हो सकता था, मगर उनसे मेल–जोल करना और उनकी परम्पराओं को स्वीकार करना उन्हें निश्चित रूप से पसन्द नहीं था। इसका लिखित प्रमाण उपलब्ध है, कि गयासुद्दीन बलबन ने शाही पदों पर आसीन योग्य व्यक्तियों को इस अपराध में पदच्युत कर दिया था कि उनकी देशी वंशावली भारतीय थी। इसका परिणाम यह हुआ कि बहुत से भारतीय मुसलमानों ने स्वनिर्मित वंशसूची के माध्यम से बाहरी मुसलमानों से सम्बन्ध जोड़ लिए और अरब, ईरान या मध्य एशिया के उच्च वंशों से होने का सशक्त दावा प्रस्तुत करने लगे। अमीर ख़ुसरो कभी इस वास्तविकता पर लज्जित नहीं हुए कि वे भारत में पैदा हुए और उनका ननिहाल भारत में था। वे गर्व से सीना तानकर अपने देश, उसके बहुरंगी फूलों, उर्वरक भूमि और मधुर भाषा की प्रशंसा करते थे। वे हिन्दुस्तानी भाषाओं की प्रवाहमयता और लयबद्धता को तुर्की तथा फ़ारसी भाषाओं पर वरीयता प्रदान करते थे। अमीर ख़ुसरो 'हिन्दवी' को अपनी भाषा मानते थे, और चाहते थे, कि उनसे उसी भाषा में वार्तालाप

हो ताकि वे निसंकोच एवं धाराप्रवाह उत्तर दे सकें। वे कहते हैं–'मैं एक तुर्क हिन्दुस्तानी हूँ और तुम्हें हिन्दुस्तानी ज़बान में समझा सकता हूँ। मेरे पास मिस्री, शक्कर नहीं जो मैं अरबी में गुफ़्तगू करूँ।'

भारतीय उपमा व रूपक–अमीर ख़ुसरो से पूर्व भारत की फ़ारसी कविता में भारत की सांस्कृतिक विशेषताओं एवं आन्तरिक रंग–बिरंगी विविधताओं को साहित्य के तत्व के रूप में स्वीकार नहीं किया जाता था, जबकि वे सारी की सारी मध्य एशिया की रस्मों, संकेतों एवं ईरानी फूलों से भरपूर थीं। बजाय चम्पा और कमल कहने के लाला एवं गुलाब का प्रयोग होता था। भारतीय पशु–पक्षी, यहाँ के बाज़ार, मेलों–ठेलों की शान, गरम मसालों की सुगन्ध इत्यादि सभी को उपेक्षित कर दिया जाता था और कविता का सम्पूर्ण आधार जीवन, उसके दृश्य एवं तौर–तरीकों पर होता था, जिससे व्यक्तिगत रूप से ये कवि निश्चित ही अनभिज्ञ थे। वास्तविकता तो यह है कि ख़ुसरो ही वह व्यक्तित्व थे, जिसने कवियों में हिन्दी सोच और संवेदना उभारा तथा उन्हें भारतीय वस्तुओं का प्रशंसक बनाया।

'नुह सिपहर' अर्थात नौ आसमान जो मनसवी के रूप में एक ऐतिहासिक पूँजी है। उसमें शाह कुतुबुद्दीन मुबारक़ शाह के वैभव का वर्णन करते हुए अमीर ख़ुसरो ने तीसरा अध्याय भारत और उसके निवासियों के लिए सुरक्षित कर दिया है। वे कहते हैं कि भारतीय विद्वानों को वैज्ञानिकता में पूरे विश्व में वरीयता प्राप्त है। वे 'पंचतन्त्र' के रचनाकार हैं, जो ज्ञान पूर्ण उपदेशों की एक उच्चकोटि की रचना है। जिसका अनुवाद फ़ारसी, तुर्की और अरबी भाषा में किया गया है। अमीर ख़ुसरो के अनुसार भारतीय संगीत संसार के संगीतों पर भारी है।

अमीर ख़ुसरो का भारत से अपार स्नेह कभी–कभी सारी सीमाएँ तोड़ देता है। जैसे सती प्रथा और जौहर व्रत से उनकी सहानुभूति का कारण यह है, कि वे सदा मूर्त में अमूर्त प्रकाश देखते थे। एक पत्नी स्वेच्छा से अपने मृत पति के लिए प्राण दे देती है, जैसे एक आदमी किसी आदर्श पर मर मिटता है। अमीर ख़ुसरो को मालूम था कि इस्लाम आत्महत्या वाली बहादुरी की आज्ञा नहीं देता। फिर भी वे कहते थे कि देखो तो यह कितना पवित्र साहस है। यदि इस्लामी शरीअत में इसे उचित कहा गया होता, और फिर कोई इसी साहस और उत्साह से अपना प्राण न्योछावर करता तो यह काम कितना शुभ और प्रशंसनीय होता।

अमीर ख़ुसरो हिन्दुओं की प्रशंसा उनकी विद्वता, कर्मठता और अपनी आस्था के प्रति समर्पण के आधार पर करते हैं। जब कभी विदेशी मुसलमान हिन्दुओं की हँसी उड़ाते तो अमीर ख़ुसरो हिन्दुओं का बचाव करते हुए कहते कि वास्तविकता यह है कि प्राचीन विज्ञान, नीति दर्शन और गणित में ब्राह्मण किसी प्रकार यूनानियों से कम नहीं थे। मगर ब्राह्मणों ने इस ओर ध्यान नहीं दिया, इसलिए उनके ज्ञान को प्रसिद्धि नहीं मिल सकी। ख़ुसरो की दृष्टि में हिन्दू धर्म का निचोड़ और उसकी आत्मा वही थी, जिसे इस्लाम दृढ़ एवं स्थायी बुनियादों पर स्थापित करने आया था।

ख़ुसरो ने भारतीय संगीत सीखा और कुछ ऐसे सफल प्रयोग किये जिनसे भारतीय एवं ईरानी रागों के मिलने से नया राग तैयार हो सके तथा कुछ ऐसे मधुर सुरों की खोज की जो दोनों देशों की संगीत परम्परा का प्रतिनिधित्व करते हैं।

अमीर ख़ुसरो शायद पहले हिन्दुस्तानी मुसलमान थे, जो भारतीय परम्परा एवं वातावरण से पूर्णतः प्रभावित हुए और उन्होंने इस्लामी परम्परा को भारतीय परम्परा में समोने का सभ्यतापूर्वक सफल प्रयास भी किया यद्यपि उसका फल उनको तुरन्त नहीं मिला, फिर भी आने वाली पीढ़ियों के लिए उन्होंने मार्ग प्रशस्त कर दिया।

(**स्रोत** : ख़ुसरो शनासी ज़ोए अंसारी/अबूलफ़ैज़ सहर, एन.सी.पी.यू.एल., नयी दिल्ली, 1998)

अमीर खुसरो का सौन्दर्यशास्त्र

प्रो. शकीलुर्रहमान

अमीर ख़ुसरो (1253–1325) हिन्दुस्तान के सौन्दर्यशास्त्र की अत्यन्त प्रकाशमान और दीप्तमान शीर्षक एवं पहचान है। उसकी कल्पना कीजिए तो अनुभव होगा, जैसे ग़ालिब की सैकड़ों रंगों वाली शायरी की ज्योति की सार्थकता स्पष्ट होती जा रही है।

एक व्यक्तित्व में इतनी विशेषताओं का सिमट आना निश्चित रूप से असाधारण बात है। विश्व इतिहास में बड़े बुद्धिजीवियों की कमी नहीं है, लेकिन बहुत कम चिन्तकों और बुद्धिजीवियों के व्यक्तित्व ऐसे होते हैं, जिनकी एक साथ इतनी विशेषताएँ परिलक्षित होती हों। अपने व्यक्तित्व का प्रकटन इतनी कठोरता से दुनिया के बहुत कम बुद्धिजीवियों एवं कलाकारों ने किया होगा। जब भी अमीर ख़ुसरो के विषय में सोचता हूँ, एक ऐसी देवमालाई कल्पना उत्पन्न होती है, जो धीरे–धीरे न जाने अपने कितने पट खोलती है। एक पट खुलता है दिव्याकार व्यक्तित्व और दिव्याकार कल्पना का, फिर उसके बाद एक दुनिया नज़र आने लगती है।

अमीर खुसरो निश्चित रूप से बड़े मेधावी थे। एक मेधावी अपने समय के उच्च आदर्शो का मिश्रण और उत्कृष्ट परम्पराओं की चेतना का अर्थपूर्ण संकेत बन जाता है, उसका व्यक्तित्व सभ्य स्थितियों और सुन्दर ऐतिहासिक और सांस्कृतिक घटनाओं के अध्ययन का विषय बन जाता है। आप चाहें तो उसके व्यक्तित्व, उसकी चिन्तन दृष्टि एवं उसकी रचनाओं से उस समय काल का अध्ययन कर सकते हैं, या समय काल से उसके व्यक्तित्व का अध्ययन करें। उसके विचार, चिन्तन और उसकी रचनाओं की समीक्षा करें और एक बड़ी सच्चाई यह भी है कि समय काल के साथ उसका व्यक्तित्व भी उसकाल के कुछ महत्त्वपूर्ण रुझानों, स्थितियों तथा सुन्दर घटनाओं की रचना एवं निर्माण में भाग लेता है।

सांस्कृतिक अस्तित्व तथा परम्पराओं के नये अनुभव से एक मेधावी सिर्फ़ अपने रचनात्मक गुणों को ही नहीं उभारता बल्कि उनके उपाय एवं सामंजस्य में भाग लेकर उनके नये रूप का निर्माता और उनकी पहचान भी बन जाता है। उच्च एवं श्रेष्ठ परम्पराओं का रस पीकर और विद्यमान सभ्यता के मूल्यों के मिश्रण में एक बड़े कलाकार की भाँति हिस्सा लेकर अपनी रचनात्मक विशेषताओं को प्रकट करता है और जब वह कहता है–

रौशनी, तो सच में रौशनी हो जाती है।

मेधावी वह है कि जिसके व्यक्तित्व में सभ्यता एवं संस्कृति के उच्च आदर्शों का सरंक्षण और मिश्रण हो, जिससे कि श्रेष्ठ तथा श्रेष्ठतर परिस्थितियाँ उजागर हो जायें। मूल्य प्रकाश बन जायें और स्वयं उसका व्यक्तित्व उन प्रकाशों का दर्पण हो।

अमीर ख़ुसरो का व्यक्तित्व हिन्दुस्तानी और अजम (मध्य एशियाई +तुर्की+इरानी) सभ्यताओं के मिश्रण की प्रभा को प्रस्तुत करता है। स्वयं उनका व्यक्तित्व हिन्दी, मध्य एशिया, तुर्की, अरबी के जीवन मूल्यों के श्रेष्ठ रूपों का दर्पण नज़र आता है। उन्होंने समकालीन सभ्यता के मूल्यों और परम्पराओं के नये अनुभव से अपनी उच्च रचनात्मक विशेषताओं को बड़े परिश्रम से उभारा था और मात्र यही नहीं बल्कि वे उनके संरक्षण तथा मिश्रण में विशेष भाग लेकर उन नयी परिस्थितियों के स्रष्टा और प्रतीक बन गये।

अमीर ख़ुसरो ने क्लासिकी परम्पराओं का रसपान किया था और जो यह रसपान कर लेता है, मतवाला बन जाता है। आप चाहें तो उनके व्यक्तित्व से उनके काल को पढ़ सकते है। और मध्य एशिया, तुर्की, अरबी, हिन्दुस्तानी सभ्यता के उच्च आदर्शों के सम्मिश्रण का अध्ययन भी कर सकते हैं। इसलिए अमीर ख़ुसरो के विषय में सोचना भारतीय सभ्यता के उस हृदय के विषय में सोचना है, जो मिली–जुली सभ्यता का चमत्कृत स्वरूप है।

उच्च मस्तिष्क, अनुभवों के तीव्र प्रकाश और अनुभवों के स्रोत सामाजिक वातावरण के परिणाम होते है। विस्तृत एवं गहरा सामूहिक या नस्लीय सलीका न होने की वजह से कुछ अनुभव प्रकाशपुंज नहीं बनते हैं। परम्पराओं और अनुभवों के स्रोत समाज के उच्च मूल्यों से लाभान्वित होने की अधिक योग्यता रखते हैं, तथा अपने ज्ञानात्मक व्यवहार एवं अनुभवों से एक साथ कई कालों में दृष्टिगत होते हैं। 1253 से 1325 के बीच सभ्यता के मूल्यों के मेलजोल से जो वातावरण बना था, उसमें सदियों के

अनुभवों का प्रकाश था और उसकी रचना में अनगिनत नस्लों के व्यक्तियों के हृदय–रक्त से दीप प्रज्वलित थे। अमीर ख़ुसरो की व्यापक मूलबद्ध सामूहिकता से उनके रचनात्मक मस्तिष्क से जाने–अनजाने अधिकांशतया प्रभामयी लकीरें टकराती रही हैं। किसी काल में सभ्यता एवं सांस्कृतिक मूल्यों का बहाव केवल मौन बहती हुई नदी का बहाव नहीं होता उसमें उतार–चढ़ाव भी होते हैं। उभरने का रुझान होता है। दोहराने की क्रिया होती है। फैलने और नीचे गिरने की प्रवृत्ति होती है। क्रमबद्धता में एकबद्ध ता भी होती है। रुकावटें भी आती हैं। एक कुशाग्रबुद्धि का व्यक्ति अनुभवों के संसार में उनको तौर–तरीक़ा देता है और अपनी मानसिकता से उनकी नयी स्थितियों का सर्जक भी होता है। इस काम में उसके व्यक्तित्व को केन्द्रीय स्थान प्राप्त हो जाता है। मिली–जुली, विशिष्ट रचनात्मक क्रिया के पीछे कई नस्लों के अनुभव होते हैं। ऐसी रचनाओं से एक नयी एवं अच्छी सोच उभरती है। एक मेधावी शताब्दियों के अपार अनुभवों से पहचाना जाता है।

अमीर ख़ुसरो का अध्ययन इसी सच्चाई को सामने रखकर करना चाहिए। उनका व्यक्तित्व उच्च आदर्शों के मिश्रण का सुन्दर प्रतिदर्श है और उनकी रचनाएँ इसका उदाहरण है।

अमीर ख़ुसरो 1252–53 में पैदा हुए और 1325 में उनकी मृत्यु हुई। उनका जीवन प्रकाश की ऐसी रेखा है, जो देश की राजनीतिक एवं सांस्कृतिक परिस्थितियाँ की महत्त्वपूर्ण रेखाओं के बीच से गुज़रती है और उन्हें स्पष्ट करती जाती है। सत्ता के उत्थान, पतन, दरबारों के साहित्यिक एवं सांस्कृतिक वातावरण, सीमाओं के हंगामों कुछ बादशाहों एवं शहजादों की मानवीय मित्रता कुछ बादशाहों के निजी अनुभवों, मंगोलो के आक्रमणों, हार–जीत की कहानियों, खड़ी बोली या हिन्दी, ब्रज और पंजाबी के स्वरों की लय और उनके माधुर्य, लोक गीतों की प्रभावोत्पादक धमक, थरथराहटों, सूफ़ियों एवं बुज़ुर्गों की विशुद्ध पवित्र कल्पनाओं के प्रकाश, श्रोताओं की महफ़िलों में ईरानी, तुर्की और भारतीय संगीत से निर्मित किये हुए प्रभावी वातावरणों, हज़रत निज़ामुद्दीन औलिया के महान व्यक्तित्व की ज्योति और मूल्यों के आन्तरिक समावेश से जो सुन्दर रूप बनता है इसका ज्ञान अमीर ख़ुसरो के जीवन से हो जाता है।

अमीर ख़ुसरो ने हिन्दुस्तान की मिट्टी में जन्म लिया और इसी मिट्टी में दफ़्न हुए। नस्ल से तुर्क थे। स्वयं को हिन्दुस्तानी कहते थे।

उनके चिन्तन ने इसी मिट्टी से जन्म लिया था, जिसमें दो बड़ी सभ्यताओं का लहू शामिल था। वे स्वयं इस मिट्टी और इस वातावरण की पहचान बन गये, जिसमें आगे–पीछे के सामाजिक विचारों, अनुभवों का समावेश हो रहा था। वे समावेशी सभ्यता के उच्चतम मूल्यों के स्वयं शीर्षक बन गये। उनके व्यक्तित्व में दो बड़ी सभ्यताओं के समावेश को अलग करके देखना सम्भव नहीं है। वे हिन्दुस्तान के थे और हिन्दुस्तान उनका था। उन्होंने अपने व्यक्तित्व को प्रकट किया और यह प्रकटन हिन्दुस्तान के व्यक्तित्व का प्रकटन था। अजन्ता, ताजमहल और दीवान–ए–ग़ालिब की तरह! अमीर ख़ुसरो ने शताब्दियों पहले हिन्दुस्तान के व्यक्तित्व को प्रकट किया था।

सरे ज़ुल्फ़ कायद हमाँ बर लबश
नमक सूये हिन्दुस्ताँ मी बरद

अर्थात प्रियतमा की काली ज़ुल्फ़ 'हिन्दुस्तान' जैसी सुन्दर और कोमल है, और उसके होंठ हिन्दुस्तान की तरह मधुर और स्वादिष्ट हैं।

हिन्दुस्तानी साहित्य में हिन्दुस्तान के व्यक्तित्व की जिस प्रकार अभिव्यक्ति ख़ुसरो के साहित्य में हुई है, उसका उदाहरण शायद ही कहीं और मिले। अमीर ख़ुसरो ने हिन्दुस्तान को एक प्रियतम के रूप में प्रस्तुत किया है, उनके सौन्दर्यशास्त्र में इसे एक विशिष्ट स्थान प्राप्त है। वे अपने देश की सौन्दर्य छटा से अत्यन्त प्रभावित हैं। सौन्दर्यानुभूति एवं चेतना ने देश के सौन्दर्य को इस प्रकार सम्मिलित कर लिया है कि यह सौन्दर्य कलाकार के सौन्दर्यशास्त्र का एक हृदयग्राही पहलू बन गया है। अपना देश कवि के लिए सम्पूर्ण मिठास है, शक्करिस्तान की तरह–

माहे मन ज़ुल्फे सियह बर ख़ते सब्ज़त सर नेहाद
तूती शक्कर खुरत हिन्दुस्तानी याफ़्त नौ!

अर्थात ऐ मेरे चाँद जिस पल काले केश ने तेरे सब्ज़–ए–ख़त पर सिर रखकर आराम करना चाहा। उसी पल शक्कर खाने वाले तेरे तोते को मिठास से भरपूर एक नया हिन्दुस्तान मिल गया।

ख़ुसरो ने हिन्दुस्तान को प्रेमी बना लिया है, और उसमें सारा सौन्दर्य समावेशित कर दिया है।

अज़ चू तू हिन्दवी काफ़िर केश गुल चेहरा अस्त रंग
गुल ब हिन्दुस्तान बूदह चूँ बरहमन ज़ुन्नारदार।

अर्थात तुझ जैसी बेवफा सुन्दरी को देखकर फूल के मुखड़े पर रंग निखर आया है। वास्तव में यहाँ के ब्राह्मणों की तरह यहाँ के फूल भी जनेऊधारी हैं।

हिन्दुस्तान के सम्बन्ध में जो महत्त्वपूर्ण विषय अमीर ख़ुसरो की रचनाओं में मिलाते हैं उनमें कुछ इस प्रकार है–

ज़िक्र हज़रत देहली, क़िला व हिसार देहली, जामा मस्जिद देहली, वस्फ़ मिनारा, हौज शम्सी, मरदुमे शहर देहली, आब–ओ–हवा व गुल हाए व मेवा हाए हिन्द, इल्म व हुनर देहली, बुताने सादा देहली, कीलोखड़ी, कसरे नव, जश्ने नौरोज़ हिन्द, चत्र सियाह, चत्र सुर्ख़, चत्र सब्ज़, चत्र गुल, रायत लाल व सियाह, सिफ़त हाय अस्पाँ फ़ील, गुलिस्तान बिस्म ज़रा, दस्ता–ए–गुल फ़रेब, खरीजा–ए–हिन्द, तम्बूल, जामे हिन्दी, मेवा हाए देवगीर, मौसीक़ी, लिबास, ख़ूबी ज़बान–ए–हिन्द, रक़्स व सुरूर व नग़्मा, रसूम शादी, दर्स अज़ हिन्दवी आतिश परस्त, औसाफ़े दुख़्तरान–ए–हिन्द, औसाफे नौजवान–ए–हिन्द, तसव्वुरे बहदानियात हनूद, अस्बाब फ़ज़ीलते हिन्द, फँसूगरी हिन्द, देवगीर, शोब्दाहाये बाज़ी गराँ दर जश्न, हुस्न–ए–हिन्द।

अमीर ख़ुसरो हिन्दुस्तान से अपने प्रेम का कारण यह बताते हैं कि उनका जन्म इसी देश में हुआ। मसनवी 'नुह सिपहर' में वे कहते है–

'हुब्ब–ए–वतन हस्त ज़ि ईमान ब यक़ीन'
अर्थात देशप्रेम ईमान है, और विश्वास का नाम है।

इस मसनवी में हिन्दुस्तान के सम्बन्ध में एक स्थायी अध्याय सम्मिलित है। जलवायु पर लुब्ध हैं और इस लुब्धता के कारण ये हैं– हिन्दुस्तान की सर्दी से कोई हानि नहीं होती। यहाँ की गर्मी खुरासान की सर्दी से अच्छी है। सर्दी की हवा से ग़रीबों को अधिक सामान की आवश्यकता नहीं पड़ती है। सालभर फूलों की बहार बनी रहती है। यहाँ के फूल सुन्दर रूप रंग के होते है। शुष्कावस्था में भी उनसे सुगन्ध आती रहती है। इस देश में आम, केला, इलाईची, क़र्पूर और लौंग जैसी चीज़े पैदा होती हैं। खुरासान के बहुत से फल यहाँ भी होते हैं। खुरासान में ऐसे फल नहीं होते जो इस मुल्क में पाये जाते है। पान और केला इस मुल्क के श्रेष्ठतम एवं विचित्र उपहार हैं। पान जैसी चीज़ दुनिया में न मिले। (किरानुस्सादैन)

अमीर ख़ुसरो अपने देश को स्वर्ग कल्पित करते है।

बहिश्ते फ़र्ज़ कुन हिन्दुस्तान रा
कज़ इंजा निस्बत ई बोस्ताँ रा
वगर्ना आदम व ताऊस ज़े आँजाए
कुजा ईंजा शुदंदी मंज़िल आराए

(मसनवी देवल रानी खिज्र खाँ)

अर्थात हिन्दुस्तान को स्वर्ग मान लो, क्योंकि इसका सम्बन्ध उपवनों से है। यदि हिन्दुस्तान न होता तो आदम और मोर पक्षी भी नहीं होता, और यहाँ हमारा ठिकाना भी नहीं होता।

पतझड़ की प्रशंसा भी इसी प्रकार करते हैं जैसे बसन्त ऋतु की कर रहे हों। नाटकीयता देखिए–

फ़स्ले खजां चूँ बर चमन खाना साख़्त
बादे रवाँ कुरह ब गुलज़ार ताख़्त

शाहे सिपर गम ज़े वलायत बर आनद
कश ब चमन हेच वलायत न मानद.

अर्थात जब पतझड़ के मौसम ने बगीचों पर अपना अधिकार कर लिया और तूफ़ानी हवाएँ उपवनों पर आक्रामक हुईं, तो दुखों को समाप्त करने वाले राजा ने राज्य से बाहर आकर उपवन पर आक्रमण किया और फिर किसी के साम्राज्य को बाकी नहीं रहने दिया।

हिन्दुस्तान के चित्रण में अमीर ख़ुसरो की रागात्मक कल्पना हृदय को आकर्षित और प्रभावित करती है। यहाँ तक कि उनकी सौन्दर्य चेतना उनके सौन्दर्यशास्त्र के दायरे को और भी व्यापक कर देती है। इस देश के लोग उनकी परम्पराएँ, धर्म, भाषा, कपड़े, रीति, रिवाज, घर, उपवन, हरियाली, संगीत, मेवा, फल–फूल, चिड़ियाँ, पशु, पर्वतीय नदियाँ सब उन्हें पसन्द हैं। उनके सौन्दर्य को प्यार करते हैं। 'नुह सिपहर' में हिन्दुस्तानियों की एकेश्वर भक्ति पर उनकी कविताएँ ध्यान देने योग्य हैं। प्रेमात्मक सोच के व्यवहार और उनकी रचनात्मक उड़ान को देखिए, कहते हैं।

दिलम रा दर सरे ज़ुल्फ़त रह उफ़्तद
ग़रीबां रा ब हिन्दुस्ताँ रहे उफ़्तद

मुर्ग दिल आशियाना ब ज़ुल्फ़ तू मी कुनद
चूँ तोतिए कि मेल ब हिन्दुस्ताँ कुनद

अर्थात मेरे दुख–दर्द को तेरी ज़ुल्फ़ों का ही सहारा है, उसी प्रकार जैसे ग़रीब और दुर्बल लोगों का सहारा हिन्दुस्तान है। मेरे दिल का पक्षी तेरी ज़ल्फ़ों में उसी प्रकार घोंसला बनाता है, जैसे तूती भारत को अपना ठिकाना बनाती है।

'नु सिपहर' में 'वस्फ़े हिन्द दर उलूम व फ़नून' में कहते हैं—

गर्चे ब हिकमत सुख़न अज़ रोम शुदा
फ़लसफ़ ज़े आंजा हमा मालूम शुदा

लेक न हिन्द अस्त अज़ाँ माया तही
हस्त दर व यकयक अज़ अन्देशा बही

मन्तिक़ व तन्जीम व कलामस्त दरू
हर चे कि जुज़ फ़िक़ह तमामस्त दरू

इल्म दिगर हर चे ज़े माकूल सुखन
बेश्तरे हस्त बर आईने कुहन

बरहमने हस्त के दर इल्म व ख़िरद
दफ़्तरे क़ानूने अरस्तू बदरद

वाँ चे तबीई व रियाज़ीस्त हमा
हइयत मुस्तक़बिल व माज़ीस्त हमा

रूमी अज़ाँ गोना कि अफगन्दा बरूं
बरहमनाँ रास्त अज़ाँ माया फ़जूं

अर्थात रोम और यूनान यद्यपि नीति में प्रसिद्ध हुए और उनका दर्शन समस्त संसार में फैला, किन्तु हिन्दुस्तान का दामन उनसे खाली न रहा। हिन्दुस्तान में भी एक से एक बुद्धिजीवी पैदा हुए, तर्क विद्या, ज्योतिष विद्या, व्याकरण विद्या के अतिरिक्त विद्याएँ भी हिन्दुस्तान में मौजूद हैं। प्राचीन काल से उन्हें नीति, दर्शन एवं तर्कशास्त्र का ज्ञान हैं। ऐसे ज्ञानी ब्राह्मण हैं कि विद्या और बुद्धि से अरस्तू को पराजित कर दें। प्राचीन गणित तथा प्राचीनता व नवीनता से भरपूर सभी ज्ञान मौजूद हैं। यूनानियों ने जितना ज्ञान प्रकट किया है, उससे कहीं अधिक ज्ञान ब्राह्मणों के पास है।

अमीर ख़ुसरो ने अपने देश को प्रिय समझा और इसकी मिट्टी की सुगन्ध को अपने अस्तित्व में समावेशित किया। हिन्दुस्तान के सौन्दर्य पर मुग्ध रहे और ख़ूब घूमे। देवगीर, बंगाल, सिन्ध और मुल्तान की सैर की। लोगों को क़रीब से देखा रीति–रिवाज को जाना पहचाना।

परिवर्तनशील मौसम के सौन्दर्य को पसन्द किया। अपने देश की प्रत्येक वस्तु के सौन्दर्य पर मुग्ध हुए। खग हों या पशु, फल–फूल हों या यहाँ की औरतें सौन्दर्यानुभूति के साथ अनके प्रेम हृदय में अँगड़ाई लेने लगते हैं। एक जगह फरमाते है, 'मुझे अपने मुल्क से इश्क़ है। ये मेरा वतन है। हदीस हैं कि वतन की मुहब्बत ईमान का हिस्सा है। प्राचीन कला के निर्माण की प्रशंसा में अपने विचार व्यक्त करते हैं।' यह आसमान की तरह ऊँचे और संगखारा से निर्मित, बेल–बूटे इतने हृदयरंजक हैं कि मानी द्वारा निर्मित की गयी तस्वीरें भी उनका मुक़ाबला नहीं कर सकतीं। तत्कालीन जामा मस्जिद के सम्बन्ध में ख़ुसरो की ये पंक्तियाँ उल्लेखनीय हैं–

ग़लग़ल ए तस्बीह ब गुम्बद दरूं
रफ़्ता ज़े ना गुम्बदे वाला बरूं

गुम्बद उ सिलसिला पैवन्द राज
सिलसिला चूँ काबा शुदा हल्क़ा साज़

दर तहे सकफश जि समा ता जमीं
नस्ब शुदा जुम्ला सतूँ हाय दीं

अर्थात उसके गुम्बदों के नीचे जनता द्वारा किये जाने वाले अल्लाह के वर्णनों की गूँज आकाश के ऊपर तक जाती है, उसे ख़ुदा स्वयं सुनता है। उन गुम्बदों में मानवीय भेद छुपे हुए हैं। उन्हीं भेदों को ज्ञात करने का माध्यम भी इनके गुम्बद हैं। एक ऐसा माध्यम जिसका सम्बन्ध काबा से है। उसकी छत के नीचे से ऊपर और ऊपर से नीचे तक केवल धर्म के स्तम्भ खड़ा किये गये हैं।

हौज सुल्ताँ पर ये पंक्तियाँ देखिए। इस हौज को सुल्तान शम्सुद्दीन इल्तुतमिश ने 1229 में बनवाया था। ख़ुसरो लिखते हैं कि–

दर कमर संग मयान दो कोह
आबे गुहर सफ़वत व दरिया शिकोह

साख़्ता सुल्ताने सिकन्दर सिफ़ात
दर सर कोह आईना ज़ि आबे हयात

शहर गर अज़ वे नबूद आब कश
कस न खुर्द दर हमा शहर आब खुश

गर्द वे अज़ अहले तमाशा गिरोह
दामने ख़ेमा शुदा व दामाने कोह

अर्थात यह दो पहाड़ियों के दरमियान स्थित है। इसका पानी इतना स्वच्छ था कि रात्रि में भी इसके तह की ज़मीन दिखायी देती थी। इसकी धाराएँ पहाड़ी के दामन से टकराती थीं। नगर के समस्त लोग उसी का पानी पीते थे। यहाँ नगर के लोग घूमने–फिरने आते थे और पहाड़ की वादियों में खेमा लगाते थे।

'किरानुस्सादैन' में दिल्ली की प्रशंसा इस तरह की है जैसे प्रेमी प्रेमिका की प्रशंसा करता है। यह अदन की जन्नत है। जन्नत के बाग़ के सौन्दर्य से युक्त है।

मर्दुमे उ जुम्ला फ़रिश्ता सिरिस्त
ख़ुश दिल व ख़ुश खुए चू अहले बिहिश्त

अर्थात शहर के लोंगों में जन्नती लोगों के गुण हैं। ये लोग ख़ुशदिल और सद्चरित्रवान हैं।

शहर के सौन्दर्य की पहचान आयोजनों से, विधि ज्ञान एवं आचार से, सुर–संगीत से, गीत एवं लय से होती है। यहाँ की प्रेमिकाएँ अपने सौन्दर्य और अपने नाज़–नखरे से पहचानी जाती हैं और प्रेमी अपने तबाह होते हुए दिल से।

ऐ देहली व ऐ बुताने सादा
पग बस्ता व रेशा कज़ नहादा

फरमाँ नबुरंद आजां कि हस्तन्द
अज गायते नाज़े ख़ुद मुरादा

जाई कि बिरह कुनंद गुलगश्त
दर कूचा दमद गुले पियादा

शाँ दर रह व आशिक़ाँ ब दुंबाल
ख़ूँनाबे ज़े दीदहा कुशादा

ईशाँ हमा बादे हुस्न दर सर
ईहाँ हमा सर बबाद दादह

अर्थात वाह रे दिल्ली और यहाँ की सीधी–सादी सुन्दरियाँ पगड़ी बाँधे हुई हैं, परन्तु उसमें पेच आड़े–तिरछे रखी हुई हैं। नाज़ व अदा में उनका कोई सानी नहीं, इसलिए इतनी बेलगाम हैं कि वह किसी की बात नहीं मानती हैं। इन सभी को अपनी सुन्दरता पर गर्व है, और उनके चाहने वालों ने उन पर अपने सिर की बाज़ी लगा रखी है।

क़िले की प्रशंसा करते हुए मूर्तियों की उपेक्षा नहीं करते। क़िले में मूर्तियों को देखकर कहते हैं। पत्थर से बनीं ऐसी मूर्तियाँ जिनकी कलाकारी देखकर विश्वास हो जाता है कि यह असाधारण कारनामा है। मोम से भी ऐसी मूर्तियाँ बनायी नहीं जा सकती। दर्पण की तरह साफ़ दीवारें जिनका पलस्तर घिसे हुए चन्दन से किया गया हो। लकड़ियाँ मोर की, बाग़ में कई मूर्तिघर, कि जिन पर चाँदी की चित्रकारी की गयी है।

दिल्ली शहर को समरकन्द, बग़दाद और बुख़ारा से भी सुन्दर कहते हुए कुतुबमीनार की ऊँचाई की सुन्दरता भी उनके ध्यानाकर्षण का केन्द्र बनती है। यहाँ की स्त्रियों को भी सौन्दर्यानुभूति का विषय बनाया है। कहते हैं फूलों की तरह यहाँ की स्त्रियाँ बेहद हसीन और ख़ूबसूरत होती हैं। खुरासान की औरतों के चेहरे हिन्दुस्तानी औरतों के चेहरों के आगे फीके हैं। खुरासान की औरते लाल एवं श्वेत वर्ण होती हैं, लेकिन इस रंग में कोई ख़ुशबू नहीं होती। इसकी तुलना में हिन्दुस्तानी औरतें अपने रंग की ख़ुशबू से पहचानी जाती हैं। चीन, रूस, रोम, समरकन्द और कन्धार की औरतें उनका मुक़ाबला नहीं कर सकती। रूस और रोम की औरतें बर्फ़ की तरह सफ़ेद एवं ठण्डी होती है। तातारी औरतों के होंठो पर मुस्कुराहट नहीं होती मिस्री औरतें चुस्त और चालाक नहीं होतीं। समरकन्द तथा कन्धार की औरतों में भी वह मिठास नहीं होती जो हिन्दुस्तानी औरतों में है।

अगर्चे बेश्तर हिन्दुस्ताँ ज़ाद
ब सब्ज़ मीज़न्द चू सरवे आज़ाद

वले बिसियार बाशद सब्ज़ाये तर
बलुत्फ़ अज लाला व नसरीन नेकूतर

बसे ज़ेबा कनीजे सब्ज़फाम अस्त
कि सद चूँ सरवे आज़ादश गुलाम अस्त

न चू ताउस बे दुन्बाल जश्त अंद
कि दर ख़ूबी चू ताउसे बिहिश्त अंद

सह गुना रंग हिन्दुस्ताँ जमीं अस्त
सियाह व सब्ज़ व गन्दुम गूं हमीं अस्त

बगंदुम गोनस्त मैले आदमी ज़ाद
कि ईं फ़ितना जि आदम याफ़्त बुनियाद

सियाह रा ख़ुद बदीहा जाँएगाह अस्त
कि अन्दर दीदा हम मुर्दुम सियाह अस्त

ज़े बहरा दीदा मायद मुर्मारा सवद
सपेदा, आरज़ी, रंगी अस्त बेसवद

अज़ीं हर दो निकू तर रंग सब्ज़ अस्त
कि ज़ेबे दुख़्तराँ ज़ि आबाद रंग सब्ज़ अस्त

ब रंगे सब्ज़ रहमत हा सिरिश्त अस्त
कि रंगे सब्ज़ पोशाने बिहिश्त अस्त

अर्थात हिन्दुस्तानियों के रंग एवं सुन्दरता पर यह अकेली ऐसी कविता है, जो दृष्टि की सूक्ष्मता का उदाहरण प्रस्तुत करती है। खुसरो कहते हैं कि यद्यपि असल नस्ल के हिन्दुस्तानियों में बहुतों का रंग सर्दी एवं चैत के महीने की तरह श्याम रंग मिश्रित हरे रंग का होता है। मगर बहुत से ऐसे भी हैं कि जिनके हरे रंग में श्यामलता नहीं, लाला एवं नसरीन की ताज़गी होती है। बहुत से हरे रंग के वस्त्रों से सुसज्जित सेविकाएँ ऐसी हैं, जिनके सौन्दर्य के सामने श्वेत–श्याम जैसे सैकड़ों गुलाल हैं। सुन्दरता में जन्नत के मोर जैसी हैं, लेकिन बेदम मोर की तरह बुरी नहीं लगतीं। हिन्दुस्तान की श्रेष्ठ भूमि पर सुन्दरता के तीन रंग हैं काला, हरा और गन्दुम। गन्दुमी रंग में आकर्षण स्वाभाविक है, क्योंकि गेहूँ फ़साद की जड़ में आदम थे। इसलिए मनुष्य में गन्दुमी रंग के प्रति आकर्षण महसूस करना मन की चाहत है। एक नमकीन गेहूँ मुँह में जाकर सैकड़ो

फीकेपन से अच्छा होता है। श्याम रंग तो वह है कि जिसे आँख में स्थान मिला है। आँख के अन्दर की पुतली भी श्याम है, आँखों के लिए सुर्मे की आवश्यकता है, जो काला होता है, और श्वेत रंग अस्थाई है उन दोनों से उत्कृष्ट हरा रंग है अर्थात श्याम रंग है, क्योंकि जिस रंग से तारों का सौन्दर्य है, वह भी हरा है। हरे रंग में पुण्य सम्मिलित कर दिया गया है, देख लो जो स्वर्ग के निवासी है, उनकी भेष भूषा भी हरा है।

फ़ारसी कविता हो या उर्दू कविता हिन्दुस्तान के लोगों के रंग और सौन्दर्य पर इतनी गहरी दृष्टि किसी कवि की नहीं रही। साँवले रंग की जो प्रशंसा की गयी है और उसकी सुन्दरता पर तरह–तरह से जिस ढंग से प्रकाश डाला गया है वह अपना उदाहरण आप है। गन्दुमी रंग पर कल्पना, उसके प्रति अत्याकर्षण, अनुभूति स्वाभाविक प्रवृत्ति है और इसका कारण यह बताते हैं कि गेहूँ के फ़ितने के कर्णधार तो आदम थे। हिन्दुस्तानियों के रंग और सुन्दरता की प्रतिष्ठा का यह गीत ख़ुसरो की सौन्दर्यात्मक सोच को स्पष्ट करता है। हिन्दुस्तान के सौन्दर्य विधान का इतना बड़ा प्रेमी शायद ही कहीं मिले।

अमीर ख़ुसरो के सौन्दर्यानुभूति में जो तड़प है उसकी पहचान पग–पग पर होती है। फूलों का नाम लेते हैं तो महसूस होता है जैसे उनकी सुगन्ध से परिचित हैं। वह बनफ़शा हो या रेहान, गुल सफ़ेद हो या गेंदा, केवड़ा हो या सेवती, गुलाब हो या सुमन, कबूद हो या बेला, गुले लाला हो या मौलश्री सबसे आत्मीयता है।

अजीं सो बेल पेशानी कुशादा
ब यक गुल हफ़्त गुल बरहम नहादा

व ज़ाँ सो दिलरूबाये आशिक़ाँ जाये
हमा तन बहर दिल हारा शुदा जाये

अर्थात बेला का फूल प्रियतमा की ललाट की तरह चौड़ा है। इसके एक फूल में सात फूल होते हैं। इसमें दिल को अपनी ओर आकर्षित करने की शक्ति है। इस फूल की मुग्धता सीधे प्रेमियों के दिलों में पहुँच जाती है।

खुसरो प्रत्येक प्रशंसा उत्कट प्रेमभाव के साथ करते हैं। उनकी प्रशंसा वे प्रेम–वार्तालाप का आनन्द देती है। उदाहरणार्थ, सेवती की प्रशंसा इस प्रकार करते हैं–

जि इश्क़ बूये उ जाँ दादह ज़ंबूर
नगुश्ता बादे मुर्दन नीज अजू दूर

हमा ख़ूबानश आशिक़ वार जोयाँ
कि माशूकियत निज़्दे ख़ूबरोयाँ

अर्थात मधुमक्खी सेवती के फूल की महक के लिए जान देने के लिए तैयार रहती है। मरने के बाद भी प्रेमिका की तरह उससे लिपटी रहती है। प्रेमिका बनकर उससे मिलने के लिए प्रयत्नशील रहती है।

अमीर ख़ुसरो कहते हैं जब ये सब फूल खिलते हैं और काली घटाएँ छा जाती हैं, तो फूलों का उपवन, स्वर्ग का उपवन नज़र आने लगता है। जन्नत में भी शायद ऐसा सुन्दर और आनन्ददायक दृश्य न होता होगा। केवड़ा के बारे में कहा है कि इससे प्रेमिकाओं की पोशाक बासी हो जाती है। दो वर्ष बाद भी इसकी सुगन्ध बाकी रहती है। कपड़ा फट जाये फिर भी इसकी सुगन्ध नहीं जाती। मसनवी खिज्र खाँ में बाग़ की प्रशंसा हिन्दुस्तान की सुन्दरता के एक विशेष पहलू की प्रशंसा है। अमीर ख़ुसरो का सुन्दरता के प्रति रुझान क्रियाशील है। महल की जन्नत में ऐसा आकर्षक बाग़ है कि जन्नत का बाग़ भी उसके सामने कोई वास्तविकता नहीं रखता। जाने कहाँ–कहाँ से सुन्दर पौधे लाये गये और आबे कौसर से सींचे गये हैं। खुरासानी फूल भी यहाँ मौजूद हैं। चमेली के सुकोमल किसलयों ने ज़मीन को रेशमी पोशाक पहना दी है। सेवती की चमक देखकर मोतिया खिली जा रही है। ऐसा लगता है जैसे दूर नहीं पास ही खड़ी है। गुले कोजा वह फूल है, जिसे आसमान ने चक्कर काटकर हिन्दुस्तान की पवित्र भूमि के लिए चयनित किया है।

गुले सद बर्ग रा ख़ूबी ज़ि हद बेश
नमूदा सद वरक दीबाचाए ख़्वेश

अर्थात ज़मीन के ऊपर सैकड़ो पत्तियों के फूलों का सौन्दर्य असाधारण हैं। सैकड़ों पृष्ठों में उसकी प्रस्तावना समाहित है।

अमीर ख़ुसरो का प्यारा फल आम है। वह इस फल की तुलना किसी दूसरे फल से नहीं करना चाहते। जो लोग अंजीर को आम से अच्छा बताते हैं उन पर व्यंग्य करते हुए कहते हैं, यह तुलना ऐसी है जैसे कोई अन्धी औरत बसरा को शाम से अच्छा बताये।

हिन्दुस्तानी चिड़ियों में तोता अधिक पसन्द आया। गौरैया, मैना, मोर, बकरी, बन्दर सबका वर्णन करते हैं। हिन्दी भाषा से प्रेम करते है। हिन्दी को प्रिय मानते हैं। अनुमान है, अमीर ख़ुसरो ने खड़ी बोली, ब्रज भाषा, फ़ारसी, तुर्की और अरबी में पाँच लाख से अधिक कविताएँ लिखी हैं। हिन्द, ईरानी और मध्य एशियाई संस्कृति ने उन्हें जो अनुभव प्रदान किये उनसे 'गुल' 'निगार' दोहे और रंग–तरंग इत्यादि की रचना की। हिन्दुस्तानी रागों की नयी क्रमबद्धता से समावेशी संस्कृति के मौलिक स्वरों का ज्ञान प्राप्त हुआ। क्लासिकी हिन्दुस्तानी स्वर और नये स्वरों के समावेश से उत्तर भारत में हिन्दुस्तानी संगीत को ऊँचाइयाँ प्राप्त हुईं और उसे एक स्थायी शीर्षक और अध्याय बना दिया। ब्रज भाषा के गीतों की मधुरता, खड़ी बोली की ध्वनि, पंजाबी और मुल्तानी बोलियों के लोक गीतों के रसों से घनिष्ठता करने में अमीर ख़ुसरो प्रयत्नशील रहे। अवधी की मधुरता का भी स्वाद ले चुके थे। कहा जाता है संस्कृत भाषा में भी कविता की। हिन्दुस्तान के व्यक्तित्व के वर्णन पर ध्यान देते हुए हम इस बड़ी सच्चाई को भी सामने रखेंगे।

निस्सन्देह भारतीय संगीत में अमीर ख़ुसरो का नाम एक देवमालाई आख्यान और एक गतिशील सुन्दर परम्परा के साथ जुड़ा है। संगीत में उनके रचनात्मक कारनामे असाधारण स्थान रखते हैं। उन्होंने भारतीय संगीत में सर्वोत्तम और सुन्दरतम प्रयोग किये। ऐसे प्रयोग जो आज भी जीवित हैं और जीवित रहेंगे। अमीर ख़ुसरो अपनी पूरी शताब्दी के संगीतकारों में उच्च स्थान रखते हैं। उनका क़द ऊँचा नज़र आता है। उनसे एक ऐसे मेधावी की पहचान होती है कि जिसने अपनी उच्च और सुन्दर परम्पराओं का रसास्वादन किया है, और अपनी सृजनात्मक चिन्तन एवं दृष्टि से उसमें और माधुर्य एवं चाहत पैदा की है। निस्सन्देह अमीर ख़ुसरो क्लासिक भारतीय इतिहास के शीर्षक हैं उनका सबसे बड़ा योगदान यह है कि उन्होंने क्लासिक संगीत को नये सिरे से जीवित किया और नये अन्दाज़ में प्रस्तुत किया। उन्होंने भारतीय संगीत की नये स्वरों, नये बोलों और नये गीतों से पहचान करायी। वे नये राग–रंग और नये स्वरों के संस्थापक माने जायेंगे। वे भारतीय संगीत के बारे में कहते है– "हिन्दुस्तानी संगीत एक आग है, जो हृदय, दृष्टि और आत्मा को जलाती है।" (मसनवी 'नुह सिपहर')।

अमीर ख़ुसरो से कई राग सम्बद्ध किये जाते हैं। 'किरानुस्सादैन' और 'एज़ाज़े खुसरवी' में उन्होंने स्वयं कई रागों का वर्णन किया है।

रागों का अध्ययन करने वाले कहते हैं कि उन्होंने निश्चित रूप से प्राचीन शास्त्रों का अध्ययन किया होगा, तभी हिन्दुस्तान के क्लासिकी रागों को ईरानी और अरबी संगीत की लहरों से मिलाकर नयी ध्वनि उत्पन्न की। ईरानी धुनों को हिन्दी संगीत में समाविष्ट किया और साथ ही उन दोनों रागों के मिश्रण से कुछ नयी रागनियों की रचना की। कौल, तराना, गुल, बसीत, नक़्श इत्यादि जो अब भी प्रसिद्ध धुनें हैं, ये अमीर ख़ुसरो की देन हैं। आज भी उनके बोल दिल को भाते हैं। राग मजीर, राग साज़गरी, राग फ़रग़ाना, राग सनम ख़्याल, राग मवाफ़िक, राग सरपुरदा ख़्याल, राग सनम, राग ग़नम, राग उश्शाक़ राग रागिनयों इत्यादि के बोल आज भी लोकप्रिय हैं। अमीर ख़ुसरो ने ढोलक और तबले के लिए जो बोल बनाये, वे अनोखे हैं। दिल में उतर जाते हैं। इसी प्रकार उन्होंने फ़ारसी बहर को सामने रखकर सत्तर तालें सम्पादित कीं। सितार और ढोलक के आविष्कारक अमीर ख़ुसरो ही हैं। हिन्दुस्तानी गायकी में ध्रुव, माठा, धूमा, तथा ध्रुपद राग प्रचलित थे। अमीर ख़ुसरो ने तराना, ख़्याल और क़ौल इत्यादि को शामिल करके संगीत को क्लासिकी धुन (स्वर) और नवीन धुन का एक सुन्दर संगम बना दिया। अपने समय के इतने बड़े कलाकार थे कि ध्वनि ज्ञान को बेधड़क प्रकट करते थे। बागीरी, रामकली और सोहनी को क़व्वाली में प्रयोग किया। और अपनी कला का प्रभावी प्रदर्शन किया और क़व्वाली में उसे उन्होंने इतना लोकप्रिय बना दिया कि दरबारों से लेकर ख़ानक़ाहों तक धूम मच गयी तथा उस समय के प्रसिद्ध क़व्वाल मुतरिब, चंग नवाज़, रबाबी, कमांची मस्ती में झूम झूम गये। 'किरानुस्सादैन' और 'एजाज़–ए–खुसरवी' में अमीर ख़ुसरो ने स्वयं अपने आविष्कृत जिन रागों का वर्णन किया है, उनमें कुछ ये हैं–

1. साज़गरी–पूर्वी गौरा और गुणकली से मिलकर बना है।
2. फ़रग़ाना–गुणकली और गौरा की ध्वनि से निर्मित हुआ है।
3. सनम–कल्याण और एक फ़ारसी राग का एकत्व है।
4. उश्शाक़–वसन्त और नवा के मिश्रण का फल है।
5. ज़ीलफ–राग खट जौनपुरी और शहनाज का एकत्व है।

संगीत और मौसीक़ी में हिन्दुस्तान के अस्तित्व का वर्णन इस प्रकार हुआ है–

हिन्द–इस्लामी सौन्दर्यशास्त्र में तसव्वुफ़ की शमा भी रौशन है और अमीर ख़ुसरो इसका भी प्रतिनिधित्व करते हैं। मानवतावाद या मानव

कल्याण तसव्वुफ़ का जौहर है, जो हिन्दुस्तानी सौन्दर्यशास्त्र की आत्मा की तरह क्रियाशील है। हिन्दुस्तान की मिट्टी की ख़ुशबू लिए जिस तसव्वुफ़ ने जन्म लिया उसके एक बड़े रचनाकार अमीर ख़ुसरो भी थे, कि जिन्होंने हज़रत निज़ामुद्दीन औलिया की चौखट को चूमा था। उन्हें तसव्वुफ़ का स्रोत महबूबे इलाही की चौखट पर ही मिला था। उन्होंने ख़्वाजगाने चिश्त की उत्तम परम्पराओं को इसी स्थान पर प्राप्त किया। ख़ुदा से प्रेम और मानवता का पाठ इसी स्थान पर पढ़ा था। प्रेम के सुख और पीड़ा को इसी स्थान पर प्राप्त किया। यह वही चौखट थी कि जहाँ मनुष्य और मनुष्य के श्रेष्ठ सम्बन्धों, प्यार का महत्त्व, मानवता का निचोड़, मानव सेवा और सहृदयता के कारण कल्याण और दिव्य स्नेह का पाठ प्राप्त हुआ था। उन पाठों को पढ़कर अमीर ख़ुसरो की अनुभूतिक चेतना तथा सम्पूर्ण अस्तित्व प्रकाशमय हो गया था।

हिन्दुस्तान की मिट्टी की सुगन्ध लिए जिस तसव्वुफ़ का उदय हुआ। उसमें मानवतावाद humanism और जीवन के रूप एवं सौन्दर्य से प्रेम को महत्त्वपूर्ण स्थान प्राप्त हुआ। मानवता तथा मानवीय मूल्यों और मानवीय प्रेम की भावना ने उन्हें देश की मिट्टी की सुगन्धों से परिचित कराया। वे देश की हर वस्तु की सुन्दरता पर मुग्ध हो गये, हर वस्तु और हर अन्दाज़ को पसन्द करने लगे। इसी वास्तविकता को उनकी मसनवी 'नुह सिपहर' में गहराई से अनुभव किया जाता है। अमीर ख़ुसरो के तसव्वुफ़ में मानवतावाद एक सकारात्मक रुझान है। कौन–सी आस्था सही है और कौन–सी ग़लत कोई भी व्यक्ति विश्वास या दृढ़ता से नहीं कह सकता। तथ्य या सच्चाई के मौलिक रूप एवं स्वरूप के विषय में निर्णय नहीं कर सकते।

भिन्न आस्थाएँ और सिद्धान्त हमारे लिए कुछ भी हो सकते हैं। परन्तु इस निश्चित रूझान के अनुसार एक बड़ी सच्चाई जीवन है, और हम इसे व्यतीत करते हैं। अतः इस जीवन को बढ़ाने, निखारने और उसे अधिक–से–अधिक आकर्षक तथा सुन्दर बनाने के लिए प्रयत्न करना आवश्यक है। चिश्तिया सम्प्रदाय की परम्परा में ये मानवता या मानवप्रेम, ये प्यार और ये इश्क़ बड़ा महत्त्व रखते हैं। यह प्रतिरोध भी है और मनुष्य के लहू के रंग की पहचान का सुन्दर प्रयोग भी, इस सकारात्मक रुझान ने यह समझाने का प्रयत्न किया कि यह दुनिया और यह जीवन हमारी मौलिक इच्छाओं का केन्द्र है, और मानवीय सहृदयता हमारा आदर्श है।

मनुष्य और मनुष्य के आपसी सम्बन्धों में सद्‌भावना मानवता का तकाज़ा है। अल्लाह का दिव्य प्रकाश हर व्यक्ति में है। इस दिव्य प्रकाश से सम्बन्ध स्थापित करना अल्लाह से सम्बन्ध स्थापित करना है। मनुष्य सर्वश्रेष्ठ प्राणी है। मानवता जो प्रेम और श्रद्धा के रूप में प्रस्फुटित होती है। वही इस प्राणी का जीवन है। इस रूझान से वे टबूज taboos टूट सकते हैं, जिनके कारण हमारी नसों से खून बहता रहता है। नैतिकता की उत्कृष्टतम नींव मानवता ही हो सकती है। अमीर ख़ुसरो के साहित्य का अध्ययन करते हुए इस सच्चाई की पहचान हो जाती है कि मानवतावाद की धारणा में सन्तुलन है। वे अन्दरूनी बराबरी या सहमति harmony को आवश्यक मानते हैं।

चीन के प्रसिद्ध चिन्तक और विद्वान कन्फ्यूशियस confucius ने इस विचारधारा को बड़ी गहनता से स्पष्ट करते हुए कहा था कि मनुष्य का अस्तित्व एक बहुत बड़ी वास्तविकता एवं सच्चाई है। मनुष्य और मनुष्य के सन्तुलित सम्बन्धों से इस वास्तविकता या सच्चाई का मूल्य प्रकट होता है। अमीर ख़ुसरो ने भी मानवीय सम्बन्धों और उसके मूल्यों के महत्त्व को अनुभव किया है। मानवीय मूल्य सर्वाधिक महत्त्वपूर्ण हैं। मनुष्य होने की चेतना एवं सद्‌ज्ञान उस समय तक प्राप्त नहीं हो सकता जब तक कि सम्बन्धों का अनुभव न हो। मनुष्य की मौलिक इच्छाओं या मौलिक प्रवृत्तियों में एक प्रवृत्ति यह है कि दूसरे से अच्छे सम्बन्ध स्थापित हों। अमीर ख़ुसरो सम्बन्धों का सम्मान करते हैं। उनका सौन्दर्यपरक दृष्टिकोण सौन्दर्य को टटोल लेता है, और जीवन के सौन्दर्य के एकत्व से प्यार करता है। ख़ुसरो साहित्य में कलाकार का मस्तिष्क उच्च और अच्छे मूल्यों की खोज में गतिशील है। सुन्दरता की खोज ही जीवन का मौलिक उद्देश्य है। सौन्दर्य और सौन्दर्य एकरूपता में सब कुछ है। इश्क़ और सौन्दर्य की स्थिति यह है–

काफ़िरे इश्क़म मुसलमानी मोरा दरकार नीस्त
हर रगे मन तार गश्ता हाजते जुन्नार नीस्त

अथार्त मैं इश्क़ का मारा काफ़िर हूँ, मुझे मुसलमानी की आवश्यकता नहीं है, मेरे शरीर की प्रत्येक नस धागा बन गयी है, मुझे जनेऊ की आवश्यकता नहीं है।

मनुष्य सम्पूर्ण अस्तित्व की सुन्दरता का एक भाग है। अपनी सुन्दरता के प्रेमी, ख़ुसरो कहते हैं।

नै गुलम नै बुलबुलम नै शमा नै परवाना अम
आशिक़े हुस्ने ख़ुदम बर हुस्ने ख़ुद दीवाना अम

अर्थात मैं न फूल हूँ, न बुलबुल, न शमा, न परवाना, मैं अपने सौन्दर्य का प्रेमी और दीवाना हूँ, वास्तविकता यह है कि मेरा अस्तित्व सम्पूर्ण अस्तित्व की सुन्दरता का एक हिस्सा है।

माह इश्क़े यार अगर दर किब्ला गर दर बुतकदा
आशिक़ाने दोस्त रा बा कुफ्र व ईमाँ कार नीस्त

अर्थात किब्ला हो या बुतख़ाना हर जगह प्रेमिका का प्यार मेरे साथ रहता है। आशिक़ों को भला अधर्म व धर्म से क्या सरोकार?

सियाह रा ख़ुद ब दीदा जां गाह अस्त
कि अन्दर दीदा हम मर्दुम सियाह अस्त

हिन्द रा ऐ मुद्दई ताना ब तारीकी मज़न
जाँ कि अन्दर ज़ुल्मात उ आबे हैवां मुदग़म अस्त

अर्थात काले रंग को तो आँखों में जगह दी गयी है और आँख की पुतली में तो हर व्यक्ति काला ही दिखायी देता है। काले रंग पर व्यंग्य क्यों करते हो? इस काले रंग में जीवन–जल का मिश्रण है।

संयुक्त भारतीय सभ्यता की तीव्र किरणों से भारत की मिट्टी में जो चमक–दमक पैदा हुई है, उससे तसव्वुफ़ की दुनिया में नयी सुगन्धें भर गयी हैं। उन सुगन्धो को हम जहाँ ख़्वाजगाने चिश्त के विचार एवं चिन्तन में पाते है वहीं कबीर, नानक, बुल्हे शाह, शाह लतीफ़ से लेकर शिरडी के साईं बाबा तक को दिल की गहराइयों से अनुभव करते है।

अमीर ख़ुसरो निस्सन्देह हिन्दुस्तान के रूप–सौन्दर्य को अच्छी तरह पहचानते थे और अपने देश के सौन्दर्यशास्त्र पर मुग्ध थे। उनकी रचनाओं से यह प्रेम शहद की भाँति टपकता है।

(**स्रोत** : हिन्दुस्तान का निज़ामे जमाल, (भाग तीन) शकीलुर्रहमान, एन.सी.पी.यू.एल, नयी दिल्ली, 1996)

अमीर ख़ुसरो का हिन्दवी कलाम

एक चयन

ज़ाकिर हुसैन ज़ाकिर

हिन्दवी-फ़ारसी मिश्रित ग़ज़ल

जि हाल मिस्की[1] मकुन तग़ाफुल[2]
दुराय नैना बनायें बतियाँ
कि ताब ए हिज्राँ[3] न दारम ए जाँ[4]
न लेहो काहे लगाये छतियाँ

शबान ए हिज्राँ[5] दराज चूँ ज़ुल्फ़[6]
व रोज़ ए वस्लश[7] चूँ उम्र कोताह[8]
सखी पिया कूँ जो मैं न देखूँ
तो कैसे काटूँ अँधेरी रतियां

यकायक अज़ दिल दो चश्म[9] जादू
बसद फरेबम[10] बबुर्द तस्की[11]
किसे पड़ी है जो जा सुनावे
प्यारे पी को हमारी बतियां

चु शम्मा सोज़ाँ[12] चु ज़र्रा हैराँ[13]
ज़ि मेहर आँ मह[14] बगुश्तम आख़िर
न नींद नैना न अंग चैनां
न आप आवें न भेजें पतियाँ

बहक़्क़[15]–ए–रोज़–ए–विसाल–ए–दिलबर[16]
कि दाद मारा फ़रेबे[17] ख़ुसरो
सपीत मन कि दराय राखूँ
जो जाये पाऊ पिया की खतियां

इस ग़रीब लाचार से इतनी लापरवाही न कर। ऐ मेरे प्यारे, मुझमें तेरी जुदाई सहन करने की शक्ति नहीं है। तेरी जादू भरी आँखें, मेरी रातों की नींद चुरा ले गयीं। ये विरह की रातें तेरी ज़ुल्फ़ों से भी अधिक लम्बी हैं और मिलन का ये क्षण हमारे जीवन से भी छोटा है। मैं अपने प्रियतम के लिए दीपक की तरह निरन्तर जलता रहता हूँ। मैं छोटे–छोटे कणों की तरह विस्मित रहता हूँ। ख़ुदा की क़सम मैं अपने प्रियतम की भेंट को छुपा कर रखूँगा। यदि वह मुझे पत्र लिखता रहे।

---

1. ज़ि हाल मिस्कीं–मुझ ग़रीब की स्थिति, 2. मकुन तगाफुल–मत कर लापरवाही, 3. ताब ए हिज्रां–विरह की शक्ति, 4. न दारम ऐ जां–मुझ में शक्ति नहीं है, 5. शबान ए हिज्रां–विरह की लम्बी रात, 6. दराज चूँ ज़ुल्फ़–ज़ुल्फ़ की तरह लम्बी है, 7. रोज़ ए वस्लश–मिलन के दिन, 8. चूँ उम्र कोताह–आयु से छोटा, 9. दो चश्म–दोनों आँखें, 10. बसद फ़रेबम–सैकड़ों धोखे, 11. बबुर्द तस्कीं–शान्ति की ओर ले जायेगा, 12. चूँ शम्मा सोज़ां–जैसे शम्मा जलती है, 13. चूँ ज़र्रा हैरां–जैसे कण–कण हैरान व परेशान हो, 14. मेहर आं मह–चाँद जैसी प्रेमिका के प्रेम में, 15. बहक़्क़ा–ख़ुदा की कसम, 16. रोज़–ए–विसाल–ए–दिलबर–जिस दिन प्रियतम से भेंट होगी, 17. दाद मारा फ़रेब–धोखा देना।

हिन्दवी ग़ज़ल

जब यार देखा नैन भर, दिल की गयी चिन्ता उतर,
ऐसा नहीं कोई अजब राखे उसे समझाय कर

जब आँख से ओझल भया, तड़पन लगा मेरा जिया,
हक़्का इलाही[1] क्या किया, आँसू चले भर लाये कर

तूँ तो हमारा यार है, तुझ पर हमारा प्यार है,
तुझ दोस्ती बिसियार[2] है, यक शब[3] मिलो तुम आय कर

जानाँ[4] तलब[5] तेरी करूँ, दीगर तलब किसकी करूँ
तेरी जो चिन्ता दिल धरूँ, एक दिन मिलो तुम आय कर

मेरो जो मन तुम ने लिया, तुमने उठा ग़म कूँ दिया
ग़म ने मुझे ऐसा किया, जैसा पतंगा आग पर

ख़ुसरो कहें बातें गज़ब, दिल में न लावे कुछ अजब,
क़ुदरत ख़ुदा की है अजब, जब जिव दिया गुल लाय कर

---

1. हक्का इलाही–ईश्वर की क़सम, 2. बिसियार–बहुत, 3. शब–रात, 4. जाँना–प्रेमिका,
5. तलब–चाह, पाने की इच्छा।

दोहे

गोरी सोवे सेज पर, मुख पर डारे केस
चल ख़ुसरो घर आपने रैन भई चहुँ देस

पंखा होकर मैं डुली साती चेरा चाव
मुज जलती जनम गयी तेरे लेखन बाव

ख़ुसरो रैन सुहाग की जागी पी[1] के संग
तन मेरो मन पीउ को दोऊ भये इकरंग

श्याम सेत[2] गोरी लिए जनमत भई अनीत
इक पल में फिर जात हैं जोगी[3] का के मीत

मुश्ताक़[4] तुझ विसाल[5] का दिन रात ए सजन
दरशन दिखा के तुझ सूँ मीठे बोल दो वचन

सोना लेने पिउ गये सूना कर गये देस
सोना मिला न पिउ फिरे रूपा हो गये केस

ख़ुसरो दरिया प्रेम का, जाकि उल्टी धार
जो उबरा सो डूब गया जो डूबा सो पार

---

1. पी–ईश्वर, 2. श्याम सेत–काला, स्याह, 3. जोगी–आत्मा, 4. मुश्ताक़–उत्सुक, 5. विसाल–भेंट।

ख़ुसरो और पी एक हैं, पर देखन में दोय
मन को मन से तोलिये, तो दो मन कबहूँ ना होय

जो मैं ऐसा जानती प्रीत किये दुख होय
नगर ढिंढोरा पीटती प्रीत न करियो कोय

ख़ुसरो ऐसी पीत कर जैसी हिन्दू जोय
पूत पराये कारने जल जल कोयला होय

इस दोहे को फ़ारसी में ख़ुसरो ने यूँ लिखा है–

खुसरवा दर इश्क़ बाज़ी कम ज़ि हिन्दू ज़न मबाश
कज़ बराए मुर्दा मी सोज़न्द जान ए ख़्वेश रा

अर्थात! ऐ ख़ुसरो, यदि प्रेम करना है तो कर, पर ऐसा प्रेम कर जैसा हिन्दू नारी करती है, जो पति के मरने पर उसी की चिता के साथ जल जाती है।

फुटकर छन्द

औरों की चौ पहरी बाजे चम्मो की अठपहरी
बाहर का कोई आये नाहीं आयें सारे शहरी
साफ सूफ कर आगे राखे जिसमें नाहीं तूसल
औरों के जहाँ सींग समावे चम्मो के वहाँ मूसल

इस चौपाई के बारे में कहानी मशहूर है कि ख़ुसरो के मुहल्ले में एक चम्मो बाई रहती थी। सड़क के एक नुक्कड़ पर उसकी एक छोटी–सी दुकान थी। जहाँ मुहल्ले के लड़के भाँग, चरस पीकर मटरगश्ती किया करते थे। ख़ुसरो के आते–जाते चम्मो बाई उन्हें सलाम करती और अपने ऊपर भी कुछ लिखने की फ़रमाइश करती रहती थी। इसलिए ख़ुसरो ने ये चौपाई लिख दी, जिससे चम्मो भी इतिहास में अमर हो गयी।

खीर पकाई जतन से चरखा दिया चलाय
आया कुत्ता खा गया तू बैठी ढोल बजाय,
ला पानी पिला!

इस दोहे के पीछे की कहानी भी दिलचस्प है। ख़ुसरो पैदल कहीं से आ रहे थे। उन्हें प्यास लगी तो किसी गाँव के कुएँ पर पहुँच गये। वहाँ चार औरतें पानी भर रही थीं। उनमें से एक ने ख़ुसरो को पहचान लिया और बोली, ये तो ख़ुसरो कवि हैं। फिर बोली कि हमारे लिए कविता कहो तो पानी मिलेगा। चारों ने अपने लिए चरखा, ढोल, खीर और कुत्ता पर कविता कहने के लिए कहा। ख़ुसरो ने चारों शब्दों को मिलाकर एक दोहा कह दिया और कहा 'ला पानी पिला'।

लोध फिटकरी मुर्दासंख,
हल्दी जीरा एक एक टंक
अफ़्यून चना भर मिर्चे चार
उरद बराबर थोथा डार
पोस्त के पानी पुटली करे
तुरत पीर नैनन की हरे

आँख की दवा पर यह नुस्ख़ा लिख दिया।

ढकोसले

भैंस चढ़ी बबूल पर और लप लप गूलर खाय
दुम उठा के देखा तो पूरनमासी के तीन सींग

भैंस चढ़ी बबूल पर और लप लप गूलर खाय
उतर आ मोरे राड़ की हिफ्ज़[1] ना फट जाये

भार सुजावन हम गये, पल्ले बाँधी ऊन
कुत्ता चरखा लै गयो, काएते फटकूँगी चून

काकी फूफा घर में है कि नायं, नायं तो नंदेऊ
पांवरो होय तो ला दे, ला कथूरा में डोराई डारि लाऊँ

पीपला पकी पपेलियां[2], झड़–झड़ पड़े हैं बेर
सर में लगा खटाक से, वाह बे तोरी मिठास

---

1. हिफ़्ज–गला, कण्ठ, 2. पपेलियाँ–गोदा, पीपल का फल।

पहेलियाँ

1

बाला था जब सब को भाया
बड़ा हुआ कुछ काम न आया
ख़ुसरो कह दिया उसका नाँव
अर्थ करो नहीं छोड़ो गाँव

(दिया)

2

श्याम बरन और दाँत अनेक लचकत जैसे नारी
दोनों हाथ से ख़ुसरो खींचे, और यूँ कहे तू आरी

(आरी)

3

फ़ारसी बोली आई ना[1]
तुर्की ढूँढ़ी पायी ना
हिन्दी बोलूँ आरसी आये
ख़ुसरो कहे कोइ ना बताये

(आरसी)

4

अन्दर है और बाहर बहे
जो देखे सो मोरी कहे

(मोरी)

1. आई ना—आईना।

5

एक नार पिया को भानी[2]
तन वाको सगरा जों पानी
आब रखें पर पानी नाहि
पिया को राखें हिरदय माँह
जब पी को वह मुँह दिखलावे
आप हं सगरी पी हो जावे

(आईना)

6

घूम घूमेला लहँगा पहिने, एक पाँव से रहे खड़ी
आठ हाथ हैं उस नारी के, सूरत उसकी लगे परी
सब कोई उसकी चाह करें हैं, मुसलमान हिन्दू छत्री[3]
ख़ुसरो ने यह कही पहेली, दिल में अपने सोच ज़री

(छतरी)

7

एक नार हाथी पर खासी
जनवर बैठा बीच ख़वासी
अता पता मत पूछो हमसे
कुछ तो महरम होगी उससे

(अंगिया)

8

बीसों का सिर काट लिया
चोरी की, ना ख़ून किया

(नाख़ून)

9

एक नार चातुर कहलावे
मूरख को ना पास बुलावे
चातुर मर्द जो हाथ लगावे
खोल सतर वह आप दिखावे

(किताब)

---

1. भानी अर्थात–अच्छी लगी, 2. छत्री अर्थात क्षत्रिय, छतरी।

10

एक नार तरवर से उतरी माँ सो जनम न पायो
बाप को नांव जो वासे पूछो आधो नांव बतायो
आधो नांव बतायो ख़ुसरो कौन देस की बोली
वाको नांव जो पूछो मैंने अपने नांव नि बोली

(निबोली)

11

एन मैन हैं सीप की सूरत आँखें देखी कहती हैं
अन खावें ना पानी पीवें देखे से वह जीती हैं
दौड़ दौड़ ज़मीन पर दौड़ें आसमान पर उड़ती हैं
एक तमाशा हमने देखा हाथ पाँव नहीं रखती हैं

(आँख)

12

विधना ने एक पुरुख बनाया
तिरिया दी और नीर लगाया
चूक भई कुछ वासे ऐसी
देस छोड़ भयो परदेसी

(आदमी)

13

ताना बाना जल गया जला नहीं इक तागा
घर का चोर पकड़ गया, घर में मोरी में से भागा

(जाल)

14

एक नार कूएँ मे रहे
वाका नीर खेत में बहे
जो कोई वाके नीर को चाखे
फिर जीवन की आस न राखे

(तलवार)

15

है वह नारी सुन्दर नार
नार नहीं पर वह है नार
दूर से सब को छवि दिखलावे
हाथ किसी के कभू न आवे

(बिजली)

16

एक पुरुख जब मद पर आये
लाखों नारी संग लिपटाय
जब वह नारी मद पर आये
तब वह नारी नर कहलाये

(आम)

17

एक नार ने अचरज किया
साँप मार पिंजरे में दिया
जों जों साँप ताल को खाये
ताल सूख साँप मर जाये

(दिये की बत्ती)

18

सुख के कारज बना एक मंदर
पवन न जावे वाके अन्दर
इस मंदर की रीत दिवानी
बिछावें आग और ओढ़े पानी

(हम्माम / स्नानघर)

19

भीतर चिलमन बाहर चिलमन
बीच कलेजा धाड़के
अमीर ख़ुसरो यूँ कहें
वह दो दो अंगुल सरके

(कैंची)

20

माटी रौदूँ चक धरूँ, फेरूँ बारम्बार
चातुर हो तो जान ले, मेरी जात गँवार

(कुम्हार)

21

एक जानवर रंग रंगीला बिन मारे वह रोवे
उसके सिर पर तीन तिलाकें बिना बताये सोवे

(मोर)

22

ऊपर से वह सूखी साखी नीचे से पनहायी
एक उतरे और एक चढ़े और एक ने टाँग उठाई
मोटा डण्डा खाने लागी यह देखो चतुराई
अमीर ख़ुसरो यों कहें तुम अरथ देव बताई

(नाव)

23

मीठी मीठी बात बनावे ऐसा पुरुख वह किस को भावे
बूढ़ा बाला जो कोई आये, उसके आगे सीस नवाये

(नाई)

24

नर नारी हैं जग में एक
देही ना देखी वा की नेक
जिसके मुँह से सीधे आय
खाये पिये बिन मस्त हो जाय

(राग)

25

सुहागन नहीं नहीं वो राँड
छुटी फिरे है जैसे साँड
बस्ती में फुसलाती है
और जंगल ज़ोर दिखाती है

(कसबिन)

26

बनी रंगीली शरम की बात,
बे मौसम आयी बरसात
यही अचम्भा मुझ को आय,
ख़ुशी के दिन क्यूं रोती जाय

(दुल्हन)

27

जल बल गयी पिया के पास
तुक को और जनम की आस
जब सुन्दर ने आन कही
तब वो तिरिया जान गयी

(सती)

कह-मुकरियाँ

1

देखत की दो घड़ी उजियारी
सब संगर से आती हैं प्यारी
सगरी रैन मैं संग ले सोती
ऐ सखी साजन ना सखी मोती

2

धमक चढ़ें सुध बुध बिसरावै
दाबत जाँघ बहुत सुख पावै
अति बलवन्त दिनन का थोड़ा
ऐ सखी साजन ना सखी घोड़ा

3

टट्टी तोड़ के घर में आया
अरतन बरतन सब सरकाया
खा गया पी गया दे गया बुत्ता
ऐ सखी साजन ना सखी कुत्ता

4

सारी रैन मोरे संग ही जागा
भोर भये तब बिछुड़न लागा
वाके बिछुड़त फाटे हीया
ऐ सखी साजन ना सखी दीया

5

द्वारे मोरे अलख जगावे
भभूत विरह के अंग लगावे
सिंगी फूँकत फिरै वियोगी
ऐ सखी साजन ना सखी जोगी

6

बरसा बरस वह देस में आवे
मुँह से मुँह लगा रस प्यावे
वा खातिर मैं खरचूँ दाम
ऐ सखी साजन ना सखी आम

7

सब्ज़ रंग मेहँदी सा आवे
कर छूवत नैनन चढ़ जावे
बैठत उठत मरोड़त अंग
ऐ सखी साजन ना सखी भंग

8

घर आवें मुख फेर धरें
दें दुहाई मन को हरें
कभू करत हैं मीठे बैन
कभू करत हैं रूखे नैन
ऐसा जग में कोऊ होता
ऐ सखी साजन ना सखी तोता

9

तन मन धन का है वह मालिक
वाने दिया मोरे गोद में बालक
वासे निकसत जी को काम
ए सखी साजन ना सखी राम

10

चढ़ छाती पे मोको लचकावत
धोय हाथ मो पे चढ़ि आवत
मोको सरम लगत देखत सब नगरी
ऐ सखी साजन ना सखी गगरी

11

जब मोरे मन्दिर माँ आवे
सोते मुजको आन जगावे
पढ़त फिरत वह बिरह के अच्छर
ऐ सखी साजन ना सखी मच्छर

12

मुख मेरा चूमत दिन रात
होंटन लगत कहत न बात
जासे मेरी जगत में पत
ऐ सखी साजन ना सखी नथ

13

उमड़ घुमड़ कर वह जो आया
अन्दर मैंने पलंग बिछाया
मेरा वाका लागा नेह
ऐ सखी साजन ना सखी मेह

14

हिलत छूमत नीको लागै
अपने ऊपर मोवे चढ़ावे
मै वाकी वह मेर साथी
ऐ सखी साजन ना सखी हाथी

15

बन ठन के सिंगार करे
धर मुँह पर मुँह प्यार करे
प्यार से मोपे देत है जान
ऐ सखी साजन ना सखी पान

16

लिपट लिपट के वाके सोई
छाती से पाँव लगा के रोई
दाँत से दाँत बजे तो ताड़ा
ऐ सखी साजन ना सखी जाड़ा

17

ऊँची अटारी पलंग बिछायो
मैं सोई मेरे सिर पर आयो
खुल गयीं अखियाँ भई अनन्द
ऐ सखी साजन ना सखी चन्द

निस्बतें

1

हलवाई और पयजामे में क्या निस्बत है? (कुंदा)

2

दामन और अंगरखे में क्या निस्बत है? (पर्दा)

3

बादशाह और मुर्ग में क्या निस्बत है? (ताज)

4

दरिया और गहने में क्या निस्बत है? (मगर)

5

गोटे और आफ़ताब में क्या निस्बत ह? (किरन)

दो सुख़ने

1

पंडित क्यों न नहाया
धोबिन क्यों मारी गयी? (धोती न थी)

2

खिचडी क्यों न पकाई
कबूतरी क्यों न उड़ाई? (छड़ी न थी)

3

रोटी जली क्यों
घोड़ा अड़ा क्यों
पान सड़ा क्यों? (फेरा न था)

4

जोरू क्यों मारी
ईख क्यों उजाड़ी? (रस न था)

5

घर क्यों अँधियारा
फ़क़ीर क्यों बिडारा? (दिया न था)

दो सुख़ने फ़ारसी हिन्दवी

1

दर जहन्नुम चीस्त
कामी को क्या चाहिए? (नार / स्त्री)

2

शिकार बा चे मी बायद कर्द
कूव्वते मग़ज़ को क्या चाहिए? (बादाम)

3

माशूक़ रा चे मी बायद कर्द
हिन्दुओं का रख कौन? (राम)

4

कूव्वते रूह चीस्त
प्यारी को कब चाहिए? (सदा / हमेशा)

5

बार बर्दारी रा चे मी बायद
कलावन्त को क्या देखिए? (गावो / गाओ / बजाओ)

6

अज़ ख़ुदा चे बायद तलबीद
बिरहिन की क्या बिनती? (काम / यौन आनन्द)

हिन्दवी नज़्में/कविताएँ

1

हज़रत ख़ाजा संग खेलिए धमाल
बाइस ख़ाजा मिल बन बन आयो तामें
हज़रत रसूल साहब जमाल   हज़रत...
ख़ुसरो निज़ाम संग होली खेलते
कुतुबुद्दीन और गंजशंकर कें साबिर निज़ाम लाल
अरब यार तेरो बसन्त मनायो
सदा रखिए लाल गुलाल   हज़रत...

2

मोरा जोबना नवेलरा भयो है गुलाल
कैसे धर दीनी बकस मोरी माल
निज़ामुद्दीन औलिया को कोई समझाये
जों जों मनाऊँ वह तो रुसो ही जाये
मोरो जोबना...
चूड़ियाँ फोड़ूँ पलंग पर डारुँ
इस चोली को दूँगी मैं आग लगाय
कैसे घर दीनी...

सूनी सेज डरावन लागे,
बिरहा अगिन मोहे डस डस जाये
मोरा जोबना नवेलरा भयो है गुलाल

3

ऐ सरबंता मबा–मोरा ला–सब बना
खेलत धमाल खाजा निज़ामुद्दीन और खाजा कुतुबुद्दीन
शेख़ फ़रीद शकरगंज सुल्तान मशायख़ निज़ामुद्दीन औलिया
ऐ सरबंता मबा...

4

दइया री मोहे भिजोया री
शाह निज़ाम के रंग में
कपड़े रँगने से कुछ ना होत है
या रंग में मैंने तन को डुबोया री
दइया री मोहे...
वाही के रंग से सनबे बे शोख़ रंग
ख़ूब ही मल–मल के धोया री
पीर निज़ाम के रंग में भिजोया री

सावन के गीत

1

अम्मा मेरे बाबा को भेजो जी कि सावन आया
बेटी तेरा बाबा तो बुड्ढ़ा री कि सावन आया
अम्मा मेरे भाई को भेजो जी कि सावन आया
बेटी तेरा भाई को बाला री कि सावन आया
अम्मा मेरे मामूँ को भेजो जी कि सावन आया
बेटा तेरा मामूँ तो बाँका री कि सावन आया

2

बहुत रही बाबुल घर दुलहिन, चल तेरे पी ने बुलाई
बहुत खेल खेली सखियन सों, अन्त करी लरिकाई

नहाय धोय के बस्तर पहिरे, सब ही सिंगार बनायी
विदा करन को कुटुंब सब आये, सिगरे लोग–लुगाई

चार कहारन डोली उठाई, संग पुरोहित नाई
चले ही बनेगी होत कहा है, नैनन नीर बहाई

अन्त विदा ह्वै चलिहैं दुलहिन, काहू की कुछ ना बसाई
मौज–खुसी सब देखत रह गये, माता–पिता औ भाई

मोरी कौन संग लगन धराई, धन–धन तेरि है खुदाई
बिन माँगे मेरी मँगनी जो दीन्ही, पर घर की जो ठहराई

अँगुरी पकरि मोरा पहुँचा भी पकरे, कँगना अँगूठी पहिराई
नौशा के संग मोहि कर दीन्ही, लाज–संकोच मिटाई

सोना भी दीन्हा, रुपा भी दीन्हा, बाबुल दिल दरियाई
गहेल गहेला डोलति आँगन में, पकरि अचानक बैठाई

बैठस महीन कपरे पहनाये, केसर तिलक लगाई
'ख़ुसरो' चली ससुरारी सजनी, संग नहीं कोई जाई

3

जो पिया आवन कह गये,
अजहुँ न आये स्वामी हो
(ऐ) जो पिया आवन कह गये
आवन आवन कह गये आये न बारह मास
(ए हो) जो पिया आवन कह गये

4

हज़रत निज़ामुद्दीन चिरती जरजरी बख्शा पीर
जोई–जोई ध्यावै तेई–तेई फल पावै,
मेरे मन की मुराद भर दीजै अमीर

क़व्वाली

1

निज़ाम तोरी सूरत पे बलिहारी
सब सखियन में चुन्दर मेरी मैली
देख हँसे नर–नारी
अब के बहार चूँदर मोरी रंग दे,
निज़ाम पिया रख ले लाज हमारी
निज़ाम तोरी सूरत पे बलिहारी,
सदका बाबा गंजशंकर का
रख ले लाज हमारी
मेरे घर निज़ाम पिया
निज़ाम तोरी सूरत की बलिहारी
कुतुब फ़रीद मिलि आये बराती
ख़ुसरो राजदुलारी
निज़ाम पिया रख ले लाज हमारी

2

छाप–तिलक तज दीन्ही रे तोसे नैना मिलाय के।
बात अधम कह दीनी रे, मोसे......
प्रेम बटी का मदवा पिला के,
मतवारी कर दीन्ही रे, मोसे नैंना मिलाय के
हरी–हरी चूड़ियाँ गोरी गोरी बइयाँ, बइयाँ पकड़ धर
लीनी रे, मोसे......
ख़ुसरो निज़ाम पै बलि–बलि जइए

मोहे सुहागन कीन्हीं रे, मोसे नैना मिलाय के
.बलि–बलि जाऊँ मैं तेरे रंगरेजवा
अपनी सी रंग दीन्ही रे, मोसे......
ख़ुसरो निज़ाम से बात जो लागी
अपनी सी कर लीन्ही रे, मोसे......

3

बहुत दिन बीते, पिया को देखे।
अरे कोई जाओ......
पिया को बुलाय लाओ।
मैं हारी वो जीते,
बहुत दिन बीते, पिया को देखे।
बहुत दिन......

सब चुनरिन में,
चुनर मोरी मैली
क्यों चुनरी नहीं रँगते?
बहुत दिन बीते, पिया को देखे
बहुत दिन......

ख़ुसरो निज़ाम के
बलि–बलि जइये
क्यों दरस नहीं देते?

बहुत दिन बीते, पिया को देखे।
बहुत दिन......

4

बहुत कठिन है डगर पनघट की
कैसे मैं भर लाऊँ मधवा से मटकी
मैं जो गयी थी पनिया भरन को
दौड़ झपट मोरी मटकी पटकी

ख़ुसरो निज़ाम के बलि–बलि जइये
लाज रखो मेरे घूँघट पट की
बहुत कठिन है डगर......

5

आज रंग है ए माँ रंग है री
मोरे महबूब के घर रंग है री
अरे अल्लाह तू है हर जगह,
अरे वो तो जहाँ देखो मोरे संग है री
निज़ामुद्दीन औलिया जग उजियारो......3
वह तो मुँह माँगे बर संग है री
देश विदेश में ढूँढ़ी फिरी हूँ–
अरे वो तो मेरे......

6

मैं तो पिया से नैना लगा आयी रे
गर नारी गँवारी चाहे जो कहे
मैं तो पिया से......
सोहनी सूरतिया मोहनी मूरतिया
मैं तो हिरदय के बीच समा आयी रे
मैं तो पिया से......
क्या डर मोहे पीत करी का
सांच कहत हूँ मैं ना चोरी करी रे

धन–धन भाग जागे मोरी सजनी
मैं तो चरनन शीश झुका आयी रे
मैं तो पिया से......
ख़ुसरो निज़ाम के बलि–बलि जइये
मैं तो अनमोल चेली कहा जाई रे
मैं तो पिया से......

7

मोहे अपने ही रंग में रँग ले
तू तो साहब मोरा महबूबे इलाही
मोहे अपने ही......
हमरी चुनरिया पिया की पगड़िया
वो दोनों बसन्ती रंग
जो कुछ तू माँगे रंग की रँगाई
मोरा जोबना गिरवी रख ले।
मोहे अपने ही......
तू तो साहब मेरा महबूब इलाही
आन पड़ी दरबार तिराहे......
मोरी लाज शरम सब रख ले
काजल बना नैना में रख ले
मोहे अपने ही रंग में रँग ले
तू तो साहिब मोरा......

ख़ालिक़ बारी

(कविता–शब्द कोश)

फ़ारसी–अरबी–हिन्दवी

1

ख़ालिक़ बारी सिरजनहार
वाहिद एक बदा करतार

2

राह तरीक सबील पहचान
अर्थ तिहूँ का मारग जान

3

पीला नीला जर्द कबूद
तानाँ बानाँ तार व पूद

4

आतिश आग आब है पानी
ख़ाक धूल जो बाव उड़ानी

5

मुश्क काफ़ूरस्त कस्तूरी कपूर
हिन्दवी आनन्द, शादी व सुरूर

शब्दार्थ

1. ख़ालिक़, बारी–जन्म देने वाला सिरजनहार, वाहिद–एक ईश्वर, करता र–जन्म देने वाला।
2. राह, तरीक, सबील, मारग अर्थात रास्ता। तिहूँ–तीनों, जान–जानों।
3. जर्द–पीला, कबूद–नीला तार व पूद–ताना बाना
4. आतिश–आग, आब–पानी, खाक–मिट्टी, बाव–हवा।
5. मुश्क–ख़ुशबू, कस्तूरी–ख़ुशबू, काफ़ूर–कपूर, आनन्द–ख़ुशी, सुरूर–ख़ुशी।

6

अस्प घोड़ा, फील हाथी, शेर सींह
गोश्त हेड़ा, चर्म चमड़ा, शहद पीह

7

शीर, जुग़रात, आमद दूध व दही
रोग़न आमद घी व दोग़ आमद मही

8

वालिद बाप, बेटा फर्जंद
दुख़्तर बेटी, सिख है पंद

9

उम्मीद आस बाशद नाउम्मीद है निरास
चर्ख व फलक सिपहर बूद आसमाँ अकास

10

रान व फ़ख़िज़ कि जाँघ बुवद नाज़ लाडला
उस्तख़्वाँ हाड़ बाशद व दीवाना बावला

11

बादा शराब व रावक़ व सहबा मीस्त मद
गर जुरआ जाँ ख़ोरी तू कुनी कारे नेक बद

शब्दार्थ

6. अस्प–घोड़ा, फील–हाथी, शेर–सिंह, हेड़ा–गोश्त, चर्म–चमड़ा, शहम–चर्बी व पीह–चर्बी।
7. शीर–दूध, जुगरात–दही, रोगन–घी, दोग–मठठा, आमद–आया।
8. सिख है पंद अर्थात सीख उपदेश,
9. उम्मीद–आस, नाउम्मीद–निराश, चर्ख, फलक व सिपहर–आसमान,
10. रान व फ़खज–जाँघ कहते हैं, लाडला–नाज, उस्तख्वां–हड्डी, बावला–दीवाना।
11. बादा, सहबा व रावक–शराब, मद–शराब, गर जुरआ जां खोरी कुनी कारे नेक बद–तू शराब की एक बूँद भी पियेगा तो अच्छा काम भी खराब कर देगा।

12

रायत लिवाय नेजा बुवद सिपर अस्त ढाल
लब–ए–आब नदी हौज़ दिगर सरवर अस्त ताल

13

ताउस मोर बाशद व दुर्राज तीतरा
ख़ूब व निकू भला व बद व ज़िश्त है बुरा

14

दैहीम व ताज व अफ़सर दर हिन्दवी मुकुट
ज़ागे बुरीदा पर रा तू जान काग कट

15

गीहान व दहर व गीती दुनिया दिगर जहान
दर हिन्दवी तो पृथ्वी संसार जग बदान

16

शबगीर व लैल व शब तू बदाँ रात रैन निस
फ़ानीज़ व कंद व शकर गुड़ जान ज़हर बिस

17

ढ़ाकनी सरपोश चपनी जानिए
है धुआँ दूद व दुखाँ पहचानिए

शब्दार्थ

12. रायत–ध्वज, लिवाय–ध्वज, नेजा–ध्वज, सिपर–ढाल, लब–ए–आब–पानी के किनारे, हौज़–तालाब, सरवर–ताल।
13. ताउस–मोर, दर्राज़–तीतर, ख़ूब–भला, बद व ज़िश्त–बुरा।
14. दैहीम, ताज व अफ़सर–मुकुट, ज़ागे बुरीदा पर–पंख कटा हुआ कौवा।
15. गीहान, दहर व गीती–संसार, हिन्दवी में पृथ्वी को संसार कहते हैं।
16. शबगीर, लैल व शब–रात अर्थात रैन, फ़ानीज़, कन्द व शकर–गुड़, विष है ज़हर।
17. ढाकनी–सरपोश, चपनी–हाँडी का ढक्कन, दूद–धुआँ।

18

तप लर्ज़ा दर हिन्दवी आमद जूड़ी ताप
दर्द–ए–सिर आमद सिर की पीड़ा तग है धाप

19

दूदा काजल सुर्मा अंजन कीमत मोल
चाकर सेवक बन्दा चिपरा कौल सो बोल

20

मिस है तांबा रोईं कांसा आहन लोह
तीशा बसूला तबर कुल्हाड़ा गदर द्रोह

21

दुरव मरवारीद मोती जानिए
हम सदफ़ सीपी समुन्दर आनिए

22

सोर सुतूर गाव है बलद
ख़ाही लादो ख़ाही आलद

23

ज़नब गुनाह जो कहिये दोश
ख़िश्म व ग़ज़ब दर हिन्दवी रोश

24

सरगीं गोबर फ़लह है पेवसी
कुदाल कलंद जो कहिये कस्सी

शब्दार्थ

18. तप–बुख़ार, लर्ज़ा–काँपना, जूड़ी ताप–जाड़ा बुख़ार, तग–दौड़–धूप।
19. दूदा–काजल, अंजन–सुर्मा, बन्दा–सेवक, चिपरा–चपरासी, क़ौल–बोल।
20. मिस–ताँबा, रोईं–काँसा, आहन–लोहा, तीशा व तबर–कुल्हाड़ी, ग़दर–विद्रोह।
21. दुर्र–मोती, मरवारीद–मोती, सदफ़–सीपी। समुन्दर आनिए–समुन्दर से लाइए।
22. सोर, सुतुर, गाव व बलद–बैल, ख़ाही लादो ख़ाही अलद–चाहे लादो चाहे मत लादो।
23. ज़नब–पाप, गुनाह–पाप, खिश्म–क्रोध, ग़जब–क्रोध।
24. सरगीं–गोबर, फलह–जमाया हुआ दूध, पेवसी–प्रसव के बाद का दूध, कलंद–कुदाल, कस्सी।

25

बुजुर्गी बड़ाई व पीरी बुढ़ापा
निकोई भलाई जवानी तनापा

26

बया आव नशीं बैठ बरू जा
बबीं देख बदा दे बेख़ुर खा

27

बसा पीस बकश खींच बचश चाख
बज़न मार बदर फाड़ बना राख

28

गुलू हल्क़ दहन मुख सख़ुन बोल
शिकम पेट नज़र ढीठ दुहुल ढ़ोल

29

तबीब व हकीम अस्त बैद ए बिरादर
बूवद बाव बाद व दिगर आग आजर

30

दिगर गोशकुन वाज़ व अन्दरज़ व पंद
बहिन्दी बूद सीख दरकार बंद

शब्दार्थ

25. पीरी–बुढ़ापा, निकोई–भलाई, तनापा–जवानी।
26. बया–आओ, नशीं–बैठ, बरू–जा, बबीं–देख, बदा–दे, बेख़ुर–खा।
27. बसा–पीस, बकश–खींच, बचश–चख, बजन–मार, बदर–फाड़, बना–राख।
28. गुलू–गला, हल्क–गला, दहन–मुख, सखुन–बात, शिकम–पेट, ढीठ–नज़र, दुहुल–ढोल
29. तबीब–वैद्य, हकीम–डॉक्टर, बैद–वैद्य, बिरादर–भाई, बाद–हवा (हिन्दी में बाव), आजर–आग।
30. दिगर गोशकुन–दूसरी बात सुनो, वाज–धर्मोपदेश, अन्दरज–सीखना, पंद– नसीहत, सीख देना, बंद–छंद–दोहा।

31

लैल शब दैजूर दर ताजी ज़बाँ
रात अँधियारी तू नेकोतर बदाँ

32

दादन देना दाद दिया फेल कार
कर्ज व दाम व देन दर हिन्दी उधार

33

सेर अघाना कूर काना भेद राज़
गुरस्ना भूका प्यासा तश्ना बाज़

34

हिमार अगर तुरा पुरसंद चीश्त ख़रस्त
बहिन्दवी बूवद गदहा कि बारबरस्त

35

खरगोश खरहा बाशद आहू बूद हिरन
अंगुश्तरी अँगूठी पैराया आभरन

36

बेदार बदाँ कि जागता है
हम खुफ़्ता बदाँ कि सोवता है

शब्दार्थ

31. लैल, शब, दैजूर–रात, नेकोतर–अच्छी तरह, बदां–जान।
32. दादन–देना, दाद–दिया, फेल–कार्य, क़र्ज़ व दाम व देन–हिन्दवी में उधार को कहते हैं।
33. सेर व अघाना–तृप्त, कूर–काना, भेद–राज़, गुरस्ना–भूखा–प्यासा, तश्ना–प्यासा, बाज–फिर।
34. हिमार व खर–गधा, हिमार अगर तूरा पुरसंद चीश्त खरस्त–अगर तुझ से कोई पूछे कि हिमार क्या है तो कहो खर अर्थात गधा।
35. आहू–हिरन, अंगुस्तरी–अगूँठी, पैराया–आभूषण, आभरण–आवरण।
36. बेदार–जागना, खुफ़्ता–सोना, छुपा हुआ।

37

कुफ़ल कलीद व ताला किल्ली
गुर्बा ख़ैतल जो कहिए बिल्ली

38

शर्म लाज पोशीदन ढाँकना
कार है काज ख़्वास्तन माँगना

39

कैवां जुहल सनीचर आमद
आदिते बपारसी खुर आमद

40

मिर्रीख बज़बाने हिन्दवी मंगल
राई बज़बाने फ़ारसी खर्दल

41

बुध है उतारिद गर तू बेदानी
ऊ रा तू दबीर ए चर्ख बख़ानी

42

बिरजीस मुश्तरी बिरस्पत
क़ाज़ी ए सिपहर दर सआदत

शब्दार्थ

37. कुफ़ल–ताला, कलीद–चाभी, गुर्बा व ख़ैतल–बिल्ली।
38. पोशीदन–ढँकना, ख्वास्तन–मांगना।
39. कैवाँ व जुहल–शनि या शनीचर, आदिते या आदित्य–खुर–सूरज, आमद–आना।
40. मिर्रीख–मंगल, खर्दल–राई।
41. उतारिद–बुध, गर तू बदानी–अगर तू जाने, दबीर–ए
चर्ख–आसमान का लेखक अर्थात क़िस्मत लिखने वाला।
42. बिरजीस व मुश्तरी–बृहस्पति, बिरस्पत–बृहस्पति, क़ाज़ी ए–सिपहर–आसमान पर बैठा न्याय लिखने वाला, सआदत–सौभाग्य।

43

शुद शुक्र हिन्दवी जोहरा नाम
ख़ुनियागर ए आस्मां दिलआराम

44

तीन रात है कहें चाँदनी
तेरहीं चौदहीं पन्द्रहीं

45

हम तुरा साग आमदा तंबूल पान
जाफराँ केसर हिना मेहंदी बदां

46

माह आमद सोम बेशा जंगलस्त
हिन्दवी मिर्रीख रा गो मंगलस्त

47

हम शुक्र कि ज़ोहरा नाम दारद
असबाब ए तरब मदाम दारद

48

महबूब हबीब है प्यारा
हम अंजुम व अख़्तरस्त तारा

49

है चन्द्रगहन ख़ुसूफ मीदां
हम सूरजगहन कुसूफ़ मीखां

शब्दार्थ

43. शुद–हुआ, जोहरा–शुक्र, ख़ुनियागर–ए–आसमॉ–आसमान का गायक, दिलआराम–प्यारा।
45. तरा–सब्जी, तंबूल–पान, जाफरॉ–केसर, हिना–मेहँदी।
46. माह–चाँद, सोम–चाँद, बेश–जंगल, मिर्रीख–मंगल।
47. शुक्र–ग्रह यानी जोहरा, दारद–है, असबाब–ए–तरब–आनन्द के साधन, मदाम–हमेशा रहे।
48. महबूब, हबीब–प्यारा, अंजुम–तारा, अख्तरस्त–अख्तर है तारा।
49. ख़ुसूफ़–चन्द्रग्रहण, कुसूफ़–सूर्यग्रहण।

50

खर्दल राई अरजन चना
दाद सितद है देना लेना

51

खुसुरपूराह् साला है जान
खुसुर ससुर और हान जियान

52

दस्तक हिन्दवी ताली जान
अंगुश्तक चुटकी पहचान

53

हुकहुक हिचकी फ़ाज़ा जमाई
ख़मियाज़ा कहिए अँगड़ाई

55

अत्सा छींक आरोग डकार
महक कसौटी जान अयार

56

आख़िर अंजाम है नीज़ तमाम
अन्त बात है ख़त्म कलाम

57

मौलवी साहब शरन पनाह
गदा शिकारी ख़ुसरो शाह

शब्दार्थ

50. खर्दल–राई, अरजन–चना, दाद–देना, सितद–लेना।
51. खुसुरपूरा–ससुर का पुत्र, खुसुर–ससुर, हान–हानि, जियान–नुक़सान।
52. दस्तक–ताली, अंगुश्तक–चुटकी।
54. हुकहुक–हिचकी, फाजा–जमाई, खमियाजा–अँगड़ाई।
55. अत्सा–छींक, आरोग–डकार, महक–कसौटी, अयार–कसौटी पर कसना।
56. ख़त्म कलाम–काव्य की समाप्ति।
57. मौलवी–इस्लाम धर्म का शिक्षक, शरन–शरण, पनाह–सुरक्षा, गदा–भिखारी, शाह–बादशाह।

अमीर ख़ुसरो के प्राप्य फ़ारसी ग्रन्थों की सूची

1. मसनवी किरानुस्सादैन
2. मसनवी मतलउलअनवार
3. मसनवी शीरीं व ख़ुसरो
4. मसनवी लैला व मजनूँ
5. मसनवी आईन–ए–सिकन्दरी या सिकन्दरनामा
6. मसनवी हश्त बिहिश्त
7. मसनवी खिज्रनामा या खिज्र खाँ देवल रानी या इश्क़िया
8. मसनवी नुह सिपहर
9. मसनवी तुग़लक़नामा
10. खज़ाइनुल फ़ुतूह या तारीख़ अलाई
11. इंशा–ए–खुसरू या खयालाते खुसरू
12. रसायलुलएजाज़ या एजाज़े खुसरवी
13. अफ़ज़लुल फ़वायद
14. राहतुलमुहिब्बीन
15. ख़ालिक़ बारी
16. जवाहरुलबहर
17. मुक़ाला
18. किस्सा चहार दरवेश
19. दीवान तोहफतुस्सिग्र
20. दीवान वस्तुलहयात
21. दीवान गुर्रतुलकमाल
22. दीवान बकीयः नकीयः

(**स्रोत** : अमीर ख़ुसरो का हिन्दी कलाम बाबू ब्रजरत्न दास काशी वाले)

सन्दर्भ ग्रन्थों की सूची

1. अफ़ज़लुल फवायद, मलफूज़ात शेख़ निज़ामुद्दीन औलिया, सम्पादन अमीर ख़ुसरो, हस्त पाण्डुलिपि संग्रह–दारूल मुसन्निफ़ीन, आज़मगढ़
2. अमीर ख़ुसरो, गुलाम सिमनानी, नेशनल बुक ट्रस्ट, नयी दिल्ली 1995
3. अमीर ख़ुसरो एक बहुआयामी व्यक्तित्व, प्रदीप शर्मा ख़ुसरो, साक्षी प्रकाशन, नयी दिल्ली 2016
4. अमीर ख़ुसरो देहलवी, प्रो वहीद मिर्ज़ा, एजुकेशनल पब्लिशिंग हाउस, नयी दिल्ली, 2013
5. अमीर ख़ुसरो देहलवी हयात और शायरी, प्रो. मुमताज हुसैन, कराची, 1975
6. अमीर ख़ुसरो और उनका हिन्दी साहित्य, डॉ. भोला नाथ तिवारी, प्रभात प्रकाशन, नयी दिल्ली 2012
7. अमीर ख़ुसरो का हिन्दवी काव्य, प्रो. गोपी चन्द नारंग, वाणी प्रकाशन नयी दिल्ली, 2013
8. अमीर ख़ुसरो और उनकी हिन्दी शायरी–शुजाअत अली संदेलवी, ओरिएन्टल पब्लिशिंग हाउस, लखनऊ, 1969
9. अमीर ख़ुसरो अहद, फ़न और शख्सियत, अर्श मल्सियानी, मरकज़ तसनीफ़ व तालीफ़ लखनऊ, 1974
10. ख़ुसरो और अहदे ख़ुसरो, अब्दुर्रऊफ उरूज, कराची, 1975
11. अमीर ख़ुसरो की जमालियात भाग तीन शकीलुर्रहमान, मोडर्न पब्लिशिंग हाउस, नयी दिल्ली, 1996
12. आबे हयात, मुहम्मद हुसैन आज़ाद, उर्दू अकादमी, लखनऊ, 2003
13. अलामतों का ज़वाल, इन्तेजार हुसैन, मकतबा जामिया लिमिटेड, नयी दिल्ली, 1982

14. आग का दरिया–कुर्रअतुल ऐन हैदर, उर्दू किताब घर, नयी दिल्ली, 1984
15. इसरारूल औलिया, मलफ़ूज़ात हज़रत फ़रीदुद्दीन गंजशकर
16. इब्नेबतूता की भारत यात्रा, नेशनल बुक ट्रस्ट नयी दिल्ली 2011
17. उर्दू–ए–कदीम, शम्सुल्लाह कादरी, ताज प्रेस, लाहौर।
18. किरानुस्सादैन, अमीर ख़ुसरो, अलीगढ़ प्रकाशन।
19. ख़ुसरो का ज़ेहनी सफ़र, ज़ोए अंसारी, अंजुमन तरक़्क़ी उर्दू (हिन्द), नयी दिल्ली, 1977
20. ख़ुसरो शनासी, ज़ोए अंसारी, राष्ट्रीय उर्दू भाषा विकास परिषद, नयी दिल्ली, 1998
21. खुसरोनामा–मुजीब रिजवी।
22. खैरूल मजालिस, हमीद क़लन्दर, अलीगढ़ प्रेस।
23. जहाने ख़ुसरो, फ़ारूक अरगली, फ़रीद बुक डिपो, नयी, दिल्ली 2017
24. जवाहरे खुसरवी, मौलाना अमीन चिरैयाकोटी, अलीगढ़ इंस्टीट्यूट प्रेस, अलीगढ़, 1918
25. जामे उर्दू इंसाइक्लोपीडिया भाग एक, दो एवं पाँच, राष्ट्रीय उर्दू भाषा विकास परिषद, नयी दिल्ली।
26. जामे तारीख़े हिन्द, मुहम्मद हबीब व ख़लीक अहमद निज़ामी, राष्ट्रीय उर्दू भाषा विकास परिषद नयी दिल्ली, 2013
27. तज़्किरतुल औलिया, फ़रीदुद्दीन अत्तार, कुतुबखाना अज़ीज़िया देवबन्द।
28. तारीख़े फ़रिश्ता–मु. क़ासिम फ़रिश्ता, भाग एक उर्दू अनुवाद अब्दुल हई ख़्वाजा, मकतबा मिल्लत देवबन्द 1983
29. तारीख़े फ़िरोज़शाही–ज़ियाउद्दीन बर्नी
30. तारीख़े हिन्दुस्तान 1526 तक, डॉ. अब्दुल कयूम, निसाब पब्लिकेशंस, हैदराबाद, 2008
31. तारीख़े अदब उर्दू 1700 तक, भाग एक, ज्ञानचंद जैन व सैयदा ज़ाफ़र, राष्ट्रीय भाषा विकास परिषद, नयी दिल्ली 1998
32. तारीख़े अदब उर्दू भाग एक, जमील जालबी, एजुकेशनल पब्लिशिंग हाउस, नयी दिल्ली।
33. तुग़लक़नामा, अमीर ख़ुसरो हैदराबाद।

34. द लाइफ़ एंड वर्क्स ऑफ़ अमीर ख़ुसरो, मुहम्मद वहीद मिर्ज़ा कलकत्ता, 1938
35. दिल्ली, खुशवन्त सिंह, किताब घर, नयी दिल्ली, 2002
36. दीवान तोहफतुस्सिग्र–अमीर ख़ुसरो, सम्पादन, डॉ. सैयद अली हैदर, प्रोफ़ेसर, फ़ारसी इंसटीट्यूट ऑफ़ पोस्ट ग्रेजुएट स्टडीज़ एंड रीसर्च इन अरेबिक एंड पर्शियन लर्निंग, बिहार, 1989।
37. दीवाने लुगाते तुर्की, महमूद काशग़री।
38. नुह सिपहर, अमीर ख़ुसरो।
39. पंजाब में उर्दू–हाफ़िज़ महमूद शीरानी, राष्ट्रीय उर्दू भाषा विकास परिषद नयी दिल्ली, 2005
40. फ़वायद–उल–फ़वाद–सम्पादन अमीर हसन सिज्जी देहलवी, हिन्दी अनुवाद ख़्वाजा हसन सानी निज़ामी, दरगाह हज़रत निज़ामुद्दीन नयी दिल्ली, 2004
41. बज़्मे सूफ़िया, सबाहुद्दीन अब्दुर्रहमान, दारूल मुसन्निफ़ीन आज़मगढ़
42. भारत सावित्री, वासुदेव शरण अग्रवाल, सस्ता साहित्य मण्डल प्रकाशन, नयी दिल्ली, 2003
43. भारत का इतिहास, रोमिला थापर, राजकमल, प्रकाशन नयी दिल्ली 1998
44. भारतीय इतिहास कोश, सच्चिदानन्द भांटट्ाचार्य, उत्तर प्रदेश हिन्दी संस्थान, लखनऊ, 2013
45. भारतीय संगीत का इतिहास–डॉ. ठाकुर जयदेव सिंह विश्वविद्यालय प्रकाशन वाराणसी 2016
46. मध्यकालीन भारत भाग दो सम्पादन–इरफान हबीब, राजकमल प्रकाशन, नयी दिल्ली 1999
47. मध्यकालीन भारत (भाग दस) सम्पादन–इरफान हबीब, राजकमल प्रकाशन, नयी दिल्ली, 2015
48. मसालिकुल अबसार, शहाबुद्दीन उमरी, अंग्रेज़ी अनुवाद।
49. मुन्तखबु तवारीख़ (भाग एक), मुल्ला अब्दुल कादिर बदायूँनी, राष्ट्रीय उर्दू भाषा विकास परिषद, नयी दिल्ली, 2008
50. राहतुस्सुदूर, अली बिन सुलेमान अलरावंदी, लन्दन प्रेस।

51. रूहे इस्लाम, सैयद अमीर अली, उर्दू अनुवाद मुहम्मद हादी हुसैन। इस्लामिक बुक सेन्टर, नयी दिल्ली, 2005; रूहे इस्लाम, सैयद अमीर अली की अंग्रेज़ी पुस्तक The Spirit of Islam का उर्दू अनुवाद है।
52. लतायफ़े अशर्फ़ी (भाग दो), निजाम यमनी, उर्दू अनुवाद मौलाना अब्दुस्सत्तार फ़ैज़ाबादी, दानिश बुक डिपो, फ़ैज़ाबाद, 1995
53. शेर–उल–अज़म (भाग दो), शिब्ली नोमानी, दारूल मुसन्निफ़ीन आज़मगढ़ 2018
54. सफ़रनामा, इब्नबतूता अंग्रेज़ी अनुवाद भाग 2 कैम्ब्रिज प्रेस,
55. सियरूल आरिफ़ीन, जमाली, दिल्ली प्रेस।
56. सियरूल औलिया, सैयद मुहम्मद बिन मुबारक किरमानी, उर्दू अनुवाद डॉ. अब्दुल लतीफ, अदबी दुनिया, 1999
57. सियासतनामा–निजामुल मुल्क तूसी, अंग्रेज़ी अनुवाद प्रेस लन्दन।
58. सूफ़ी अमीर ख़ुसरो, सैयद सबाहुद्दीन अब्दुर्रहमान, शिब्ली एकेडमी, आज़मगढ़, 1980
59. सूफ़ी जवाबित, शेख़ शिहाबुद्दीन सुहरवर्दी, अरबी
60. सूफ़ीवाद, एन. आर. फ़ारुक़ी, ओरिएन्ट ब्लैक स्वान, नयी दिल्ली, 2014
61. सूफ़ीवाद के आध्यात्मिक आयाम, जाफ़र रज़ा, लोकभारती प्रकाशन, इलाहाबाद, 2014
62. सनादीदे अज़म (फ़ारसी साहित्य का इतिहास), मेंहदी हसन नासिरी राय साहब लाला रामदयाल, इलाहाबाद, 1977
63. संगीत राग परिचय (भाग एक), देवकी नन्दन धवन, संगीत कार्यालय, हाथरस, 2017
64. संगीत राग परिचय (भाग दो), देवकी नन्दन धवन, संगीत कार्यालय, हाथरस, 2017
65. संगीत शास्त्र परामर्श, मीरा माथुर, भारत बुक सेंटर, लखनऊ, 2004
66. हज़रत अमीर ख़ुसरो ऑफ़ देहली पॉलिटिक्स एंड सोसाइटी डयूरिंग अर्ली मेडिवल पीरियड, मुहम्मद हबीब, सम्पादन के.ए. निज़ामी, अलीगढ़, 1974
67. हज़रत अमीर ख़ुसरो और इल्मे मौसिकी, रशीद मलिक, रिफ्रेंस रीप्रिंट लाहौर, 1975

68. हयाते सादी, अल्ताफ़ हुसैन हाली, राष्ट्रीय उर्दू भाषा विकास परिषद, नयी दिल्ली, 2004
69. हिन्दुस्तान अमीर ख़ुसरो की नज़र में, सैयद सबाहुद्दीन अब्दुर्रहमान शिब्ली एकेडमी, आज़मगढ, 2012
70. हिन्दुस्तानी मुसलमान, प्रो. मुहम्मद मुजीब, राष्ट्रीय उर्दू भाषा विकास परिषद, नयी दिल्ली, 1998
71. हिन्दी साहित्य का इतिहास, रामचन्द्र शुक्ल, सस्ता प्रकाशन, नयी दिल्ली।
72. हिन्दी साहित्य का उद्भव और विकास, हजारी प्रसाद द्विवेदी, राजकमल प्रकाशन, नयी दिल्ली, 2004

लेखकों का परिचय

इन्तज़ार हुसैन–कथाकार, आलोचक और चिन्तक इन्तज़ार हुसैन का जन्म बुलंदशहर के डिबाई क़स्बे में 21 दिस्मबर, 1925 में हुआ था। 1947 में वे पाकिस्तान चले गये, परन्तु जीवन भर उन्होंने भारत से गहरा रिश्ता बनाये रखा। उनकी कहानियाँ भारतीय देवमालाई चरित्रों से भरी पडी हैं। बँटवारा भी उनकी कथा का विषयवस्तु है। वह जीवन भर बँटवारे के दर्द से निकल नहीं पाये। ये दर्द और दुख उनकी कहानियों और उपन्यासों में विशेष रूप से परिलक्षित होते नज़र आते हैं। उनकी कालजयी रचनाओं में 'बस्ती', 'चाँद गहन', 'तज़्किरा', 'आगे समुन्दर है', 'आख़िरी आदमी और नर नारी' सम्मिलित हैं। उन्होंने कई समाचार पत्रों में नियमित कॉलम लिखा और लेखन में अपना समय व्यतीत किया। 2 फ़रवरी 2016 में 90 वर्ष की आयु में उनकी मृत्यु हो गयी।

ज़ोए अंसारी–उर्दू के प्रसिद्ध साहित्यकार और आलोचक ज़ोए अंसारी (ज़िल्ले हसनैन) का जन्म उ.प्र. के सहारनपुर ज़िले में 1925 में हुआ। उनकी शिक्षा मेरठ कॉलेज में हुई। ज़ोए अंसारी रूसी, अंग्रेज़ी और उर्दू भाषा के विशेषज्ञ थे। उन्होंने 30 से अधिक रूसी पुस्तकों का उर्दू अनुवाद किया। उन्होंने फियोदर दोस्तोवस्की, पुश्किन और एंटोन चेखव के व्यक्तित्व और जीवन पर विस्तृत काम किया। उर्दू साहित्य में उन्होंने ग़ालिब, ख़ुसरो, इक़बाल, मौलाना आज़ाद और नेहरू के जीवन और दर्शन पर शोधपरक पुस्तकें लिखी हैं। उनकी मृत्यु मुम्बई में ही 1991 में हो गयी।

बाबू ब्रजरत्न दास–इनका जन्म काशी में 1890 में हुआ था। फ़ारसी और हिन्दी के विद्वान थे। ये नागरी प्रचारिणी सभा के 1940 तक निरन्तर मन्त्री रहे। इन्होंने 'हिन्दी साहित्य का इतिहास' के अतिरिक्त दर्जनों पुस्तकें और ग्रन्थ लिखे। अमीर ख़ुसरो के हिन्दवी साहित्य पर इनका विस्तृत

लेख 1921 नागरी प्रचारिणी पत्रिका में प्रकाशित हुआ। बाबू ब्रजरत्न दास ने 'भारतेन्दु ग्रन्थावली' और इंशाअल्लाह खाँ इंशा की 'रानी केतकी की कहानी' का सम्पादन किया। इनकी मृत्यु 1946 में हुई।

मोहम्मद मुजीब–इस्लामी स्कॉलर और इतिहासकार प्रोफ़ेसर मोहम्मद मुजीब का जन्म लखनऊ में 1902 में हुआ, जहाँ उनके पिता मोहम्मद नसीम बैरिस्टर थे। वे जामिया मिलिया के संस्थापकों में से रहे हैं। वे उसके कुलपति से रिटायर हुए। राष्ट्रपति डॉ. जाकिर हुसैन उनके साथियों में से थे। प्रोफ़ेसर मुजीब का घराना उच्च शिक्षित कहा जा सकता है। जाने–माने इतिहासकार मोहम्मद हबीब (1895–1971) उनके बड़े भाई थे। इतिहासकार इरफ़ान हबीब उनके भतीजे हैं। मोहम्मद मुजीब की शिक्षा ऑक्सफोर्ड में हुई। इस्लामी इतिहास, भारतीय सभ्यता और संस्कृति पर उनकी गहरी दृष्टि थी। उन्होंने एक दर्जन से अधिक पुस्तकें लिखी हैं। उनमें 'वर्ल्ड हिस्ट्री अवर हेरिटेज', 'सोशल रिफॉर्म अमॉग इंडियन मुस्लिम्स', 'अ गिलिम्स ऑफ़ न्यू चाइना', 'आर्डियल 1857ः अ हिस्टोरिकल प्ले' और 'द इंडियन मुस्लिम' सम्मिलित हैं। उनकी मृत्यु 1985 में दिल्ली में हुई।

मुशीरूल हक़–इस्लामी स्कॉलर प्रोफ़ेसर मुशीरूल हक़ का जन्म ग़ाज़ीपुर के बहरियाबाद गाँव में 1927 में हुआ था। उन्होंने जामिया मिलिया इस्लामिया में इस्लामीज़ स्टडीज़ विभाग के अध्यक्ष पद को सुशोभित किया। वे जामिया के बहुत लोकप्रिय शिक्षक और प्रशासक के रूप में जाने जाते थे। इस्लामवाद और समाजवाद पर उनकी स्पष्ट सोच थी। इस विषय पर उन्होंने कई पुस्तकें लिखीं। 'मुसलमान और सेकुलर हिन्दुस्तान' और 'मज़हब और हिन्दुस्तानी मुसलमान' उनकी प्रसिद्ध पुस्तकें हैं। वे कश्मीर विश्वविद्यालय के कुलपति थे। 6 अप्रैल, 1990 में कुछ अतिवादियों ने अपहरण करके उनकी हत्या कर दी।

मिर्ज़ा सफदर अली बेग–कवि और लेखक मिर्ज़ा सफ़दर अली बेग का जन्म हैदराबाद में 1923 में हुआ था। प्रारम्भिक शिक्षा हैदराबाद में हुई। कॉलेज के दिनों से ही प्रगतिशील आन्दोलन से जुड़े रहे। उन्होंने मखदूम और राजबहादुर गौड़ के साथ काम किया। कवि और लेखक सफ़दर बेग ने तसव्वुफ़ पर महत्त्वपूर्ण शोध किया है। तसव्वुफ़ के विषय पर इनके दो ग्रन्थ प्रकाशित हुए हैं।

सैयद अतहर अब्बास रिज़वी–विख्यात इतिहासविद्, सम्पादक और अनुवादक सैयद अतहर अब्बास रिज़वी का जन्म 1921 में हुआ था। इन्होंने सल्तनत काल और मुग़ल काल के अतिरिक्त प्राचीन भारत के इतिहास पर गहन शोध किया है। 'अ हिस्ट्री ऑफ़ सूफ़िज़्म इन इंडिया' तसव्वुफ़ पर इनकी बहुत महत्त्वपूर्ण पुस्तक है। इनकी मृत्यु 1994 में हो गयी।

सैयद सबाहुद्दीन अब्दुर्रहमान–अरबी–फ़ारसी के सुप्रसिद्ध विद्वान और इस्लामी स्कॉलर, इतिहासकार और आलोचक सबाहुद्दीन अब्दुर्रहमान का जन्म बिहार के नालन्दा ज़िले के दसना क़स्बे में 1911 में हुआ था। उनके बचपन का नाम सबाहुद्दीन था। वे 1935 में आज़मगढ़ आ गये, और दारूल मुसन्निफ़ीन में कार्य करने लगे। उनका अध्ययन बहुत विस्तृत था। विभिन्न विषयों पर उनकी दर्जनों पुस्तकें प्रकाशित हुई हैं। वे अपनी मृत्यु 18 नवम्बर, 1987 तक दारूल मुसन्निफ़ीन के डायरेक्टर रहे, और वहाँ से निकलने वाली मासिक पत्रिका 'मआरिफ़' का भी सम्पादन करते रहे। उनकी मृत्यु लखनऊ में एक सड़क दुर्घटना में हो गयी थी।

शकीलुर्रहमान–शकीलुर्रहमान का जन्म बिहार के मोतिहारी में 1931 में हुआ था। प्रो. शकीलुर्रहमान बहुआयामी व्यक्तित्त्व के धनी थे। वे कथाकार कवि, और आलोचक थे। वे कश्मीर विश्वविद्यालय में उर्दू विभाग के अध्यक्ष रहे। वे कश्मीर विश्वविद्यालय के साथ ही बिहार विश्वविद्यालय और एल.एन. मिथिला विश्वविद्यालय के भी कुलपति रहे। उन्होंने केन्द्र सरकार के स्वास्थ्य और परिवार कल्याण मन्त्री का पद भी सुशोभित किया। उनकी 25 से अधिक पुस्तकें प्रकाशित हुई हैं। उनकी आत्मकथा 'आश्रम' बहुत प्रसिद्ध हुई। उन्होंने भारतीय सौन्दर्यशास्त्र पर तीन खण्डों में ग्रन्थ लिख कर प्राचीन भारतीय संस्कृति को प्रभावी ढंग से प्रस्तुत किया है। उनकी मृत्यु गुड़गाँव में 9 मई, 2016 को हो गयी।

शाकिर अली–डॉ. शाकिर अली का जन्म उ.प्र. के देवरिया जिले में 1953 में हुआ था। प्रारम्भिक शिक्षा देवरिया और गोरखपुर में हुई। अलीगढ़ मुस्लिम विश्वविद्यालय से संस्कृत से पीएच.डी. करने के उपरान्त इन्सान कॉलेज, किशनगंज में प्राध्यापक और फिर प्राचार्य के पद को सुशोभित किया।

सम्प्रति लेखन कार्य में व्यस्त हैं। इनकी दो पुस्तकें 'युक्तिकल्पतरू : एक समीक्षात्मक अध्ययन' और एक कविता संग्रह 'बहुत देर के बाद' प्रकाशित हो चुकी हैं। इसके अतिरिक्त भी पत्र–पत्रिकाओं में प्रकाशित होते रहे हैं।

शिब्ली नोमानी–अरबी और फ़ारसी के विद्वान, इस्लामी स्कॉलर, चिन्तक और कवि मौलाना शिब्ली नोमानी का जन्म आज़मगढ़ के बिंदवल गाँव में 1857 में हुआ था। शिब्ली नोमानी ए.एम.यू. कॉलेज में फ़ारसी के प्रवक्ता थे। उन्होंने अलीगढ़ छोड़ दिया, और हैदराबाद चले गये। हैदराबाद से वे लखनऊ आये और नदवा स्कूल स्थापित किया। कुछ दिनों बाद वहाँ से भी अलग हो गये और आज़मगढ़ चले आये। वहाँ उन्होंने दारूल मुसन्निफ़ीन की स्थापना की। आज इसमें हज़ारों की संख्या में पुस्तकें उपलब्ध हैं। दारूल मुसन्निफ़ीन में प्रेस स्थापित और एक स्कूल भी स्थापित किया, जो बाद में शिब्ली कॉलेज के नाम से प्रसिद्ध हुआ। उनकी मृत्यु 1914 में हुई।

नामानुक्रमणिका

अकबर शहंशाह–मुग़ल सम्राट जलालुद्दीन मुहम्मद अकबर का जन्म 1542 में राजपूताने के रेगिस्तान में हुआ था। वे 1556 में दिल्ली की गद्दी पर बैठे। अपनी मृत्यु 1605 से पूर्व उहोंने 51 वर्षों तक भारत पर राज किया। वे महान विजेता ही नहीं अपितु एक महान प्रशासक और कुशल राजनीतिज्ञ भी थे। (52, 195)

अज़्दुद्दौला–अज़्दुद्दौला ईरान के बोया शासन का सुल्तान था। यह 975 में गद्दी पर बैठा। उसने बग़दाद पर भी अधिकार कर कुर्दिस्तान को अपने राज्य में मिला लिया था। उसकी मृत्यु 986 में हुई। (173)

अतहर अब्बास रिज़वी–देखिए लेखकों का परिचय। (19, 269)

अनवरी–हकीम उहदुद्दीन अली–बिन–इसहाक अनवरी का जन्म खुरासान के आबीवरी नामक क्षेत्र में हुआ था। वह फ़ारसी का महान क़सीदा कहने वाला कवि माना जाता है। वह एक वैद्य, बहुत बड़ा खगोल शास्त्री, अच्छा ज्योतिषी और गणितज्ञ था। उसने सुल्तान संजर की प्रशंसा में सैकड़ों क़सीदे कहे। जीवन के अन्त में उसने संन्यास ले लिया। उसकी मृत्यु 1187 में हुई। (44, 102, 131)

अफ़लातून–अफ़लातून या प्लेटो plato यूनान का महान दार्शनिक था। उसका जन्म 428 ई.पू. में एथेंस के इजिना द्वीप में हुआ था। अफ़लातून सुकरात का शिष्य और अरस्तु का गुरु था। 'द रिपब्लिक' प्लेटो का विश्वप्रसिद्ध ग्रन्थ है। वह रहस्यवादी भी था। उसने कवि और कविता पर बड़ा हमला बोला है, उसने कहा है, 'कवि का महत्त्व एक मोची से कम है।' इस्लामी तसव्वुफ़ में अफ़लातूनी सिद्धान्त का मिश्रण पाया जाता है। उसकी मृत्यु 348 ई.पू. में हुई। (87)।

अबू इसहाक काज़रूनी–महान सूफ़ी अबू इसहाक ईरान. के काज़रून क्षेत्र के रहने वाले थे। इनका पूरा परिवार सूफ़ी था। ये तसव्वुफ़ में इसहाकिया परम्परा के संस्थापक थे। इनकी मृत्यु 1035 में हुई। (175)

अबू क़ासिम कुशेरी–मुहम्मद अबू क़ासिम अब्दुल करीम बनी हुजन कुशेरी का जन्म 986 में अरब के बनू कुशेरा में हुआ था। बाद में वे पूर्वी ईरान के नेशापुर में बस गये। तसव्वुफ़ पर उनकी पुस्तक 'अलरिसाला अलकुशिरिया' बहुत लोकप्रिय है। उनकी मृत्यु 1072 में हुई। (92, 95)

अबू बक्र तूसी–हैदरी क़लन्दरी परम्परा के सूफ़ी अबू बक्र तूसी शेख़ निज़ामुद्दीन औलिया के समकालीन थे। इनका जन्म ईरान के तूस मे हुआ था। प्रख्यात सूफ़ी सीदी मौला की निर्दयता से की गयी हत्या में इनका महत्त्वपूर्ण योगदान था। वे अपने समकालीन अन्य सूफ़ियों से भी ईर्ष्या भाव रखते थे। दिल्ली में प्रगति मैदान मेट्रो स्टेशन के पास इनका मज़ार है। इन्हें मटका पीर के नाम से भी जाना जाता है। (175, 176)

अबू सईद अबूलखैर–शेख़ अबूसईद फज़्लुद्दीन अबूलख़ैर का जन्म खुरासान के नवहमहना क्षेत्र में 967 में हुआ था। ये महान सूफ़ी और फ़ारसी के कवि थे। फारसी सूफी साहित्य में इनकी रुबाईयाँ बहुत लोकप्रिय हैं। इनकी मृत्यु 1048 में हुई। (83, 179)

अबू सईद ज़करिया–(181)

अब्दुल करीम जेली–सूफ़ी अब्दुल करीम का जन्म 1365 में इराक के ज़िल नामक गाँव में हुआ था। ये कादरिया सूफ़ी परम्परा के वाहक थे। जेली ने इब्ने अरबी पर विस्तृत कार्य किया है। इनकी मृत्यु 1424 में हुई। (85)

अब्दुल हक मोहद्दिस देहलवी–शेख़ अब्दुल मज़्द अब्दुल हक़ बिन सैफुद्दीन देहलवी बुख़ारी का जन्म दिल्ली में 1551 में हुआ। ये भारत के प्राख्यात धर्मशास्त्री थे। भारत में हदीस के प्रचार–प्रसार में इनका महत्त्वपूर्ण योगदान है। इनकी मृत्यु 1642 में हुई। (143)

अमीर हसन सिज्जी–अमीर हसन सिज्जी देहलवी (1254–1337) के बारे में कोई विस्तृत जानकारी नहीं मिलती है। वे ख़्वाजा हज़रत शेख़ निज़ामुद्दीन औलिया के शिष्य थे और फ़ारसी के अच्छे कवि थे। उन्होंने हिन्दवी में दोहे और ग़ज़लें कही है। उनकी एक हिन्दवी ग़ज़ल भी मिलती है, जो नीचे दी जा रही है–

हर लेहज़ा आयद दर दिलम देखूँ उसे टुक जाय कर
गोयम हिकायत हिज्रे ख़ुद बा आँ सनम जिउलाय कर

बहकी सखी मेरा सही जो तूँ की उसके बू यही
सौकन न पिछरी मुझ कई तेरे परों लग धाय कर

बस हीला करदम ए हसन बे जाँ शुदम अज दम ब दम
कैसे रहूँ तुझ जीव बिन तुम ले गये संग लाय कर

जब ते सफ़र पी ने किया तब ते ग़रीब आवारा हूँ
पी बैग ही आया करें या मुजको लें बुलवाय कर

(स्रोत–तारीख़े अदब उर्दू (भाग एक) द्वारा प्रोफ़ेसर सैयदा ज़ाफ़र व ज्ञानचन्द जैन, राष्ट्रीय उर्दू भाषा विकास परिषद, नयी दिल्ली, 1998। पृ. 420)

अमीर हसन का अधिकतर कलाम अप्राप्य है। उनका एक फ़ारसी दीवान अवध के शाही पुस्तकालय में मौजूद था, जिसे डॉ. एलवास स्प्रेंगर 1856 जर्मनी ले गये थे। यह दीवान अब इंडिया ऑफ़िस लाइब्रेरी लन्दन में मौजूद है, उसी पाण्डुलिपि से भारत में अमीर हसन का दीवान प्रकाशित हुआ है। उनकी एक बड़ी पुस्तक 'फवायद–उल –फ़वाद' है, जो हज़रते शेख़ की बैठकों में उनके द्वारा कही गयी बातों, निर्देशों और धार्मिक प्रवचनों का संकलन है। भारत में यह बहुत लोकप्रिय है। अब तक इसके सैकड़ों संस्करण प्रकाशित हो चुके हैं। (14, 15, 32, 80, 128, 131, 132, 133, 178, 183, 185, 265)

अरकली खाँ युवराज–युवराज अरकली खाँ सुल्तान जलालुद्दीन ख़िलजी का बेटा था। वह मुल्तान का गवर्नर था। जलालुद्दीन ख़िलजी की हत्या के बाद अलाउद्दीन ख़िलजी ने उसे साज़िश से गिरफ़्तार करके मरवा दिया था। (41, 42, 113, 117)

अरगून खाँ–अरगून खाँ हलाकू खाँ का पौत्र था। वह 1284 में गद्दी पर बैठा। वह इस्लाम का धुर विरोधी और अधर्मी था। उसकी मृत्यु 1291 में हुई। (111)

अरस्तू–विश्व के महान दार्शनिक अरस्तु Aristotle का जन्म उत्तरी यूनान के स्टेगेरिया नगर में ई.पू. 384 में हुआ था। अरस्तू कुशाग्र बुद्धि का व्यक्ति था। वह प्लेटो का शिष्य और सिकन्दर का गुरु था। राजनीति, भौतिक, अध्यात्म, कविता, नाटक और संगीत जैसे विषयों में पारंगत था। उसने दर्जनों पुस्तकें लिखीं, परन्तु उसकी पुस्तक 'राजनीति' विश्व की अनमोल धरोहर है। 63 वर्ष जीवित रहने के बाद उसकी मृत्यु 322 ई.पू. हो गयी (58, 77, 78, 210)

अल–ग़ज़ाली–अबूहामिद मुहम्मद इब्ने मुहम्मद अलगज़ाली का जन्म ईरान के तूस क्षेत्र में 1058 में हुआ था। अलग़ज़ाली प्रख्यात दार्शनिक, सूफ़ी और इस्लामी स्कॉलर थे। इन्होंने 200 से अधिक पुस्तकें लिखी हैं। इनकी मृत्यु 1111 में हुई। (85, 87, 88, 91, 92, 180, 184)

अलग़ खाँ–देखिए मुहम्मद बिन तुग़लक़। (123)

अलप्तगीन–अलप्तगीन सामानी सुल्तान अब्दुल मलिक सामानी का तुर्क ग़ुलाम था। अब्दुल मलिक ने उसे 955 में खुरासान का गवर्नर बना दिया। 977 में अलप्तगीन ने गजनी में स्थायी सल्तनत स्थापित की। (171)

अलाउद्दीन अली शाह–ये दिल्ली के विद्वान और अमीर ख़ुसरो के मित्र थे। ख़ुसरो प्रायः अपनी लेखनी इन्हें दिखा कर सलाह लेते थे। (30)

अलाउद्दीन ख़िलजी–अलाउद्दीन ख़िलजी का वास्तविक नाम अलीगर शास्प था। ये सुल्तान जलालुद्दीन ख़िलजी का भतीजा और दामाद था। इसने धोखे से जलालुद्दीन ख़िलजी की हत्या करके 1296 में दिल्ली की गद्दी पर अधिकार कर लिया। ये अत्यन्त सत्तालोलुप, अनपढ़ और उजड्ड शासक था। इसे दक्षिण राज्यों पर विजय के लिए जाना जाता है। इसने 20 वर्षों तक राज किया। इसकी मृत्यु 1316 में हुई। (15, 29, 41, 42, 43, 52, 55, 99, 115, 117, 118, 119, 126, 173, 174, 184, 191, 192, 193)

अली (र.)–हज़रत अली–बिन–अबूतालिब–बिन–अब्दुलमुत्तलिब बिन हाशिम का जन्म मक्का में 601 में हुआ था। अली र. इस्लाम के चौथे ख़लीफ़ा थे। ये मुहम्मद स. के चचाज़ाद भाई और दामाद थे। इनकी मृत्यु 667 में हुई। (92, 96)

अलीगर शास्प–देखिए अलाउद्दीन खिलजी। (41,114)

अली हुजवेरी–अबूलहसन अली–बिन–उस्मान दातागंज बख़्श हुजवेरी का जन्म 1007 में ईरान के हुजवेर क़स्बे में हुआ था। बाद में वे लाहौर आ गये और यहीं बस गये। वे सूफ़ी कवि थे। तसव्वुफ़ पर उनकी पुस्तक 'कशफ–उल–महजूब' बहुत लोकप्रिय है। इनकी मृत्यु 1072 में हुई। (84, 87, 92, 93, 95)

आदम–हज़रते आदम संसार के आदि पुरुष हैं। बाइबिल और कुरान की मान्यता के अनुसार ख़ुदा ने इन्हें जन्नत में मिट्टी से बनाया था। बाद में इनके आकर्षण के लिए माता हव्वा को बनाया। ये बहुत दिनों तक जन्नत में रहे। ख़ुदा ने इन्हें एक विशेष वृक्ष का फल खाने से मना किया था। परन्तु कहा जाता है कि शैतान के बहलाने के बाद इन्होंने उस

प्रतिबन्धित वृक्ष का फल खा लिया। जिसके के बाद ख़ुदा ने इन्हें जन्नत से सीधे पृथ्वी पर फेंक दिया। (75, 191, 200, 208, 209, 214, 215)

इज्जुद्दीन अली शाह–इज्जुद्दीन या अज़ीज़ुद्दीन अमीर ख़ुसरो के भाई थे। ये अरबी–फ़ारसी के विद्वान माने जाते हैं। (64)

इज्जुद्दीन अज़ीज़–अमीर ख़ुसरो के समकालीन विद्वान थे। (64, 187)

इब्ने अरबी–अबू अब्दुल्लाह मुहम्मद–बिन–अली–बिन–मुहम्मद इब्ने अरबी अलहातिमी का जन्म स्पेन के मुर्सिया नामक नगर में 1165 में हुआ था। प्रख्यात सूफ़ी और लेखक इब्ने अरबी को शेख़े अकबर मुहिउद्दीन इब्ने अरबी के नाम से भी जाना जाता है। इनके 800 लेखों और शोध पत्रों के बारे में पता चलता है। इनकी 100 से अधिक हस्तलिखित पाण्डुलिपियाँ उपलब्ध हैं। इनकी मृत्यु 1240 में हुई। (83, 84, 96, 180)

इब्नबतूता–मुहम्मद बिन अब्दुल्लाह इब्नबतूता का जन्म मोरक्को के तांजियर नगर में 1304 में हुआ था। वह 21 वर्ष की आयु में विश्व भ्रमण की प्रबल इच्छा लिए अपने घर से निकल पड़ा। उसने अपनी मृत्यु 1369 से पूर्व कुल 75 हज़ार मील की यात्रा की। वह मुहम्मद–बिन–तुग़लक़ के शासनकाल में भारत आया था। यहाँ उसका शानदार स्वागत हुआ। तुग़लक़ ने उसे मन्त्री का पद भी दिया, परन्तु वह अधिक दिनों तक भारत में नहीं रहा। उसकी यात्रा वृत्तान्त सल्तनत काल का महत्त्वपूर्ण ऐतिहासिक स्रोत है। (61, 175, 185, 266)

इब्ने कीम अलजौज़ी–हाफ़िज़ शम्सुद्दीन अबू अब्दुल्लाह मोहम्मद इब्ने कीम अलजौज़ी का जन्म 1292 मे दमिश्क के निकट जराअ नामक गाँव में हुआ था। ये इब्ने तैमिया के शिष्य थे। ये 60 से अधिक पुस्तकों के लेखक हैं। इनकी मृत्यु 1350 में हुई। (95)

इन्तज़ार हुसैन–देखिए लेखकों के परिचय में। (20, 25, 61, 142)

इब्राहीम–पवित्र ईशदूत prophet हज़रत इब्राहीम का जन्म 2000 से 3000 ईसा पूर्व माना जाता है। अब्रहाम, अवराहम, अवराम या इब्राहीम इस्लाम यहूदी और ईसाईयों में समान रूप से सम्मानित ईशदूत हैं। (91)

इमाम अबू हनीफ़ा–अबू हनीफ़ा अलनुमान बिन साबित बिन मरजुबान का जन्म इराक के कूफा नगर में 699 में हुआ था। ये इस्लाम के सुन्नी हनफ़ी धर्म के संस्थापक हैं। इन्होंने कुरान, हदीस, सर्वसम्मति या साक्ष्य और समरूपता व तर्क के आधार पर एक इस्लामी क़ानून तैयार किया,

जिसे शरीअत कहा जाता है, जिस पर आज विश्व के दो तिहाई मुस्लिम अमल करते हैं। इनकी मृत्यु 767 में हुई। (171)

इमादुलमुल्क रावत—इमादुलमुल्क रावत अमीर ख़ुसरो के नाना थे। वे रावत राजपूत थे, जो शम्सुद्दीन इल्तुतमिश के शासनकाल में मुसलमान हो गये थे। वे ऐबक से लेकर ग़यासुद्दीन बलबन के कार्यकाल तक बड़े—बड़े पदों पर तैनात रहे। अमीर ख़ुसरो ने अपनी कविताओं में उनकी दरियादिली और कृतज्ञता की बड़ी प्रशंसा की है। उनकी मृत्यु 113 वर्ष की आयु मे 1272 में हुई। (41, 53, 64, 66, 98, 99, 106, 107, 187)

इमाम हसन अ.—इमाम हसन इब्ने अली इब्ने अबू तालिब का जन्म 624 में मदीना में हुआ था। आप पैगम्बरे इस्लाम मुहम्मद रसूलुल्लाह की पुत्री फ़ातिमा और हज़रत अली के बड़े पुत्र थे। ये बहुत बड़े विद्वान थे। इनकी मृत्यु 670 में मदीना में हुई। (85)

ईसा मसीह—पवित्र ईशदूत prophet ईसा अ. या यीशू मसीह या जीसस क्राइस्ट का जन्म 33 ईसा पूर्व बैतलहम में हुआ था। इन्होंने ख़ुदा के सन्देश को लोगों में फैलाया। उस समय के यहूदी धर्मावलम्बियों ने उनका घोर विरोध किया। अन्त में उन्हें फाँसी की सज़ा सुनायी गयी। ईसाई मानते हैं कि 33 वर्ष की आयु में उन्हें सूली पर चढ़ा दिया गया, परन्तु कुरान कहता है कि अल्लाह ने उन्हें बचा लिया है। वे बाद में पुनः प्रकट होंगे। उनकी मृत्यु की घटना के बाद ईसवी सन् प्रारम्भ हुआ। (87, 91)

ईसार मियाँ—ईसार मियाँ अमीर ख़ुसरो के गाँव पटियाली के रहने वाले हैं। इन्होंने खुसरो के व्यक्तित्व और साहित्य पर अच्छा कार्य किया है। ख़ुसरो का साहित्य जहाँ कहीं भी उपलब्ध हो, उसे प्राप्त कर, उसका संकलन करते हैं। (71)

उर्फ़ी—जमालुद्दीन सैयद मुहम्मद—बिन—जैनुद्दीन अलवी उर्फ़ी का जन्म 1555 में ईरान के शहर शीराज़ में हुआ था। वे बहुत अच्छी ग़ज़लें कहते थे। जब ईरान के सफ़वी दरबार में उनकी पहुँच नहीं हो पायी, तो वे सीधा दिल्ली चले आये। जहाँ उनकी दोस्ती फ़ैज़ी और अब्दुर्रहीम ख़ानख़ाना से हो गयी। जहाँगीर भी उर्फ़ी को बहुत पसन्द करता था। उनकी मृत्यु लाहौर में 1591 में हुई। (131)

ऊहदी किरमानी—तकी ऊहदी किरमानी फ़ारसी साहित्य के आलोचक थे। इन्होंने फ़ारसी कवियों का इतिहास लिखा है। इनकी प्रसिद्ध पुस्तक

का नाम 'अराफ़ात–उल–आशिक़ीन' है। उन्होंने उसमें अमीर ख़ुसरो के हिन्दवी काव्य का भी वर्णन किया है। (27, 132)

एजरा पाउंड–एजरा वेस्टन लूमिस पाउंड का जन्म इंग्लैंड में 1885 में हुआ था। बचपन में एजरा अपनी माँ के साथ अमेरिका चले गये। एजरा लोकप्रिय कवि, आलोचक और अर्थशास्त्री थे। द्वितीय विश्वयुद्ध में मुसोलिनी और फ़ासिज़्म का समर्थन करने के आरोप में एजरा को गिरफ़्तार करके अमेरिका ले जाया गया। लम्बी मुक़द्दमेबाज़ी के दौरान मानसिक रूप से अयोग्य होने के बाद उन्हें रिहा कर दिया गया। उनकी मृत्यु 1972 में इटली में हुई। (138)

ए.जे. आरबरी–प्रोफ़ेसर आर्थर जॉन आरबरी का जन्म इंग्लैंड के पोर्ट्समाउथ में 1905 में हुआ था। अरबी फ़ारसी के विद्वान आरबरी विख्यात इस्लामी स्कॉलर थे। इन्होंने कुरान का अंग्रेज़ी में अनुवाद किया, और तसव्वुफ़ पर कई शोधग्रन्थ लिखे। इनकी मृत्यु 1969 में कैम्ब्रिज में हुई। (81)

ऐनुलकुज्जात हमदानी–इनका जन्म हमदान में 1098 में हुआ था। बहुत बड़े सूफ़ी और गणितज्ञ थे। उमर खय्याम ने इन्हें पढ़ाया था। तमहीदात इनकी लोकप्रिय पुस्तक है। इन्होंने मंसूर बिन हल्लाज की कविताओं को संग्रहित भी किया था। 33 वर्ष की आयु में 1131 में इन्हें फाँसी दे दी गयी। (180)

ऐनुद्दीन अहमद–ये ख़ुसरो के भाई थे। (190)

औलिया साहब–देखिए निज़ामुद्दीन औलिया (66)

कबीर–कबीर का जन्म 1398 में काशी में हुआ था। उनके माता–पिता ने जन्म के बाद उन्हें एक तालाब के किनारे फेंक दिया था। उन्हें एक जुलाहा परिवार ने पाला। वे महान जनकवि थे। उन्होंने ब्रज, अवधी व पूर्वी भाषा के मिश्रण से अपनी काव्यधारा की रचना की। उन्होंने अपनी कविताओं के माध्यम से धार्मिक पाखण्ड पर प्रबल प्रहार किया। ब्राह्मण और मौलवियों ने कबीर पर धार्मिक विद्वेष फैलाने और सामाजिक ताने–बाने को नष्ट करने का आरोप लगा कर तत्कालीन सुल्तान सिकन्दर लोधी से उनकी शिकायत की, सिकन्दर लोधी ने उन्हें काशी छोड़ने का आदेश दे दिया, जिसके बाद वे मगहर आ गये, जहाँ 1518 में उनकी मृत्यु हो गयी (142, 195, 221)

कन्फ़्यूशियस–कन्फ़्यूशियस Confucius का जन्म चीन में 550 ई.पू. में हुआ था। वे चीन के गौतम बुद्ध कहे जाते हैं। इन्होंने अपने शिष्यों

को प्रेम, सत्य और न्याय का सन्देश दिया। उनका कहना था कि देश में अच्छा शासन उसी समय सम्भव है, जब शासक, मन्त्री और जनता अपने स्थान पर उचित कर्तव्यों का पालन करें। उन्होंने दण्ड के बदले चरित्र निर्माण पर बल दिया। वे लू राज्य में मन्त्री पद पर भी नियुक्त हुए थे। उनकी मृत्यु 479 ई.पू. में हुई। (220)

कमला देवी–कमला देवी गुजरात के राजा कर्णदेव बघेला की पत्नी थीं। 1299 में गुजरात युद्ध अभियान के समय राजा कर्णदेव मलिक काफ़ूर के हाथों पराजित होकर भाग निकला और कमला देवी गिरफ़्तार हो गयीं उन्हें अलाउद्दीन ने अपने हरम में दाख़िल कर लिया। (191)

कमाल अस्फ़हानी–फ़ारसी के विख्यात कवि कमालुद्दीन मुहम्मद इस्माइल का जन्म 1173 में अस्फ़हान में हुआ था। उनकी ग़ज़लों में प्रेम का अत्यन्त मार्मिक वर्णन मिलता है। उनकी कविताओं पर तसव्वुफ़ का भी गहरा प्रभाव दिखायी देता है। कमाल की मृत्यु तातारियों के आक्रमण के दौरान 1230 में हो गयी थी। (37, 38, 44, 102)

कवि उबैद–कवि उबैद सल्तनत काल के प्रसिद्ध कवि और अमीर ख़ुसरो का समकालीन और प्रतिद्वन्द्वी थे। (120, 122)

क़ाज़ी–असीर–क़ाज़ी–असीर क़ाज़ी के पद पर तैनात थे। अमीर ख़ुसरो के अभिन्न मित्र और साहित्यकार थे। (109)

क़ाज़ी सिराज़–अमीर ख़ुसरो के मित्र, विद्वान और साहित्यकार थे। (113)

किश्ली खाँ–देखिए मलिक अलाउद्दीन मुहम्मद छज्जू। (45, 99, 108, 109, 113)

क़ुदरतुल्लाह क़ुदरत शेख़–कवि और सूफ़ी क़ुदरतुल्लाह क़ुदरत का जन्म 1713 में दिल्ली में हुआ था। बाद में वे लखनऊ आ गये, फिर पटना चले गये, उसके कुछ दिनों बाद बंगाल के मुर्शिदाबाद गये और वहीं बस गये। उनकी प्रसिद्ध पुस्तक 'तबक़ात उश्शोअरा' है। उनकी मृत्यु 1790 में हुई। (127)

कुतुबुद्दीन ऐबक सुल्तान–कुतुबुद्दीन तुर्किस्तान के ऐबक क़बीले में पैदा हुआ था। एक सैनिक आक्रमण में वह गिरफ़्तार हो गया। उसे ग़ुलाम बना कर नेशापुर में बेच दिया गया। कई बार बिकने के बाद उसे मुहम्मद ग़ोरी ने ख़रीद लिया। उसकी क्षमताओं को परखते हुए गोरी ने उसे तरक़्क़ी दी, और सेना का अफ़सर बना दिया। उसे भारत में आक्रमण

के दौरान विशेष ज़िम्मेदारी दी गयीं। गोरी की मृत्यु के बाद 1206 में उसे लाहौर में भारत का सुल्तान बना दिया गया। उसकी मृत्यु 1211 में हो गयी। (64, 69)

कुतुबुद्दीन बख़्तियार काकी–चिश्ती परम्परा के महान सूफ़ी कुतुबुल अक्ताब ख़्वाजा सैयद मुहम्मद बख़्तियार अलहुसैनी कुतुबुद्दीन का जन्म 1173 में फ़रगाना के गाँव उश में हुआ था। ये ख़्वाजा मुईनुद्दीन चिश्ती के विशेष शिष्यों में से थे। ख़्वाजा साहब ने काकी को अपना उत्तराधिकारी घोषित किया था। इनका मज़ार दिल्ली के महरौली क्षेत्र में स्थित है। काकी की मृत्यु 1235 में हुई। (182)

कुतुबुद्दीन मुबारक़ शाह सुल्तान–मुबारक़ शाह अलाउद्दीन ख़िलजी का तीसरा पुत्र था। अलाउद्दीन की मृत्यु के बाद तुर्क सरदारों ने उसे ग्वालियर के क़िले से निकाल कर 1316 में दिल्ली की गद्दी पर बिठाया। उसने कुतुबुद्दीन की उपाधि धारण की। उस समय उसकी आयु 18 वर्ष थी। उसकी मृत्यु 1320 में हो गयी। (42, 99, 101, 119, 120, 121, 172, 173, 178, 183, 189, 191, 192, 202)

कैकुबाद–देखिए मुईज्जुद्दीन कैकुबाद। (188, 190)

ख़लीफ़ा अलमंसूर–अबू ज़ाफ़र अब्दुल्लाह मंसूर 754 में ख़लीफ़ा बना। इसने बग़दाद शहर बसाया, जो विश्व के सुन्दर नगरों में से एक है। मंसूर ने 22 वर्षों तक राज किया। उसकी मृत्यु 775 में हुई। (171)

ख़लीफ़ा मुअत्सिम–मुअत्सिम बिल्लाह 832 में ख़लीफ़ा बना। वह ख़लीफ़ा हारून रशीद का भाई था। उसकी मृत्यु 842 में हुई। (171)

ख़ाकानी–अफ़ज़लुद्दीन बदील ख़ाकानी का जन्म 1126 में हुआ था। ख़ाकानी ईरान के महान कवि हैं। सुल्तान मनुचेहर उनके प्रत्येक क़सीदे पर एक हज़ार अशर्फ़ी पुरस्कार देता था। सुल्तान ने ख़ाकानी को उम्र के आख़िरी पड़ाव में क़ैद कर दिया। बाद में सुल्तान की माँ की सिफ़ारिश पर उन्हें रिहा किया जा सका। उनकी मृत्यु 1198 में हुई। (64, 102)

ख़ानख़ाना–युवराज ख़ानख़ाना सुल्तान जलालुद्दीन ख़िलजी का पुत्र था। उसकी मृत्यु जवानी में ही हो गयी थी। (176)

खान शहीद–देखिए राजकुमार मुहम्मद। (129)

खिज्र अलैहेस्सलाम--यह एक ईशदूत prophet हैं, यह एक देवमालाई चरित्र भी है, जो भूले–बिसरे लोगों को रास्ता दिखाते हैं। यह किसी को दिखायी नहीं देते और इनकी कभी मृत्यु भी नहीं होगी। (87)

खिज्र खाँ युवराज—खिज्र खाँ अलाउद्दीन ख़िलजी का बड़ा पुत्र और युवराज था। उसे बहुत सभ्य और आज्ञाकारी राजकुमार के रूप में याद किया जाता है। अलाउद्दीन के आदेश पर मलिक काफ़ूर ने उसकी आँखें निकलवाकर ग्वालियर क़िले में क़ैद कर दिया था। 1317 में जब उसका छोटा भाई मुबारक़ शाह सुल्तान बना तो उसे मौत के घाट उतार दिया। (42, 119, 184, 191)

ख़्वाजा इज्जुद्दीन अज़ीज़—सल्तनतकालीन दिल्ली के विद्वान और साहित्यकार थे। ये कुलीन वर्ग में आते थे। (64)

ख़्वाजा बन्दानवाज़—सैयद मुहम्मद बिन यूसुफ़ अलहुसैनी ख़्वाजा बन्दानवाज़ गेसूदराज का जन्म दिल्ली में 1321 में हुआ था। ये चिराग़ दिल्ली के शिष्य और उत्तराधिकारी थे। 1400 में वे देवगीर चले गये और फिर गुलबर्गा में बस गये। वे प्रसिद्ध सूफ़ी और कवि थे। उन्होंने हिन्दवी में कविता की है। इनकी मृत्यु 1422 में हुई। (83, 85)

ख़्वाजा मुईनुद्दीन चिश्ती—ख़्वाजा साहब का जन्म पूर्व पर्शिया सिस्तान नामी नगर में 1142 में हुआ था। वे बचपन से ही रहस्यमयी व्यक्ति थे। शिक्षा ग्रहण करने के बाद वे ख़ुदा की तलाश में व्यग्र हो गये। उन्होंने कई सिद्ध गुरुओं से अन्तर्ज्ञान की शिक्षा प्राप्त की और हिन्दुस्तान आ गये। यहाँ कठिन परिश्रम के बाद अजमेर में बस गये। वे ग़रीबों के पोषक थे, इसलिए उन्हें ग़रीब नवाज़ कहा गया। उनकी मृत्यु 1236 में हुई। (93, 175, 180)

ख़्वाजा शम्सुद्दीन ख़्वारिज़्मी—अब्दुर्रहमान शम्सुल मलिक ख़्वाजा शम्सुद्दीन दिल्ली में शिक्षक थे। ये शेख़ निज़ामुद्दीन औलिया के भी शिक्षक रहे, और बलबन काल में मन्त्री भी रहे। (188)

ख़्वाजा साहब—देखिए निज़ामुद्दीन औलिया। (65, 121, 126, 127, 128, 152, 197)

ख़ुसरो खाँ—ख़ुसरो खाँ गुजराती परमार राजपूत था। गुजरात विजय के दौरान यह गिरफ़्तार हो गया था। उसके बाद यह मुसलमान हो गया और अपना नाम हसन रखा। सुन्दर हृष्ट—पुष्ट और बहादुर होने के कारण यह जल्द ही सत्ता के निकट पहुँच गया। 1317 में जब कुतुबुद्दीन मुबारक़ शाह दिल्ली का सुल्तान बना, तो उसने हसन को ख़ुसरो खाँ की उपाधि देकर मन्त्री और अपना सखा बना लिया। 1320 में ख़ुसरो खाँ कुतुबुद्दीन मुबारक़ शाह की हत्या करके सुल्तान बन बैठा। यह केवल 4 माह सुल्तान

रहा। 1320 में ही उसकी हत्या करके ग़यासुद्दीन तुग़लक़ ने दिल्ली की गद्दी पर अधिकार कर लिया। (99, 121, 172, 173)

खुशवन्त सिंह—खुशवन्त सिंह–लुटियन का जन्म 15 अगस्त 1915 को पाकिस्तान के हडाली में हुआ था। इनके पिता सर शोभा सिंह लुटियन दिल्ली के बड़े ठेकेदारो में थे। लेखक और कथाकार खुशवन्त सिंह खुले विचारों वाले व्यक्ति थे। इनकी रचनाओं में उनके आगे ईमानदार कलम की घड़कन सुनाई देती है। खुशवन्त सिंह की आत्मकथा "सच, प्यार और थोड़ी सी शरारत" मैं उनकी सच्चाई का विश्लेषण किया जा सकता है। दिल्ली, अ कम्पनी ऑफ़ वीमेन, सनसेट क्लब और बरियल एट सी उनकी ऐसी पुस्तकें है, जिनमें यथार्थ का अनमोल चित्रण मिलता है। इस प्रख्यात लेखक की मृत्यु 20 मार्च 2014 को हो गयी। (17)

ग़ालिब—मिर्ज़ा असदुल्लाह खाँ ग़ालिब का जन्म 1797 में आगरा में हुआ था। वे अत्यन्त संवेदनशील और प्रगतिशील कवि थे। इनकी कविता अपने समय काल से बहुत आगे थी। वे कभी किसी के सामने नहीं झुके और न ही वे किसी बँधे टके सिद्धान्त पर चले। उनके पास सत्य और असत्य के निर्धारण का स्वयं का फार्मूला था। यहाँ तक कि उन्होंने ख़ुदा से भी आमने–सामने की टक्कर ली। वे अपनी लेखनी के प्रथम आलोचक थे। जब इन्होंने अपनी ग़ज़लों को काट–छाँट कर अलग किया, तो इनके दीवान में केवल 226 ग़ज़लें ही शेष बचीं। आज भी जब छँटे हुए कलाम में से कहीं कुछ मिल जाता है, तो उसे पढ़ कर लोग सिर धुनते हैं। इनकी मृत्यु 1869 में हुई। (76, 135, 141, 204)

ग़ाज़ी खाँ तुग़लक़—(189)

ग़ाज़ी मलिक तुग़लक़—देखिए गयासुद्दीन तुग़लक़। (121, 172, 173)

ग़यासुद्दीन अहमद—ये अमीर ख़ुसरो के बड़े पुत्र थे। (190)

ग़यासुद्दीन तुग़लक़—ग़यासुद्दीन तुग़लक़ तुर्की के करूना क़बीले से सम्बन्ध रखता था। ये बलबन का गुलाम था। इसके बचपन का नाम 'कुतलग़' था, जो बिगड़ कर तुग़लक़ हो गया। इसके मित्र इसे ग़ाज़ी मलिक भी कहते थे। 1320 में तुर्क सरदारों ने गोपनीय रूप से इसे दीपालपुर से बुला कर दिल्ली का सुल्तान बना दिया। एक हरकारे से सिपाही, सरदार, गवर्नर और फिर सुल्तान बनने की सफल यात्रा अद्भुत और आकर्षक है। इसकी मृत्यु 1325 में स्वागत द्वार गिरने से हुई। (98, 123, 189, 193)

ग़यासुद्दीन बलबन—गयासुद्दीन बलबन 1266 में दिल्ली की गद्दी पर बैठा। उसका तुर्की के अलबरी क़बीले से सम्बन्ध था। बलबन को सुल्तान इल्तुतमिश ने बुख़ारा के बाज़ार से ख़रीदा था। बलबन कुशाग्र बुद्धि का शातिर राजनीतिज्ञ और बहादुर सिपाही होने के कारण बहुत जल्द सत्ता के शीर्ष पर पहुँच गया। दिल्ली का सुल्तान बनने से पूर्व वह नासिरूद्दीन महमूद के शासनकाल में 20 वर्षों तक प्रधानमन्त्री रहा। उसकी मृत्यु 1286 में हुई। (15, 29, 43, 54, 55, 64, 108, 109, 110, 115, 172, 176, 183, 188, 190, 193)

गोपाल नायक—गोपाल नायक महान संगीतकार थे। उनके 1200 शिष्य बताये जाते हैं। भारतीय संगीत में गोपाल नायक देवमालाई चरित्र रखते हैं। (51, 52, 193)

गोपीचंद नारंग—उर्दू के सुप्रसिद्ध आलोचक और चिन्तक प्रो. गोपीचन्द नारंग का जन्म 1931 में हुआ था। जामिया मिल्लिया इस्लामिया में उर्दू विभाग के प्रोफ़ेसर पद से अवकाश ग्रहण करने वाले गोपीचन्द नारंग साहित्य अकादमी के अध्यक्ष भी रहे। उनकी 25 से अधिक पुस्तकें प्रकाशित हुई हैं। (17, 18, 28, 34, 37)

चन्दबरदाई—महाकवि चन्दबरदाई का जन्म लाहौर में 1148 में हुआ था। वे ज्योतिष, काव्यशास्त्र, व्याकरण, भाषा और नाटक जैसी विधाओं में पारंगत थे। वे पृथ्वीराज चौहान के मन्त्री सखा और राजकवि थे। चन्दबरदाई ने पृथ्वीराज चौहान के प्रेम और युद्ध की कथाओं का वर्णन अपने महाकाव्य 'पृथ्वीराज रासो' में किया है। इसमें आज 10 हज़ार से अधिक छन्द हैं। इनकी मृत्यु 1192 में हुई। (30, 32)

जगनिक भांट—जगनिक भांट राजा परमार के दरबार के गवैये थे। इनके हिन्दवी के दोहे प्रसिद्ध हैं। इन्होंने 'आल्हा ऊदल' महाकाव्य लिखा। इनकी मृत्यु 1230 में हुई। (31, 32)

जठिया पाली—जठिया पाली देवगीर के राजा रामदेव की रानी थी। देवगीर विजय के दौरान युद्ध मैदान में रानी जठिया पाली अलाउद्दीन के हाथ लग गयीं। उसने उन्हें अपने हरम में दाखिल कर लिया। (119)

जमाली शेख़—शेख़ हामिद फ़ज़्लुल्लाह जमाली फ़ारसी के सूफ़ी कवि थे। इन्हे भारत में दूसरा अमीर ख़ुसरो कहा जाता है। ये सिकन्दर लोधी के शिक्षक भी रहे। इनकी पुस्तक 'सियरूल आरिफ़ीन' तसव्वुफ़ के इतिहास पर विश्वसनीय मानी जाती है। इनकी मृत्यु 1536 में हुई। (44, 63)

जलालुद्दीन—सुल्तान जलालुद्दीन ख़्वारिज़्म शाह का जन्म 1191 में खुरासान में हुआ था। 1220 में पिता की मृत्यु के उपरान्त खुरासान राज्य को तीनों भाइयों ने आपस में बाँट लिया। जलालुद्दीन ने अपना सम्पूर्ण जीवन मंगोलों से युद्ध में व्यतीत किया। उसने समस्त मुस्लिम सल्तनतों को चंगेज़ ख़ाँ के विरुद्ध एकजुट करने का प्रयास किया, परन्तु उसमें सफलता नहीं मिली। अन्त में 1231 में एक भगोड़े की तरह उसकी मृत्यु हो गयी। (15, 41, 68)

जलालुद्दीन तबरेज़ी—शेख़ जलालुद्दीन का जन्म ईरान के तबरेज़ नगर में हुआ था। ये सुहरवर्दी परम्परा के सूफ़ी थे। बहुत दिनों तक बदायूँ में रहे, फिर बंगाल चले गये (181)

जलालुद्दीन फ़िरोज़शाह खिलजी, सुल्तान—सुल्तान जलालुद्दीन फ़िरोज़ शाह ख़िलजी 70 वर्ष की आयु में 1290 में दिल्ली की गद्दी पर बैठा। उसका सुल्तान बनना परिस्थितिजन्य था। वह तुर्की नहीं था, इसलिए उसके सुल्तान बनने से तुर्की अमीर बहुत नाराज़ हुए, परन्तु उसकी ख़ून न बहाने, और सबको साथ लेकर चलने वाली नीति के सामने, वे सब विवश हो गये, उसके सुल्तान बनने पर दिल्ली ने भी राहत की साँस ली। वह कवि हृदय, सभ्य और रहमदिल व्यक्ति था। 1296 में उसके भतीजे और दामाद अलाउद्दीन ख़िलजी ने धोखे से उसकी हत्या कर दी। (15, 41, 68, 99, 112, 113, 114, 115, 176, 177, 188)

जलालुद्दीन सुहरवर्दी—सुहरवर्दी परम्परा के सुप्रसिद्ध सूफ़ी जलालुद्दीन का जन्म बुख़ारा में 1192 में हुआ था। बाद में वे हिन्दुस्तान आकर सिन्ध और पंजाब के क्षेत्र में धर्म प्रचार करने लगे। कहा जाता है कि उनकी भेंट चंगेज़ ख़ाँ से भी हुई थी, उसने इनका विवाह अपनी पुत्री से कर दिया। (185)

जस सावंत—जस सावंत महान संगीतकार और अमीर ख़ुसरो के समकालीन थे। (193)

जहाँगीर—नुरुद्दीन मुहम्मद जहाँगीर का जन्म 1569 में फतेहपुर सीकरी में हुआ था। उसका वास्तविक नाम सलीम था। वह शहंशाह अकबर का ज्येष्ठ पुत्र था। अकबर की मृत्यु के बाद 1605 में जहाँगीर पदवी धारण करके दिल्ली की गद्दी पर बैठा। उसकी मृत्यु 1626 में हो गयी (127)

ज़हीर फ़ाराबी—जहीरुद्दीन अबूलफ़ज़ल ताहिर इब्ने मुहम्मद का जन्म 1156 में अफ़ग़ानिस्तान के फ़ारयाब क्षेत्र हुआ था। वे प्रख्यात कवि थे।

वे कई बादशाहों के दरबार से सम्बन्धित रहे। उन्हें द्वितीय शिक्षक के रूप में मान्यता मिली हुई है। उनकी मृत्यु 1201 में हुई। (102)

जामी–देखिए मौलाना जामी (117)

ज़िया बर्नी–देखिए ज़ियाउद्दीन बर्नी जामी (177)

ज़ियाउद्दीन बर्नी–'तारीख़े फ़िरोज़शाही' के लेखक ज़ियाउद्दीन बर्नी निज़ामुद्दीन औलिया के शिष्य थे। उनका जन्म दिल्ली में 1280 में हुआ था। वे मुहम्मद–बिन–तुग़लक़ के दरबारी थे। उनके बारे में कहा जाता है कि वे इतिहास लिखते समय स्वयं को घटनाओं में सम्मिलित कर लेते हैं और सत्य–असत्य का निर्धारण करके पाठकों को अपना निर्णय सुनाते रहते हैं। उनकी मृत्यु 1355 में हुई। (13, 14, 15, 40, 44, 65, 68, 102, 103, 181, 193, 195, 200, 264)

जुनैद बग़दादी शेख़–अबूल क़ासिम इब्ने मुहम्मद अलजुनैद अलबग़दादी का जन्म 835 में ईरान के नहावन्द में हुआ था। शेख़ जुनैद उच्च कोटि के सूफ़ी थे। इनकी मृत्यु बग़दाद में 910 में हुई थी। (180)

जूना खाँ युवराज–देखिए मुहम्मद तुग़लक़। (122, 123)

'टी.एस. इलियट'–कवि, नाटककार, निबन्धकार और आलोचक थॉमस स्टीम्स इलियट का जन्म अमेरिका में 1888 में हुआ था। बाद में वे इंग्लैण्ड चले गये। नोबल पुरस्कार विजेता इलियट अंग्रेज़ी भाषा की विभूतियों में से थे। 'द वेस्टलैंड' इनकी लोकप्रिय पुस्तक है। इनकी मृत्यु 1965 में हुई। (138)

टीपू सुल्तान–टीपू सुल्तान हैदर अली के पुत्र थे। इनका जन्म 1750 में मैसूर के कोलार क्षेत्र में हुआ था। वे 1782 में मैसूर की गद्दी पर बैठे। उन्होंने मैसूर राज्य को बहुत सुदृढ़ किया। वे एक जनप्रिय शासक थे। उन्होंने अंग्रेज़ो से दर्जनों युद्ध किये। 1799 में अंग्रेज़ों से युद्ध के दौरान उनकी मृत्यु हो गयी। (52)

ताजुद्दीन ज़ाहिद–वे ख़ुसरो के समकालीन और दोस्त थे। ख़ुसरो ने इनको कई लम्बे पत्र लिखे हैं। (70, 108, 113)

ताहिर बेग–ताहिर बेग बाबर का एक कम उम्र सरदार था। हेरात और फ़रग़ाना के बुरे दौर में भी बाबर के साथ, उसके होने का पता मिलता है। उसने ही अमीर ख़ुसरो के मज़ार का निर्माण कराया होगा। (189)

तुलसीदास–हिन्दी के महान कवि गोस्वामी तुलसीदास का जन्म 1511 में हुआ था। इनके जन्म स्थान के बारे में विवाद है। इनका काव्य ग्रन्थ 'रामचरितमानस' हिन्दू समाज में बहुत लोकप्रिय है। इनकी मृत्यु 1623 में हुई। (195)

तैमूर खाँ–तैमूर खाँ मंगोल सरदार अरगूल खाँ का प्रमुख कमाण्डर था। इसने 1285 मे गयासुद्दीन बलबन के पुत्र सुल्तान मुहम्मद के विरूद्ध सैनिक अभियान चलाया था। रावी के तट पर होने वाले इस युद्ध में सुल्तान मुहम्मद की मृत्यु हो गयी थी। (111)

दाऊद–हज़रते दाऊद David पवित्र ईशदूत Prophet इसराइल के राजा थे। इनका जन्म 1000 ई. पूर्व माना जाता है। ये महान योद्धा और गीतकार थे। इनकी आवाज़ बहुत आकर्षक थी। जब ये गीत गाते तो चिड़िया और जानवर तक मन्त्रमुग्ध हो जाते थे। इब्रानी भाषा में इनके गीतों की आसमानी किताब 'जबूर' Psalm यहूदियों में बहुत लोकप्रिय है। मुसलमानों के पवित्र ग्रन्थ कुरान में भी कई स्थानों पर इनकी बहादुरी और मीठी आवाज़ का ज़िक्र आया है। (95)

देवल रानी–देवल रानी गुजरात के राजा कर्णदेव की पुत्री थीं। कर्णदेव की पूर्व रानी कमला देवी की इच्छा के अनुसार देवल रानी को अलाउद्दीन ने एलोरा की पहाड़ियों से पकड़ लिया। बाद में उसके बड़े पुत्र खिज्र खाँ से देवल रानी का विवाह हुआ। (42, 52, 191)

नज़ीर अकबराबादी–नज़ीर का नाम शेख़ वली मुहम्मद था। इनका जन्म आगरा में 1740 में हुआ था। वे वास्तविक रूप में जनकवि थे। उर्दू में भारतीय मिट्टी से जुड़े इस प्रकार के बहुत कम कवि हैं। इनके व्यक्तित्व और विशेष रूप से इनकी कविता पर तसव्वुफ़ का गहरा प्रभाव दिखायी देता है। कविता में अलग रास्ते पर चलने के कारण बहुत दिनों तक रेख़्ता और उर्दू–ए–मुअल्ला पर आधिपत्य करने वाले कवियों और आलोचकों ने इन्हें महत्त्व नहीं दिया। इनकी मृत्यु 1830 में हुई। (142)

नज़ीरी–मुहम्मद हुसैन नज़ीरी नेशापुर का रहने वाला था। अकबर काल में भारत की शान्ति व समृद्धि के बारे में सुन कर यहाँ आ गया। दरबार में उसकी पहुँच नहीं हो पायी, तो गुजरात चला गया, और वहाँ ख़ानख़ाना के साथ रहने लगा। नज़ीरी बहुत उच्चकोटि का फ़ारसी कवि था। उसकी मृत्यु 1623 में हुई। (131)

नवाई—अली शेर नवाई का जन्म 1441 में हेरात में हुआ था। वे महान सूफी कवि और लेखक थे। उन्हें भाषा विज्ञान पर भी विशेषज्ञता प्राप्त थी। वे तुर्की शब्दावली को फारसी से बहुत उत्कृष्ट मानते थे। लोग उनके धर्म एवं आस्था के बारे में भिन्न–भिन्न मत प्रकट करते है। परन्तु नवाई शिया–सुन्नी से ऊपर उठकर एक खुले विचारो वाले स्वच्छन्द मानसिकता के व्यक्ति थे। उनकी दो दर्जन से अधिक पुस्तकें प्रकाशित हुई थीं। उनकी मृत्यु 1501 में हुई। (117)

नासिरूद्दीन—बंगाल के गवर्नर शम्सुद्दीन फ़िरोज़ का पुत्र था। शम्सुद्दीन फ़िरोज़ की मृत्यु के पश्चात उसके चारों पुत्रों में सत्ता संघर्ष प्रारम्भ हो गया। एक सैनिक अभियान में ग़यासुद्दीन तुग़लक़ ने नासिरूद्दीन को बंगाल का गवर्नर नियुक्त किया। (64)

नासिरूद्दीन महमूद चिराग़ देहली—नसीरूद्दीन चिराग़ देवहलवी का जन्म 1274 को अयोध्या में हुआ था। इनके पिता पशमीना के व्यापारी थे। वे खुरासान से आकर अयोध्या में बस गये थे। चिराग़ देहलवी बहुत दिनों तक अयोध्या ही में रहे। फिर वे दिल्ली चले आये। वे चिश्तिया परम्परा के सूफ़ी थे। शेख़ निज़ामुद्दीन औलिया ने उन्हें अपना उत्तराधिकारी बना दिया। उनकी मृत्यु 1337 में दिल्ली में हुई। (91, 124)

नासिख—उर्दू के प्रख्यात कवि शेख़ इमाम बख़्श नासिख़ का जन्म फ़ैज़ाबाद में 1771 में हुआ था। इनकी प्रारम्भिक शिक्षा लखनऊ में हुई। इन्होंने कविता में नयी शैली की नींव रखी। भाषा की शुद्धता पर विशेष बल देते थे। नासिख़ कभी किसी दरबार से सम्बन्धित नहीं रहे। इनकी मृत्यु 1838 में हुई। (142)

नानक—गुरुनानक का जन्म 1469 में पंजाब के तालवन्डी नामक गाँव में हुआ था। वे महान सूफ़ी सन्त थे। उन्होंने कहा कि ईश्वर एक है। इन्होंने मूर्तिपूजा और धार्मिक कर्मकाण्डों का घोर विरोध किया। उन्होंने बहुत अधिक यात्राएँ कीं, एक बार वे मक्का भी गये। इन्होंने सिख धर्म की स्थापना की। उनकी मृत्यु 1539 में हुई। (221)

नासिरूद्दीन महमूद—सल्तनत काल का सूफ़ी सुल्तान मलिक नासिरूद्दीन महमूद 1246 में दिल्ली की गद्दी पर बैठा। उसने 20 वर्ष दिल्ली की गद्दी पर राज किया। उसकी मृत्यु 1266 में हो गयी। (43, 109)

निज़ामी गंजवी—फ़ारसी के लोकप्रिय कवि अबूमुहम्मद निज़ामुद्दीन इलियास बिन ज़की निज़ामी का जन्म 1141 में हुआ था। निज़ामी कवि

और सूफ़ी दोनों थे। उन्होंने एक खम्सा लिखा था, जिसमें एक साथ पाँच मसनवियाँ सम्मिलित थीं। फ़ारसी के कई कवियों ने उनकी तर्ज पर मसनवियाँ लिख कर निज़ामी गंजवी का उदाहरण प्रस्तुत करना चाहा, परन्तु ऐसा हो नहीं पाया। उनकी मृत्यु 1209 में हुई। (102, 115, 116, 117, 143)

निज़ामुद्दीन औलिया शेख़—हज़रत ख़्वाजा निज़ामुद्दीन औलिया का जन्म बदायूँ में 1238 में हुआ था। बचपन से ही उनके मन में संसार से विरक्ति की ओर रुझान विकसित हो गया। वे अजोधन जाकर बाबा फ़रीद गंजशकर के मुरीद हो गये। 1266 में बाबा फ़रीद ने निज़ामुद्दीन शेख़ को अपना उत्तराधिकारी नियुक्त कर दिया। बाद में दिल्ली के अतिरिक्त पूरे भारत मे लाखों लोग उनके शिष्य बने। उन्होंने अपनी मृत्यु से पूर्व रोशन चिराग़ देहली को अपना उत्तराधिकारी घोषित किया। उनकी मृत्यु 1325 में हुई। (14, 15, 17, 30, 63, 66, 74, 126, 128, 146, 150, 151, 163, 169, 181, 182, 183, 184, 185, 186, 190, 191, 195, 199, 201, 206, 209, 220)

निजामुद्दीन मुहम्मद बदायूँनी सुल्तानुल मशायख औलिया—देखिए निजामुद्दीन औलिया शैख। (188)

निदा फ़ाज़ली—निदा फ़ाज़ली उर्दू के बड़े कवि थे। उनका जन्म 1938 में दिल्ली में हुआ था। निदा का परिवार कश्मीर के फ़ाज़िला क्षेत्र से सम्बन्ध रखता था। इसी से उन्होंने अपने नाम के साथ फ़ाज़िली लिखना प्रारम्भ कर दिया। निदा ने एक साथ साहित्य और फिल्म दोनों के लिए लिखा। उनकी कविता में बहुत विस्तार है, उन्हें जनकवि कहा जा सकता है। उनकी मृत्यु मुम्बई में 1916 में हुई। (25)

नूरूद्दीन मलिक यार पर्रा—यह सूफ़ी थे और लाहौर से दिल्ली आकर बस गये थे। पर्रा ग़यासुद्दीन बलबन के समकालीन थे। (176)

नूरूद्दीन मुबारक ग़ज़नवी—इनका जन्म 1155 में गज़नी में हुआ था। बाद में ये दिल्ली आ गये और यहीं बस गये। यह शहाबुद्दीन सुहरवर्दी के उत्तराधिकारी थे। इनकी मृत्यु 1235 में हुई। (173)

पृथ्वीराज चौहान—महान योद्धा पृथ्वीराज 'राय पिथौड़ा' का जन्म 1163 माना जाता है। ये अजमेर, सांभर और दिल्ली के राजा थे। 1177 के आसपास गद्दी सँभालने वाले इस योद्धा ने भारत के छोटे–छोटे समस्त राजपूत राजाओं को पराजित कर उन पर विजय प्राप्त कर ली।

बुन्देलखण्ड के महोबा राज्य के विरुद्ध चलाये, इनके भयंकर युद्ध अभियान में वहाँ के महान् योद्धा आल्हा–ऊदल मारे गये। गढ़वाल और कन्नौज के राजा जयचन्द को परास्त किया। 1191 में इन्होंने तराईन के प्रथम युद्ध में मुहम्मद ग़ोरी को पराजित कर दिया, परन्तु दूसरे ही वर्ष गोरी की युद्धनीति में फँसकर पृथ्वीराज को हार का मुँह देखना पड़ा। इनकी मृत्यु 1192 में हुई। (69)

फ़ख़रूद्दीन इराक़ी सुहरवर्दी–फ़ख़रूद्दीन इब्राहीम इराक़ी का जन्म हमदान में हुआ था। 17 वर्ष की आयु में ये हिन्दुस्तान चले आये और सूफ़ी बहाउद्दीन ज़करिया के शिष्य हो गये। इराक़ी एक सूफ़ी कवि थे। इनकी ग़ज़लों में विचित्र प्रकार के स्वाद का अनुभव होता है। ज़करिया ने उनकी एक ग़ज़ल का रंग देख कर उन्हें अपना उत्तराधिकारी बना दिया, परन्तु उनके अन्य शिष्यों को ये बात अच्छी नहीं लगी। उसके बाद इराक़ी पुनः अरब वापस चले गये। सीरिया में उनकी मृत्यु 1289 में हो गयी। (180)

फ़रिश्ता–देखिए मुहम्मद क़ासिम। (15, 41, 61, 133, 212, 264)

फ़रीदुद्दीन अत्तार–अबू हामिद बिन अबू बक्र इब्राहीम फ़रीदुद्दीन अत्तार का जन्म उत्तर पूर्व ईरान के नेशापुर नामक नगर में 1145 में हुआ था। इन्हें अत्तार ऑफ़ नेशापुर भी कहा जाता है। ये फ़ारसी के प्रख्यात सूफ़ी कवि थे। तसव्वुफ़ पर इनकी पुस्तक 'मन्तिकुत्तैर' बहुत लोकप्रिय है। उन्होंने इस पुस्तक में पक्षियों के माध्यम से अत्यन्त सौन्दर्यपूर्ण शैली में तसव्वुफ़ की व्यख्या की है। इनकी मृत्यु 1220 में हो गयी। (87, 143, 264)

फ़रीदुद्दीन गंजशकर–फ़रीदुद्दीन गंजशकर का जन्म 1179 में मुल्तान के नज़दीक हुआ था। वे कुतुबुद्दीन बख़्तियार काकी के उत्तराधिकारी थे। बहुत दिनों तक दिल्ली के नज़दीक हाँसी में रहे,फिर वे लाहौर जाने के लिए हांसी से निकले परन्तु फ़रीदकोट के पास अजोधन में रूक गये, और वहीं अपनी ख़ानक़ाह बनवायी। वे हिन्दवी में अच्छी कविता कहते थे। इनके सैकड़ों दोहे गुरुग्रन्थ साहब में संकलित हैं। इनके हिन्दवी दोहों की भाषा बहुत साफ़ है। इनकी मृत्यु 1266 में हुई। (30, 147, 163, 169, 176, 189, 264)

फ़िरदौसी–फ़ारसी के महान कवि अबूलकासिम हसन बिन इसहाक बिन शर्फ़ उपनाम फ़िरदौसी का जन्म 950 में ईरान के तूस के एक गाँव में हुआ। फ़िरदौसी के महाकाव्य 'शाहनामा' में 60 हज़ार शेर हैं।

शाहनामा ने समस्त विश्व के पाठकों को अपनी ओर आकर्षित किया। दर्जनों भाषाओं में उसका अनुवाद हुआ है। फ़िरदौसी की मृत्यु 1020 में हुई। (115, 131, 132)

बर्नी—देखिए ज़ियाउद्दीन बर्नी। (174, 176, 179, 185, 198)

बहाउद्दीन ज़करिया शेख़—बहाउल हक़ बहाउद्दीन ज़करिया का जन्म 1170 में मुल्तान के कोट कटोड़ क्षेत्र में हुआ था। यह वर्तमान में पाकिस्तान में स्थित है। इनके दादा शाह कमालुद्दीन अली शाह कुरैशी मक्का से आकर मुल्तान में बस गये थे। इन्हें सूफ़ियों की सुहरवर्दिया परम्परा के संस्थापक के रूप में देखा जाता है। इनकी मुत्यु 1262 में हुई। (179, 182)

बाबा फरीद—देखिए फरीदुद्दीन गंज शकर। (79, 182, 184)

बायज़ीद बिस्तामी—शेख़ अबू यज़ीद तैफ़ूर बिन ईसा बिन शुरूशान बिस्तामी का जन्म उत्तर मध्य ईरान के बस्ताम क़स्बे में 804 में हुआ था। इनकी गिनती प्रारम्भिक दौर के सूफ़ियों में होती है। इनकी मृत्यु 874 में हुई। (92)

बीरबर—अकबर कालीन इतिहासकार मुल्ला अब्दुल क़ादिर बदायनी के अनुसार बीरबर का वास्तविक नाम बीरबर था। बीरबर अकबर के नौ रत्नों में से एक था। अकबर ने उसे राजा की उपाधि दी थी। बीरबर कुशाग्र बुद्धि का बहुत प्रतिभाशाली कवि और योद्धा था। उसने प्रायः अकबर के युद्ध अभियानों का नेतृत्व किया। 1586 में बीरबर की मृत्यु काबुल के नज़दीक एक अफ़गानी क़बीला यूसुफ़ज़ई पर चढ़ाई के दौरान हो गयी। उसकी मृत्यु के बाद अकबर बहुत दुखी हुआ। (195)

बूअली क़लन्दर—शेख़ मखदूम बूअली क़लन्दर का जन्म 1208 में हुआ था। ये पानीपत में रहते थे। हिन्दवी में दोहे कहते थे। उनकी मृत्यु 1324 में हुई। (31, 148)

बुग़रा खाँ—नासिरूद्दीन बुग़रा खाँ ग़यासुद्दीन बलबन का पुत्र था। उसे सामाना छावनी की ज़िम्मेदारी दी गयी थी। बाद में बलबन ने उसे लखनौती का गवर्नर बना दिया। बलबन ने अपनी बीमारी के दौरान बुग़रा खाँ को लखनौती से दिल्ली बुलवाया, और दिल्ली में ही रहने का आदेश दिया, लेकिन बुग़रा खाँ चुपके से पुनः बंगाल भाग गया। आख़िर बलबन की मृत्यु के पश्चात बुग़रा खाँ के पुत्र कैकुबाद को सुल्तान बनाया गया। (109, 110, 190, 191)

बुल्हे शाह–सैयद बुल्हे शाह का जन्म ऊच्छ में 1680 में हुआ था। बाद वे अपने पिता के साथ कश्मीर के साहिवाल ज़िले में चले गये बुल्हे शाह सूफ़ी थे। इनकी कविताएँ तसव्वुफ़ में डूबी हुई होती हैं। इनके शिष्यों की संख्या सैकड़ों में थी। वे अपनी कविता के द्वारा मानवता और भाईचारा का सन्देश देते थे। इनकी मृत्यु 1757 में हुई। (221)

भरत मुनि–महान संगीतकार भरत मुनि के काल का निर्धारण करना कठिन है, परन्तु इनका समय 400–100 ईसा पूर्व माना जाता है। इनके द्वारा रचित ग्रन्थ 'नाट्यशास्त्र' भारतीय संगीत, नाटक और काव्य शास्त्र का आदि ग्रन्थ माना जाता है। (47)

भोज–प्राचीन साहित्य में भोज का प्रयोग तीन अर्थो में हुआ है, प्रथम शासकीय पदवी के रूप में, जो दक्षिण के मूर्धाभिसिक्त राजाओं के लिए प्रयुक्त होती थी, द्वितीय जनपद के रूप में जैसा कि अशोक् के शिलालेख संख्या 13 में प्रयुक्त हुआ है, जो कदाचित बरार में था। तीसरे व्यक्तिवाचक संज्ञा के रूप में, जैसा कि कन्नौज और मालवा के अनेक राजाओं का नाम भोज था। (स्रोत–भारतीय इतिहास कोश, उ.प्र. हिन्दी संस्थान) (195)

भोला नाथ तिवारी–डॉ. भोला नाथ तिवारी का जन्म उत्तर प्रदेश के ग़ाज़ीपुर ज़िले मे 1923 में हुआ था। तिवारी जी का जीवन बहुआयामी सघर्षों की अनवरत यात्रा की ख़ूबसूरत दास्तान है। यह सुनकर किसे हैरानी नहीं होगी कि एक कुली प्रोफ़ेसर हो गया और महान शिक्षाविद और भाषा वैज्ञानिक के रूप में उसका अन्त हुआ। प्रो. तिवारी ने 88 ग्रन्थों हिन्दी भाषा की संरचना, अनुवाद सिद्धान्त, शैलीविज्ञान, शब्दकोष रचना जैसे विषय सम्मिलित हैं। इनकी मृत्यु 1989 में हुई। (18)

मजनूँ–मजनूँ का नाम क़ैस था। ये प्राचीन अरब का देवमालाई पात्र है। इसकी प्रेमिका लैला थी, जिसके इश्क़ में वह पागल हो गया था। उसके बाद इसे मजनूँ कहा जाने लगा। आज पूरे विश्व में मजनूँ को विशुद्ध प्रेम के प्रतीक के रूप में देखा जाता है। (77, 118, 126, 262)

मंसूर बिन हल्लाज–अबू मुग़ीस अलहुसैन बिन मंसूर अल–हल्लाज का जन्म 858ई. में ईरान के शहर वासित में हुआ था। इनके पिता मंसूर रूई धुनने का कार्य करते थे, इसलिए इन्हें हल्लाज कहा जाने लगा। वे अपने समकालीन सूफ़ियों की नज़र में एक गूढ़ पहेली थे। उन्होंने 'अन'ल–हक (मैं ही सत्य हूँ)' का नारा लगाया। वे अब्बासी शासनकाल के

एक बाग़ी सूफ़ी थे, जो अपने दौर की सारी परम्पराओं को तोड़ रहे थे। धर्म और परम्पराओं के विरुद्ध आवाज़ उठाने के कारण उनके समकालीन उलेमा उनके विरोधी हो गये, जिसके बाद उन्हें गिरफ़्तार कर लिया गया। अब्बासी ख़लीफ़ा मुक़्तदर बिल्लाह के शासनकाल में लम्बी मुक़द्दमेबाज़ी के बाद उन्हें 921 ई. में फाँसी दे दी गयी। (156, 163, 164)

मलिक अमीर अली सरजानदार–अमीर अली सरजानदार को खानेजहाँ भी कहते हैं। वह सुल्तान ग़यासुद्दीन बलबन का विशेष अंगरक्षक था। बाद में उसे अवध का सूबेदार बना दिया गया। वह बहुत दयालु और दानशील था, इसलिए उसे हातिम खाँ भी कहते हैं। (110, 188)

मलिक अलाउद्दीन मुहम्मद छज्जू–अलाउद्दीन किश्ली खाँ उर्फ़ मलिक छज्जू ग़यासुद्दीन बलबन का भतीजा और नगर कोषाध्यक्ष था। मलिक छज्जू कोल अलीगढ़ का जागीरदार भी था। जब जलालुद्दीन ख़िलजी सुल्तान बना तो उसने छज्जू को एक विद्रोह में गिरफ़्तार कर लिया। परन्तु उसने इसे क्षमा करते हुए मुल्तान भेज दिया। (108, 109)

मलिक काफ़ूर–मलिका काफ़ूर अलाउद्दीन ख़िलजी का दाहिना हाथ और उसका सेनापति था। वह गुजराती मुसलमान और ख़्वाजा सरा था। उसे दक्षिण में चलाये गये सफल युद्ध अभियानों के लिए याद किया जाता है। अलाउद्दीन की मृत्यु के बाद उसकी रानी जठियापाली से शादी करके काफ़ूर 4–5 माह तक दिल्ली का सुल्तान भी बना रहा। बाद में मुबारक़ शाह ने उसकी हत्या करके दिल्ली की गद्दी पर अधिकार कर लिया। (30, 42, 119, 172, 191, 194)

मलिक ग़ाज़ी–देखिए ग़यासुद्दीन तुग़लक़। (122, 123, 174, 191)

मलिक निज़ामुद्दीन–मलिक निज़ामुद्दीन सुल्तान मुईज़्ज़ुद्दीन कैक़ुबाद का शक्तिशाली मन्त्री था। सुल्तान प्रत्येक निर्णय उसके इशारे पर करता था। बाद में उसकी हत्या हो गयी। (122)

महबूबे इलाही–देखिए शेख़ निज़ामुद्दीन औलिया (66, 219, 252)

महमूद काशग़री–महमूद बिन हुसैन बिन मुहम्मद काशग़री का जन्म चीन के काशगर क्षेत्र में 1005 में हुआ था। काशग़री भाषा विज्ञान और खगोलशास्त्र के विद्वान थे। इनका तुर्की शब्दकोश का 'दीवाने लुगाते तुर्की' बहुत लोकप्रिय है। इनकी मृत्यु 1102 में हुई। (170, 185, 265)

महमूद ग़ज़नवी–महमूद ग़ज़नवी सुल्तान सुबुतगीन का बेटा और गज़नी का सुल्तान था। इसका जन्म 971 में हुआ था। इसने भारत पर 17 बार आक्रमण किया। वह यहाँ से अत्यधिक मात्रा में धन–सम्पदा लूट कर ग़ज़नी ले गया। वह साहित्य प्रेमी भी था। उसके दरबार में उस समय के बड़े–बड़े साहित्यकार और कवि उपस्थित थे। अलबरूनी और फ़िरदौसी का सम्बन्ध उसी के दरबार से था। महमूद की मृत्यु 1030 में हुई। (123)

महमूद शीरानी हाफ़िज़–हाफ़िज़ महमूद शीरानी का जन्म 1880 में पंजाब में हुआ था। ये उर्दू के बहुत बड़े आलोचक और शोधकर्ता थे। इन्होंने अपनी पुस्तक 'पंजाब में उर्दू' में ये सिद्ध करने का प्रयत्न किया है, कि उर्दू का जन्म पंजाब में हुआ। इनकी मृत्यु 1946 में हुई। (61, 140, 265)

माधवेन्द्र कुमार पाण्डेय–माधवेन्द्र कुमार पाण्डेय का जन्म उत्तर प्रदेश के कुशीनगर ज़िले में 1977 में हुआ। इनके पिता राजस्व विभाग मे तहसीलदार थे। श्री पाण्डेय की प्रारम्भिक शिक्षा पडरौना में हुई। इलाहाबाद विश्वविद्यालय से राजनीतिशास्त्र में परास्नातक करने के उपरान्त एक इंटर कॉलेज़ में प्रवक्ता हो गये। 2010 में बेसिक शिक्षा विभाग में खण्ड शिक्षा अधिकारी के पद पर नियुक्ति हो गयी। श्री पाण्डेय बहुत पढ़ाकू और पुस्तक प्रेमी हैं। खेलों से इनका गहरा लगाव है, विशेषरूप से वे क्रिकेट के दीवानें हैं। आजकल वे उत्तर प्रदेश के मऊ ज़िले में तैनात हैं। (17)

मसऊद साद सलमान–मसऊद साद सलमान का जन्म 1046 में हुआ था। ये फ़ारसी के बड़े कवि थे। साद सलमान का हिन्दवी में भी एक काव्य संग्रह था। परन्तु वह उपलब्ध नहीं है। इनके फ़ारसी काव्य में प्रायः हिन्दवी के शब्द पाये जाते हैं। इनकी मृत्यु 1121 में हुई। (30, 120)

मानसिंह–अकबर के सेनापति और मन्त्री राजा मानसिंह आमेर के कच्छवाहा राजपूत थे। इनका जन्म 1550 में हुआ था। यह राजा भगवान दास के उत्तराधिकारी थे। इनकी मृत्यु 1614 में हुई। (52)

मानसिंह तोमर–महान योद्धा, संगीतकार और भवन निर्माता मानसिंह 1486 में ग्वालियर की गद्दी पर बैठे। उनकी पुस्तक 'मानकुतूहल' मध्यकाल की प्रमुख उपलब्धि मानी जाती है। मृगनयनी उनकी प्रिय रानी थी, जिसके साथ मिल कर उन्होंने ग्वालियर को संगीतकला का प्रमुख केन्द्र बना दिया। उनकी मृत्यु 1517 में हुई। (51)

मानी–प्राचीन ईरान में महान चित्रकार मानी का वर्णन मिलता है। वह चमत्कारिक रूप से चित्रकारी करता था। उसने एक नयी लिपि का आविष्कार किया,

जो सौन्दर्य का प्रतीक थी। उसने एक नया धर्म भी चलाया, जिसके अनुसार प्रकाश अच्छाई और अन्धकार बुराई का प्रतीक था। उसके धर्म को राजा शोपोर ने स्वीकार कर लिया था। बांद में पारसी धर्मानुयायियों ने उस पर ईशनिन्दा का आरोप लगा कर फाँसी दिलवा दी। (211)

माया देवी उर्फ़ दौलत नाज या सैयदा मुबारक बेगम—ये समस्त नाम अमीर खुसरो की माँ के हैं, परन्तु इसका कोई ऐतिहासिक प्रमाण उपलब्ध नहीं है। (64, 106)

मीरा जी—मुहम्मद सनाउल्लाह डार जो बाद में उर्दू दुनिया में मीरा जी के नाम से प्रसिद्ध हुए, नाकामी और सितम ज़रीफी की हसीन दास्तान हैं। केवल 37 वर्ष जीवित रहने वाले इस कवि ने आम साहित्यिक ढ़र्रे से अलग हटकर जिस प्रकार शायरी की और पत्रिकाओं में जितना सुन्दर सम्पादकीय लिखा, उसने इन्हें उर्दू साहित्य में अमर कर दिया। मीरा जी का जन्म लाहौर में 1912 में हुआ था। लाहौर विश्वविद्यालय की एक छात्रा मीरा सेन से इश्क़ कर बैठे। उसे कभी अपने इश्क़ के बारे में नहीं बताया, और अपना नाम मीरा ज़ी रख लिया। अमीर खुसरो और फिराक की तरह मीरा जी ने भी अपनी शायरी में हिन्दी शब्दावली का सौन्दर्यपूर्ण प्रयोग किया है। मीरा जी की मृत्यु मुम्बई में 1949 में हुई। (138)

नगरी नगरी फिरा मुसाफ़िर घर का रस्ता भूल गया
क्या है तेरा क्या है मेरा अपना पराया भूल गया
याद के फेर में आकर दिल पर ऐसी कारी चोट लगी
दुख में सुख है, सुख में दुख है, भेद यह न्यारा भूल गया

मीरा जी

मीराबाई—मीराबाई का जन्म 1573 में मेड़ता के चाकड़ी नामक गाँव में हुआ था। इनके पिता राठौर रत्नसिंह थे। इनका विवाह महाराणा कुमार भोजराज के साथ हुआ था। परन्तु उनका जल्द ही निधन हो गया। मीराबाई बचपन से ही कृष्ण भक्त थीं। पति की मृत्यु के बाद उनकी कृष्ण भक्ति में अत्यधिक तड़प आ गयी। उनकी मृत्यु 1603 में द्वारिका में हुई। (77)

मुईज़्ज़ुद्दीन कैकुबाद सुल्तान—मुईज़्ज़ुद्दीन कैकुबाद 17 वर्ष की आयु में 1287 में दिल्ली का सुल्तान बन गया था। ये सुल्तान ग़यासुद्दीन बलबन का पौत्र था। कैकुबाद बहुत पढ़ा–लिखा और सुन्दर नौजवान था, परन्तु सत्ता पाने के बाद अचानक बदल गया। उसने दिल्ली को नये प्रकार से बसाया और उसका नाम कीलोखड़ी रखा। उसके शासनकाल में शराब और पेशेवर नृत्यांगनाओं की बाढ़–सी आ गयी, अत्यधिक शराब

और सुन्दरियों के झुरमुट में रहने के कारण उसका स्वास्थ्य खराब रहने लगा। उसकी मृत्यु 1290 में हो गयी। (41, 112, 114, 115, 170)

मुक्ता बाई—मुक्ता बाई का जन्म महाराष्ट्र के अलन्दी गाँव के एक ब्राह्मण परिवार में 1279 में हुआ था। वे केवल यह 18 वर्ष ही जीवित रहीं। मुक्ता बाई सन्त और कवि थीं। उन्होंने 40 अभंग की रचना की थी। इनकी मृत्यु 1297 में हो गयी। (31)

मुल्ला अली मुहम्मद मेहरकुन—मुग़ल शहंशाह जहाँगीर काल का प्रसिद्ध क़व्वाल था। इसका वर्णन जहाँगीर ने अपनी आत्म कथात्मक पुस्तक तुजुक–ए–जहाँगीरी में किया है। (127)

मुहम्मद क़ासिम—मुहम्मद क़ासिम हिन्दुशाह उपनाम 'फ़रिश्ता' का जन्म 1560 में कैस्पियन सागर के निकट स्थित अस्त्राबाद में हुआ था। प्रारम्भिक शिक्षा के बाद ये अपने पिता के साथ हिन्दुस्तान आ गये 1593 में फ़रिश्ता की लेखनी से प्रभावित होकर बीजापुर के राजा इब्राहीम शाह (द्वितीय) ने इन्हें भारत का विस्तृत इतिहास लिखने का कार्य सौंपा। लाहौर, मुल्तान, दिल्ली, पटना कलकत्ता और दक्षिण के मुख्य नगरों में घूम कर फ़रिश्ता ने कई वर्षों की कड़ी मेहनत के बाद भारत का बृहद इतिहास लिखा, जो बाद में 'तारीख़े फ़रिश्ता' के नाम से प्रसिद्ध हुआ। इनकी मृत्यु 1620 में हुई। (15)

मुहम्मद ग़ोरी—शहाबुद्दीन मुहम्मद ग़ोरी को भारत में मुस्लिम सल्तनत के संस्थापक के रूप में देखा जाता है। यह अफ़ग़ानिस्तान के ग़ोर क्षेत्र का रहने वाला था। इसने गुजरात और ऊँछ की ओर से भारत पर कई आक्रमण किये। तराइन के मैदान में पृथ्वीराज चौहान को परास्त करने के बाद, उसने अपने ग़ुलाम कुतुबुद्दीन ऐबक को भारत का गवर्नर नियुक्त कर दिया। 1206 में गजनी वापस जाते समय झेलम के पास डाकुओं ने उसके खेमे में घुस कर उसकी हत्या कर दी। (69)

मुहम्मद तुग़लक़—मुहम्मद तुग़लक़ 1324 में दिल्ली की गद्दी पर बैठा। ये ग़यासुद्दीन तुग़लक़ का बड़ा पुत्र था। इसे अलग़ खाँ और जूना खाँ के नाम से भी जाना जाता है। ये अरबी–फ़ारसी का विद्वान था। मुहम्मद, बिन तुग़लक़ सल्तनत काल के सारे सुल्तानों से अधिक पढ़ा–लिखा था, परन्तु इसके समस्त निर्णय विवादास्पद और असफल रहे। इसकी मृत्यु 1351 में हुई। (52, 105, 175)

मुहम्मद रसूलुल्लाह (स.)–पवित्र पैग़म्बर मुहम्मद रसूलुल्लाह (स.) का जन्म 570 में मक्का में हुआ था। उन्होंने अपनी उम्र के 40 वर्ष पूरे होने पर लोगों को बताया कि वे अल्लाह के सन्देष्टा हैं। उन्होंने एक अल्लाह को मानने का सन्देश दिया। उन्होंने दावा किया कि अल्लाह उन पर सीधे सन्देश भेजता है, जिसे 'वह्यी' कहा गया। उन सन्देशों को कुरान में संकलित किया गया है। अरब के लोगों ने उनका ज़ोरदार विरोध किया, जिसके बाद उन्हें मक्का छोड़ कर मदीना जाना पड़ा, परन्तु उनके प्रेम और मानवीय मूल्यों के प्रति उनके समर्पण ने लोगों का ध्यान उनकी ओर आकृष्ट किया। बहुत बड़ी संख्या में लोगों ने उनके सन्देशों से प्रेरित होकर इस्लाम स्वीकार किया। उनकी मृत्यु 632 में मदीने में हुई। (57, 71, 73, 81, 91, 150)

मुहम्मद मुजीब–देखिए लेखकों का परिचय में। (18)

मुहम्मद सुल्तान–देखिए राजकुमार मुहम्मद। (188)

मुहम्मद हबीब–प्राख्यात इतिहासकार और लेखक मुहम्मद हबीब का जन्म 1895 में हुआ। इनके पिता मुहम्मद नसीम लखनऊ में बैरिस्टर थे। मुहम्मद हबीब की शिक्षा अलीगढ़ मुस्लिम विश्वविद्यालय और ऑक्सफ़ोर्ड में हुई। 1926 में मुहम्मद हबीब उत्तर प्रदेश विधान परिषद् चुनाव में सदस्य निर्वाचित हुए। इन्होंने जामिया विश्वविद्यालय और फिर अलीगढ़ मुस्लिम विश्व विद्यालय में शिक्षण कार्य किया। सुप्रसिद्धशिक्षा विद और लेखक मुहम्मद मुजीब इनके छोटे भाई थे। प्राख्यात इतिहासकार इरफ़ान हबीब इनके पुत्र हैं मध्यकाल के इतिहास पर मुहम्मद हबीब की कई पुस्तकें हैं, इन्होंने अमीर ख़ुसरो पर अत्यन्त रोचक और उल्लेखनीय कार्य किया है। इनकी मृत्यु 1971 में हुई। (17, 116)

मोमिन खाँ मोमिन–उर्दू के सुप्रसिद्ध कवि मोमिन खाँ मोमिन का जन्म 1800 में दिल्ली में हुआ था। ये ग़ालिब के समकालीन और मित्र थे। मोमिन खाँ जाने–माने ग़ज़लकार थे। इनकी मृत्यु 1852 में हो गयी। (76)

मौलाना अलीमुद्दीन–शेख़ निज़ामुद्दीन औलिया के समकालीन और मित्र और विद्वान थे। सुल्तान ग़ियासुद्दीन तुग़लक़ के दरबार में आते–जाते रहते थे। (122)

मौलाना जामी–नूरुद्दीन अब्दुर्रहमान जामी बिन निज़ामुद्दीन अहमद का जन्म खुरासान के जाम में 1414 में हुआ था। इनके आध्यात्मिक गुरु हज़रत मखदूम सादुद्दीन काशग़री थे। ये फ़ारसी के बहुत बड़े सूफ़ी कवि थे।

तसव्वुफ़ में जामी की पुस्तकों 'लवायेह' और 'नफ़हातुल अनस' को आज भी उदाहरण के रूप में प्रस्तुत किया जाता है। इनकी मृत्यु 1493 में हुई। (116, 117)

मौलाना रूमी—मुहम्मद जलालुद्दीन रूमी का जन्म अफ़ग़ानिस्तान के बल्ख़ क्षेत्र में 1207 में हुआ था। ये फ़ारसी के महान कवि और सूफ़ी थे। 6 भागों में 'मसनवी मौलाना रूम' के नाम से इनका काव्य ग्रन्थ विश्व साहित्य की अनमोल धरोहर है। मौलाना रूमी ने तसव्वुफ़ को अपने इश्क़िया गीतों के द्वारा नयी पहचान दी। इनकी मृत्यु 1273 में तुर्की के क़ौनिया नगर में हुई। (88, 143)

मौलाना शहाबुद्दीन—मौलाना शहाबुद्दीन शेख़ निज़ामुद्दीन औलिया के इमाम थे। (113)

यमीनुद्दीन मुबारक—यमीनुद्दीन मुबारक या यमीनुद्दीन महमूद अमीर ख़ुसरो के ही नाम हैं। (190)

राजकुमार मोहम्मद—सुल्तान ग़यासुद्दीन बलबन के दूसरे बेटे राजकुमार मोहम्मद क़ाआन मलिक को ख़ान शहीद भी कहते हैं। वह बहुत बहादुर और विद्वान था। वह मुल्तान का गवर्नर था। वह मुल्तान में 1285 में मंगोलों के एक आक्रमण में मारा गया। उसके बाद उसे ख़ान शहीद कहा जाने लगा। उसकी मृत्यु से बलबन को बहुत गहरा धक्का लगा था। (15, 99, 110, 111, 192)

राम, श्रीराम—राम रामायण महाकाव्य के मुख्य नायक और कौशल के राजा दशरथ और रानी कौशल्या के पुत्र थे। इनके जीवन और दर्शन पर महाकवि तुलसी ने 'रामचरितमानस' में विस्तारपूर्वक प्रकाश डाला है। तुलसी ने राम को पुरुषोत्तम कहा है। राम का आदर्श जीवनचरित हिन्दू धर्म और संस्कृति का प्राण है। समस्त हिन्दू समाज उन्हें भगवान विष्णु का अवतार मानता है, और उनकी पूजा करता है। (60, 71, 72, 74, 77)

राय रामदेव—राजा रामदेव देवगीर का राजा था। अलाउद्दीन ख़िलजी ने रामदेव को परास्त कर दिया था। (119)

रायकर्ण—रायकर्ण या कर्ण बघेला या राजा कर्णदेव बघेला गुजरात का राजा था। इसे मलिक काफ़ूर ने पराजित किया था। (191)

राशिद—नज़र मुहम्मद जो आगे चल कर नून मीम राशिद हो गये। इनका जन्म पाकिस्तान के गुजराँवाला ज़िले में 1910 में हुआ था।

इन्हें नयी उर्दू कविता के जन्मदाता के रूप में देखा जाता है। मावरा, ईरान में अजनबी, मावरा, गुमान का मुमकिन इत्यादि इनके लोकप्रिय काव्य संग्रह हैं। इनकी मृत्यु 1975 में हुई। (138)

रोशन चिराग़ दिल्ली शेख़–देखिए नासिरूद्दीन महमूद।

लक्ष्मण–रामायण महाकाव्य के नायक राम के छोटे भाई थे। चौदह वर्ष इन्होंने अपने बड़े भाई राम के साथ वनगमन किया। उसके उपरान्त भी आजीवन इन्होंने राम का अनुसरण किया। प्रतिहार राजा स्वयं को उन्हीं का वंशज मानते हैं। (72, 74)

लैला–मजनूँ की प्रेमिका लैला अरब का देवमालाई चरित्र है। मजनूँ ने लैला से बेइन्तहा प्यार किया था। आज इन्हें पूरे विश्व में प्रेम और समर्पण के प्रतीक के रूप में देखा जाता है। (77, 116, 118, 126, 262)

वजीरूल हसन आबिदी–फ़ारसी के प्रख्यात विद्वान और आलोचक प्रो. वजीरूल हसन आबिदी लाहौर विश्वविद्यालय में फ़ारसी के प्रोफेसर थे। इनका फारसी भाषा पर एकाधिकार था। उन्होंने अमीर ख़ुसरो और डॉ. इकबाल की फ़ारसी कविता पर विस्तृत शोध किया है। (142)

विक्रमादित्य–विक्रमादित्य एक उपाधि थी। जिसे अनेक प्राचीन भारतीय राजाओं ने धारण किया। देवमालाई कथाओं के अनुसार विक्रमादित्य उज्जैन का राजा था, जिसके दरबार में नवरत्न रहते थे। इनमें कालीदास भी थे। कहा जाता है कि विक्रमादित्य बहुत ही पराक्रमी राजा था। ईसा पूर्व 57–58 में विक्रम संवत् का प्रारम्भ उसी ने किया। उन दिनों उज्जैन बौद्धिक विकास और चतुर्दिक समृद्धि के कारण अत्यधिक प्रसिद्ध था। बाद में विक्रमादित्य को लेकर सैकड़ों देवमालाई कहानियाँ प्रचलित हो गयीं। (स्रोत–भारतीय इतिहास कोश)। (195)

विष्णु–त्रिदेवों में से एक। इनकी उपासना करने वालों को वैष्णव कहा जाता है। ब्रह्मा और शिव के साथ इनका भी नाम लिया जाता है। (181)

शर्फुद्दीन यहया मनीरी शेख़–शेख़ शर्फुद्दीन यहया मुनीरी का जन्म बिहार के मनेर क़स्बे में 1263 में हुआ। इनका मज़ार मनेर में है। ये उच्चकोटि के सूफ़ी और कवि थे। इन्होंने हिन्दवी में भी दोहे कहे हैं। ये अमीर ख़ुसरो के समकालीन थे। इसलिए इनकी हिन्दवी कविता का बहुत अधिक महत्त्व है। इनकी मृत्यु 1381 में हुई। (31)

शम्सुद्दीन इल्तुतमिश सुल्तान–सुल्तान शम्सुद्दीन इल्तुतमिश तुर्किस्तान के अलबरी क़बीले के एक सरदार ऐलम ख़ाँ का बेटा था।

इसके भाईयों ने इसे ईर्ष्यावश बुख़ारा के एक व्यापारी के हाथों बेच दिया। बाद में उसे कुतुबुद्दीन ऐबक ने ख़रीद लिया। ऐबक उसे हमेशा अपने पास ही रखता था। उसने इल्तुतमिश से अपनी बेटी की शादी भी की। ऐबक की मृत्यु के पश्चात वह दिल्ली की गद्दी पर बैठा। उसकी मृत्यु 1211 में हो गयी। (43, 53, 54, 64, 105, 106, 187, 211)

शम्सुद्दीन दबीर–अमीर ख़ुसरो के मित्र फ़ारसी कवि और विद्वान थे। (109)

शम्सुर्रहमान फ़ारूक़ी–प्रख्यात साहित्यकार, आलोचक, कथाकार और चिन्तक शम्सुर्रहमान फ़ारूक़ी का जन्म 1936 में आज़मगढ़ में हुआ था। इनकी 30 से अधिक पुस्तकें प्रकाशित हो चुकी हैं। इन्हें मीर पर किये गये शोध कार्य पर सरस्वती पुरस्कार भी मिल चुका है। 'कई चाँद थे सरे आसमाँ' लोकप्रिय उपन्यास है। ये इलाहाबाद में रहते थे। इनकी मृत्यु 2020 में हुई। (28)

शहाबुद्दीन उमरी–इतिहासकार शहाबुद्दीन उमरी 'मसालिकुल अबशार' नामक पुस्तक के लेखक हैं। ये पुस्तक सल्तनत काल पर निष्पक्ष विवरण प्रस्तुत करती है। (174, 185, 265)

शहाबुद्दीन युवराज–अलाउद्दीन ख़िलजी का पुत्र था।

शाहजहाँ–शहाबुद्दीन मुहम्मद शाहजहाँ का जन्म 1592 में लाहौर में हुआ था। ये जहाँगीर की मृत्यु के बाद 1627 में दिल्ली की गद्दी पर बैठा। 1658 तक शहंशाह रहने के बाद औरंगज़ेब ने दारा शिकोह से हुए सत्ता संघर्ष में दिल्ली की गद्दी पर अधिकार कर लिया और शाहजहाँ को आगरे के क़िले में क़ैद कर दिया। जहाँ 1666 में उसकी मृत्यु हो गयी। (141)

शाह लतीफ़–शाह अब्दुल लतीफ़ भिटाई का जन्म पाकिस्तान के सिन्ध राज्य के भिटाई ज़िले में 1689 मे हुआ। वे सिन्ध के महान सूफ़ी कवि थे। उनका काव्य संकलन 'शाह जो रसालो' सिन्धी समुदाय के दिल की धड़कन जैसा महत्त्व रखता है। वे हिन्दु–मुस्लिम धर्म में कोई अन्तर नहीं रखते थे। उनकी मृत्यु 1752 में हुई। (221)

शिब्ली सूफ़ी–प्रख्यात सूफ़ी शेख़ अबूबक्र शिब्ली का जन्म बग़दाद में 861 में हुआ था। इनका पूरा नाम दनफ़–बिन ज़हदर खुरासानी है। ये जुनैद गगदादी के शिष्य थे। शिब्ली नाम प्रचलित होने के पीछे कहा

जाता है कि इनका सम्बन्ध मावरून्नहर क्षेत्र के फ़रग़ाना घाटी के शिब्ला गाँव से था। इसलिए इनके नाम के साथ शिब्ली जुड़ गया। इनकी मृत्यु 946 में हुई। (93)

शिब्ली नोमानी–देखिए लेखकों का परिचय। (18, 27, 81, 132, 143, 266, 270)

शिव–त्रिदेवों में एक। उनकी उपासना कई नामों और अनेक रूपों में की जाती है। उनमें शिवलिंग पूजा को सर्वोत्तम स्थान प्राप्त है। शिव की उपासना कितनी प्राचीन है, इसका आकलन असम्भव है। (181)

शहाबुद्दीन सुहरवर्दी–शहाबुद्दीन अबूहफ़स उमर सुहरवर्दी का जन्म 1145 में ईरान के सुहरवर्द क्षेत्र में हुआ था। ये महान सूफ़ी सन्त थे। तसव्वुफ़ में इनकी पुस्तक 'अवारिफ़–उल–मआरिफ़' बहुत लोकप्रिय है। इन्होंने तसव्वुफ में सुहरवर्दी परम्परा का आधार रखा। इनकी मृत्यु 1234 में हुई। (93)

श्रीकृष्ण–श्रीकृष्ण का जन्म मथुरा में आज से पाँच सहस्र वर्ष पूर्व हुआ था। वे विष्णु के अवतार माने जाते हैं। समस्त भारत में इनकी गहरी आस्था के साथ पूजा होती। वे महाकाव्य महाभारत के बड़े चरित्र हैं। वे गीताकार हैं। भवगद्गीता में बुद्धि और विवेक को वरीयता दी गयी है। उसमें जीवन और मृत्यु के रहस्यों को भी बड़े प्रभावशाली ढंग से व्याख्यायित किया गया है। (77)

शैख–देखिए निज़ामुद्दीन औलिया। (15, 16, 178, 181, 183)

शैख फरीद गंज शकर–देखिए फरीदुद्दीन गंजशकर। (89)

शैखुल शैयुख आलम–देखिए निज़ामुद्दीन औलिया। (113)

शैख़ सादी–शर्फुद्दीन–बिन–मुसलेहुद्दीन सादी शीराज़ी का जन्म ईरान के शहर शीराज़ में 1210 में हुआ था। सादी बुनियादी रूप से कवि थे। उनकी दो अनोखी पुस्तकें 'गुलिस्ताँ और बोस्ताँ तसव्वुफ़', दर्शन, प्रज्ञा और संवेदना की प्रतीक बन चुकी हैं। उनकी गिनती विश्व की 10 उत्कृष्ट पुस्तकों में होती हैं। गुलिस्ताँ के कवित्व और दर्शन ने विशेष रूप से यूरोप के विद्वानों को आकर्षित किया। शेख़ को विशेष रूप से ग़ज़ल के जन्मदाता के रूप में जाना जाता है। उनकी मृत्यु 1292 में हुई। (37, 44, 143, 145)

शोएब–पैग़म्बर prophet हज़रते शोएब अ. का जन्म 1392 ई.पू. में बताया जाता है। ये पैग़म्बर मूसा अ. के ससुर भी थे। इनकी वंशावली पैग़म्बर इब्राहीम अ. से मिलती है। ये अन्धे थे। इनकी मृत्यु 1272 ई.पू. में हुई। (95)

सफ़ीउद्दीन बुख़राजी शेख़–इनका जन्म 1190 में होरासन के बुख़राज घाटी में हुआ था। ये शेख़ नजमुद्दीन कुबरा के शिष्य थे। इनकी मृत्यु 1261 में हुई थी। (175, 179)

सबाहुद्दीन अब्दुर्रहमान–देखिए लेखको का परिचय। (18, 62, 169, 265, 266, 267)

सन्त नामदेव–सन्त नामदेव का जन्म महाराष्ट्र के परभनी ज़िले में 1270 में हुआ था। उनकी पहचान सन्त शिरोमणि के रूप में होती है। इन्होंने पूरे मराठा क्षेत्र में नाथ सम्प्रदाय का प्रचार किया। ये हिन्दवी में अभंग और दोहे कहते थे। इनके पद 'गुरु ग्रन्थ साहब' में भी संकलित हैं। इनकी मृत्यु 1350 में हुई। (30, 31, 32)

सन्त ज्ञानेश्वर–महान सन्त और उच्चकोटि के कवि ज्ञानेश्वर का जन्म 1275 में औरंगाबाद के आपेगाँव में हुआ था। ये नाथ सम्प्रदाय के प्रचारक थे, और मराठी के साथ हिन्दवी में भी कविताएँ कहते थे। उनकी छोटी बहन मुक्ता बाई भी कवयित्री थीं। इन्होंने 1297 में जीवित समाधि ले ली। (31)

साईं बाबा–साईं बाबा फ़क़ीर और सन्त थे। इन्होंने हिन्दू और मुसलमानों में कभी फ़र्क़ नहीं किया, लोगों को 'सबका मालिक एक' का सन्देश दिया, सबको प्यार से रहने पर बल दिया। आज विश्व में इनके लाखों की संख्या में शिष्य हैं। उन्होंने 1918 में समाधि ले ली थी। उनकी समाधि महाराष्ट्र के शिरडी नामक स्थान पर है। (221)

साद मुन्तकी–सुप्रसिद्ध कवि साद मुन्तकी अमीर ख़ुसरो के समकालीन थे। इनका सम्बन्ध भी दरबारों से रहा है। इनके बारे में किसी पुस्तक में कोई विवरण नहीं मिलता है। (120)

सादुद्दीन मुहम्मद खत्तात–दिल्ली में अमीर ख़ुसरो के शिक्षक थे। ये क़ाज़ी सादुद्दीन के नाम से भी याद किये जाते हैं। कुछ लोग इन्हे असदुद्दीन भी कहते हैं। (65)

सादी–देखिए शैख सादी। (102, 131)

साबिर कलियरी—शेख़ अलाउद्दीन अलीअहमद साबिर कलियरी, बाबा फ़रीद गंजशकर के भांजे और दामाद थे। उनका जन्म 1196 में हुआ था। वे अजोधन में बाबा फ़रीद के साथ ही रहते थे। वे हिन्दवी में दोहे कहते थे। साबिर उनका उपनाम था। बाद में वे कलियर आ गये और वहीं अपनी ख़ानक़ाह बनायी। उनकी मृत्यु 1291 में हुई। (30, 31)

सायब—मिर्जा मुहम्मद अली सायब अस्फहान के रहने वाले थे। जहाँगीर काल में भारत आये। कश्मीर में गवर्नर ज़फर खाँ के यहाँ मुलाज़िम हो गये। जफ़र खाँ दिल्ली आ गये तो सायब भी उनके साथ थे। फिर वे ज़फर खाँ के साथ दकन चले गये। बहुत दिनों भारत में रहने के बाद सायब अस्फ़हान चले गये। वे आसान और लचकदार ग़ज़लें कहते थे। उनकी मृत्यु 1678 में अस्फ़हान में हुई। (132)

सिकन्दर—सिकन्दर का जन्म यूनान के मकदूनिया नामक नगर में ई.पू. 356 में हुआ था। उसे यूनान में Alexander फारस में एलेक्ज़ेंडर या सिकन्दर और भारत में अलक्षेंद्र के नामों से याद किया जाता है। वह अरस्तु का शिष्य था। उसने ईरान, मिस्र, सीरिया, मेसोपोटामिया, फिनीशिया, जुरेबा, गाजा, बैक्ट्रिया और भारत के पंजाब पर विजय प्राप्त की। उसे विश्वविजेता कहा जाता है, परन्तु आज जब पूरे विश्व भूगोल की जानकारी हुई, तो ज्ञात हुआ कि सिकन्दर केवल विश्व के 5 प्रतिशत भाग पर ही अपने पैर रख सका था। राज सत्ता का 16 वर्ष का तूफ़ानी जीवन व्यतीत करने के बाद 31 वर्ष की आयु में उसकी मृत्यु 325 ई.पू. में हो गयी। (77, 117)

सिराजुद्दीन उस्मान शेख़—शेख़ सिराजुद्दीन उस्मान, शेख़ निज़ामुद्दीन औलिया के मुरीद थे। हिन्दवी में शेर कहते थे। इनकी मृत्यु 1357 में हुई। (31)

सीता—महाकाव्य रामायण के कथानायक राम की पत्नी और राजा जनक की पुत्री थीं। राम ने एक भव्य स्वयंवर में इनसे विवाह किया था। यह वनवास में भी राम के साथ थीं। इनका सम्पूर्ण जीवन भारतीय नारियों के लिए पतिव्रत धर्म का आदर्श रूप है। (72, 74)

सीदी मौला—सीदी मौला उच्चकोटि के सूफ़ी थे। ये बलबन काल में ईरान के हलमन्द से हिन्दुस्तान आये। बहुत दिनों तक अजोधन में बाबा फ़रीद से तसव्वुफ़ का ज्ञान प्राप्त करते रहे। फिर वे दिल्ली आ गये, जहाँ उनकी लोकप्रियता चरम पर पहुँच गयी। 1290 में सुल्तान जलालुद्दीन ख़िलजी ने बग़ावत की साज़िश के आरोप में उन्हें हाथी से कुचलवा कर मौत के घाट उतार दिया। (176)

सुकरात–विश्वप्रसिद्ध यूनानी दार्शनिक सुकरात का जन्म यूनान के एथेंस नामक नगर में 470 ई.पू. हुआ था। सुकरात के सन्देश न्याय और सत्य पर आधारित थे। सुकरात ने यूनानी समाज में जड़ जमा चुके पाखण्ड और परम्परागत बुराइयों को दूर करने का अभियान चलाया। उसके अनुयायियों की संख्या हज़ारों में पहुँच गयी। इस बात से सत्ता में बैठे लोग घबरा गये, और उन्होंने सुकरात पर ईशनिन्दा और नौजवानों को भड़का कर सामाजिक विद्वेष फैलाने का आरोप लगाया। उसे गिरफ़्तार करके ज़हर पीने पर विवश किया गया। उसकी मृत्यु 399 ई.पू. हुई। (77)

सुलेमान(अ.)–सुलेमान Solomon ईशदूत prophet और बहुत बड़े सम्राट थे। ये बनी इसराइल के वंशज थे। यह एक अन्य ईशदूत दाऊद David के पुत्र थे। इनका वास्तविक नाम जेडोडियाह Jedodiah था। वे बहुत तीक्ष्ण बुद्धि के व्यक्ति थे। इनका विस्तृत वर्णन बाइबिल और क़ुरान में है। इनकी बोली जानवर और चिड़िया भी समझते थे। इन्होंने ई.पू. 970 में एक बहुत बड़े साम्राज्य की स्थापना की। जिसकी राजधानी येरूसलम Jerusalem थी। इन्होने ही पवित्र बैत उल मुकद्दस का निर्माण कराया था। इनकी मृत्यु ई.पू. 930 में हुई थी। (95, 149, 185, 265)

सुल्तानुल मशयख़–देखिए निज़ामुद्दीन औलिया (188)

सुल्तान मुहम्मद काआन–देखिए राजकुमार मुहम्मद।

सुल्तान मुहम्मद–देखिए राजकुमार मुहम्मद। (110, 111, 132)

सूरदास–भक्ति काल के महान कवि सूरदास का जन्म आगरा मथुरा रोड पर स्थित रुनकता नामक गाँव में 1478 में हुआ था। इनके पिता भी गायक थे। ब्रजभाषा में लिखे कृष्ण भक्ति पर आधारित इनके पद हिन्दी साहित्य की अनमोल धरोहर हैं। इनकी मृत्यु 1620 में हुई। (195)

सैफ़ खाँ फ़क़ीरूल्लाह–सैफ खाँ फ़क़ीरूल्लाह शाहजहाँ के बख्शी थे। ये प्रसिद्ध संगीतकार, कवि, विद्वान और स्वतन्त्र विचारों वाले अद्वितीय व्यक्ति थे। भारतीय संगीत पर आधारित उनका ग्रन्थ 'राग दर्पण' बहुत लोकप्रिय हुआ। राग दर्पण राजा मानसिंह तोमर के ग्रन्थ 'मान कुतूहल' का स्वतन्त्र अनुवाद है। इनकी मृत्यु 1684 में इलाहाबाद में हुई। (51)

सैफ़ुद्दीन महमूद अमीर–अमीर सैफ़ुद्दीन महमूद अमीर ख़ुसरो के पिता थे। ये सिपाही और तुर्की के लाचीन क़बीले के सरदार थे। इनकी मृत्यु 1263 में हो गयी थी। (50, 55, 63, 64, 65, 66, 98, 106, 187)

स्प्रेंगर--डॉ. एलवास स्प्रेंगर जर्मनी के रहने वाले थे। ये पूर्वी भषाओं के विद्वान थे। इन्होंने इस्लाम पर कई पुस्तकें लिखी हैं। स्प्रेंगर कुछ दिनों तक दिल्ली कॉलेज के प्रिंसिपल भी रहे। स्प्रेंगर 1845--1856 तक भारत में रहे। उनकी मृत्यु जर्मनी में 1882 में हुई। (28)

हकीम सनाई–हकीम सनाई फ़ारसी के बहुत बड़े क़सीदा गो कवि थे। उनका जन्म 1080 में हुआ था। उन्होंने सुल्तान बहराम शाह की प्रशंसा में सैकड़ों क़सीदे कहे। उनकी कविता में उल्लास और हर्ष के साथ तसव्वुफ़ और आध्यात्म की अर्थपूर्ण व्याख्या मिलती है। एक समय ऐसा आया जब सनाई ने घर–बार त्याग दिया और अकेले रहने लगे। बहुत दिनों तक नंगे घूमते रहे। उनकी मृत्यु 1130 में हुई। (44, 143)

हज़रते शेख़–देखिए निज़ामुद्दीन औलिया (15, 17, 30, 40)

हमीदुद्दीन नागौरी–महान सूफ़ी हमीदुद्दीन नागौरी का जन्म दिल्ली में 1192 में हुआ था। यह शेख़ मुईनद्दीन चिश्ती के उत्तराधिकारी थे। चिश्तिया परम्परा के सूफ़िया में नागौरी सबसे अधिक समन्वयवादी सूफ़ी माने जाते हैं। इनका अधिक समय राजस्थान के नागौर में व्यतीत हुआ। इनकी मृत्यु नागौर में 1274 में हुई। (158, 180)

हातिम खाँ–देखिए मलिक अमीर अली सरजानदार। (110, 111, 112)

हाफ़िज़ शीराज़ी–महान कवि मुहम्मद शम्सुद्दीन हाफ़िज़ शीराज़ी का जन्म ईरान के शहर शीराज़ में 1326 में हुआ था। उन्होंने कुरान हिफ़्ज़ करने के उपरान्त धार्मिक शिक्षा ग्रहण की। फ़ारसी ग़ज़ल में उन्होंने नयी परम्परा स्थापित की, जो बाद के कवियों के लिए एक उदाहरण बन गयी। उनकी ग़ज़लों में तसव्वुफ़ की बहुत गहरी छाप दिखायी देती है। उनकी मृत्यु 1389 में शीराज़ ही में हुई। (102, 131)

हामिद फ़ज़लुल्लाह बिन जमाली–देखिए जमाली शेख़। (60)

हिसामुद्दीन कुतलग़ अहमद–हिसामुद्दीन अहमद या हिसामुद्दीन अमीर ख़ुसरो के भाई थे। (64)

होलागो–होलागो या हलाकू खाँ का जन्म 1217 में हुआ था। वह चंगेज़ खाँ का पौत्र और तौलाई खाँ का पुत्र था। उसने 1258 में इस्लामी दुनिया के सबसे बड़े नगर बग़दाद पर आक्रमण कर दिया। उसने बग़दाद की ईंट से ईंट बजा दी। इसके बाद वह मिस्र की ओर बढ़ा और कई अन्य देशों को तबाह व बर्बाद करते हुए अजरबैजान वापस आया। उसकी मृत्यु 1265 में हुई। (109)

हुमायूँ–नसीरुद्दीन मुहम्मद हुमायूँ बाबर का बेटा था। उसका जन्म 1508 में काबुल में हुआ था। वह बाबर के साथ 1526 में भारत आया। 1530 में बाबर की मृत्यु के उपरान्त दिल्ली की गद्दी पर बैठा। 1539 में शेरशाह सूरी ने उसे चौसा के मैदान में पराजित किया। हुमायूँ भाग कर ईरान चला गया। वहाँ से नयी तैयारी के साथ 1554 में पुनः दिल्ली पर अधिकार कर लिया। उसकी मृत्यु 1556 में हो गयी। (63)

हुसैन बिन मंसूर–देखिए मंसूर बिन हल्लाज। (91)

हज़रत इमाम हुसैन–हज़रत इमाम हुसैन का जन्म मदीना में 626 ई. में हुआ था। हुसैन रसूलुल्लाह की पुत्री फात्मा और हज़रत अली के द्वितीय पुत्र थे। अपने भाई इमाम हसन की शहादत के बाद जब यज़ीद सत्ता पर काबिज़ हुआ तो हुसैन ने उसकी सत्ता को अस्वीकार कर दिया। बड़ी संख्या में 'उनके समर्थकों' ने उन्हें इराक बुलाया। वे मदीना से इराक के नगर कूफा जाने के लिए निकले। रास्ते में कर्बला के मैदान में कूफा के गवर्नर इब्ने ज़याद के सिपाहियों वे उन्हें घेर लिया और बहुत बेरहमी से उन्हें उनके परिवार और उनके मित्रों को शहीद कर दिया। हुसैन की शहादत 680 में हुई। यह अरबी माह के अनुसार 10 मुहर्रम का दिन था। आज तक मुसलमान इस दिन को काला दिन के रूप में मानते हैं। (91)

स्थानानुक्रमणिका

शब्दावली

अ.—अलैहेस्सलाम

अख़ी—भाईचारा, शाब्दिक अर्थ मेरा भाई।

अजमी—अजम का रहने वाला अजमी है। अरब भू—भाग के अतिरिक्त पूरा विश्व अजम है। इसका अर्थ गूँगा भी होता है। अरब के रहने वाले अपने अतिरिक्त सबको अजमी अर्थात गूंगा समझते हैं।

अनमल—अनमेल, ख़ुसरो के कुछ दोहों के बेमेल होने के कारण उन्हें अनमल कहा जाता है।

अन'ल—हक—मैं सत्य हूँ, मैं ईश्वर हूँ।

अमीर—अमीर दस सिपहसालारों का सरदार होता था। इसको 40 हज़ार तनके मूल्य की ज़मीन दी जाती थी।

अरमान—इच्छा।

अश'आर—शेर का बहुवचन, उर्दू में दो पंक्तियों के एक अलग जोड़े को शेर कहते हैं।

असनाफ—सिंफ़ का बहुवचन है, शैली, लिंग, प्रकार।

असबाबे फ़ज़ीलते हिन्द—हिन्दुस्तान की प्रशंसा के कारण।

अहले तरीकत—तरीकत पर चलने वाले, तरीकत सूफ़ियों के मार्ग को कहते हैं। शरीअत से ही मिलता—जुलता एक अलग मार्ग सूफ़ियों द्वारा निर्धारित किया गया है, जिसे वे तरीकत कहते हैं।

आब व हवा व गुलहाय व मेवाहाये देहली—दिल्ली की जलवायु, फूल और फल।

आतिश परस्त—अग्नि पूजक।

आरिफ़—तपस्वी, ज्ञानी, आत्मज्ञानी, ब्रह्मज्ञानी।

आरिज़े ममालिक—सेना का सबसे बड़ा अधिकारी, सेना की भर्ती, निरीक्षण तथा सेना का समस्त प्रबन्ध उसके अधीन होता था। रसद का प्रबन्ध और लूट के माल की देखभाल करना उसका दायित्व होता था।

आशिक़–प्रेमी।

आसिफ़–एक नाम है

औसाफ़े दुख़्तराने हिन्द–हिन्दुस्तान की बेटियों की विशेषताएँ।

औसाफे नौजवाने हिन्द–हिन्दुस्तान के बेटों की विशेषताएँ।

इबादते इलाही–ईश्वर की पूजा।

इमाम–वह व्यक्ति जो सामूहिक नमाज़ की अगुवाई करता हो। सर्व्वोच्च धार्मिक नेता, पुजारी।

इल्म व हुनर देहली–दिल्ली का ज्ञान और शिल्प।

इश्क़–इश्क़ अरबी भाषा का शब्द है, जिसका अर्थ है प्रेम, प्यार, मनोकामना, विदाई, नमस्कार, उत्साहवर्धन और एक प्रकार का उन्माद, जो सौन्दर्य को देखने से दिल में उत्पन्न होता है। इश्क़ को इश्क़ा शब्द से निकला हुआ बताया जाता है, जो एक प्रकार की बेल होती है। यह बेल अन्य पेड़ों से लिपट कर अपना भोजन प्राप्त करती है, और उसे सुखा कर छोड़ती है। भारत में इस प्रकार की बेल को अमरबेल कहते हैं। इश्क़ का उद्‌देश्य भी मिलन है। इश्क़ से अमरबेल की समानता यह है कि इश्क़ अपने आशिक़ को भी बर्बाद करके छोड़ता है। इश्क़ तुर्की भाषा का भी शब्द है, जिसका अर्थ अरबी के समान ही है। परन्तु ये यूनानी भाषा के erosè/agape शब्द से निकला हुआ प्रतीत होता है। इस्लाम के उदय के 200 वर्ष बाद जब सूफ़ियों पर यूनानी अफ़लातूनी सिद्धान्त का प्रभाव पड़ा, उसके साथ ही इस शब्द को सूफ़ियों ने ईश्वरीय प्रेम के चरमोत्कर्ष के रूप में प्रयोग करना प्रारम्भ कर दिया। वर्तमान काल में कुछ लोग इस शब्द का प्रयोग पैग़म्बर मुहम्मद स. से अत्यन्त अतिवादी रूप से प्रेम दर्शाने के लिए भी करने लगे हैं। बाद में देखा गया कि इस शब्द ने इस्लाम को भी उसी प्रकार सुखा कर बर्बाद कर दिया, जैसे अमरबेल लिपटने वाले अपने पेड़ को सुखा देती है। इश्क़ की अवधारणा कुरान के विपरीत है। कुरान अपने वर्णनों में प्रेम, प्यार और चाहत के लिए कहीं भी इश्क़ शब्द का प्रयोग नहीं करता, इसके लिए वह 'हुब', 'मुहिब', 'मुहब्बत' और 'मुअद्‌दत' जैसे शब्दों का प्रयोग करता है।

इश्क़िया–प्रेमाख्यान।

इश्क़े इलाही–ईश्वरीय प्रेम।

इश्क़े मुर्शिद–गुरु प्रेम।

इश्क़े रसूल–रसूल से प्रेम।

इस्तदराज–जादू, चमत्कार।

ईमान–आस्था, विश्वास।

उम्मी–जो पढ़ा लिखा न हो। यह अरबी भाषा का शब्द है। विशेष रूप से मुहममद स. के लिए प्रयोग किया जाता है, जो पढ़े लिखे नहीं थे।

क़तआ–फारसी कविता की एक शैली का नाम है। विषयात्मक रूप से क़तआ का कोई आधार निश्चित नहीं है। उसमें कोई भी विचार सिद्धान्त प्रस्तुत किया जा सकता है। इसकी शैली ग़ज़ल या क़सीदा की तरह होती है, परन्तु दोनों में अन्तर यह है कि इसमें ग़ज़ल की तरह मक़्ताअ और मतलाअ नहीं होता है।

क़बायल–क़बीला का बहुवचन। वंश, वह समुदाय, गोत्र या जात जिसकी संस्कृति और पहचान सिमटी हुई हो।

कबूद–आसमानी रंग का फूल।

कलाम–काव्य वार्ता।

कव्वाल–सूफ़ी संगीत के पेशेवर गायक।

क़व्वाली–सूफ़ी गीत या कविता।

कसरे नव–नया प्रासाद, सल्तनत काल के प्रासाद का नाम।

क़सीदा–क़सीदा काव्य की एक शैली का नाम है। इसमें किसी की भी प्रशंसा की जा सकती है। केवल प्रशंसा ही नहीं बुराई भी की जा सकती है। क़सीदों की शैली में कवियों द्वारा अपने काल की राजनीतिक, आर्थिक और सामाजिक गतिविधियों का भी चित्रण किया गया है। यह काव्य शैली बहुत प्राचीन है। प्राचीनकाल से कवि इस शैली में काव्य रचना कर उच्च वर्ग और धनाढय लोगो से सम्मान और पुरस्कार प्राप्त करते रहे हैं। परन्तु आज की स्थिति बहुत भिन्न है, जैसे–जैसे नवाबों, सुल्तानों और बादशाहों का शासन समाप्त हुआ, काव्य की यह सुन्दर शैली भी विलुप्त होती गयी।

कह मुकरनियां–एक प्रकार की पहेलियाँ हैं, जिसमें एक बात कही जाती है, और अन्त में उससे इनकार कर दिया जाता है।

क़ाज़ी–न्याय अधिकारी, वे न्यायधीश जो शरीअत के अनुसार मुकदमों का निर्णय करते थे।

क़ाफ़िया–तुकबन्दी।

क़िब्ला–सामने की वस्तु, दिशा, ख़ाना का'बा जिसकी ओर मुसलमान मुँह करके नमाज़ पढ़ते हैं। आदरणीय, सम्माननीय के अर्थ में भी प्रयोग होता है।

क़िला व हिसारे देहली–दिल्ली के दुर्ग और दीवारें।

कीलोखड़ी–सुल्तान मुईज़्ज़ुद्दीन कैकुबाद द्वारा यमुना के किनारे नया नगर बसाया गया था, जिसे शहरे कीलोखड़ी कहा गया।

कुलाह–टोपी।

ख़म्सा–काव्य की एक शैली है। अरबी में खुम्स का अर्थ होता है पाँच। खम्सा पाँच लाइनों के छन्द को कहते हैं। इसमें पहले छन्द की पाँचों लाइनें क़ाफ़िया युक्त होती हैं। खम्सा कविता की उन पाँच किताबों को भी कहते हैं, जो एक साथ सम्मिलित हों।

खरपुजा ए–हिन्द–खरपुजा अर्थात खरबूजा, हिन्दुस्तान का खरबूजा।

ख़लीफ़ा–आध्यात्मिक गुरु, उत्तराधिकारी, सहायक।

खान–दस मालिकों के सरदार को खान कहते थे। इसे 1 लाख तनके की ज़मीन दी जाती थी।

ख़ानक़ाह–मठ, सूफ़ियों के रहने का स्थान।

ख़ालिक़–जन्म देने वाला।

ख़िज्र–ख़िज्र अ. एक पैगम्बर prophet का नाम है, वे एक इस्लामी देवमालाई चरित्र हैं। जिनके बारे में कहा जाता है कि उन्होंने अमृत का सेवन किया है। कमी उनकी मृत्यु नहीं होगी। वे हमेशा जीवित रहेगें। वे भूले बिसरे लोगों को रास्ता दिखाते हैं।

खिज्रे राह–पथ–प्रदर्शक, भूले बिसरे को रास्ता बताने वाला।

ख़ुत्बा–अल्लाह–मुहम्मद और समकालीन सुल्तानों की प्रशंसा में दिया जाने वाला भाषण। विशेष भाषण जो जुमा, ईद की नमाज के दौरान पढ़ा जाये।

ख़ुशामद–चाटुकारिता।

ख़ुशामदी–चाटुकार।

ख़ूबी ज़बाने हिन्द–हिन्दुस्तानी भाषाओं की विशेषता।

ख़िर्का–सूफ़ियों द्वारा पहने जाने वाला लबादा, पैवन्द लगी हुई पोशाक।

ख़िलअत–वह वस्त्र जो सुल्तान की ओर से पुरस्कार स्वरूप दिया जाये।

ख़िलाफ़त–सूफ़ी आचार्य द्वारा अपने प्रशिक्षु को दिया गया आध्यात्मिक अधिकार पत्र, इस्लामी शासन।

ख़्वाजगाने चिश्त–सूफ़ी मत की चार परम्पराओं में से एक परम्परा को ख़्वाजगाने चिश्त या नक्शबन्दी सम्प्रदाय कहते हैं। यह परम्परा सबसे पहले तुर्किस्तान में ख़्वाजा मोहम्मद अता बसवी (1166) के द्वारा प्रारम्भ की गयी,

जिसे बाद में सूफ़ी ख़्वाजा अब्दुल ख़ालिक़ फ़ज़्दवानी ने विकसित किया। इस परम्परा को विकसित करने में सबसे अधिक योगदान सूफ़ी ख़्वाजा बहाउद्दीन नक्शबन्दी (1388) का है। भारत में यह सूफ़ी मत बहुत बाद में लगभग 16वीं शताब्दी में आया। ख़्वाजा बाक़ी बिल्लाह (1603) भारत में इस परम्परा को परिचित कराने वाले पहले सूफ़ी थे। बाद के दिनों में उनके शिष्यों ने इस मत को बहुत तरक़्क़ी दी।

ख़्वाजा–प्रत्येक प्रान्त में मन्त्री के अनुरोध पर ख़्वाजा नियुक्त किया जाता था। वह प्रान्त का हिसाब किताब तैयार करके केन्द्र को भेजता था। केन्द्र से नियुक्त होने के कारण उसे विशेष अधिकार प्राप्त होता था।

ख़्वाजा सरा–हिंजड़ा, नपुसंक जिसे महल में तैनात किया जाता था। ये रानियों की पहरेदारी में लगाये जाते थे। ख़्वाजा सरा सुल्तान का विश्वास पात्र व्यक्ति होता था। कभी–कभी पुरुषों का लिंग काट कर भी ख़्वाजा सरा बनाया जाता था।

ग़ज़ल–ग़ज़ल का अर्थ है प्रेमिका से वार्तालाप करना। वह काव्य शैली जिसमें प्रेमाख्यान हो। ग़ज़ल का प्रथम शेर मतलाअ कहलाता है, जिसकी दोनों लाइनें क़ाफ़िया युक्त होती हैं, और आख़िरी शेर मक़ताअ कहलाता है, जिसमें कवि अपना उपनाम लिख देता है। इसमें पाँच, सात या नौ शेर होते हैं। कभी–कभी शेरों की संख्या बढ भी जाती है, परन्तु 17 से अधिक नहीं होती है। ग़ज़ल में चाहे जितने भी शेर हों, परन्तु उसके अलग–अलग शेरों में एक सम्पूर्ण विचार प्रस्तुत किया जाता है। ग़ज़ल के एक शेर से दूसरे शेर का सैद्धान्तिक आधार पर कोई सम्बन्ध नहीं होता, परन्तु उनकी प्रकृति इसलिए एक–सी होती है, क्योंकि उसका प्रत्येक शेर क़ाफ़िया और रदीफ़ के द्वारा एक–दूसरे से सम्बद्ध होता है। ग़ज़ल अत्यन्त लोकप्रिय शैली है। इसमें अब प्राचीन परम्पराएँ टूटती हुई दिखायी दे रही हैं। अब ग़ज़लों में भी सामाजिक और राजनीतिक विचार धड़ल्ले से प्रस्तुत किये जा रहे हैं।

ग़म–दुख

गुलज़ारे ख़लील–पैग़म्बर इब्राहीम को कहते हैं। उन्हें आग में डाल दिया गया था, परन्तु आग उनके लिए फूल हो गयी।

गुल–फूल।

गुल सफ़ेद–एक फूल का नाम है।

गुलनार–लाल रंग का फूल है, एक प्रकार का अनार का पेड़ है, जिस पर केवल फूल आते हैं।

गुल निगार–एक फूल है।

गुले लाला–एक प्रकार का लाल फूल।

गुलिस्ताने बिस्मज़रा–आश्चर्यजनक उपवन और उद्यान।

चश्मदीद–आँखो देखा, अपनी आँखों से देखने वाला।

चत्र–छत्र, यह एक राज चिन्ह होता था, इसके भिन्न–भिन्न रंग होते थे। इसका प्रयोग सुल्तान के अतिरिक्त कोई अन्य व्यक्ति नहीं कर सकता था। कभी–कभी सुल्तान अपने पुत्रों या किसी मन्त्री को चत्र प्रदान करता था।

चत्र गुल–फूलों की छतरी जो सुल्तानों के मुकुट के उपर रखी जाती थी।

चत्र सब्ज़–हरी छतरी।

चत्र सियाह–काली छतरी।

चत्र सुर्ख–लाल छतरी

चिश्तिया सम्प्रदाय–चिश्तिया सम्प्रदाय का विकास भारत में हुआ। इसके प्रवर्तक ईरान के ख़्वाजा इस्हाक सामी 940 को माना जाता है, परन्तु इस सम्प्रदाय का नाम ईरान के चिश्त क्षेत्र के रहने वाले सूफ़ी अबूअहमद चिश्त 965 के नाम पर पड़ा। भारत में इसे ख़्वाजा मुईनुद्दीन चिश्ती 1142–1235 ने विशेष रूप से प्रसिद्धि दिलायी। बाद में इस सम्प्रदाय को उनके उत्तराधिकारियों शेख़ हमीदुद्दीन नागौरी 1243 बाबा फ़रीद गंजशकर 1266 और शेख़ निज़ामुद्दीन औलिया 1238–1325 ने अपनी मानवता, उदारवादिता और सहिष्णुता से बहुत लोकप्रिय बनाया।

चिश्तिया सूफी–चिशितिया सम्प्रदाय से सम्बन्धित सूफी।

जश्न–उत्सव।

जश्ने नौरोज़ हिन्द–हिन्दुस्तान के नौरोज़ का उत्सव।

जामेज़र–सोने का प्याला।

जामा–ए–हिन्दी–हिन्दुस्तानी पोशाक।

ज़िक्रे हज़रत दिल्ली–श्रीमान दिल्ली का वर्णन

ज़िन्दा दिली–मज़ाकिया, विनोदी।

जीतल–1 तोले से $1\frac{3}{4}$ तोले तक ताँबे का सिक्का होता था। इसे दो रत्ती चाँदी के बराबर कहा जा सकता है, और आधुनिक $1\frac{1}{3}$ पैसे के बराबर होगा।

जुदाई–वियोग।

ज़ुल्फ़–अलक, केशपाश, बालों की लट।

ढकोसला–ढकोसला अमीर ख़ुसरो के उस विशेष प्रकार की कविता को कहते हैं, जिसका कोई अर्थ न हो।

तख़्ते शाही–सुल्तानों के बैठने की कुर्सी। इसे राजगद्दी भी कह सकते हैं।

तज़्किरा–वर्णन, उस पुस्तक को कहते हैं, जिसमें कवियों और लेखकों का विवरण सम्मिलित हो।

तज़मीन–तज़मीन या parody उस शेर या कविता को कहते हैं, जिसमें कवि किसी अन्य कवि की प्रसिद्ध कविता की तर्ज पर हू–ब–हू शेर या कविता कह दे, परन्तु उसमें भी स्वतन्त्र और प्रभावी भावार्थ हो।

तरकश–तूणीर, तीर रखने का डिब्बा।

तर्ज़–ए–तरीक़ा–स्वभाव, आदत, रहन–सहन।

तनका–यह एक तोले सोने या चाँदी का होता था और तौल में आधुनिक रुपये के बराबर समझा जा सकता है।

तम्बूल–पान।

तसव्वुफ़–अध्यात्म।

तसव्वुरे वहदानियते हुनूद–हिन्दुओं के एकेश्वरवाद की धारणा।

तहज़ीब–रहन–सहन, संस्कार।

तहारत पसन्द–शुद्धतावादी लोग, रूढ़िवादी।

तावीज़–यन्त्र कोष्ठक, Amulets

तूसल–कूड़ा–करकट

तौहीद–एकेश्वरवाद, अद्वैतवाद।

तौरेत–तौरेत, तौरात या तूरा उन चार असामानी पुस्तकों में से एक है, जिसे खुदा ने स्वयं अपने ईशदूतों prophets पर प्रकट किया था। 1200 ई. पर्व मिश्र की सिनाई पहाड़ियों पर खुदा ने प्रार्थना ग्रन्थ तौरेत को ईशदूत मूसा अ. को सौंपा। प्राचीन इब्रानी भाषा में अवतरित यह ग्रन्थ शिक्षा और नैतिकता के संदेशों पर आधारित है। इस ग्रन्थ के कुछ अंश पवित्र आसमानी ग्रन्थ बाइबिल में old tetaments के नाम से सम्मिलित है। कुरआन भी ईशदूत मूसा अ. और तौरेत का वर्णन बहुत आदर और सम्मान के साथ करता है।

दमे ईसा–कहा जाता है कि पवित्र ईशदूत ईसा मसीह की फूँक से मृत लोग जीवित हो जाते थे। ईसा मसीह का चमत्कार।

दर्स अज हिन्दवी–हिन्दवी में पाठ।

दस्तरख़्वान–खाना खाने के लिए बिछाया जाने वाला कपड़ा।

दस्ताए गुले दिल फ़रेब–मनमोहक फूल।

दीवान–काव्य संग्रह, बैठने का स्थान, न्यायालय, हिसाब किताब का कार्यालय, विभाग।

दुई–अहंभाव।

नबी–सन्देश वाहक।

नस्र–गद्य।

नाअत–वह कविता जो पैग़म्बर मुहम्मद स. की प्रशंसा में लिखी जाय।

नानबाई–रोटी बनाने वाला।

निगार–नक़्क़ाशी करना, बेलबूटे बनाना।

नियाज़–सूफ़ी सन्तों को भेंट में दी जाने वाली वस्तु।

नूरे मुहम्मदी–मुहम्मद स. का प्रकाश।

परवरदिगार–ईश्वर, ख़ुदा, पालनहार।

परहेज़गारी–संयम।

फ़क़ीर–आध्यात्मिक शब्दावली में सन्त, सूफी।

फ़ना व बक़ा–फ़ना व बका सूफ़िया की शब्दावली है। फ़ना का अर्थ है ईश्वर में समाहित हो जाना, जबकि बक़ा जीवन, अस्तित्व निरन्तरता और अलौकिकता का बोध कराता है।

फँसूगरी हिन्द–हिन्दुस्तान की जादूगरी।

फ़ितरत–स्वभाव।

फ़िरदौस–स्वर्ग।

फ़तुव्वत–बहादुरी, मेलजोल, दानी।

फ़ुतूह–ख़ानक़ाह में सूफ़ियों को मिलने वाला अनापेक्षित चढ़ावा।

बनफ़शाँ–एक जड़ी–बूटी है, जो दर्द, नज़ला या ज़ुकाम में काम आती है।

बेख़ुदी–स्वयं में खोये रहना, खुद को भुला देना।

बैअत–अधीनता स्वीकार करने की एक प्रकार की शपथ। शेख अपने शिष्यों से बैअत कराते थे।

बुतख़ाना–मूर्तिघर, मन्दिर।

भटिहारिन–रोटी पकाने का व्यसाय करने वाली।

मकतब–पाठशाला, स्कूल।

मसनवी–फारसी भाषा की लोकप्रिय काव्य शैली। मसनवी का प्रत्येक शेर हम क़ाफ़िया होता है। किसी घटना, कहानी या विचार को निरन्तरता के साथ काव्य शैली में व्यक्त करने को मसनवी कहते हैं।

इस शैली में बात को विस्तारपूर्वक और स्वतन्त्र रूप से कथात्मकता के साथ वर्णन करने की पूरी छूट होती है।

मजज़ूब—सूफ़िया का एक दर्जा है। तसव्वुफ़ की राह में सालिक ध्यानमग्नता की स्थिति में यदि वे राह से विचलित हो जाय तो वह अर्ध—दीवानगी की स्थिति में पहुँच जाता है, ऐसे सूफ़ी को मजज़ूब कहते हैं।

महज़बीन—सुन्दरी, चन्द्रमुखी।

महबूब—प्रियतम, प्यारा, प्रेम पात्र।

मरदुम शहर देहली—दिल्ली शहर के लोग।

मलफूज़ात—सूफ़ियों के विचारों आदेशों को मलफूज़ात कहते हैं।

मलिक—मलिक दस अमीरों का सरदार होता था। 'उन्हें 50 हज़ार तनके की ज़मीन दी जाती थी।'

मशायख़—शेख का बहुवचन।

महफ़िल—सभा।

माले गनीमत—युद्ध के बाद विजयी सेना को पराजित सेना से मिलने वाली युद्ध सम्पत्ति।

माशूक़—प्रेमिका, प्रेयसी।

मुख़्तलिफ़—भिन्न।

मुफ़्ती—वह जो इस्लामी धर्मशास्त्र के अनुसार समस्याओं का निराकरण करे और उनके समाधान के लिए अपना प्रकट करे।

मुर्शिद—सूफ़ी आचार्य, गुरु, आध्यात्मिक मार्गदर्शक।

मुरीद—सूफ़ी आचार्यों के शिष्य।

मुसहफ़दार—सुल्तान के पुस्तकालय में कुर्आन की देखभाल करने वाला व्यक्ति। पुस्तकालयध्यक्ष।

मुस्तज़ाद—एक प्रकार की काव्य शैली को मुस्तज़ाद कहते है। मुस्तज़ाद का अर्थ है बढ़ायी गयी वस्तु। ग़ज़ल, रुबाई और नज़्म में कुछ लाइनें बढ़ा दी जाती हैं, उसे मुस्तज़ाद कहते हैं।

मुश्क़—महक, ख़ुशबू, गन्ध।

मूसल—मोटा डण्डा।

मेवाहाये देवगीर—देवगीर के फल।

मौसीकी—संगीत।

यदे बैजा—चमकता हुआ हाथ, पवित्र ईशदूत मूसा का चमत्कारिक हाथ, चमत्कार।

र.—रज़िअल्लाह अनहुम।

रक्स व सुरूर व नग्मा—नृत्य, मस्ती और गीत।

रसूमे शादी—विवाह की परम्पराएँ।

रईस—समृद्ध व्यक्ति, धनवान और सभ्य।

रदीफ़—किसी शेर या लाइन में क़ाफ़िया के बाद आने वाले शब्द को रदीफ़ कहते हैं।

रायत लाल व सियाह—काला और लाल ध्वज, झण्डा।

रावते अर्ज—सल्तनत काल में युद्ध मन्त्री को कहते थे।

रेहान—एक पौधा जो जन्नत में पाया जाता है। हिन्दुस्तान में इसे तुलसी कहते हैं।

रुबाई—एक काव्य शैली। रुबाई अरबी भाषा का शब्द है। इसका अर्थ है चार—चार। पारिभाषिक रूप से रुबाई उस काव्य शैली को कहते हैं, जो चार लाइनों पर आधारित हो और उसमें पूर्ण विचार व्यक्त किये गये हों। रुबाई का प्रथम, द्वितीय और तृतीय लाइनें हम क़ाफ़िया होती हैं।

रिन्द—स्वच्छन्द, मनमौजी, शराबी।

लंगरखाना—जहाँ प्रत्येक इच्छुक व्यक्ति के लिए निःशुल्क भोजन की व्यवस्था हो। सूफ़ियों की पाक शाला।

लिबास—वस्त्र, वसन, पोशाक।

वली—स्वामी, मालिक, ऋषि, उत्तराधिकारी।

वस्फ़ मिनारा—मिनारों की विशेषताएँ।

वहदतुल वजूद अर्थात विश्वदेवतावाद (Pantheism)—सूफ़ियों की भाषा में ईश्वर ही सब कुछ है और सब कुछ ईश्वर है। यह बहुत प्राचीन सिद्धान्त है। इस सिद्धान्त में ईश्वर की शक्ति सर्वमय है। इस के अनुसार सबसे बड़ी सच्चाई ईश्वर है। वह हमेशा से है और हमेशा रहेगा। वह अनन्त है। वह छोटे—छोटे कण में मौजूद है, क्योंकि वह उस छोटे कण का भाग है। सभी धर्मों में वहदतुल वजूद की धारणा मौजूद है। कुछ वैज्ञानिक भी इस सिद्धान्त को मानते हैं। हिन्दू धर्म में धारणा है कि 'ब्रह्म' एक अकेला सत्य है, जिसमें सारी सच्चाइयाँ समाहित हैं। यूनानी दार्शनिकों के यहाँ इस सिद्धान्त का प्रभाव अधिक मिलता है। 16वीं शताब्दी में ब्रूनो और स्पीनोजा जैसे दार्शनिकों ने इस सिद्धान्त को प्रस्तुत किया है। नीत्शे, शैली और हीगल से लेकर वर्ड्सवर्थ और कॉलरिज की कविता में वहदतुल वजूद का सिद्धान्त साफ़ नज़र आता है। फ़ारसी कवियों में हाफ़िज़ और रूमी की कविताओं में इस सिद्धान्त की गहरी झलक मौजूद है।

वादी–ए–ऐमन–उस घाटी का कहते हैं, जहाँ ख़ुदा से पवित्र ईशदूत prophet मूसा अ. की भेंट होती थी। कहा जाता है कि जब ख़ुदा ने मूसा को अपना जलवा दिखाया, तो उस वादी की एक झाड़ी से चिन्गारियाँ निकलने लगीं, जिसंसे मूसा की आँखें चौंधियाँ गयीं और वे बेहोश होकर गिर पड़े।

शरीअत–शरीअत को इस्लामी जीवन पद्धति संहिता के रूप में परिभाषित कर सकते हैं। यह पूरे विश्व के दो तिहाई सुन्नी मुसलमानों के लिए एक धार्मिक प्रक्रिया है। इसे इस्लामी धर्म संहिता के रूप में देखा जा सकता है। शरीअत अरबी के 'शरिआ' शब्द से निकला है, जिसका अर्थ है 'रास्ता' या 'मार्ग'। अरब के ख़ानाबदोश बद्दुओं की शब्दावली में देखा जाय तो शरिआ का अर्थ है 'पानी बहने का स्थायी छेद' जबकि हिब्रू भाषा में इसकी उत्पत्ति 'सरो' शब्द से होना बताया गया है, जिसका अर्थ भी रास्ता है। अरबी में शरिआ शब्द सरो से ही आया है, जो 'मार्ग का अनुसरण किया जाना' की ओर इंगित करता है। इमाम अबू हनीफ़ा 699–767, इमाम मलिक 711–795, इमाम शाफ़ई 767–820 और इमाम अहमद बिन हनबल 780–855 जैसे सर्वश्रेष्ठ इस्लामी विद्वानों ने अपना पूरा जीवन शरीअत के निर्धारण में व्यतीत कर दिया। इन्होंने शरीअत निर्धारण में मुख्य रूप से चार स्रोतों का सहारा लिया। 1–कुरान 2–हदीस, 3–इज्मा अर्थात सर्वसम्मति या साक्ष्य और 4–क़ियास अर्थात समरूपता analogy, व तर्क reasoning। उक्त इमामों द्वारा प्रतिपादित शरीअतों में बहुत अधिक भिन्नता और विरोधाभास है, परन्तु वे एक--दूसरे से इस आधार पर सहमत हैं कि सभी एक–दूसरे द्वारा बनाये नियमों –उपनियमों का सम्मान करेंगे और कोई भी सुन्नी मुसलमान किसी भी एक इमाम की शरीअत को व्यवहार में लाकर मुसलमान बना रह सकता है। उल्लेखनीय है कि शिया समुदाय उक्त इमामों द्वारा तैयार शरीअत पर विश्वास नहीं करता।

शायरी–कविता।

शोब्दा हाये बाजीगराँ दर जश्न–उत्सव में जादूगरों की माया और हाथ की सफ़ाई।

शोला ए तूर–तूर पहाड़ी की ज्वाला, शब्दावली में उस प्रकाश को कहते हैं जो पवित्र ईशदूत मूसा को ख़ुदा को देखने के बाद दिखायी दिया था।

शेर–फ़ारसी कविता में दो पंक्तियों के एक जोड़े को शेर कहते हैं। ये उर्दू में भी बहुत प्रचलित है।

शैख–धर्मगुरु, स्वामी, वृद्ध, अधिपति।

स.–सलल्लाह अलैह वसल्लम।

सनाय व बदाय–फ़ारसी भाषाशास्त्र में सनाय और बदाय को शब्दों और अर्थों के भावपूर्ण प्रयोग के लिए जाना जाता है। इसके द्वारा भाषा की प्रस्तुति में अलंकृत और रूपकीय अत्यन्त आसान शब्दों का प्रयोग करके उसे स्पष्ट और पठनीय बनाया जाता है।

सब्ज़े ख़त–कान के नीचे हरे रंग के रोयेंदार बाल, जो प्रायः सुन्दरियों में होते हैं।

समाअ–समाअ अरबी शब्द है, जिसका मूल 'सम' है, अर्थात सुनना या श्रवण, जो मानव पंचभूत में सम्मिलित है। पारिभाषिक रूप से सूफ़ियों की तल्लीनता एवं अन्तर्ज्ञान को 'समाअ' कहते हैं, जिसमें काव्य एवं संगीत सभा द्वारा भावसमाधि प्राप्त की जाती है। समस्त सूफ़ी सम्प्रदाय समाअ के आयोजन से सहमत नहीं हैं। परन्तु चिश्तिया सम्प्रदाय में समाअ बहुत प्रचलित रहा है। इस्लाम में इसके अनुकूल और अनानुकूल होने के सम्बन्ध में बहुत चर्चाएँ हुईं, परन्तु इस पर एक मत नहीं हुआ जा सका।

सलीका–शिष्टता।

सिजदा–अल्लाह की उपस्थिति समझ कर धरती पर सिर झुकाना।

सिपहसालार–दस सरलेखों का सरदार, इन्हें 20 हज़ार तनकों तक की ज़मीन दी जाती थी।

सिफत हाय अस्पाँ व फील–घोड़े और हाथियों की विशेषताएँ।

हदीस–शब्दावली में मुहम्मद रसूलुल्लाह स. के वचन, आदेश, उपदेश और व्यावहारिक क्रियाओं को हदीस कहते हैं। वचन, मुख से सुनी हुई बात और क्रिया व्यवहार में लाये हुए कार्य को मुहम्मद स. के साथियों ने याद रखा और उसे अपने जीवन में उतारा। इस्लाम के प्रारम्भिक दिनों में कहीं इसे लिख कर नहीं रखा गया। हदीसों के संकलन का कार्य मुहम्मद स. की मृत्यु के लगभग 200 वर्ष बाद प्रारम्भ हुआ। कुछ धर्म शास्त्रियों ने इन्हे संग्रहीत करने के लिए अपना पूरा जीवन व्यतीत कर दिया। उन कई लाखों की संख्या में संगृहीत हदीसों में से 6 ग्रन्थों को सबसे विश्वसनीय माना गया, जिनको 'सहाह सित्ता' कहते हैं। सहाह सित्ता में संगृहीत हदीसों की सत्यता पर सुन्नी मुसलमान एकमत हैं। शिया मुसलमान इनको विश्वसनीय नहीं मानते। वे उन्हीं हदीसों को विश्वसनीय मानते हैं, जो हज़रत अली या उनके वंशजों से सुनी गयी हों।

जिन धर्मशास्त्रियों की हदीसों को सहाह सित्ता में सम्मिलित किया गया है, उनमें निम्न विद्वान सम्मिलित हैं, परन्तु ये आश्चर्य की बात है कि उनमें कोई भी अरबी नस्ल का व्यक्ति नहीं है या यह कि वह मक्का या मदीने का रहने वाला नहीं है, जो मुहम्मद स. का कार्य क्षेत्र था।

1. **इमाम बुख़ारी**–मुहम्मद अबू अब्दुल्लाह–बिन–इस्माईल का जन्म बुखारा में 810 में हुआ था। इनकी मृत्यु 870 में हुई।

2. **इमाम मुस्लिम**–अबू हुसैन असाकुरूद्दीन मुस्लिम इब्ने अल हज्जाज का जन्म 822 में नेशापुर में हुआ था। इन्हें मुस्लिम नेशापुरी भी कहा जाता है। ये दो दर्जन से अधिक पुस्तकों के लेखक हैं। इनकी मृत्यु 875 में हुई।

3. **अत–तिर्मिज़ी**–अबू ईसा मुहम्मद इब्ने ईसा सुलामी अददरीर अल बूगी अत–तिर्मिज़ी का जन्म बल्ख़ के निकट तिर्मिज़ क्षेत्र में 824 में हुआ था। इनकी मृत्यु 892 में हुई।

4. **अबू दाऊद**–अबू दाऊद सुलेमान का जन्म ईरान के सिजिस्तान क्षेत्र में 817 में हुआ। इनकी मृत्यु 889 में हुई।

5. **अल नसाई**–अबू अब्दुर्रहमान अहमद अल नसाई का जन्म तुर्किस्तान के नासा शहर में 829 में हुआ था। इन्होंने 15 वर्ष की आयु में अपना घर छोड़ दिया और अरब की ओर चले गये। इनकी मृत्यु 915 में रमल्ला में हुई थी।

6. **इब्ने माजा**–अबू अब्दुल्लाह मुहम्मद बिन यजीद बिन माजा अल रबई अल कजवेनी का जन्म ईरान के कजवेन क्षेत्र में 824 में हुआ था। इनकी मृत्यु 886 में हुई।

हनफ़ी मसलक–इस्लामी शरीअत के चार स्कूलों में से एक हनफी सुन्नी मसलक जिसे इमाम अबू हनीफ़ा 699–797 द्वारा प्रतिपादित किया गया था। इमाम अबू हनीफ़ा के अनुयायी तुर्की और सम्पूर्ण एशिया में फैले हुए हैं।

हाजिब–वे दरबार में सुल्तान तथा दरबारियों के मध्य में खड़े होते थे और उनकी आज्ञा बिना कोई सुल्तान तक नहीं पहुँच सकता था। उनका सरदार अमीर हाजिब कहलाता था। समस्त प्रार्थना पत्र भी उन्हीं के द्वारा सुल्तान तक पहुँचते थे। अमीर हाजिब योग्य सैनिक होते थे।

हबीब–दोस्त, मित्र।

हम्द–ख़ुदा की प्रशंसा में गाया जाने वाला गीत।

हिजरी–इस्लामिक काल है, जो ईस्वी 622 से प्रारम्भ होता है। इसी वर्ष मुहम्मद रसूलुल्लाह स. मक्का से हिज़रत करके मदीना गये थे।

हिजरी वर्ष चाँद की वार्षिक परिक्रमा के अनुसार गिना जाता है। चाँद परिक्रमा सूर्य परिक्रमा से लगभग 10 दिन कम होता है।

हुब–प्रेम, आसक्ति, स्नेह।

हुस्ने हिन्दी–हिन्दुस्तान का सौन्दर्य

हौज शम्सी–आज ये हौज महरौली क्षेत्र में स्थित है। इस हौज को शम्सुद्दीन इल्तुतमिश ने 1230 में बनवाया था। इब्नबतूता के अनुसार यह हौज या कुण्ड दो मील लम्बा और एक मील चौड़ा था। ये हौज लाल पत्थरों से निर्मित था। हौज में बहुत से चबूतरे और घाट बने हुए थे। हौज के मध्य में एक बहुत ही आकर्षक गुम्बद बना हुआ था। लोग यहाँ बड़ी संख्या में पहुँच कर सैर करते थे।

❑❑